찰스 메릴과 주식투자의 대중화
Wall Street to Main Street

월 스트리트에서 메인 스트리트로

찰스 메릴과
주식투자의 대중화

Wall Street to Main Street
Charles Merrill and Middle-Class Investors

에드윈 퍼킨스 지음 | 최성범 옮김

굿모닝
북스

찰스 메릴과 주식투자의 대중화
Wall Street to Main Street

1판1쇄 펴낸날 2008년 9월 20일

지은이 에드윈 퍼킨스
옮긴이 최성범
펴낸이 서정예
표지디자인 디자인이유
펴낸곳 굿모닝북스

등록 제2002-27호
주소 경기도 고양시 일산구 일산동 576-9 동해빌딩 410호
전화 031-819-2569
FAX 031-819-2568
e-mail image84@dreamwiz.com

가격 14,800원
ISBN 978-89-91378-18-6 03320

*단체 주문하시면 할인해 드립니다.
**잘못된 책은 바꾸어 드립니다.

차례

| 일러두기

1. 본문에서 ( )안의 내용은 "옮긴이"라는 별도 표시가 없는 한 저자의 설명을 나타낸다.

2. 이 책의 주인공인 찰스 메릴의 정확한 이름은 Charles E. Merrill이다. 저자는 인간적인 친근감을 느낀다는 점에서 성(姓) 대신 "찰리"라는 이름으로만 부르는 경우가 자주 나온다. 역자도 저자의 의도를 존중해 가급적 그대로 표기했음을 밝혀둔다. 다만 이 전기의 대상인물, 즉 찰리의 아버지와 찰리의 아들까지 3대의 이름이 모두 Charles Merrill이다. 혼동을 피하기 위해 이 전기의 주인공은 찰리, 그의 아버지는 닥터 찰스 메릴, 아들은 찰스 메릴 주니어로 표기했다.

3. 이 책의 제목과 본문에 쓰인 "메인 스트리트"는 도시나 마을 중심가의 상업지역을 지칭한다. 저자는 상징적인 의미에서 메인 스트리트를 월 스트리트의 상대개념으로 쓰고 있다. 즉, 뉴욕이 아닌 미국 전역의 도시와 마을이라는 뜻이다.

4. 본문에서 "중상류층"이라는 표현은 중산층과 상류층을 의미하는 것이 아니라, 원서의 "upper-middle-class"를 우리말로 옮긴 것으로, 중산층을 세 단계로 나누었을 때 가장 높은 계층을 의미한다.

5. "브로커"는 원래 매입자와 매도자 사이에서 거래를 중개하는 사람으로, 증권사 객장에서 고객상담을 하는 직원을 증권 브로커라고 할 수 있다. 한국에서는 브로커가 부정적인 이미지로 굳어진 탓에 그냥 증권사 영업직원으로 부르는 게 일반적이다. 하지만 점차 브로커라는 호칭이 자리잡아 가고 있다는 점에서 본서에서는 브로커라고 그대로 옮겼다. 저자는 "sales personnel"이라는 용어도 브로커와 혼용해서 사용하고 있는데, 이 경우 저자의 의도를 존중해 영업직원으로 번역했다. 브로커가 제공하는 서비스라고 할 수 있는 "brokerage"는 위탁매매로 번역하는 경우도 있으나 이 책에서는 증권거래 중개업무로 옮겼다.

찰스 메릴의 유산

찰스 메릴은 미국 역사상 가장 큰 족적을 남긴 기업인 가운데 한 명이다. 20세기 자본시장의 발전과 대중화에 기여한 그의 업적은 누구도 따라오지 못할 정도다. 그런 점에서 역사가들은 찰스 메릴을 앤드류 카네기(Andrew Carnegie), 존 D. 록펠러(John D. Rockefeller), 토마스 에디슨(Thomas Edison), 헨리 포드(Henry Ford), 샘 월튼(Sam Walton), 빌 게이츠(Bill Gates), 존 피어폰트 모건(John Pierpont Morgan)처럼 우리에게 친숙한 이름들과 같은 반열에 올려놓아야 한다. 사실 찰스 메릴의 지명도가 상대적으로 떨어지는 주된 이유는 그의 기념비적인 업적에 대한 정보가 너무나 부족했기 때문이다.

금융서비스 분야에서 찰리의 기업가 정신이 남긴 광범위한 영향은 20세기를 통틀어 견줄 상대가 없다. J.P. 모건은 19세기 말 미국의 투자은행 업계에서 자타가 공인하는 리더였고, 월 스트리트 인사 가운데 가장 유명한 인물이라고 하면 즉시 그의 이름이 떠오를 정도였다. 그러나 기업가 정신이라는 점에서 보자면 모건은 사실 대단한 인물이 못된다. 그가 미국의 금융산업 발전에 기여한 업적은 남북전쟁 발발 10년 전에 그의 아버지 주니어스 스펜서 모건(Junius Spencer Morgan)이 창업해 성공시킨 회사를 좀더 확장한 게 전부이기 때문이다. 사업장이라고 해봐야 월 스트리트에 단 하나의 사무실만 가지고 있었던 모건은 철도회사와 제조업체들이 필요로 하는 자본을 조달해 주었고, 이와 동시에 수백만 달러의 재산을 보유한 부유한 가문들이 회사채와 국공채에—우선주와 보통주를 일부 섞어서—계속해서 투자함으로써 필요한 소득을 올릴 수 있도록 주선하는 일을 맡았다. 따라서 모건의 최우선 관심은 현상 유지였지 결코 제도적인 금융혁신이 아니었다.

이와는 대조적으로 찰리는 미국 전역의 108개 도시에 지점을 둔 증권회사의 대표파트너였다. 그의 사후에도 이 회사는 계속해서 지점망을 확장해 나갔고, 유통시장에서의 유가증권 거래 중개와 상품 트레이딩, 성장 잠재력이 뛰어난 중견기업들을 위한 유가증권 인수 업무를 포함한 다양한 투자 서비스를 제공했다. 찰리는 또 미국 의회가 1930년대에 새로 도입한 증권거래위원회(SEC)의 활동이 제 궤도에 오를 수 있도록 1940년대 내내 월 스트리트의 민간 부문 개혁에 앞장섰다. 이같은 민간 및 공공 부문 개혁에 힘입어 미국 자본시장은 대공황이라는 혹독한 시련을 극복하고 회생의 발판을 마련할 수 있었다. 20세기 중반 월 스트리트의 혁신가는 기존의 대형 투자은행이 아니라 메릴린치 같은 증권회사들이었다. 이들의 마케팅 전략은 소매업 분야의 선두기업에 못지 않을 정도로 공격적이었다. 1950년대로 들어서면서 수백만 가구의 중산층이 주식시장에 뛰어들자 메릴린치는 투자와 관련된 각종 서비스를 제공하고 방향을 제시하는 데 주도적인 역할을 했다.

　찰리는 기본적으로 두 그룹을 목표로 했다. 이들은 제2차 세계대전 이전까지 자본시장에 겨우 한 발짝 들여놓았을 뿐이었지만, 찰리는 이들에게 주식에 장기 투자하는 게 매우 사려 깊은 행동이라는 메시지를 전달하고자 했다. 그의 첫 번째 타깃은 젊은 중산층이었다. 이들 대부분은 경제적인 지위 상승 욕구가 강했고, 보다 안락한 미래를 위해서는 어떤 재산 증식 방법이 최선인가에 대해 개방적인 사고를 갖고 있었다. 찰리는 여기서 한걸음 더 나아가 중상류층 생활을 누릴 만한 재력이 있으면서도, 무지와 두려움으로 인해 그동안 주식이나 주식 브로커들을 멀리해왔던 사람들을 연령이나 직업에 상관없이 모두 타깃으로 삼으려 했다. 이 두 그룹에 속한 사람들 대부분은 연간 소득의 일정 부분을 정기적으로 저축할 능력이 있었고 의지도 있었다. 그러나 당시 이들의 주된 투자 대상은 은행의 저축예금과 연방저축채권, 종신보험이었다. 1920년대에는 이들 가운데 일부가 주식에 투자했다. 그러나 1930년대로 접어들면서 주식시장이 최악의 부진에서 벗어나지 못하자 이들은 신중해졌고 주식투자는 기피 대상이 됐다. 이 같은 인식과 투자 패턴을 바꾸기 위해 찰리는 주식시장을 경원시하는 대다수 미국인들을 다시 끌어들일 만한 역량을 갖춘 조직을 만들고자 애썼다. 그의 회사는 여러 계층의 고객이 요구하는 다양한 경제적 목표를 충족시켜줄 태세를 갖추었고, 그의 파트너들은 투자자들에게 성장 잠재력이 뛰어난 우량기업 주식을 중심으로 포트폴리오를 구축하고 유지하도록 조언했다.

찰리는 공격적인 광고와 판촉 활동을 통해 인내심을 갖고 신중하게 고른 보통주 포트폴리오에 투자한다면 배당금 수입의 증가와 주가 상승을 감안할 경우 추가적인 리스크 부담 없이 평균 이상의 수익률이 보장된다는 점을 널리 알렸다. 체계적인 주식투자 프로그램을 10년 이상 고수할 경우 개인투자자도 상당한 금융자산을 축적할 수 있을 뿐만 아니라 경제적인 생활수준을 몇 단계 상승시킬 수 있다는 게 찰리의 믿음이었다. 찰리는 한마디로 도시든 농촌이든 미국의 모든 중산층 가정이 구입해서 굴릴 수 있는 믿음직한 자동차를 만든다는 헨리 포드의 철학을 좇아 미국의 수백만 보통사람들에게 건전한 투자 원칙을 가르치고, 또 이들이 주식투자를 통해 더 많은 재산을 모으고 경제적인 지위도 향상시킬 수 있는 길을 제시해주는 서비스 조직을 꿈꿨던 것이다.

찰리가 특히 다른 유명 기업가들과 구별되는 점은 그의 가장 의미 있는 공헌이 말년에 이루어졌다는 사실이다. 또한 그는 평생에 걸쳐 한 분야의 사업에 매달리지도 않았고, 전념한 사업분야를 한 번이 아니라 두 번씩이나 바꿨다는 점에서도 다른 기업가들과 구분된다. 실제로 성공한 기업가로서 찰리의 사업이력은 세 단계로 나뉜다: 첫 번째는 은행가 겸 기업금융인(1914~29년), 두 번째는 식료품 체인점 경영자(1930~39년), 세 번째는 미국 최대의 증권회사 리더(1940~56년)였다.

찰리가 독자적으로 벌인 첫 번째 사업은 1914년 시작됐다. 그는 이해 사무실을 임대하고, 비서를 고용했으며, 몇 명의 증권 영업직원을 채용됐다. 에드먼드 린치(Edmund Lynch)가 합류하면서 메릴린치 파트너십이 출범한 것도 이 시기였다. 월 스트리트 주변에서 고군분투하는 많은 회사들과 마찬가지로 찰리의 회사도 개인 투자자들에게 증권 중개 서비스를 제공했고, 기회가 생기면 사업 확장 자금을 필요로 하는 기업 고객들을 끌어들이기도 했다. 메릴린치는 J.P. 모건(J.P. Morgan)이나 쿤 로브(Kuhn Loeb) 같은 유명 투자은행들이 관심을 갖지 않는 중소규모의 기업들이 발행하는 회사채나 주식을 인수했다. 이 시기에 찰리는 소비자들에게 믿을 수 있는 상품을 싼 값에 판매하는 소매 체인점을 구축해나간 여러 명의 기업가들과 사업상 아주 긴밀한 관계를 유지했다. 메릴린치는 이들 체인점 기업이 발행하는 회사채와 우선주를 고객들에게 판매했고, 때로는 제한적으로 발행하는 보통주도 판매함으로써 사업 확장에 필요한 자금을 조달할 수 있도록 도와주었다. 이런 일을 맡게 되면 인수회사는 보수로 상당한 물량의 보통주를 수령하거나, 혹은 해당 기업의 주가가 상승하면 보통주를 살 수 있는 옵션계약을 보수로 받는 경우가 많았다. 이런 점을 감안하더라도 제1차 세계대전 종전 후 프랑스의 영화 제작사 겸 배급사인 빠떼(Pathe)의 미국 현지법인 주식을 메릴린치가 취득한 것은 극히 이례적이었다. 메릴린치는 지배주주로 경영권을 행사할 수 있는 지분을 매수했기 때문이다. 덕분에 린치는 1920년대 초 뉴욕 본사 사무실에서 주로 유럽에서 제작된 무성영화를 배급한 이 영화사의 경영에 많은 시간을 쏟았다.

1915년부터 30년까지 메릴린치의 주요 사업은 오늘날 기업금융(merchant banking)이라고 부르는 일이었다. 메릴린치는 기업 고객들이 발행한 보통주를 인수하면서 상당한 물량을 보유하게 됐는데, 이들 기업 대부분은 번창했고 주가도 치솟았다. 덕분에 장부상의 미실현 이익이기는 했지만 메릴린치의 파트너들은 1920년대에 수백만 달러의 이익을 거뒀다. 찰리는 특히 로스앤젤레스를 거점으로 출발한 식료품 체인점 기업 세이프웨이 스토어스(Safeway Stores)와 밀접한 관계를 맺었고, 계속해서 그 관계를 발전시켜 나갔다. 찰리는 1926년에 매우 결정적인 투자를 하게 되는데, 당시 영화업계의 거물로 부상하고 있던 빠떼의 보유 지분을 조셉 케네디(Joseph Kennedy)에게 매각하고, 그 돈으로 세이프웨이 지분을 매수하자고 린치를 설득했다. 이로부터 얼마 지나지 않은 1928년에 찰리는 주식시장이 급락할 수 있음을 일찌감치 예견했다. 그는 회사 고객들에게 신용을 이용한 주식 매수를 중단하고 부채를 줄이라고 이야기했다. 또한 내부적으로 상당한 갈등을 빚기는 했지만 린치를 비롯한 회사의 파트너들도 자신의 조언을 따르도록 설득했다. 덕분에 메릴린치는 1929년 10월의 주가 대폭락이 벌어지기 불과 몇 주 전 주식 포트폴리오의 상당한 물량을 처분할 수 있었다.

다음 해인 1930년 44세가 된 찰리는 주식시장 붕괴의 충격 속에서 그의 사업이력에 큰 획을 긋는 극적인 전환을 시도했다. 금융서비스 분야에서 거의 발을 빼기로 한 것이다. 그와 린치는 리테일 사업부문을 E.A. 피어스(E.A. Pierce)에게 넘기는 데 합의했다. 피어스는 당시 40여 개 도시에 지점망을 갖고 있는 미국 최대 규모의 증권회사 가운데 하나였다. 암허스트 칼리지 출신으로 1916년에 메릴린치에 합류한 윈스롭 스미스(Winthrop Smith)도 1930년에 피어스로 옮겼다. 그러나 찰리와 린치는 주식시장이 곧 회복할 것이며, 증권회사의 리테일 사업부문 역시 미래가 밝다고 확신하고서, 각자 개인자금 190만 달러를 E.A.

피어스에 10년간 투자하기로 했다. 하지만 메릴린치의 대폭적인 구조조정은 불가피했다; 1930년대 내내 메릴린치의 중요한 거래라고는 오랜 단골 기업들이 발행한 회사채의 만기가 돌아오면 이를 차환해 주는 게 고작이었다.

금융서비스 분야에 첫발을 내디뎠을 때부터 이미 찰리는 수십 년 뒤에나 널리 알려질 수많은 원칙과 개념을 주창했다. 처음부터 그는 메릴린치에서 일하는 모든 브로커들에게 확실하지 않은 루머나 귀에 솔깃한 비밀정보, 단기에 떼돈을 벌 수 있다는 사탕발림으로 고객을 현혹시키지 말라고 가르쳤다. 그는 고객들이 스스로 설정한 경제적 목표를 달성하도록 도와주는 게 브로커의 가장 기본적인 책무라고 확신했다. 따라서 거래량 늘리기(브로커들이 단지 거래수수료를 확보할 목적으로 고객들에게 교체매매를 권하는 관행)는 비난의 대상이었고, 내부 규정을 준수하지 못한 브로커들은 사직을 권고 받았다. 찰리는 특정 종목의 매수를 권유하기에 앞서 브로커는 반드시 특정 고객에게 가장 적합한 방식의 투자가 어떤 것인지 정확하게 판단해야 한다고 주장했다. 예를 들어 이자나 배당금 수입만으로 살아가는 은퇴한 고객들에게는 절대로 투기적인 종목을 팔지 못하도록 했다. 주식시장의 변동성을 충분히 이해하는 사람들에게는 성장 잠재력이 높고 경영을 잘하는 기업에 대한 정보를 제공하도록 최대한 노력하라고 찰리는 요구했다. 찰리는 소액 투자자든 거액을 투자하는 큰손이든 모든 고객들에게 적절한 정보를 완전히 공개해야 한다고 생각했다. "조사하라, 그리고 투자하라.(Investigate, then invest.)" 이 말은 그가 1911년 이후 계속해서 강조한 슬로건이었다. 정직한 거래야말로 모든 영업자가 돈을 벌 수 있는 지속적인 사업을 창출할 것이며, 증권산업도 이 원칙에서 예외가 아니라고 그는 주장했다.

그가 기존의 업계 관행을 타파한 또 다른 사례로는 일찍부터 정보제공광고(informative advertising)를 비롯한 다양한 판촉 기법을 적극적으로 주창했다는 점을 들 수 있다. 메릴린치는 잠재적인 투자자들을 대상으로 다이렉트메일(DM)을 발송해 상당한 효과를 보았다. 현상유지를 원했던 월 스트리트의 기득권층은 아무리 조심스럽고 제한적인 광고라 할지라도 기존의 업계 관행에서 벗어난 것으로 간주했고, 뉴욕증권거래소(NYSE)는 회원사들에게 광고의 내용을 제한하는 엄격한 규정을 적용했다. 찰리는 그러나 신규 고객 유치를 통한 거래량 증가가 비록 얼마 되지 않더라도 다양한 그룹의 새로운 고객을 유치하는 전략이 필요하다는 점을 초창기부터 강력하게 주장했다. 얼마나 많은 고객을 확보하느냐가 곧 경영의 안정성이라는 게 그의 지론이었다; 증권업종의 특성상 고객의 진입과 이탈이 끊임없이 이루어진다는 점을 고려하면 가장 합리적인 정책은 신규 계좌를 계속해서 유치하는 것이라는 게 찰리의 생각이었다.

찰리는 독불장군이었지만 선견지명이 있었다. 1920년대 분위기에서 그의 많은 아이디어는 다분히 파격적이고 업계 관행에도 어긋나는 것으로 비춰졌지만, 그는 훗날 이 아이디어들을 보다 폭넓게 실행했다. 그 반향은 대단히 컸으며 긍정적인 파급을 가져왔다. 그는 기회가 있을 때마다 월 스트리트의 기득권층이 만들어낸 숱한 직업윤리(professional ethics)들이 얼마나 위선적인가를 밝히기도 했다. 사실 월 스트리트의 제한적 규정들은 공익을 위한 것이 아니라 단지 자본시장에서 기득권층이 누리고 있는 헤게모니를 유지하려는 것이었다.

찰리의 두 번째 사업이력은 미국 최대의 식료품 체인점 가운데 하나인 세이프웨이의 성장과 함께 한 것이다. 그는 1920년대 말과 1930년대 초 세이프웨이가 놀라운 속도로 확대해가는 과정을 지휘하며 엄청난 에너지를 쏟아 부었는데, 미국 서부지역에 본거지를 두고 있던 세이프웨이는 이 시기에 전국 각지로 뻗어나갈 수 있었다. 서너 해 동안은 일련의 인수합병(M&A)을 추진하느라 자주 출장을 다녔다. 1930년대 중반으로 접어들면서 세이프웨이가 외적인 확장보다는 내부적인 통합과 경영효율성을 모색하게 되자 찰리는 많은 시간을 테니스와 보트타기, 브리지게임, 집 고치기 같은 여가활동에 보낼 수 있었다. 그는 팜비치에 있는 궁전 스타일의 "메릴스 랜딩(Merrill's Landing)"에서 한 해의 거의 절반을 보냈고, 나머지 절반은 롱아일랜드의 저택인 "디 오처드(The Orchard)"에서 지냈다. 그의 나이 40대 후반에서 50대 중반까지의 기간은 절반쯤 은퇴한 삶이었다고 말하는 게 적절한 표현일 것이다.

세이프웨이의 확장이 어느 정도 마무리되자 찰리는 해마다 두세 차례 캘리포니아를 방문해 1930년대 초에 자신이 직접 최고경영자(CEO)로 임명한 링 워렌(Lingan Warren)을 비롯한 임원진과 협의하는 수준으로 물러났다. 워렌도 찰리가 머물던 메릴스 랜딩과 디 오처드를 자주 찾았다. 찰리가 일하는 패턴은 1930년대 후반으로 접어들면서 자주 바뀌었다. 몇 주 동안이나 사업상의 문제에 크게 신경 쓰지 않았는가 하면, 때로는 몇 주 동안 회사의 문제를 파악하고 새로운 전략을 수립하느라 몰두하기도 했다. 찰리는 세이프웨이의 직제상 아무런 공식 직함도 없었고 이사회에 참석하지도 않았지만, 회사의 경영권을 쥐고 있는 최대지분 보유자였고 핵심적인 사안은 직접 지휘했다.

세이프웨이의 성장과 함께 했던 10년간의 세월을 돌아보면 그에게서 두 가지 달라진 점이 특히 두드러진다. 우선 찰리는 수천 개의 소매 매장에서 생필품을 판매하는 도전적인 사업을 직접 해봤다. 세이프웨이 같은 체인점들은 세심한 소비자들을 상대로 기본적인 먹거리를 싼값에 공급하기 위해 규모의 경제와 범위의 경제를 적극 활용했다. 찰리는 이 점을 배웠다. 1930년대 후반에는 이미 소비자가 체인점 내부의 통로를 지나가면서 선반 위에 진열된 물건을 고르는 현대적인 슈퍼마켓이 일부 지역을 중심으로 식품 유통업을 통째로 바꾸고 있었다. 세이프웨이는 이런 변화의 선두에 서 있었다. 사실 식료품 체인점 사업에서는 모든 소비자를 소득수준에 관계없이 전부 중요한 고객으로 인식한다는 점에서 본질적으로 평등주의가 바탕에 깔려있다. 바로 이같은 대중 친화적인 측면을 찰리는 가슴 깊이 새겨두었다. 그는 우유 한 통을 살 때 몇 센트라도 절약하도록 해준 사람으로 기억되고 싶다고 친구나 친척들에게 말했다. 이게 그의 솔직한 심정이었다. 찰리는 특가품(loss leader)을 활용하는 판매전략을 배웠다. 특가품이란 원가나 원가 미만으로 판매하는 일종의 미끼상품이었다. 이를 무기로 고객을 더 많이 끌어들여 전체적인 판매량을 늘리는 효과가 있었다. 이런 점에 착안해 그는 식품업계의 고정적인 관념, 즉 모든 점포에서는 어느 상품이든 똑같이 일정한 마진을 유지해야 한다는 생각을 무너뜨렸다.

여러 개의 점포를 갖고 있는 체인점에 대한 차별적 과세안을 둘러싸고 캘리포니아 주에서 정치권과 싸움을 벌이는 와중에 찰리는 테드 브라운(Theodore Braun)을 만났다. 로스앤젤레스에서 작은 홍보 컨설팅 회사를 경영하고 있던 브라운은 1930년대 당시로는 드물게 신뢰할 만한 여론조사 기법을 적극적으로 활용했다. 브라운은 우선 왜 그렇게 많은 소비자들이 체인점에 대해 부정적인 생각을 갖고 있는지를 파악했다. 그리고는 소비자들이 문제의 본질을 제대로 인식할 수 있도록 장기적인 광고와 선전 캠페인을 고안해냈다. 덕분에 캘리포니아 주 전역에서 주민투표가 실시됐을 때 체인점 연합은 압도적인 승리를 거두었다. 대중들은 고객은 적고 값은 비싼 개별 소매점포 대신 싼값에 양질의 상품을 파는 체인점을 선택했다. 찰리는 브라운이 일궈낸 성과에 크게 감동했고, 두 사람은 이후 20년 동안 사업상 밀접한 관계를 유지했다. 특히 두 사람은 나중에 월 스트리트를 무대로 혁명적인 아이디어를 잇따라 도입하게 된다.

찰리의 세 번째이자 마지막 사업이력은 1940년에 시작됐다. 그의 오랜 동료로 파트너이기도 했던 윈 스미스가 찰리에게 월 스트리트로 복귀할 것을 강력히 권유했다. 이 무렵은 1930년 이후 10년간 지속돼온 피어스 회사의 파트너십 계약이 만료되기 직전이었고, 실적 부진에 시달려온 피어스 회사는 해산해야 할 처지였다. 주식시장의 거래량이 급감한 1930년대 후반기에 거액의 손실을 기록했던 피어스 회사는 순자산이 거의 바닥 수준이었다. 1930년에 찰리가 피어스 회사에 투자했던 돈도 상당 부분 날아가버린 상태였고, 스미스는 투자손실로 인해 개인재산마저 거덜이 날 지경이었다. 주가가 1930년대 초의 끔찍했던 수준에서 벗어났기는 했지만 미국인 대부분은 주식거래를 극도로 기피하고 있었다. 더구나 미국의 제2차 세계대전 참전이 임박한 시점에서 1940년 당시의 증권산업 전망은 싸늘하기만 했다.

이런 상황을 감안하면 이미 55세가 된 찰리가 반 은퇴 생활을 청산하고 무너져가는 회사를 살려내기 위해 증권업계에 복귀하기로 한 것은 대단한 결단이었다. 친구들과 회사 동료들은 단도직입적으로 절대 복귀하지 말라고 충고했다. 당시 증권업계의 현실은 앞서 그가 경험한 1920년대의 화려했던 기업금융 세계와는 판이하게 달라졌다는 게 이들의 경고였다. 뉴딜 정책의 일환으로 자본시장 개혁이 이뤄지기는 했어도 주식시장에 대한 대중의 불신은 여전했다. 주식시장의 거래량은 최악의 부진에 빠져 거의 모든 증권회사가 1937~39년 사이 손실을 기록하고 있었다. 상황은 나아지기는커녕 악화되고 있었고, 앞으로 반전될 가능성은 객관적으로 볼 때 극히 적었다. 더구나 당시 결혼한 지 얼마 되지 않았던 찰리의 세 번째 부인 킨타 역시 남편의 근무시간과 여유로운 생활에 급격한 변화가 생길 수 있다는 점을 그다지 내켜하지 않았다.

찰리가 왜 주변의 한결 같은 충고를 무시했는지 그 정확한 이유는 좀더 연구해 봐야 할 숙제지만, 자신의 개인재산을 불리고 싶다는 욕망이 결정적인 동기가 아니었음은 쉽게 알 수 있다. 그는 이미 엄청난 부자였고, 투자한 주식에서 상당한 배당금 수입을 올리고 있었다. 더 높은 소득을 올리고 더 많은 재산을 벌어들여봐야 실익이 별로 없었다. 그의 두 아들은 아버지의 사업을 계승할 뜻이 전혀 없었고, 둘 다 상류층 생활방식을 거부했기 때문에 상속할 재산을 늘려야 할 이유는 더더욱 없었다.

1940년에서 56년까지 그가 기업가로서 의욕에 찬 활동을 벌여나간

데 대한 가장 그럴듯한 설명은 불가능한 사업에 도전해 극적인 승리를 이뤄내려는 그의 억누를 수 없는 욕구 때문이었다는 것이다. 찰리로서는 자신의 대담한 아이디어를 현실 세계에서 마음껏 시험해 볼 수 있는 완벽한 기회라고 본 것이다. 그는 야심 만만한 기업가로서 마치 산악인이 에베레스트 정상을 오르려는 것처럼 자신의 구상을 실현시키고자 했다: 그것은 중산층 대중에게 저렴한 요금으로 신뢰할 만한 증권거래 중개서비스를 제공할 능력을 갖춘 전국적인 조직망을 만드는 일이었다; 동시에 새롭게 탄생하는 이 회사는 직원들에게 적절한 보상을 제공하고, 자본금을 댄 투자자들에게는 일정 수준 이상의 투자수익을 창출해줄 것이었다. 찰리는 파트너십의 초기 자본금 가운데 절반 이상을 댔다. 다행히 그는 자신의 꿈을 시장에서 시험해 볼 수 있는 기간 동안 회사를 굴릴 만한 충분한 자금력을 갖고 있었다.

　찰리에게는 동시대 월 스트리트 인사들이 갖추지 못한 미래의 비전이 있었다. 구시대적인 태도와 전통을 답습하는 사람들과는 달랐다. 기존의 금융계 리더들은 지난 수십 년 동안 유통시장에서 증권거래 중개서비스를 제공하는 증권회사와, 새로 발행된 유가증권을 인수하는 투자은행 사이에는 도저히 메울 수 없는 엄청난 차이가 있다고 믿었다. 18세기 말 미국에서 자본시장이 출현한 이후 주요 인수회사들의 주된 관심은 오로지 국공채와 회사채였다. 이들 엘리트 투자은행은 꾸준한 수입과 안전하고 예측 가능한 소득을 추구하는 상류층 투자자나 은행, 보험회사 같은 기관투자가들을 상대로 채권을 판매했다. 투자자들은 만기일까지 채권을 보유하는 게 유리하다고 들었고, 그래서 채권가격의 변동에는 무관심했다. 꼼꼼한 투자은행들 가운데 일부가

시장평균 이상의 수익률을 원하는 고객들에게 우량 철도회사와 대형 제조업체 몇 곳의 보통주를 추천하는 게 고작이었다. 주식투자자들은 기업의 이익이 늘어나면 배당금도 비례해서 늘어날 것이라고 기대했다. 주식에 투자한 신중한 고객들은 주가 변동이라는 추가적인 위험을 부담하는 대가로 꾸준히 늘어날 것으로 예상되는 배당금 수입과 잘하면 약간의 시세차익을 기대할 수 있었다.

단기든 장기든 주가 급등을 이용해 큰돈을 벌고자 하는 사람들은 별도의 금융서비스를 제공하는 증권회사를 찾아가야 했다. 이런 투자자는 무모한 도박을 일삼는 투기꾼으로 분류됐다; 따라서 이들은 월 스트리트의 점잖지 못한 무리들과 접촉해야 했다. 투기꾼들은 유통시장에서의 거래를 전담하는 리테일 증권회사들과 거래했다. 한마디로 기존의 자본시장은 언뜻 봐도 어울릴 수 없는 양극단이 섞여 있었다: 안전을 추구하며 보잘것없는 수익률에 만족하려는 신중한 투자자들과 내부자 정보나 주가의 방향에 대한 미확인 루머에 부화뇌동해 대박을 터뜨리거나 아니면 쪽박을 차는 무책임한 투기꾼들이 묘하게 조화를 이루며 공존했다.

이 같은 신중함과 무모한 투기 사이의 간극을 메워 자본시장 참여자의 수를 늘리려고 한 인물이 바로 찰스 메릴이었다. 그는 약간의 추가적인 리스크를 감수하면서 장기적으로 보다 높은 수익률을 원하는 투자자들을 위한 중도의 길을 찾았다. 찰리는 성장하는 기업의 주식에 신중하게 투자할 경우 10년 혹은 20년 이상의 기간에 걸쳐 재산이 실질적으로 증가할 수 있다고 확신했고, 주식투자를 무서워하거나 주저하는 수백만 명의 사람들에게 자신의 믿음을 분명히 인식시켜주려 했다. 20세기 중반 무렵에는 수많은 중산층 대중이 보다 확실한 은퇴 생활을 보장해줄 수 있는 금융자산에 자신의 소득 가운데 일부를 투자할 자금력과 강력한 의지를 갖고 있었다.

당시 대다수 중산층 가구는 공신력 있는 금융기관의 저금리 저축예금만으로는 부족했기 때문에 생명보험회사를 찾았고 그 숫자는 늘어나는 추세였다. 종신보험 가입자가 보험료를 내는 목적은 두 가지였다; 가입자 사망 시 보험금 수령인에게 일시금으로 지급하는 보장성 프로그램과 함께 저축성 프로그램도 결합돼 있었다. 이처럼 저축성 상품이라는 점 덕분에 손실의 위험은 거의 없이 현금수입이 점차 증가할 수 있다고 여긴 것이다. 보험 계약자는 불시에 사망하지 않는다면 종신보험 불입기간이 끝난 뒤 일정 기간 동안 앞서 정기적으로 불입했던 보험료를 회수할 수 있었다. 보험회사의 약속대로 종신보험상품은 장기간에 걸쳐 금융자산을 적립할 수 있게 해주었다. 그러나 투자수익률은 대개 연 3~4%로 상대적으로 낮았다. 찰리는 합리적으로 주식에 투자한다면 종신보험상품에 비해 최소한 두세 배의 수익률을 실현할 수 있으며, 우량주에 집중 투자한 뒤 10년 이상 보유할 경우 손실을 볼 위험 역시 약간 더 높을 뿐이라는 사실을 잘 알고 있었다. 예를 들어 저축성 프로그램이 추가된 연 금리 4%짜리 종신보험상품에 매년 500달러를 불입할 경우 10년 뒤 6245달러가 된다. 그러나 연 수익률(주가 상승과 배당금 수입) 10%인 주식에 매년 같은 금액을 투자할 경우 10년 뒤 종신보험상품보다 40% 더 많은 8765달러가 된다. 더구나 어떤 기업의 주식은 연간 수익률이 12~15%나 되고, 일부 성장주는 20%를 넘는 경우도 있다. 한마디로 종신보험상품의 수익률은 보잘것없을 뿐만 아니라 처음부터 한계가 있는 반면, 주식투자 수익률은 통상적으로 높은 편이며 상한선도 없다는 게 찰리의 판단이었다.

찰리의 금융업계 복귀에는 식료품 유통업에서 활용하고 있는 대량 판매방식을 증권업에 어느 정도 응용할 수 있다는 자신감 외에도 1930년대에 벌어진 외부적인 여건 변화가 중요한 역할을 했다. 철도 및 유틸리티 기업의 활동을 규제하는 주간(州間) 상업위원회(ICC) 같은 정부 산하의 여러 위원회들이 만든 선례를 바탕으로 뉴딜 증권관련 법이 기존의 폐쇄된 문호를 열게 했고, 여전히 의심의 눈초리를 거두지 않고 있는 투자자들뿐만 아니라 수백만 명의 잠재적인 투자들에게도 정확한 정보를 제공토록 했다. 월 스트리트의 싸움판은 좀더 평평해진 셈이었다. 물론 아직도 내부자가 보다 믿을 만한 정보에 용이하게 접근할 수 있다는 점에서 완전히 공정해진 것은 아니었지만 어쨌든 신뢰도는 높아졌다. 중요한 뉴스를 감춘다든지 부정확하거나 오도할 수 있는 정보를 퍼뜨림으로써 새로운 증권관련법을 위반한 기업인은 형사처벌을 받게 됐다. 고객을 오도하거나 속인 비윤리적 브로커들에 대해서도 벌금을 부과할 수 있게 됐고 경우에 따라서는 형사처벌도 가능해졌다. 화이트칼라 범죄에 대해 철퇴를 내린 것이다. 신뢰를 강조한 연방정부의 이 같은 규제는 미국의 보통시민들도 주식시장에 참여할 수 있는 발판을 마련해주었다. 찰리는 기회를 발견했고 이를 실현시켰다.

찰리는 새로운 제도와 규제에 동의하기는 했지만 1930년대까지는 정부의 자본시장 개혁안을 적극적으로 옹호하지 않았다. 그러나 그의 파트너였던 에드워드 피어스가 의회의 여러 위원회에 출석해 보다 강력한 법안 제정을 주장한, 몇 안 되는 월 스트리트 인사 가운데 한 명이었다는 점은 주목할 필요가 있다. 당시 이름이 널리 알려진 투자은행과 주요 증권거래소는 대부분 연방정부의 규제에 반대했다. 반면 피어스와 찰리는 투자자들에게 적절한 재무정보를 더 많이 제공해야 하고, 유가증권 딜러나 이들이 고용한 직원들이 최고의 윤리적 기준을 준수해야 한다는 생각을 갖고 있었다. 두 사람은 1930년에 찰리가 피어스 회사에 투자하면서 파트너가 됐고, 결국 1940년에는 각자의 회사를 합쳐 하나의 회사로 만들었다. 피어스와 찰리는 완벽한 콤비였다; 피어스는 대외적으로 정부 관련 업무에 주력한 반면, 찰리는 대내적으로 회사 및 금융업계 내부의 각종 관행을 자발적으로 개혁하는 데 앞장섰다.

그는 정치에는 별 관심이 없었고 정당이나 특정 후보에 기부금을 내는 경우도 거의 없었다. 그의 친구나 사업상의 동료들과 마찬가지로 그 역시 공화당원이었다. 그 무렵 누구나 그랬듯이 찰리는 저녁식사 자리에서나 사교모임에서 자신의 정치적 견해를 주저하지 않고 말했다; 대부분은 자율성과 자기 책임을 강조하는 보수적인 견해였다. 찰리는 헌법상의 "필요하면서도 적절한" 규제 정책에 정면으로 반대하지는 않았지만 원칙적으로 정부의 "불필요한" 개입은 인정하지 않았다. 찰리는 알고 지내던 기업인인 웬델 윌키(Wendell Willkie)가 1940년 대통령 선거에 출마하자 기부금을 내기는 했지만 이런 경우는 극히 예외적이었다. 또 1940년대 초반 그가 직원들 앞에서 한 연설을 보면 프랭클린 루즈벨트(Franklin Roosevelt) 대통령에 대한 불만을 가볍게 표시하기도 했다. 그러나 이런 사례를 제외하면 찰리는 사업 전략을 논의하면서 정치적인 주제는 피하려고 애썼다. 평생에 걸쳐 그가 남긴 수많은 편지와 메모를 읽으면서 필자는 시비를 거는 정치인이나 엉뚱한 정책을 내놓는 정당에 대해 불평하는 경우를 거의 찾아볼 수 없었다. 당시 많은 기업인들이 민주당과 루즈벨트 대통령의 사회주의적인 정책이 미국 경제를 망친다며 비난을 늘어 놓았던 것과는 달리 찰리는 시장에서 자신의 회사가 직면하고 있는 문제에만 관심을 쏟았다.

사실 외부의 장애요인을 거론할 때면 찰리는 뉴욕증권거래소를 지배하고 있는 "공룡들"과, 장기적으로 어떤 정책과 어떤 프로그램이 자신들에게 이익인지조차 파악하지 못하는 월 스트리트의 기득권층에 대해 적대감을 표출하기도 했다. 뉴욕증권거래소와의 주된 갈등은 최저 거래수수료 부과와 관련된 것이었다. 다른 증권회사는 그들이 제공하는 중개서비스에 대한 수요가 수수료와 무관하다고 믿었고, 따라서 최저 수수료를 상향 조정하려고 로비를 벌였다. 반면 찰리와 그의 파트너들은 정반대의 생각을 갖고 있었다; 이들은 오히려 수수료를 인하해야 한다고 주장했다. 한마디로 찰리는 시대를 앞서갔다. 20세기가 끝나갈 무렵인 1980년대 이후 비로소 대대적인 규제 완화와 함께 수수료가 인하되면서 그의 주장은 실현됐다.

찰리는 공화당이 내세운 자율주의 원칙에 더 공감했지만, 루즈벨트 대통령과 민주당에 대해서도 금융시장 개혁 정책이 현실적으로 성공했다는 점에서 어느 정도 존중하는 마음을 가졌다. 민주당 소속의 기업인으로 일약 초대 SEC 위원장으로 발탁된 조셉 케네디는 1926년에 찰리와 빠떼 스튜디오를 매매하는 딜을 마무리 지은 뒤 개인적으로나 사업상으로 아무런 관계도 없었지만, 두 사람은 미국 자본시장을 되살리기 위해 어떤 조치를 취해야 할지에 대해 같은 시각을 갖고 있었다. 사실 1940년대 이후 메릴린치에서 일한 직원들 가운데 정치적 신념이나 종교 문제로 차별을 받은 경우는 전혀 없었다.(대부분의 월 스트리트 증권회사에서는 찰리가 타계한 뒤에도 오랫동안 소수 인종과 여성에 대한 차별이 사라지지 않았다.) 찰리는 공화당 성향이었지만 주식시장의 대중화라는 목표를 실현시키기 위해 공격적인 전략을 추진했다. 그는 수천만 명에 이르는 대중들이 주식을 보유하고, 부유층과 평범한 중산층의 재산증식 전략에 큰 차이가 나지 않는 이른바 대중사회를 적극적으로 옹호했다.

1940년대 초는 찰리의 오랜 사업이력 중에서도 기업가 정신이 가장 두드러졌던 시기다. 그는 이 시기에 월 스트리트의 민간부문 개혁을 실천하는 데 앞장섰다. 피어스 회사와의 합병을 성사시킨 뒤 찰리는 전국적인 지점망에 대한 책임을 지게 됐고, 한 해 뒤 페너 앤 빈(Fenner & Beane)과 합친 다음에는 메릴린치의 지점망을 미국 전역에 걸쳐 90개 도시로 넓혔다. 이들 도시 가운데 상당수는 대도시가 아니라 중간 규모의 도시였다. 메릴린치는 월 스트리트를 메인 스트리트로 가져오겠다는 구체적인 전략을 세웠고, 중산층 고객을 유치하는 데 전력을 기울였다. 이에 따라 자영업자와 기업체의 중간관리자, 전문직업인, 숙련기술자, 그리고 건전한 주식투자 프로그램을 통해 장기적으로 재산을 증식시키고자 하는 의지와 종자돈이 있는 사람이라면 누구나 메릴린치의 고객이 될 수 있었다. 과거 다른 증권회사들이 단타매매를 통한 "대박"을 미끼로 고객을 유혹했던 것과는 달리 메릴린치는 장기적인 전망을 유지하는 게 유리하다는 점을 강조했다; 이 같은 시각은 특히 재산이 중간 정도인 고객을 신규로 유치할 때 강조됐다.

컨설턴트인 테드 브라운은 찰리에게 수수료 수입에 연동하던 주식 브로커들의 전통적인 보수 지급방식을 철폐하도록 강력히 권했다. 찰리는 이 제안을 흔쾌히 받아들였는데 이 점은 경제사가들로부터 충분히 인정받을 만하다. 메릴린치의 영업직원은 이에 따라 고정급을 지급받게 됐고, 지점장이 이를 정기적으로 점검했다. 지점 내에서 누가 가장 활동적인 계좌를 맡을 것인가를 둘러싸고 벌어지는 경쟁을 없앰으로써 같은 지점에 속해 있는 브로커들이 협조해서 일을 하는 분위기가 조성됐다; 브로커들도 고객들에게 메릴린치와 거래할 경우 유리한 점이 무엇인지, 또 뛰어난 조사부 직원들이 작성한 보고서와 투자의견을 볼 수 있다는 점을 적극적으로 알리게 됐다. 브라운에 따르면 이 같은 파격적인 보상체계는 메릴린치의 브로커들이야말로 "고객들의 경제적 이익에 진정으로 부합해야만 유가증권의 매수나 매도를 권유한다"는 인식을 대중들에게 심어주려는 것으로, 메릴린치의 마케팅 전략에서 핵심적인 요소였다. 수수료 수입을 얻기 위해 브로커가 억지로 거래량을 늘릴 필요가 없어졌기 때문이다. 이처럼 한 차원 높은 보상 및 마케팅 전략을 채택함으로써 메릴린치는 다른 증권회사에 비해 결정적인 경쟁적 우위를 누릴 수 있었다.

사실 회사와 영업직원들 간의 고용계약을 완전히 뜯어 고치겠다는 결정은 여러 측면에서 매우 위험한 것이었다. 우선 새로운 고용계약을 도입함으로써 그동안 변동비용으로 취급됐던 것이 고정비용으로 바뀌게 됐다. 과거에는 전체 거래 수수료의 25~40%를 브로커들에게 나눠주었는데, 이제는 이들에게 고정적인 급여를 지급했기 때문이다.

이 정책을 처음 시행한 1940년의 경우 메릴린치의 운영예산 가운데 고정비가 차지하는 비율이 50% 수준에서 약 85%로 껑충 뛰었다. 1938년에서 1942년까지 실제로 매년 그랬던 것처럼 만약 1940년대 중반에도 주식시장 거래량이 계속해서 감소했더라면 메릴린치는 살아남기 힘들었을지 모른다; 정말로 그런 일이 벌어졌다면 메릴린치는 적어도 이 실험적인 보상 프로그램의 지속 여부를 재검토해야 했을 것이다.

두 번째 위험은 가장 유능한 직원이 회사를 그만두고, 여전히 수수료 연동제를 실시하고 있는 다른 경쟁사로 옮겨가는 경우였다. 사실 새로운 제도를 실시한 뒤 예전보다 급여가 줄어든 직원은 없었지만, 몇몇 직원은 더 높은 보수를 찾아 회사를 떠나기도 했다. 찰리는 모든 직원들에게 향후 주식 거래량이 경영진의 기대처럼 나아진다면, 급여는 꾸준히 오를 것이며 평균적으로 타 증권사보다 좋을 것이라고 약속했다.(영업직원에 대한 이 같은 급여제도는 찰스 메릴 사후 1970년대 들어 개인성과 연동 보상제도로 전환됐다.) 메릴린치의 브로커들과 일반직원들의 애사심은 연말에 별도의 보너스를 지급한 데다 경영진이 도입한 혁신적이고도 관대한 이익분배제도 덕분에 더욱 강해졌다. 찰리가 사망한 1956년 시점에서는 메릴린치 직원들은 이익분배제도로 적립된 기금을 통해 창업자인 찰리를 포함한 어느 파트너보다도 더 많은 지분을 갖게 됐다.

1940년대 초 찰리가 처음 시행한 중요한 정책 가운데 하나는 손익계산서와 대차대조표가 포함된 연간 사업보고서를 발간했다는 점이다. 어떤 법률도, 심지어 SEC 규정조차 이를 강제하지 않았지만 찰리는 앞장서서 실행했다. 메릴린치는 증권업계에서 회사의 주요 정보를 직원과 고객, 언론에 자발적으로 공개한 최초의 회사였다. 찰리는 1930년대 중반 이후 월 스트리트에서 진행돼 온 투명성 확보가 많이 부족하다고 생각했다. 그는 자신이나 파트너들이 이해당사자들에게 숨길 게 없다고 확신했고, 사업보고서 발간은 언론을 포함한 대중들에게 회사의 기본원칙을 전달하는 효과적인 수단이었다.

또 다른 과감한 조치는 고객 계좌에 통상적으로 부과되는 각종 부가서비스 수수료를 폐지한 것이었다; 이와 함께 유가증권을 매각한 뒤 증권회사에 현금으로 남겨둔 고객예탁금에 이자를 지급하기 시작했다는 점도 찰리의 혁신적인 정책이었다. 브라운이 1940년에 로스앤젤레스 지점의 운영 현황을 조사한 결과 신용융자잔고나 예탁금을 유지하고 있는 고객들이 거래량도 많고 장기적으로 수익성이 높은 계좌라는 사실이 드러났다. 모든 예탁금에 대해 이자를 지급한 것은 신규 계좌 유치를 목적으로 한 것이었지만, 월 스트리트에서 매우 혁신적이고 전례가 없는 정책이었다. 메릴린치는 또한 증권 애널리스트를 대거 육성해 이들이 만든 보고서와 추천종목을 고객들에게 무료로 배포했다. 한 걸음 더 나아가 고객들이 자신의 투자 포트폴리오를 분석해 달라고 요청할 경우 가능한 한 빨리 무료로 서비스를 제공했다. 리서치 부문을 이처럼 한 차원 높인 조치는 활동적인 투자자일수록 가장 빠르고 신뢰할 만한 정보를 갖춘 증권회사로 찾아오기 마련이라는 점에서 장기적으로 메릴린치가 성공하는 데 결정적인 역할을 했다.

찰리의 인생은 1944년 처음으로 심장발작을 일으키면서 완전히 바뀌었다. 다음해까지 그는 메릴린치를 이끌어가는 일에서 큰 역할을 하지 못했다. 윈 스미스가 대표파트너의 직무를 대부분 수행했다. 스미스와 찰리는 크건 작건 현안들에 대한 견해가 대개 일치했다. 당시만 해도 심장발작을 일으킨 환자는 푹 쉬고 스트레스를 피하는 게 최선의 치료방법이었다. 건강이 다소 회복된 1945년에도 찰리는 계속해서 안정을 취했지만 협심증으로 인한 통증은 밤낮을 가리지 않고 그를 괴롭혔다.

찰리의 상태가 호전되자 의사는 그에게 하루 몇 시간 정도는 보고서를 읽거나 데이터를 분석하고 지시사항을 작성하는 일을 다시 할 수 있도록 허락했다. 그 동안 정신적 자극이 없어 따분하고 우울했던 찰리는 치열한 현장으로 돌아왔다. 그와 스미스는 거의 매일 편지나 전화로 연락을 취했다. 특별한 행사가 있을 때를 제외하곤 찰리는 1944년 이후 본사 사무실을 거의 방문하지 않았다. 그는 늦은 봄에서 초가을까지 뉴욕에 머무르면서 주로 주말에 스미스와 사위 로버트 마고완(Robert Magowan)을 비롯한 임원진과 만났고, 겨울철에는 팜비치에 머무르면서 사업상 필요한 사람들을 플로리다로 불러 업무 협의를 했다.

가끔씩 일탈하기도 했지만 찰리가 일하는 방식은 그 후 10년 동안 이런 식으로 이어졌는데 장점이 아주 많았다. 찰리는 고도의 정책 및 전략 수립에 집중했고, 스미스는 일상적인 회사 운영에 전념할 수 있었다. 창업자가 1956년 사망한 뒤 대표파트너 자리를 승계한 스미스도 건강 악화로 인해 1년 만에 물러나고 말았다. 관리부문 책임자로 시작해 총괄 파트너 역할을 수행한 마이크 맥카시(Michael McCarthy)가 회사의 새 리더가 되었다. 스미스의 뛰어난 공헌도를 인정해 회사는 사명을 메릴린치, 피어스, 페너 앤 스미스(Merrill Lynch, Pierce, Fenner & Smith)로 개칭하기도 했다.(당초 회사 이름의 마지막에 들어있던 알페우스 빈 주니어(Alpheus Beane Jr.)는 스미스가 물러나기로 하자 자신이 대표파트너가 되기를 바랐다. 그러나 이 같은 희망이 물거품으로 돌아가자 그는 회사를 그만두고 빈이라는 이름을 다른 회사에 넘기겠다고 위협했다. 빈의 위협에 맞서 파트너들은 사명에서 빈을 빼고 스미스라는 이름을 넣기로 결정했다. 빈은 결국 다른 회사로 옮겨갔다.)

오랜 기간에 걸쳐 의견교환을 하는 과정에서 찰리와 스미스는 경쟁 증권사들의 정책과 활동에 대해서는 거의 얘기하지 않았다. 아마도 메릴린치가 이미 경쟁사를 멀찌감치 따돌려 낡은 회사들과의 비교는 더 이상 별 의미가 없다고 여겨졌기 때문일지 모른다. 10년이 넘는 기간 동안 찰리가 남긴 무수한 메모를 살펴보면 다른 금융회사들을 언급하기 보다는 오히려 적극적인 공세를 펼치고 있는 식료품 회사나 유통업체들이 어떻게 운영되는지에 관해 더 많이 이야기했다. 공격적인 광고 및 판촉 전략을 제대로 활용한 결과가 나타나면서 메릴린치는 1940년대와 50년대 사이 전국 지점망을 통해 중산층 대중으로부터 계좌를 유치하는 데 경쟁자가 거의 없었다. 메릴린치 경영진의 유일한 목표는 그들의 회사가 전년도에 올린 실적을 경신하는 것뿐이었다.

찰리는 1953년 67세의 나이에 방사능 요드를 이용한 실험적인 치료를 받은 이후 협심증의 통증에서 벗어날 수 있었다. 건강이 호전되면서 다시 활기를 되찾았지만 그는 스미스와의 역할 분담 체제를 지속해 나가기로 결정했다. 그는 대표파트너로서 포괄적인 정책 이슈를 검토하는 일에만 관여했다. 찰리는 정기적인 행사가 열릴 때만 짧은 기간 동안 본사 사무실에 들렀다. 하지만 1953년에 이틀간의 일정으로 열린 메릴린치의 108개 지점장과 주요 부서장들이 참석한 회의에는 그도 적극적으로 참여했다. 1955년 10월에는 회사 파트너들이 그의 70번째 생일을 축하하는 성대한 파티를 열어주기도 했다.

이에 앞서 제2차 세계대전이 끝나갈 무렵 찰리와 파트너들은 획기적인 개혁 조치의 2차 공세를 단행했다. 3~6개월간의 강의실 교육이 포함된 공식적인 연수 프로그램을 개설한 것이다. 메릴린치의 연수원에서는 20대 중반에서 후반의 신입사원들을 주로 교육시켰다. 연수생의 대부분은 메릴린치에서 "AE(Account Executive)"라고 불리는 주식 브로커의 길을 가기로 돼 있었다. AE는 1940년대 초 찰리 자신이 만든 세련된 명칭이었다. 이 연수 프로그램은 수백 명의 신입사원들에게 건전한 투자의 기본이 무엇인지 훈련시켰고, 나아가 다른 증권회사와는 차별화된 메릴린치의 독특한 기업문화를 주입시켰다. 이 같은 연수 프로그램 덕분에 1950년대 중반 무렵 메릴린치의 영업직원 가운데 절반 이상이 40세 이하였고, 30대 지점장도 나오기 시작했다.

1940년 이후 메릴린치에서는 거의 예외 없이 모든 일이 계획대로 착착 진행됐고, 많은 경우 실적이 기대치를 훨씬 웃돌았다. 1940년대 초까지는 주식시장의 거래량이 부진을 면치 못했으나 1940년대 중반으로 접어들면서 다시 살아났다. 그 이후로는 한두 해 뒷걸음질 친 적은 있었지만 주식 거래량은 거의 매년 신기록을 경신했다. 또 주가가 크게 출렁거리기는 했어도 1929~32년처럼 투매로 인한 대폭락은 없었다. 이제 어느 정도의 경쟁력을 갖춘 회사라면 증권중개 서비스도 다시금 수지가 맞는 사업이 됐다. 대중들이 바라보는 주식 브로커에 대한 이미지도 개선됐다. "AE"라는 호칭은 업계 표준이 됐고, 이 직업은 진정한 전문직으로 인식되기 시작했다. 대서양 연안에서 태평양 연안에 이르기까지 중산층 대중을 신규 고객으로 유치하겠다는 메릴린치의 전략은 상당히 주효했다. 단골 고객들과 충성도 높은 직원들, 위험을 무릅쓰고 회사에 자본금을 출자한 투자자들 모두에게 혜택이 돌아갔다.

메릴린치의 투자은행 부문은 조지 레니스(George Leness)의 지휘 아래 신규 발행 유가증권을 전국 지점망에서 대량으로 판매할 수 있다는 장점을 적극 활용해 새로운 기업 고객들을 유치했고, 10년도 안 돼 월스트리트에서 주간사회사(syndicate manager) 실적 10위권 안에 들 수 있었다.

본질적으로 투기적인 성격이 강해 한때 여론의 도마 위에 올라야 했던 상품거래 사업도 전후에는 새롭게 변모해 중요한 이익 창출의 원천으로 거듭났다. 한마디로 메릴린치는 금융시장의 모든 부문에서 성공적이었다. 이는 안전 제일주의를 지향하는 신탁펀드 관리자부터 눈에 핏발을 세운 투기꾼에 이르기까지 다양한 고객들에게 각자의 입맛에 맞는 다양한 서비스를 제공하겠다는 찰리의 전략이 맞아 떨어진 결과였다. 한편 메릴린치의 파트너와 직원들은 경쟁사에 비해 같거나 조금이라도 저렴한 수수료 요율로 최상의 서비스를 제공하는 데 전력을 다했다.(당시 수수료 요율은 법적으로 고정돼 있어서 증권업계 전체가 같았지만 메릴린치는 다른 증권회사들이 소액 계좌에 부과하던 추가적인 부가수수료를 폐지했다.) 경제적으로 여유자금이 부족한 고객들도 부유하고 사회적 지위가 높은 다른 고객들과 똑같은 대접을 받았다. 시간이 흐르자 기존 고객들 사이에 입 소문이 퍼지면서 새로운 고객이 눈덩이처럼 불어났다.

메릴린치에 뿌리 내린 일하는 문화는 생동감과 적극성, 친절이었다. 1940년대와 50년대에 걸쳐 리더로서, 또 역할 모델로서 찰리가 미친 영향은 그야말로 아무리 강조해도 지나치지 않을 정도다. 직원들은 윤리적이고 실용적인 가치관을 체질화했다. 다름아닌 창업자의 신앙적 열정이 담긴 가치관이었다. 고객 서비스는 언제나 최우선 순위였다. 미국에서 다른 분야의 기업들이 "서비스"라는 슬로건을 내걸기 시작한 것은 1970년대 이후였고, 그것도 외국의 경쟁 기업들이 밀물처럼 밀려 들어와 미국 소비자들을 놓고 치열한 다툼을 벌이면서부터였다. 그러나 메릴린치는 출범할 때부터 탁월한 고객 서비스를 강조했다. 대부분의 브로커들이 가졌던 개인적인 목표는 일정한 나이가 되면 중상류층 수준의 편안한 생활을 즐기는 것이었다. 대다수 고객들의 열망도 마찬가지여서 이 둘을 결합하면 충분히 경쟁력 있는 시너지 효과를 낼 수 있었다. AE들 가운데 극단적으로 야심이 컸던 일부는 돈을 최대한 많이 벌고 싶은 욕심에 회사를 그만두기도 했지만, 대다수 직원들은 회사가 제시한 목표를 받아들였고 은퇴할 때까지 회사에 남아있었다. 메릴린치 직원들은 어느 부서에서 일하든 경쟁 증권사 직원들에 비해 많은 보수를 받았다. 게다가 후한 이익분배제도가 정규 보수체계를 보충해주는 역할을 했다. 월 스트리트의 열매를 메인 스트리트로 가져오는 일은 대표파트너뿐만 아니라 대다수 직원들의 보람이기도 했다. 찰리는 과거 예금하는 게 전부였던 중산층 대중에게 건전한 성장기업 주식에 투자하면 합리적인 리스크를 부담하면서도 수익률을 극대화할 수 있다는 점을 보여주었다는 점에서 자신이 진정으로 가치 있는 뭔가를 이뤄냈다고 느꼈다. 메릴린치의 직원 대부분도 고객들에게 도움을 준 데 대해 이와 비슷한 자부심을 가졌을 것이다.

찰리가 금융시장의 미래 흐름을 오판한 유일한 사례는 개방형 뮤추얼펀드에 대해 절대 타협하지 않으려 했던 데서 찾을 수 있다. 도널드 리건(Donald Regan)이 1950년대 초 새롭게 커나가는 이 시장에 진입해 개방형 펀드 주식을 고객들에게 팔아야 한다고 제안한 적이 있다. 찰리는 일언지하에 이 제안을 거절했고, 개방형 뮤추얼펀드의 장점에 대해 제대로 검토조차 하지 않았다. 중산층뿐만 아니라 상류층 투자자들도 전문 펀드매니저에게 어떤 종목을 사고 팔 것인지 맡기고 싶어했지만, 찰리는 개방형 뮤추얼펀드가 일반 대중에게 유리한 점이 무엇인지 이해하려 들지 않았다. 혁신적인 아이디어로 무장한 충성스러운 부하 직원의 발전적인 조언조차 받아들이지 않은 것은 그의 사업이력이 말년으로 접어들었을 때의 일이다; 찰리 역시 세월의 무게를 이겨내지 못했고, 그의 기업가 정신도 많이 무뎌진 탓일 것이다.

물론 찰리가 자신은 절대 잘못된 판단을 내리지 않는다고 주장한 적은 없었다. "힘들게 번 돈을 투자하기 전에 반드시 모든 제안을 꼼꼼히 조사하라." 이 말은 찰리 스스로 평생 외쳐왔던 원칙이었지만, 본인 스스로도 가끔은 무시했다. "신속하게 의사결정을 하면 60% 정도는 맞는다. 신중하게 하면 70% 정도는 맞지만, 항상 그럴 만한 가치가 있는 것은 아니다." 다행히 찰리는 인생의 4분의 3이상 동안 대부분의

일에서 옳았다. 윈 스미스는 스승인 찰리의 협상 방식에 대단한 존경심을 갖고 있었다;

찰리는 복잡하고 미묘한 협상을 할 때면 합의조건을 도출해 내는 데 천재였다. 그의 논리와 그가 내놓는 제안의 진실성은 초반부터 상대방에게 그의 솔직함을 납득시켰고, 어떤 사업을 놓고 협상을 벌이든 그것이 핵심이 됐다. 그는 자신이 유리한 위치를 차지하기 위해 놀랍도록 강한 모습을 보이다가도 상대방이 설득력 있는 주장을 내놓으면 갑자기 타협을 하곤 했다.

찰리는 기업가 인생의 막바지에 여러 신문으로부터 많은 칭송을 받았다. 그의 이름은 금융인으로서는 드물게 미국의 50대 기업인 혹은 100대 기업인 명단에 올랐다. 아마도 그에게 쏟아진 찬사 가운데 가장 널리 알려진 것은 경제전문기자 겸 역사가인 마틴 메이어(Martin Mayer)가 1955년에 쓴 책《월 스트리트: 인물과 돈Wall Street: Men and Money》에 나오는 대목일 것이다;

그는 150년의 금융시장 역사에서 진정으로 위대한 최초의 인물이다. 모건과 드루, 굴드, 그리고 리버모어 같은 인물들은 자신이 만든 작은 섬에 군림했고, 이 섬에서 일반 대중은 털이 깎이기를 기다리는 양에 불과했다. 반면 찰리는 대중들을 불러들였다. 털이 깎이는 양으로서가 아니라 혜택을 나눠 갖는 파트너로서……. 1930년대의 분위기와 뉴딜 법안의 덕을 보기도 했고, 많은 개인들도 힘을 보탰다. 그러나 중심에 서서 주도적인 역할을 한 사람은 찰스 메릴이었다.

찰리의 유산은 이어지고 있다. 그는 원칙과 전략, 정책을 세웠고, 이를 토대로 회사를 최고의 반열에 올려 놓았다. 그가 죽기 전 메릴린치는 두 개의 핵심적인 금융시장에서 자타가 공인하는 선두기업이 됐다: 증권거래 중개서비스와 상품거래 분야였다. 수십 년 뒤 메릴린치는 모든 경쟁사들을 제치고 월 스트리트 최고의 투자은행으로 발돋움했다. 메릴린치가 증권산업의 기업금융과 소매영업 양쪽 분야에서 모두 1등이 된 것이다. 전무후무한 업적이다. 이제 파트너십에서 벗어나 주식회사 형태를 갖춘 메릴린치는 런던에서 홍콩에 이르기까지 전 세계 금융시장으로 영역을 넓혔다. 이런 점을 종합하면 찰리가 금융시장에 미친 영향은 J.P. 모건을 포함한 이전의 모든 미국 금융인들이 남긴 업적을 전부 합쳐야 할 정도다. 주식시장 대중화를 통해 찰리는 중산층 대중에게 아주 다양한 투자기회를 접할 수 있도록 해준 기업을 창조해 냈다. 그는 진정으로 월 스트리트를 메인 스트리트로 옮겨왔다. 찰스 메릴은 금융서비스 분야를 새롭게 탈바꿈시킨 미국 최고의 기업인으로 인정받을 만하다.

다시 월 스트리트로

찰리는 뉴욕에서 서부해안으로 향하는 대륙 횡단 열차에 몸을 실었
다. 나치 독일이 폴란드를 침공한 지 몇 주 지나지 않은 1939년 10월이
었다. 찰리의 캘리포니아 출장은 벌써 10년이 넘게 이어져왔다. 찰리
는 1920년대 중반 경영권을 확보한 전국적인 식료품 체인점 기업 세
이프웨이의 최고경영진과 협의하기 위해 해마다 몇 차례씩 침대열차
나 비행기를 타고 대륙을 횡단했다. 찰리의 재산은 당시 3000만~5000
만 달러에 달했다. 이 엄청난 재산은 체인점 주식에 과감하게 투자한
덕분이었다. 식료품 체인점 기업이 거느린 가맹점들은 대량 구매의
이점을 누릴 수 있도록 본사나 지역본부의 통제를 받았는데, 대개 식
료품과 일상적인 소비재에 특화했다. 판매품목은 먹거리에서 신발,
자동차부품, 비내구성 생활용품에 이르기까지 아주 다양했다. 체인점

에서는 이들 제품을 다른 소매점보다 더 싼 가격에 판매한다는 점을 내세웠다. 특히 세이프웨이는 대공황 기간 중 탁월한 경영진의 지휘 아래 가장 성공적이고 수익성 높은 체인점 기업 가운데 하나로 발돋움할 수 있었다.

세이프웨이를 비롯한 여러 체인점 기업 주식에 투자해왔던 찰리는 지난 15년 동안 아주 적절한 타이밍을 포착해 체인점 기업 지분을 정리했고 대부분 상당한 차익을 실현했다. 1929년 10월의 주가 대폭락 사태가 닥치기 직전인 1920년대 말 경기 호황기가 끝나갈 무렵에 보유 주식 일부를 처분했고, 1933~39년 사이에도 주가가 반등할 때마다 많은 물량을 매각했다. 그러나 이 와중에도 세이프웨이 보통주만큼은 그대로 보유했고, 대주주로서 고위경영진 선임이나 사업전략 수립과정에 깊숙이 참여했다. 사실 캘리포니아 주 오클랜드에 본사를 둔 세이프웨이가 미국 전역으로 확장해 나가는 작업을 찰리가 총지휘했다고 해도 과언이 아니다. 마침내 1939년 세이프웨이는 미국 내 식료품 소매판매기업 가운데 점포 수 순위에서 A&P(Great Atlantic and Pacific Tea Company)에 이은 2위로 올라섰다. 찰리가 세이프웨이와 맺어온 긴밀한 관계는 사업상으로든 개인적으로든 떼려야 뗄 수 없는 것이었다. 찰리는 에디 린치에게 보낸 편지에서 자신이 느끼는 애착이 얼마나 깊은지 표현했다: "세이프웨이는 내게 돈보다 훨씬 더 큰 그 뭔가를 의미한다네. 나는 내 인생을 세이프웨이에 전부 쏟아 부었네."[주1]

찰리가 비즈니스 세계에 뛰어든 처음 30년간을 뒤돌아보면, 그의 성공은 무엇보다 체인점 기업에 대한 과감한 투자, 특히 세이프웨이 대주주로서의 역할을 성실히 다 했기 때문이라고 말할 수 있다. 사실

1930년대 말까지도 그는 재계에서 모험을 좋아하는 금융인으로보다는 공격적인 식료품 소매업자로 더 잘 알려져 있었다. 젊은 시절 월 스트리트에서 쌓았던 명성은 그 무렵 사라진 지 이미 오래였다. 물론 갓 활동을 시작한 투자은행가로서, 엄청난 상승률을 기록한 종목을 잇달아 발굴해 낸 찰리의 활기 넘치던 시절을 기억하는 사람들도 있었지만, 1930년대 내내 메릴린치(Merrill, Lynch & Company)라는 이름의 투자은행은 거의 빈사상태에 빠져 있었다. 메릴린치 역시 대공황의 충격에서 벗어나지 못한 채 여전히 자본시장의 변두리에 머물러 있던 수많은 금융회사 가운데 하나에 불과했다.

그런데 월 스트리트에서 거의 사라져가는 이름이었던 찰리가 1940년대로 접어들자 갑작스럽게 방향을 틀어 극적인 대전환을 시도했다. 우선 증자를 통해 신규자본을 끌어들였고, 매우 신선하면서도 후대의 모범이 되기에 충분한 혁신적인 아이디어를 도입해 메릴린치에 활력을 불어넣었다. 이를 계기로 찰리는 20세기 미국 금융서비스 분야에서 최고의 혁신가(innovator)로 부상했다. 이 책에서 집중적으로 다룰 그의 사업이력은 바로 이 같은 혁신적인 변화들을 그가 어떻게 추진해 나갔는가에 관한 것이다.

1939년 10월 세이프웨이의 오클랜드 본사 출장길에 오른 찰리는 주말을 이용해 시카고에 잠시 들렀다. 1920년대 호황기 시절 메릴린치에서 함께 근무했던 윈스롭 스미스를 만나기 위해서였다. 그 무렵 스미스는 피어스 회사(E.A. Pierce & Company)의 시카고 지점장으로 일하고 있었다. 찰리와 스미스는 암허스트 칼리지 선후배 사이로 학창시절의 인연이 이어져 스미스는 1916년 대학을 졸업하자마자 찰리의 회사에 입사했다. 스미스는 이후 꾸준히 승진해 1929년에는 정식 파트너로 승진했는데, 바로 그해 대공황의 출발점이 된 주가 대폭락이 벌어졌다.

그가 파트너가 되고 나서 몇 달 만에 주식시장이 붕괴하자 선임 파트너였던 찰리와 린치는 월 스트리트에서의 사업을 축소하기로 결정했다. 두 사람은 그러나 경기가 위축된다고 해서 회사의 정식 파트너와 능력 있는 직원들을 아무런 대책 없이 무책임하게 해고해서는 안된다고 생각했다. 찰리와 린치는 결국 메릴린치의 증권중개 사업부문 (기관투자가가 아닌 개인을 상대로 하는 리테일 사업부문) 전체를 피어스회사에 넘기기로 했다.

에드워드 피어스는 주가 대폭락 다음해인 1930년에도 미국 경제는 기본적으로 탄탄하므로 증권 트레이딩 사업의 수익성은 여전히 좋을 것으로 낙관하고 있었다. 따라서 그의 생각으로는 메릴린치의 리테일 사업부문 인수는 성과가 뛰어난 노련한 인력을 한꺼번에 확보하는 효과가 있었다. 피어스는 사업을 축소할 생각이 전혀 없었고, 자신의 회사는 탄탄하다고 자신했다. 허버트 후버(Herbert Hoover) 대통령도 경기하강은 일시적일 뿐이라고 믿어 의심치 않았고, 월 스트리트의 많은 사람들도 마찬가지였다. 그러나 찰리는 보다 신중한 입장이었다. 그는 이미 1928년에 주식시장이 큰 폭으로 조정을 받을 것이라고 내다봤고, 향후 시장 전망 역시 불확실하다는 의견이었다. 그는 분명한 상승 신호를 확인하기 전까지는 그저 시장을 관망하면서 수백만 달러를 투자한 체인점 기업의 경영에만 전념할 계획이었다. 윈 스미스를 포함한 메릴린치의 직원 대다수는 굳이 별도의 구직활동 없이도 그동안

해왔던 일을 계속 할 수 있다는 점에서 피어스 회사에 합류하는 것을 받아들였다. 사실 이들 대부분은 그 시기에 달리 옮겨갈 만한 일자리도 없었다.

찰리와 린치, 그리고 메릴린치에서 일했던 몇 명의 동료들은 피어스 회사와의 매각협상 타결과 경영정상화를 앞당기기 위해 피어스의 자본 확충에 모두 500만 달러를 투자하기로 합의했다. 파트너십 계약도 향후 10년간 유지하기로 명문화했다. 예기치 않은 청산을 우려한 변호사들의 자문에 따라 찰리는 피어스 회사의 경영에는 적극적으로 관여하지 않기로 했다.[주2] 이 때문에 찰리는 1930년대 내내 회사 경영과 관련해 피어스 쪽에 간단한 문의조차 거의 하지 않았다. 대공황의 골이 깊어지면서 주식시장의 거래량이 급감했고, 이로 인해 피어스의 손실이 눈덩이처럼 불어나던 시기에도 마찬가지였다. 예전 동료들이 그를 찾아와 회사 경영에 다시 개입해 새로운 사업전략을 제시하라고 권했지만, 찰리는 귀를 기울이지 않았다. 1930년대 말 그는 피어스에 대한 투자조건을 변경해 대차대조표상 출자금 계정을 상환우선주(senior position)로 바꿔놓았다. 이때까지 그의 출자금은 이미 4분의 3이 날아가버린 상태였다. 그는 배당금을 받을 권리를 아예 포기했고, 상황이 더 악화될 경우 생길 추가 손실에 대비해 투자계정을 이자만 받는 조건으로 전환시켰다. 피어스 회사 입장에서 보자면 그의 투자는 출자금이라기보다는 차입금에 가까운 것이었다.

1939년 10월은 이런 상황이었다. 찰리가 시카고 시내의 기차역에 도착한 직후 찰리와 윈스롭 스미스 간의 대화 주제는 스미스가 제안한 야심에 찬 사업계획으로 바뀌어 있었다. 만약 이 계획이 채택된다면 자본 부족과 지속적인 손실, 리더십 부재로 인해 파탄을 향해 치닫고 있던 피어스 회사는 파산을 면할 수 있었다. 제안의 골자는 새로 재편되는 증권회사의 대표파트너로 찰리가 참여해 경영을 책임진다는 것이었다. 찰리가 요청 받은 역할은 한마디로 백기사(white knight)로 들어와 청산 직전에 놓인 기업을 구하는 일이었다. 그러나 문제는 경영 정상화를 제대로 추진하기 위해서는 상당한 자금을 투입해야 하고, 전문 경영인력도 필요하다는 점이었다. 더구나 찰리가 회사 일에 전념해야 할 시간도 최소 주당 45시간 이상으로 갑자기 늘어날 상황이었다. 이는 지난 10여 년 동안 누려왔던 여유로운 생활(세이프웨이 경영진과 업무 협의를 하는 경우를 제외하고는)을 포기해야 함을 의미했다.

찰리는 회사의 구조조정 계획이 그에게 아무리 큰 부담이 된다 할지라도 이번 주말만큼은 피어스 회사의 어두운 미래에 대해 솔직하게 토론하기를 기대했다. 찰리의 돈 40여 만 달러가 피어스 회사에 묶여 있었기 때문에 어차피 피할 수 없는 주제였다. 문제는 10년 전에 체결한 파트너십 계약이 그해 12월 31일 종료될 예정이어서, 불과 2개월 정도의 시간밖에 남지 않았다는 점이었다. 피어스 입장에서는 지난 10년간 지속된 영업손실의 누적과 자본잠식을 감안할 때 찰리를 비롯한 주주들이 증자에 동의하지 않을까 걱정했다. 더구나 회사 자산의 매각이나 라이벌 증권회사와의 합병은 현실적으로 타당한 대안 같지도 않았다. 거의 모든 증권회사가 거래 부진으로 적자를 내는 상황에서 합병 상대로 꼽을 만한 증권회사는 아예 찾아볼 수 없었다. 또 윈스롭 스미스를 비롯한 수백 명의 직원들 가운데 상당수는 이미 중년 나이로 접어들었거나 그 이상이어서 실직하게 된다면 자칫 인생 전부를 망칠 처지였다.

찰리의 방문에 앞서 스미스는 뉴욕 본사를 찾아가 피어스를 비롯한 경영진과 상황을 점검해 보았다. 스미스는 찰리의 현업 복귀를 전제로 한 시나리오를 갖고 있었고, 피어스 회사와 메릴린치(Merrill Lynch) 간의 합병을 추진하기 위해 최고경영진의 허락을 받고자 했다.(린치는 1938년에 사망했고, 이후 회사를 파트너십에서 주식회사로 전환하는 과정에서 찰리와 린치 사이에 있던 콤마(,)는 사라졌다.) 스미스는 예전의 보스를 월 스트리트로 다시 끌어들이기 위해 필요하다고 생각하는 몇 가지 조건을 열거했다. 가장 중요한 것은 찰리를 대표파트너로 선임하는 것이었다. 이 경우 찰리가 인사문제를 비롯한 경영 전반에 걸쳐 전권을 행사하게 된다. 약간의 논쟁 끝에 피어스와 그의 측근 제리 큐피아(Jerry Cuppia)는 회사 정상화 계획을 지지하기로 합의했다. 이제 스미스가 찰리를 잘 설득해 재산의 상당 부분을 새로이 합병하는 회사에 투입하는 작은 기적을 이뤄낸다면 피어스 회사의 직원 대부분은 실직을 면할 수 있었다.

찰리는 이 문제와 관련해 시카고를 처음 방문했을 때는 스미스에게 아무런 약속도 하지 않았지만 캘리포니아를 다녀오는 기차여행 길에 진지하게 생각해 보겠다고 답했다. 그는 3주 뒤 주말에 시카고에 다시 들러 논의를 계속 하기로 약속했다. 이 사이 스미스는 피어스의 뉴욕 본사에서 온 회계사들의 도움을 받아 합병으로 새로 탄생할 회사의 첫 회계연도 예상 실적을 추정해 보았다. 스미스는 경비 감축을 전제로 할 경우 주식시장의 거래량이 1939년처럼 부진한 수준에 머물더라도 1940회계연도에는 100만 달러 정도의 이익 실현이 가능할 것이라고 확신했다. 거래량이 조금이라도 증가한다면 이익은 더 늘어날 수 있었다.

찰리가 두 번째로 시카고에 들렀을 때 두 사람은 잠자는 시간을 빼놓고는 추정 재무제표를 검토하는 데 거의 모든 시간을 보냈다. 숫자를 만지작거리는 일은 찰리가 즐기는 일 가운데 하나였다. 그는 새로운 투자를 위해서든 아니면 기존 투자를 청산하기 위해서든 대차대조표와 손익계산서를 꼼꼼히 검토해보고 결론을 내야만 편안함을 느꼈다. 이번처럼 중대한 결정을 내릴 때는 특히 긍정적이든 부정적이든 관련된 모든 사실을 알고 싶어했다. 찰리는 다재다능하고 유연한 사업가로서 세부사항을 따지는 경우는 물론 거대한 사업전략을 논의할 경우에도 늘 탁월한 능력을 발휘했다. 그는 추정이익을 살펴 본 뒤 두 회사의 합병에 흥미를 갖게 됐고, 동시에 타고난 승부사 기질이 되살아났다. 찰리는 피어스 회사가 대공황의 와중에도 미련스러울 정도로 유지해온 방대한 지점망을 해체하지 않고도 경비를 얼마나 줄일 수 있는지 궁금했고, 이 점에 대해 스미스에게 질문을 퍼부었다.

찰리는 이익 전망치에 큰 관심을 가졌지만 결코 내색하지 않았다. 그는 피어스 회사에 관한 보다 많은 정보와 금융시장 동향에 대한 보다 많은 지식이 필요했다. 거의 10여 년 동안 증권업계를 떠나 있었기 때문에 최근의 동향을 알지 못했던 탓이다. 고려해야 할 다른 요인도 있었다. 나치 독일을 상대로 프랑스와 영국이 1939년 9월 선전포고를 했는데, 제1차 세계대전 당시의 경험을 떠올려 보면 이처럼 중요한 정치적 사건은 주식시장에 부정적인 영향을 미칠 게 분명했다. 뉴욕증권거래소(NYSE)는 1914년 8월 제1차 세계대전이 발발하자 몇 달 동안 아예 문을 닫아버리기도 했다. 미국의 참전 여부에 따라 같은 일이 1940년이나 41년에도 얼마든지 벌어질 수 있었다. 새로운 사업을 벌이기에는 위험한 시기였고, 수 년간 적자에 허덕이고 있는 기업의 경우에는 말할 나위도 없었다.

찰리는 스미스에게 추수감사절 휴가를 이용해 뉴욕으로 와서 12월 말까지 자신과 함께 합병 방안을 검토하자고 제안했다. 스미스는 이 제안을 받아들였고, 크리스마스 때 잠시 시카고로 돌아갔다가 검토작업을 계속하기 위해 다음해 1월 뉴욕으로 돌아왔다. 스미스의 회고담을 들어보자. "우리는 한 달 내내 밤늦게까지 작업했지만 찰리가 만족할 만한 최종 합병안이 나오지는 않았어요. 찰리가 합병안을 내던져 버릴지도 모른다는 걱정이 들기 시작했습니다."주3 그러나 이것은 스미스의 지나친 우려였다. 찰리는 단지 두 회사의 딜에 대해 좀더 곰곰이 생각해 보고, 여러 가지 가능성을 검토할 시간이 필요했던 것이다. 이미 54세의 나이였던 그는 짜증나고 망신스럽고 완전히 엉망진창인 상태에서 두 번째 이혼을 마무리하고, 1939년 초 세 번째 결혼식을 올린 지 얼마 되지 않은 상황이었다. 그의 새 신부인 킨타는 자신이 절반쯤 은퇴한 부자와 결혼한 덕분에 사치스러운 상류층 생활과 여행을 비롯한 온갖 여가활동은 물론 새 남편과 많은 시간을 함께 보낼 수 있을 거라고 믿어 의심치 않았다. 킨타는 아마도 자신이 침체에 빠진 증권산업과 죽어가고 있는 증권회사를 되살리기 위해 안간힘을 쓰는 상습적인 일중독자와 결혼했으리라고는 상상조차 하지 않았을 것이다. 따라서 찰리는 사업뿐만 아니라 사생활이라는 측면도 고려해야 했다.

피어스와의 파트너십 계약이 12월 31일자로 종료되기 며칠 전 찰리는 3개월간 연장을 제안했다. 이로써 적절한 사실 관계를 파악하고 본인의 생각을 정리할 몇 주간의 여유가 생겼다. 어느 쪽으로 결론을 내리든 계약은 전적으로 그의 손에 달려 있었다. 회사를 살릴 만한 충분한 재력을 갖춘 금융가가 나타나지 않았기 때문이다. 피어스 회사의 직원들은 자신들의 운명이 어떻게 될지 초조하게 기다리며 마치 바늘방석 위에 앉아있는 기분이었다. 이미 오래 전부터 주식시장의 거래 부진이 이어져왔기 때문에 직원들은 기다리는 일에는 익숙해져 있었고, 하루라도 빨리 주식시장이 되살아나기만을 바랄 뿐이었다. 1940년 당시 미래 상황을 낙관하는 직원은 거의 없었다. 경영진이 교체되더라도 회사는 일시적으로 파산을 면하고 자신들도 잠시 실직을 모면할 수 있을 뿐이며, 새로운 경영자인 찰리가 돈과 역량을 투입하더라도 기적을 이뤄낼 수 있을 거라고는 기대하지 않았다. 찰리가 뛰어난 사업가일지는 몰라도 상황이 1920년대의 호시절과는 완전히 딴판이었기 때문이다. 더구나 일개 기업의 힘만으로는 한계가 있는 상황이었다. 국가 전체의 실업률을 낮추고, 경기 전반의 호황을 불러오고, 주식 거래량을 획기적으로 늘리는 일은 찰리가 아무리 탁월한 경영자라 해도 그의 능력 밖의 일이었다.

윈 스미스와 피어스 직원들이 회사의 구조조정 방안을 준비하고 있을 때 찰리는 독자적인 조사를 시작했다. 그는 12월에 메릴린치의 임원으로 구성된 특별회의를 소집한 뒤 참석자 전원에게 다소 추상적인 질문에 관한 비밀보고서를 제출하도록 요구했다: "에디 린치라면 어떻게 했을까?" 참석자들의 답변이 남아 있지 않은 탓에 그 내용을 짐작할 수밖에 없다. 만약 린치가 1938년에 병사하지 않고 이 회의에 참석했더라면 이런 종류의 위험한 사업에 큰 관심을 보였을지 의심스럽다. 린치는 1930년 이후 여유롭게 즐기는 생활에 익숙해져 있었고, 따라서 친구인 찰리에 대한 의리 때문에 합병회사에 출자금을 댔을지는 몰라도 은퇴생활을 접고 다시 경영일선에 복귀했을 가능성은 높지 않다. 두 사람은 대공황기 동안 다른 길을 걸어왔고 우선순위도 달랐다. 찰리는 1930년대 내내 세이프웨이의 경영에 관여하고 있었던 반면 린치는 상근 테니스 코치를 고용해 언제 어디서든 테니스를 치는 데만 골몰했다. 그런 점에서 당시 메릴린치의 임원들은 합병안에 대한 의견서를 작성하면서 린치의 시각을 무시했을 것이다. 긍정적이든 부정적이든 아니면 절충안이든 그들의 보고서가 찰리로 하여금 합병 프로젝트를 포기하도록 설득하지 못했던 것은 분명하다. 그들의 자리가 걸린 문제이기도 했으니 찰리가 투자은행업과 증권중개업에 정열을 바친다면 그들의 미래도 밝아질 거라고 결론을 내렸을 것이다.

　1939년 11월 어느 날 캘리포니아에 머물고 있던 찰리는 로스엔젤레스에서 컨설팅 회사를 경영하고 있던 테드 브라운과 합병안을 놓고 이야기했다. 브라운은 이날을 계기로 윈스롭 스미스 다음으로 찰리에게 금융업 복귀를 설득하는 결정적인 역할을 맡게 된다. 게다가 이날 이후 브라운은 메릴린치가 일련의 내부 시스템을 갖춰 나가는 데 결정적인 조언자가 된다. 이 내부 시스템은 훗날 증권회사 직원인 브로커와 고객 간의 관계를 혁명적으로 바꿔놓았다. 브라운은 브로커들에게 수수료를 기준으로 급여를 지불하지 말고, 고정급과 연말 보너스를 지급하는 급여체계로 바꿀 것을 제안했다. 그는 고객인 찰리가 강한 거부감을 털어낼 때까지 끊임없이 설득했다. 브라운은 애초부터 증권업과는 거리가 멀었고, 오래된 관행에 대한 그의 새로운 관점으로 인해 적지 않은 논란을 불러 일으키기도 했다. 그의 컨설팅 회사는 기업 전략을 수립하는 데 무엇보다 여론을 중시하는 것으로 정평이 나 있었다. 덕분에 메릴린치는 외부 전문가들을 제대로 활용하는 사실상 첫 번째 증권회사가 됐다. 브라운은 경영컨설턴트로 성공하기까지의 과정을 회고하면서 무엇보다 독창성을 강조했다. "우리는 고객에게 계획이나 아이디어, 완전히 새로운 아이디어를 판다. 이것들은 모두 고객의 문제점과 시장을 자세히 들여다 봐야 얻을 수 있는 것이다." 주4 브라운이 주장한 이론들은 나중에 정확히 맞아 떨어졌고, 메릴린치가 1940년대 증권업계의 정상으로 올라서는 데 큰 힘이 됐다.

찰리와 그보다 열여섯 살 적은 브라운 간의 긴밀한 사업상의 협력관계는 1930년대 중반 캘리포니아 주정부가 체인점 가맹점들에 부과한 차별적인 세금 정책에 대항해 정치적으로 거세게 저항하는 과정에서 꽃을 피웠다. 당시 여러 주에서는 반(反) 체인점 법안을 통과시켰다. 소규모 소매점들의 압력으로 인해 1935년에 제정된 이 법안에 의하면 어느 체인점이든 첫 번째 점포에는 연간 1달러, 두 번째 점포에는 2달러, 세 번째 점포에는 4달러, 그리고 여덟 번째 점포에는 무려 256달러의 세금을 부과하고, 그 이상의 점포에 대해서는 각각 연간 500달러의 세금을 물리도록 규정했다. 수많은 점포를 거느리고 있는 세이프웨이로서는 이 같은 세금이 가맹점의 수익성을 크게 떨어뜨릴 수 있는 매우 심각한 문제가 아닐 수 없었다. 캘리포니아에서 영업하는 다른 체인점 회사들도 맞서 싸우기로 했다. 세이프웨이가 주축이 돼 캘리포니아 체인점협회를 결성했고, 주민투표를 통해 신규 법안을 폐기시키기 위한 캠페인을 전개했다. 주민투표는 진보의 시대로 불렸던 프랭클린 루즈벨트 행정부 시절 다양한 정치집단이 시도했던 의사결정 방식이었다. 협회는 선거를 통해 법안의 승인 또는 취소 여부가 결정될 때까지 일단 세금 부과를 연기해달라는 청원을 연대서명을 받아 제출했다. 체인점 가맹점에 대한 세금 부과와 관련된 주민투표는 1936년 11월 선거에서 제안 22(Proposition 22)로 부쳐졌다.

브라운은 선거전략을 총괄했던 광고회사 로드 앤 토마스(Load and Thomas)의 부사장 돈 프란시스코(Don Francisco)의 추천으로 영입됐다. 캘리포니아 체인점협회를 도와 여론 공세를 기획하는 게 이들의 일이었다. 체인점협회의 광고는 세금으로 인해 소매업에서의 경쟁이 약화하고, 소비재 가격도 오르게 될 것이라는 메시지를 담았다. 이 같은 광고 캠페인과 PR(홍보) 전략은 과장을 하지 않으면서도 신뢰할 만한 정보를 전파하는 데 중점을 둔 것으로 찰리의 취향에 딱 맞았다. 유권자들의 관심을 끄는 동시에 연대의식을 강조한 캐치프레이즈는 단순하면서도 직접적이었다. "제안 22는 바로 당신에게 부과되는 세금입니다." 선거 전략은 주효했다. 체인점들은 주민투표에서 56%의 찬성률을 얻었고, 캘리포니아 주 58개 카운티 가운데 57곳에서 승리했다.

찰리는 브라운의 과세법안 철회 프로젝트에 크게 감동했다. 상상력이 풍부한 사업가인 찰리는 스스로 수많은 혁신적인 아이디어를 내놓으면서도 남의 의견을 잘 받아들였고, 신임하는 사람들의 건설적인 충고에는 마음을 열었다. 이 일을 계기로 브라운은 1935년 이후 신임 받는 자문가 그룹, 특히 여론관련 자문가 그룹에 합류할 수 있었다. 증권 분야의 전문성이 부족하다는 점은 별 문제가 되지 않았다. 찰리는 금융전문가가 아닌 고객들의 기대를 충족시켜줄 수 있도록 회사 전략을 가다듬는 일에 브라운의 통찰력을 활용하고자 했다. 알고 보면 초창기에는 찰리 자신도 월 스트리트의 아웃사이더 아니었던가. 본인이 강한 남부 사투리를 쓰는 플로리다 촌놈이라는 점 때문에 J.P. 모건이나 셀리그먼, 쿤 로브처럼 당시 잘 나가던 회사의 우쭐대는 임원들(대개 뉴잉글랜드 출신의 개신교도 백인이나 유대인)들과는 거의 어울리지 않았다.

1939년 말 찰리는 브라운에게 남부 캘리포니아 지역 주민들을 대상으로 한 증권산업 전반에 관한 여론조사와, 피어스 회사 로스엔젤레스 지점 고객들을 대상으로 한 설문조사를 실시해달라고 요청했다. 윈스미스에 따르면 찰리는 "일반 대중과 피어스의 고객들이 회사에 대해 어떻게 생각하고 있는지" 알고 싶어했다.[주5] 설문조사 결과는 충격적이었다. 많은 고객들은 주식 브로커의 투자자문이 진실한지 의심을 품고 있으며, 불신이 워낙 심해 자신들의 유가증권을 증권회사에 예탁하기조차 꺼리는 고객이 대다수인 것으로 나타났다.

브라운이 발견한 사실은 당시 최고의 여론조사 전문가인 엘모 로퍼(Elmo Roper)의 결론과 일치했다. 그는 불과 몇 달 전 뉴욕증권거래소의 의뢰로 비슷한 조사를 실시했다. 연방정부가 1934년에 증권거래위원회(SEC)를 설치한 것은 신규 상장기업의 진실성을 높이고 주식시장에 대한 신뢰성을 회복하기 위한 조치였지만 그 후 5년이 지나도록 여론의 변화는 미미한 실정이었다. 로퍼는 일반 대중이 증권회사의 기능에 대해 놀라울 정도로 무지하며, 대부분 주식 브로커에 대해 눈곱만큼의 믿음도 갖고 있지 않다는 조사 결과를 제시했다. 적어도 응답자의 절반 이상이 주식과 채권의 차이조차 알지 못했다. 많은 사람들은 브로커들이 높은 수수료를 챙기기 위한 목적으로 투자자들을 꼬드겨 나쁜 주식을 사도록 유도한다고 믿었다. 대다수는 주가 하락 시 증권거래소가 이득을 본다고 생각했다. 1929년부터 33년까지 주가가 폭락(대부분의 종목이 80~90% 하락)했다는 점을 감안할 때 로퍼의 조사 결과—브라운이 어느 정도 확인한—는 1930년대 후반 증권업 종사자들에게는 그다지 놀라운 결과도 아니었다. 피어스 회사의 브로커들은 신규 고객을 유치하는 데 애를 먹고 있었고, 정기적으로 거래하는 단골 고객에게 의지해 근근이 연명하는 실정이었다.

찰리는 월 스트리트의 평판이 매우 나쁘다는 소식을 듣고는 격앙했다. 예전에 15년 동안이나 투자은행업계에서 일했던 찰리는 그 시절에 이미 고객 대응 방식의 기준을 높여야 한다고 목소리를 높였었다. 그런데 이 같은 조사 결과가 나오자 찰리는 주변 사람들의 우려와는 정반대의 반응을 보였다. 증권산업에 실망하기는커녕 오히려 월 스트리트 복귀를 향한 관심이 더 커진 것이다. 그는 나쁜 상황을 반전시키는 동시에 아직도 증권업계에 몸담고 있는 윈 스미스 같은 믿음직한 친구들의 실추된 명예를 되살리는 일에 사명감을 느꼈다. 아마도 그는 좀 안다는 사람들이 가능성이 낮다고 여기는 생각을 뒤집어 버리고 싶었을지 모른다. 브리지게임 광인 찰리는 편하게 만나는 자리에서조차 조금이라도 판돈을 걸고 게임 하기를 즐겼다.주6 그는 정밀한 계산을 요구하는 도박을 결코 두려워하지 않았고, 그것이 단순한 오락거리든 사업상의 투자결정이든 절대 누구에게도 지려고 하지 않았다.

마침내 파트너십의 종료 시한인 1940년 1월 말이 되자 찰리는 윈 스미스에게 합병을 결심했다며 시간이든 돈이든 필요한 모든 것을 투입할 의사가 있다고 통보했다. 합병계약은 2월 초에 발표됐고 4월 1일자로 발효됐다. 최초 투입자본은 450만 달러 정도로 찰리가 이 가운데 250만 달러를 투자했다. 당시 시사주간지 〈타임Time〉은 도매업이라고 할 수 있는 투자은행과 소매업인 증권중개회사로 각각 알려진 두 회사의 합병을 보도하면서 이렇게 분석했다;

찰스 메릴은 전국적인 판매망이나 대형 기관투자가들과의 긴밀한 거래관계 없이 돈만으로는 투자은행분야에서 빅리그로 도약할 수 없다는 점을 너무나 잘 알고 있었다. 메릴로서는 피어스 회사가 이미 준비된 짝이었던 셈이다. 메릴과 피어스는 이제 증권산업에서 가장 큰 두 가지 사업영역을 완벽하게 거느리게 됐다. 이는 월 스트리트가 다시 살아나기 위해 필요한 것, 즉 새 출발을 할 수 있는 새로운 길을 열어줄 것이다.

한마디로 합병회사는 1940년대 초반의 핵심 전략과제, 즉 월 스트리트 수준으로 도약할 수 있는 모든 조직역량을 갖추고 있었다. 브라운은 훗날 "찰리는 그 무렵 뭔가 획기적인 기회를 찾고 있었다"고 회고했다. 사위인 로버트 마고완은 좀더 투박하고 직설적으로 표현했다. "윈 스미스가 하라고 설득하지 않았더라면 장인은 이 일에 뛰어들지 않았을 것이다. 마지막 기회 같아 보였고 필요한 돈은 이미 갖고 있었다." 순전히 우연이든 아니면 놀라운 직관력 때문이든 찰리는 금융업계에 멋지게 복귀할 만한 적절한 기회를 엿보고 있었던 것이다.

찰리가 돌아온 1940년 초의 월 스트리트는 그가 1920년대 증시 활황기에 겪었던 분위기와는 판이하게 달랐다. 1920년대에는 주가가 매년 신고가를 경신했고, 채권가격도 안정적으로 움직였기 때문에 브로커들을 불신할 이유가 없었다. 당시 뜨거운 붐에 힘입어 은행, 보험회사를 비롯한 기관투자가들과 상류층만의 영역에 머물던 주식시장에 매년 새로운 중산층 투자자가 유입됐다. 그 시절에는 아무도 경제나 주가를 걱정하지 않았다. 새로운 세기가 온 것처럼 말하는 사람이 많았다. 그러나 순진한 낙관론은 주가가 폭락한 1930년대 초 산산조각 나고 말았다. 브로커의 투자조언을 믿고 투자했다가 엄청난 피해를 입은 일반 투자자들은 브로커를 상대로 책임을 지라고 요구했다. 브로커의 투자조언과 관련된 기준이 불분명하거나 사실상 없었던, 그저 잘 나가던 호황기 시절 상당수 브로커들은 금융감독 체계가 부실하다는 점을 악용해 순진한 고객을 속이고 주식시장 전반에 대한 신뢰를 땅에 떨어뜨렸다. 의회가 나서 1930년대 초 증시 관행에 대해 조사를 벌이자 숱한 사기 및 부실대행 사례가 드러났다. 그 후 만들어진 새로운 증권법은 의심스러운 영업행위로부터 투자자를 보호하는 데 중점을 두었지만, 증권업계의 이미지는 이미 너무 실추돼 고객들은 쉽게 돌아오지 않았다. 주식시장은 1932년에 바닥을 친 이후 조금씩 상승세를 보였지만 거래량은 부진을 면치 못했다. 주식 브로커라는 이름이 주는 신뢰도는 중고자동차 세일즈맨과 같은 수준에 머물렀다.

찰리는 새로 출범한 합병회사와 전국에서 일하고 있는 수많은 직원들의 이미지를 쇄신하는 동시에 메릴린치도 증권업계의 일원이라는 점에서 경쟁 증권사들의 이미지도 좋게 유지해야 하는 두 가지 과제를 한꺼번에 해결해야 했다. 아무리 점잖게 행동하더라도 일반 대중이 증권업계에 갖고 있는 부정적인 이미지를 털어내기는 어려운 실정이었다. 증권회사들이 정직하다는 점을 인식시키기 위한 광고 캠페인을 뉴욕증권거래소가 잠재적인 투자자들을 대상으로 진행한 적은 있었지만 일반 대중의 의구심은 여전히 사라지지 않았고, 대다수는 주식투자를 도박과 마찬가지로 여겼다. 찰리는 두 계층을 대상으로 한 캠페인을 동시에 전개해야 했다. 첫 번째 대상은 합병회사의 직원들이었다. 새로운 경영진이 무엇을 생각하고 있는지 궁금해하고 있었기 때문이다. 두 번째 대상은 충분한 소득이 있거나 자본시장에 투자할 여력이 있는 예금주들이었다. 할 일이 무척 많았지만 그만큼 기회도 생겨났다. 방법은 그가 세이프웨이를 비롯한 체인점 기업의 경영에 참여하면서 익힌 지식을 증권산업에 적용하고, 대공황 이전 월 스트리트에서 쌓은 경험을 활용하는 것이었다.

일단 새로운 사업을 시작하자마자 찰리는 주식 브로커를 투기 종목이나 쫓아다니는 루머수집꾼(rumormonger)에서 중산층 가정을 도와주는 투자자문가(investment adviser)로 변신시키게 될 대장정을 시작했다. 19세기 말 그가 한창 자라나던 시절처럼 평생에 걸쳐 주식을 차곡차곡 모아 은퇴 후를 대비하고 후손들에게 물려줄 수 있도록 도와주는 일을 시작한 셈이었다. 찰리의 관점에서 보자면 거대한 부를 향한 길을 제시하는 일 이상으로 고상한 과업은 없었다. J.P. 모건의 경우 이미 한 세기 전부터 막대한 부를 축적한 사람들을 상대로 그들이 재산을 유지하도록 도와주고 있었다. 찰리는 이 개념을 혁신적으로 확장해 초기 단계부터 부의 형성을 지원하는 금융기관을 만들자고 제안했다. 즉, 향후 20~30년 동안 꾸준히 저축할 수 있는 젊은 계층의 자금 축적을 지원해주고, 이들이 주식시장을 통해 재산증식을 도모하도록 돕는 방식이었다. 이를 위해서는 주식시장이 돈을 쉽게 벌려고 하는 사람들이 모인 곳이라는 부정적인 이미지에서 탈피해야 했다. 또 증권업계 종사자들도 의사와 변호사, 목사처럼 신망 있는 직업에 적용되는 높은 직업적 기준을 스스로에게 적용함으로써 과감히 변신해 나가야 한다고 믿었다. 증권산업이 어둠의 터널을 뚫고 나가는 일에서 메릴린치가 선두에 나선 것이다.

찰리의 지시로 새로이 채택된 영업정책은 개별 고객의 이익을 가장 중시한 반면 고객의 주식을 자주 사고 팔아 거래실적만 올리려는 행위는 피하도록 하는 것을 목표로 삼았다. 불필요한 거래를 부추김으로써 거래량을 늘려 보너스나 챙기려는 행위를 막기 위해 모든 영업직원들에게 수수료의 일부를 지급하던 방식을 폐지하고 고정급으로 전환했다. 메릴린치가 1940년대에 이룩한 일들은 증권업계의 새로운 표준이 됐다. SEC의 설립 못지 않게 메릴린치의 새로운 영업방식은 증권업계를 바라보는 일반 대중의 시각을 바꿔놓았고, 주식시장이 신뢰를 회복하는 계기가 됐다.

플로리다에서 보낸 어린 시절

찰리는 어린 시절부터 남부와 북부의 영향을 동시에 받았다. 어른이 되어서도 남부의 정중한 태도와 감상적인 분위기를 지녔다. 하지만 그는 이런 개인적인 특성을 기업가로서의 추진력과 양키의 오랜 전통에 잘 결합시켰다. 공격적인 영업을 지향하는 기업가로서 그는 항상 진실한 자세와 최상의 고객서비스를 강조함으로써 고객과의 분쟁을 피해나갈 수 있었다. 그의 부모는 개인적인 성공과 자립을 강조했다. 그들은 실용적 가치와 윤리의식을 심어주었고, 반드시 노력을 해야만 보다 나은 생활을 영위할 수 있다고 가르쳤다.

소년 시절 찰리는 플로리다 주 북동부 구석의 세인트존스 강둑에 자리잡은 그린코브 스프링스에서 자랐다. 그린코브 스프링스는 플로리다 주 최대의 도시인 잭슨빌에서 세인트존스 강을 거슬러올라가 45킬로미터 떨어져 있는 작은 마을이었다. 그린코브 스프링스는 클레이 카운티에서는 가장 큰 도시였지만 그저 평범한 장터마을이었다.

플로리다 지도만 놓고 보면 문화적으로나 교육적으로 낙후됐을 것 같은 시골 출신의 야심 많은 소년이 온갖 어려움을 극복하고 가장 경쟁이 심한 도시 뉴욕에서 성공을 일궈냈다는 느낌을 받을 것이다. 그러나 틀렸다. 사실 찰리는 교육을 잘 받았고, 문화감각도 갖추었으며, 부자들 속에서 살았다. 그는 당시 미국 농촌에 살았던 젊은이로는 접하기 어려운 것들을 보고 듣는 혜택을 누렸다. 열네 살 때부터는 미국에서 가장 뛰어나다고 손꼽히는 교육기관에 다녔고, 그는 이 같은 교육적 혜택을 잘 활용했다. 이 과정에서 그는 사회적으로 저명하고 영향력도 있는, 이른바 훌륭한 사람들을 만났고, 이들은 찰리의 성공을 도와주었다.

찰리는 신분 상승을 열망하는 중상류층 집안의 장자이자 독자였다. 그는 근면했던 덕분에 초등학생부터 대학생 시절까지 줄곧 방과후나 여름방학 때마다 일자리를 구했는데 대부분 물건을 파는 일이었다. 이렇게 올린 부수입으로 소년시절에는 취미생활을 즐겼고, 훗날 그의 아버지가 강도를 만나 심각한 부상을 입고 집안의 소득이 줄어들게 된 다음에는 생활비로 썼다.

먼 곳이긴 했어도 그린코브 스프링스는 미국 북부의 상류사회에서도 정상급에 드는 부유층의 겨울 휴양지였다. 남북전쟁이 끝난 뒤 철도시설이 개선되고 바다를 왕래하는 증기선이 보다 안전하면서도 성능이 좋아진 덕분에 따뜻한 플로리다의 관광산업은 계속 발전할 수 있었다. 초창기에는 플로리다 북동부의 퍼난디나와 여기서 남쪽으로 몇 킬로미터 떨어진 잭슨빌이 겨울철 관광객이 몰려드는 지역이었다. 이들 지역의 호텔에 머물면서 일광욕과 따뜻한 바람을 즐기는 관광객들도 있었고, 어떤 사람들은 보다 조용한 휴양지를 찾아 증기선을 타고 세인트존스 강 상류지역으로 올라가기도 했다. 그린코브 스프링스가 바로 남북전쟁 이후 가장 먼저 관광 붐을 탄 지역 가운데 하나였다. 〈뉴욕포스트New York Post〉의 윌리엄 쿨런 브라이언트(William Cullen Bryant) 기자는 1873년 이 지역을 여행한 뒤 온천 체험기를 쓰기도 했다.주1 1880년대에는 글로버 클리블랜드(Grover Cleveland) 대통령이 방문하기도 했는데, 대통령이 다녀갔다는 신문보도가 이 동네를 유명하게 만들었다. 1882년에 발간된 관광안내 책자는 그린코브 스프링스를 "상점 몇 군데와 두 개의 크고 훌륭한 호텔, 그리고 예쁜 주택들로 이루어진 매력적인 마을"로 묘사했다.주2 이처럼 긍정적인 평판이 알려지면서 이 마을은 19세기 후반 20여 년간 번영을 누릴 수 있었다.

관광객들에게 숙박시설과 식사 및 음료, 각종 오락 및 편의시설을 제공하는 일이 마을주민들의 중요한 생업 가운데 하나가 됐다. 많은 주민들이 호텔 종업원, 요리사, 웨이터, 접시닦이, 바텐더, 세탁소 직원, 가정부, 심부름꾼으로 일했다. 달리 갈 데가 없는 동네였기 때문에 물가는 비싼 편이었다. 이 마을이 북부 관광객들에게 인기를 끌면서 마을 상인들은 상당한 이익을 남길 수 있었다. 인구가 적은 동네라 휴가철에는 사람을 구하기가 어려웠고 임금도 후한 편이었다. 피크 때는 찰리처럼 부지런한 동네 소년들은 파트타임으로 잠깐 일하고도 상당한 급료를 받을 수 있었다. 문제는 종업원이든 장사를 하는 자영업자든 이 같은 호황기가 12월부터 3월 말까지 불과 세 달 남짓 지속된다는 점이었다.

1880년대의 그린코브 스프링스는 꽤나 호사스러운 겨울 휴양지였다. 유황 냄새가 진하게 풍기는 온천수가 이 마을의 자랑거리로 사람들은 그 의학적 효능을 자랑하곤 했다. 보건 당국도 유황온천이 치료 효과가 있음을 인정했다. 마을의 주요 호텔들은 홍보책자에 온천수가 류머티스, 통풍, 연주창, 소화불량, 마비증세, 신경통, 단독(丹毒), 신장염 등 각종 만성질환을 치유하는 데 효능이 있다고 적어놓았다. 1875년 플로리다 주 관광안내책자를 보면 그린코브 스프링스를 "남부판 사라토가 스프링스"라고 표현했다. 뉴욕 주 북부에 있는 사라토가 스프링스는 그 무렵 상류층 사람들이 매년 여름에 들러 승마와 광천수 목욕을 즐기는 유명한 온천 휴양지였다.[주3]

호경기 시절 그린코브 스프링스는 부유한 단골 고객들을 고급 호텔이나 민박집으로 유치할 수 있었다. 매년 1월 1일이 되면 관광객들이 몰리기 시작해 2월 말까지 이어졌다. 한창 때면 마을 인구가 2000~3000명까지 불어났지만 무더운 여름철에는 마을 주민과 요양객들을 합쳐도 1000명이 채 되지 않았다. 따뜻한 겨울 날씨와 온천욕을 1~2주 동안 즐긴 뒤 증기선을 타고 북부로 돌아가는 사람들도 있었고, 폭설이나 강추위라면 질색하는 보다 여유로운 사람들은 아예 집을 사두거나 장기 임대해 매년 몇 개월씩 머물렀기 때문에 동네 주민이나 마찬가지였다. 가령 분유가 상품화된 이후 유제품 사업으로 큰 돈을 번 보든(Borden) 일가는 그린코브 스프링스에 집을 마련해 겨울철을 났고, 친구와 친척들이 묵을 수 있는 빌라를 몇 채 짓기도 했다.

19세기까지만 해도 플로리다를 찾는 관광객들은 해변보다는 호수가나 강변을 더 좋아했다. 정기편 증기선을 이용해 내륙 휴양지로 가는 게 교통이 불편한 해변 마을로 가는 것보다 훨씬 편리했기 때문이다. 그러다가 1878년 세인트존스 강의 입구가 준설돼 찰스턴이나 조지아 주의 사반나에서 출항한 대형 증기선도 드나들 수 있게 됐다. 1886년에는 클라이드 기선회사가 뉴욕 발 잭슨빌 행 노선을 운항하기 시작했다. 잭슨빌에서 잠깐 멈췄다가 그린코브 스프링스를 비롯한 휴양지를 정기적으로 운항하는 노선이 시즌 중 가장 인기 높았던 노선이었다. 1880년 이후에는 사반나와 잭슨빌를 잇는 기차편이 개설돼 시카고나 세인트루이스 같은 중서부 철도 요충지에서 많은 사람들이 기차를 타고 올 수 있었다. 철도 여행객들은 잭슨빌까지 와서 증기선으로 갈아타고 남쪽으로 향했다. 잭슨빌에서 남쪽으로 240킬로미터 떨어진 케이프 캐너버럴 인근 휴양지인 레이크윈더를 넘어 여행하는 관광객들은 거의 없었다. 레이크윈더가 증기선이 기항하는 마지막 항구였기 때문이다.

스물여섯 살 나이의 닥터 찰스 메릴이 그린코브 스프링스에 도착한 것은 1882년이었다. 그는 외과의사 겸 드러그스토어(drugstore) 주인이었는데, 당시 그런 모습은 일반적이었다. 1880년도 인구센서스에 의하면 마을 인구는 350명 정도였고, 이 가운데 백인이 75%, 흑인이 25%를 차지했다.[주4] 그 무렵 그린코브 스프링스에는 외과의사가 두세 명에 불과했으므로, 닥터 메릴은 호텔주인이나 술집주인, 상점주인들과 마찬가지로 금세 저명인사가 될 수 있었다. 가정의로서 그가 한 일은 두 가지였다. 첫 번째는 지역주민들에게 의술을 베푸는 일이었는데, 주민들을 대상으로 한 의료행위만으로는 생계유지가 어려웠다. 두 번째는 겨울휴가를 온 북부의 부자들이나 장기요양 중인 류머티스 환자들을 진료하는 일이었다. 동네 상인들은 24시간 호출이 가능한 유능한 의사를 둠으로써 휴양지로서의 경쟁력을 높이고자 했다. 외과의사가 있으면 휴양객들도 급하게 병이 나거나 사고가 생길 경우 안심할 수 있었다. 약국이 바로 옆에 있다는 점도 관광객을 유치하는 데 장점이 됐다. 이런 이유 때문에 1881년 뉴욕의 벨뷰 의과대학교를 졸업한 닥터 메릴을 당시 그린코브 스프링스의 최고급 호텔이었던 클래런던 하우스의 사장이 적극 영입해 이곳으로 들어오게 한 것이다. 닥터 메릴과 옥타비아(Octavia) 부부는 그린코브 스프링스에서 17년 동안 살면서 두 자녀를 낳았는데, 찰리는 1885년에, 에디뜨(Edith)는 1892년에 각각 태어났고, 셋째인 딸 매리(Mary)는 가족이 잭슨빌로 이사한 뒤인 1902년에 태어났다.

닥터 메릴은 잭슨빌 인근에서 어린 시절을 보낸 플로리다 토박이였으므로 그린코브 스프링스에는 적임자였다. 그의 부모는 남북전쟁 후 새로운 기회를 찾아 남부로 온 수많은 북부사람들 가운데 일부였다. 당시 남부 경제는 기존의 노예제도가 무너지면서 자유 노동시장으로 이행하는 어려운 과정에 있었다. 플로리다 주는 남부연합(Confederacy)에 가입하기는 했지만 1860년의 주 전체 인구가 백인과 흑인을 다 합쳐 15만 명이 채 안 됐기 때문에 남북전쟁에서 실제 역할은 미미했다.

메릴 일가와 같은 북부 출신 공화당원이 지역주민들에게 진심으로 환영을 받았을 리는 없지만 플로리다는 인구가 워낙 적었고 지역 상공인들도 지역경제가 활성화되기를 원했기 때문에 이주민이 어디 출신이든 너그럽게 받아주는 분위기였다. 닥터 메릴의 부모인 라일리 미드 메릴(Riley Mead Merrill)과 아비게일 리버모어 메릴(Abigail Livermore Merrill)도 1870년에 플로리다로 이주했다. 라일리는 1827년 뉴욕 주에서 태어났고, 아비게일은 1835년 버몬트 주에서 태어났다. 뉴욕 주의 남서쪽 주경계 근처 마을인 안젤리카에서 1854년 결혼한 그들은 곧바로 오하이오 주 북동부의 코노트라는 작은 마을로 이사했다. 라일리는 교사였고 중학교 교장을 지냈다. 첫 번째 자녀인 찰스 모턴(찰스 메릴의 부친)은 1856년 독립기념일에 태어났다. 1863년 6월 게티스버그 전투가 벌어지기 직전 라일리는 연방군에 입대했고 서부전선에 배치됐다. 그는 상사로 복무하다 나중에 대위로 승진했다. 그가 속했던 오하이오 연대는 테네시 주에서 작전을 펼쳤고 1864년에는 셔먼 장군(General William Sherman, 1820~91, 남북전쟁 당시 연방군의 장군으로 1864년에 연방군 사령관이 됐고 남부군의 항복을 받아낸 장군으로 유명하다—옮긴이) 휘하에서 조지아 주로 진격해 들어갔다.

라일리는 셔먼 장군 부대의 일원으로 행군하면서 이른바 딥사우스(Deep South, 미국 남부의 조지아, 앨라배마, 루이지애나, 미시시피 4개 주)를 처음 접했는데 상당히 좋은 인상을 받았던 것으로 보인다. 이 점은 이들 부부가 펜실베이니아 주 북서부의 유전지대에서 몇 년을 지내다 플로리다 주 필립스 인근에 농장을 샀다는 점에서 확인할 수 있다.[주5]

남북전쟁 후 남부로 내려온 북부 사람들이 대개 그랬던 것처럼 메릴 일가 역시 현지 주민들에 비해 인종문제에 대해 개방적이었다. 예를 들어 라일리와 아비게일은 잭슨빌 인근의 농촌지역 흑인교회에서 주일학교 교사를 맡았고, 성경 강독뿐만 아니라 읽기와 쓰기, 산수 등 이른바 3R(Reading, Writing, Arithmetic)을 가르쳤다. 흑인들은 교육을 받을 기회가 주어지지 않았기 때문에 흑인 어린이들에게–경우에 따라서는 어른들에게도–읽기와 쓰기, 간단한 계산방법을 가르쳐 주려는 백인 자원자들은 지역 흑인들의 교육수준을 향상시키는 데 크게 기여했다. 라일리와 아비게일도 그런 점에서 지역사회 봉사를 열심히 했던 셈이다.(3세대가 지난 뒤 찰리의 장남인 찰스 주니어도 비슷한 사회 봉사의 길을 걷게 된다. 그는 중년 이후 자선 펀드를 통해 아버지의 재산 가운데 일부를 남부 지역의 여러 흑인 대학교에 기부하기도 했다.)

말년에 찰리는 할아버지인 라일리와 가족들에 대해 회고한 적이 있다. 그의 집안이나 메릴린치의 의뢰를 받은 전기(傳記) 작가들 앞에서 그가 과거의 인물들에 대해 남긴 언급은 칭찬일색이거나 다소 과장된 감마저 있다. 친척들(전처들을 포함해)에 대한 해묵은 불만조차 거의 언급하지 않았고 오히려 윤색했다. 친척에 대한 험담은 남부 신사의 기사도 정신을 위반하는 것이었기 때문이다. 과거의 행동이나 친척에 대한 비난은 의리 없는 짓이며 명예롭지 않다고 찰리는 여겼다.

사생활에 관한 질문에 답할 때는 과거의 행동을 최대한 긍정적으로 묘사해야 하며 부정적인 일은 크건 작건 그냥 넘어가야 한다는 게 그의 생각이었다. 집안의 여자는 모두 가장 예쁘고, 남자는 잘생기고 능력이 있으며, 누구나 헌신적이고 성실하다는 게 그가 생각하는 모범 가문이었다. 그러다 보니 그가 후대에 남긴 말만으로는 특정 인물이나 가족 구성원과의 관계에 대해 제대로 알기가 어렵다. 그가 훗날 표현한 긍정적인 감정이 진실된 것이며 마음에서 우러나온 것으로 들리기는 하지만 말이다. 1950년대까지 그가 기자들과 인터뷰를 할 때는 대개 너그러운 분위기였다. 이미 백만장자인 데다 사업상 엄청난 성공을 거둔 마당에 과거의 자질구레하고 사소한 일에 굳이 신경 쓰고 싶었을까?

조부모에 관한 찰리의 회고담은 당연히 덕담이었다. 라일리에 대해 얘기할 때면 늘 인상적인 용모를 먼저 언급했다. "할아버지는 내가 본 사람들 가운데 가장 잘생긴 사람이었어요. 눈처럼 하얀 머리카락, 맑고 푸른 눈……." 찰리의 칭찬은 이어진다. "이 노인양반이 놀라운 분이었어요. 농부이자 측량기사이자 교사이자 성경강독까지 가르쳤던 그분은 너무 깨끗해서 빛이 났어요. 깨끗한 것을 좋아하는 제 성격도 그분에게서 물려 받은 게 분명합니다." 할아버지의 신앙심도 손자에게 강한 인상을 심어 주었다. "점심식사 뒤 그분은 큰 나무 밑에 앉아서 수없이 읽었던 성경을 또 읽곤 하셨죠. 아름답고 상냥하고 똑똑한 제 여동생 매리가 그분의 무릎에 앉아 있곤 했어요. 제 마음 속에 남아 있는 가장 좋아하는 그림 같은 장면이지요."주6 성년이 됐을 때 찰리도 마찬가지로 미남이 됐지만 "여성 킬러"이자 플레이보이로 유명했던 그는 결국 결혼을 세 번이나 실패하게 된다. 이 점에서 그가 교회를 다녔고 헌금도 많이 내긴 했지만 할아버지로부터 독실한 신앙심을 물려 받지 않은 건 분명하다.

찰리의 아버지인 찰스 모턴 메릴은 1870년대 초 플로리다를 떠나 테네시 주 녹스빌에서 남쪽으로 40킬로미터 떨어진 매리빌의 매리빌 칼리지에 등록했다. 사립이고 남녀공학인 이 학교는 1819년 장로교 교인들이 설립한 학교로 주로 목사나 목사의 부인들을 대상으로 한 교육이 설립목적이었다. 학교의 총장과 메릴 가문이 관련이 있었다는 점이 그가 이 학교를 선택한 이유였다. 당시는 미국 인구의 4%만 대학졸업장을 갖고 있던 시절이었고, 따라서 라일리와 아비게일이 장남을 매리빌에 보냈다는 것만으로도 그들이 교육을 통한 경제적 성공과 사회적 지위 향상에 얼마나 관심이 대단했는지 알 수 있다.

1876년도에 졸업한 모턴은 뉴욕 주 엘미라에 사는 먼 친척이 운영하는 글리슨 요양원에 곧바로 취직했다. 이 요양원은 엘미라 약수로 유명했다.(이때의 경험 덕분에 4년 뒤 유황온천이 자랑거리인 그린코브 스프링스와 인연을 맺게 된다.) 그는 22세가 되던 1878년 가을 학기에 미시간 대학교에서 정식으로 의대 교육을 받기 시작했고, 1년 뒤 뉴욕 시내의 벨뷰 의과대학으로 전학해 1881년 의대 졸업장을 받았다.주7

매리빌 칼리지를 졸업하기 직전 모턴은 당시 15세였던 옥타비아 윌슨과 약혼했다. 그녀도 이 학교 학생이었다. 대부분의 19세기 학교들과 마찬가지로 매리빌 역시 고등학교와 대입예비학교 수준의 수업을 섞어 놓은 기숙학교였고, 나이가 어린 옥타비아는 고교과정에 다니고 있었다. 당시 남부 지역의 여성 교육기관은 졸업생들이 더 이상의 고등교육을 받지 않았기 때문에 최종학교로 불렸다. 그 시절 부모 입장에서는 딸들이 교육받은 남성들과 대화를 나눌 수 있고 부유하거나 앞으로 출세할 배우자의 관심을 끌 수 있을 정도의 교육만으로도 충분하다고 여겼다. 옥타비아가 매리빌에 얼마나 다녔는지는 확실치 않지만, 약혼을 발표했을 때 불과 15세에 불과했고 약혼자와는 다섯 살 차이였다. 그녀는 1876년 봄 미시시피의 집으로 돌아가 약혼자를 기다리기로 했다. 옥타비아와 모턴은 그 후 7년 동안 약혼관계를 유지하면서 주로 편지로 왕래하다가 모턴이 의과대학을 마친 뒤 6개월이 지나서야 결혼했다.

옥타비아 윌슨은 1861년 미시시피 주 렉싱턴 마을 인근의 라운드힐 농장에서 태어났다. 렉싱턴은 백인 500명과 흑인 노예 400명으로 이뤄진 마을로, 라운드힐 농장이 자리잡은 홈즈 카운티는 목화재배 지역이었다. 옥타비아는 11명의 자녀 가운데 장녀로 여동생 한 명, 남동생 아홉 명이 있었다. 자녀가 많은 집이 흔히 그렇듯 큰딸로서 어머니를 돕느라 많은 시간과 에너지를 빼앗길 수밖에 없는 처지였던 10대 초반의 옥타비아는 매리빌의 기숙학교 입학을 무척이나 기뻐했을 게 분명하다.

그녀의 아버지 에드워드 윌슨(Edward Wilson)은 스물여덟 살 때 옥타비아를 낳았다. 조지아 주 출신인 그는 당시 350에이커(42만 평) 규모의 농장을 운영하고 있었다. 농장에는 각각 30세와 23세인 남자 노예 2명과, 각각 50세, 17세, 13세인 여자 노예 3명 등 모두 5명의 흑인 노예가 있었다.[주8] 농장의 땅값은 1860년 시가로 6028달러에 달했고, 노예 및 운반 가능한 동산의 평가액이 1만1180달러에 달했다.[주9] 둘을 합친 재산 규모는 1만7000달러(1995년 가치로 34만 달러)에 달해 윌슨 가는 홈즈 카운티의 농장주 가운데 중상류층에 속했다. 남북전쟁 이전 홈즈 카운티는 상당한 번영을 누렸다. 땅값도 1850년에 에이커 당 5달러 하던 것이 1860년에는 18달러로 치솟아 10년만에 재산가치가 3배로 늘어났다.[주10]

옥타비아는 자신의 아버지가 대단한 교육열을 가졌다고 기억했다. 매리빌 칼리지에 그녀를 보낸 게 단적인 예다. 그는 자신의 자녀들 모두에게 대수(代數)든 라틴어 고전문학이든 자신이 아는 분야면 뭐든지 가르쳤다. 남북전쟁이 발발하자 에드워드 윌슨은 남군에 이등병으로 입대했고 서부지역의 주요 전투에 참가하기도 했다. 그는 빅스버그 방어전투에서 포로가 됐다가 포로교환으로 다시 남군에 복귀했다. 종전이 되자 에드워드는 목화농장을 다시 운영했고 노예제에서 고용제로 변신하는 데 성공했다. 그러나 1860년대에 그의 재산은 다시 3분의 1로 줄어들고 말았다. 홈즈 카운티의 부동산가격이 폭락했기 때문이다. 윌슨 가족 농장도 1870년도 평가가격이 불과 2500달러(1995년 가치로 3만 달러)로 떨어져 전쟁 전에 비해 75%나 하락했다.(물론 노예해방에 따른 재산손실이 반영된 금액이었다.) 전쟁이 끝난 지 10년 만에 에드워드는 부인과 어린 자녀 11명을 남겨놓은 채 42세의 나이에 알 수 없는 이유로 사망하고 말았다.

옥타비아의 어머니 에밀리 그레이스 윌슨(Emily Grace Wilson)은 1860년 재산가치로 3만5000달러(1995년 가치로 70만 달러)에 달하는 대농장 주인의 딸로 17세 때인 1856년 에드워드와 결혼했다. 남편이 군대에 가 있는 동안 그녀는 혼자서 농장을 꾸려 나가야 했다. 게다가 남편인 에드워드가 일찍 사망하는 바람에 에밀리는 36세의 나이에 농장일을 다시 해야만 했다. 이때가 윌슨 일가에게는 정말 험난한 시절이었다. 다만 농장을 그대로 갖고 있었기 때문에 영 희망이 없지는 않았다. 하지만 당분간은 지출 규모를 줄여야 했다. 옥타비아가 매리빌 칼리지로 복학하지 않은 것도 살림살이가 빠듯해진 때문이었다.

한참 세월이 지난 뒤에도 찰리는 여름방학 때 외할머니의 미시시피 농장을 방문했던 일을 생생하게 기억했다. 1890년대 딥사우스 지역으로의 이 여행은 그에게 지워지지 않는 뚜렷한 인상을 남겼다. 찰리는 때때로 실패한 남부 독립의 이상과 좌절에 심취하기도 했다. 윌슨 가처럼 당시 대부분의 남부 사람들은 자신들이 사악하고 독선적인 정치인들, 특히 전쟁을 지지하고 흑인 노예들의 즉각 해방을 주장했으며 전후 보복을 사주한 과격파 북부 공화당원들의 희생양이라고 여겼다. 패전으로 인해 노예에 대한 재산권을 상실한 백인들로서는 엄청난 재산상의 손실을 봐야 했고, 목화재배로 얻을 수 있었던 소득원도 5년 이상 막혀버리고 말았다.

찰리가 미시시피를 방문할 때마다 외할머니인 에밀리는 전쟁 이전에 농장이 얼마나 멋진 모습이었는지를 이야기해주었다. 손자는 여기에 매료됐다. 실제든 상상이든 과거 전통에 대한 흠모는 당시 남부 사람들의 특징이었다. 가문의 남부 전통과 관련된 일화를 소개할 때면 찰리는 농담 삼아 "달빛과 장미(moonlight and roses)"라고 부르는 야사(野史)를 빼놓지 않고 써먹곤 했다. 현실을 직시하기보다는 고대 영웅들과 자신의 가문을 동일시하기 위한 방법으로 외할머니 농장의 흑인 노예들의 이름을 시저라든가 스키피오, 키케로, 한니발 식으로 지었다는 게 찰리의 회고다.[주11] 꼽추 노예에게는 증오의 대상인 연방군의 셔먼 장군의 이름을 따서 셔먼이라는 이름이 붙여졌다. 어린 찰리는 이 꼽추 노예의 등에 올라타 마당을 한 바퀴 돌곤 했다. 이 얘기들이 찰리가 기억하는 미시시피의 여름이었다.

그린코브 스프링스에도 해방노예들이 살고 있었기 때문에 어린 찰리에게 인종차별적 관행은 그다지 낯설지 않았다. 법원 잔디밭 위에서 흑인을 공개 교수형에 처하는 것을 목격한 적도 있었다. 하지만 딥 사우스 지역과 플로리다 사이에는 큰 차이가 있었다. 미시시피 주 홈즈 카운티는 목화가 주요 재배작물이었던 반면 플로리다 북동부 지역에서는 목화가 주요 작물이 아니었다. 외할머니 농장은 그린코브 스프링스에 비해 더 외진 곳이었고 북부 사람들이 미시시피를 찾는 일은 거의 없었다. 반면 플로리다에서는 남부 사고방식은 비생산적이라는 이유로 이미 사라졌고, 주정부는 북부 관광객들을 위한 위락 및 휴양 시설을 짓는 데 주력하고 있었다. 인종차별이 남아있기는 했지만 플로리다의 백인들은 자신들을 북부 괴물들의 침공으로 인한 희생자라고 여기지 않았다. 그런 점에서 미시시피로의 여행은 그린코브 스프링스에서 온 소년에게 보다 완고하고 비타협적인 정서가 강한 또 다른 세계로의 의미 있는 여행이었다.

훗날 친구들이나 친척들은 찰리의 낭만적이고 감상적인 행동이 어린 시절 미시시피 분위기를 접했기 때문이라고 전했다. 실제로 그의 성격 형성과정에서 미시시피 외가 쪽의 영향이 다소 과장됐을 수는 있지만, 당시의 경험으로 인해 플로리다의 부모로부터 물려 받은 가치관이 더 강해졌을 것은 분명하다. 어린 시절의 경험은 나중에 배우자를 찾는 데도 영향을 미쳤다. 찰리의 세 부인 가운데 두 번째와 세 번째인 헬렌과 킨타는 모두 남부출신이었다. 헬렌은 잭슨빌, 킨타는 뉴올리언스 출신으로 이들은 찰리가 남부 가치관과 태도를 유지하는 데 일조했다.

외할머니인 에밀리도 그린코브 스프링스를 가끔 찾았다. 찰리는 훗날 "외할머니의 방문이 너무 좋았다"고 회고했다. 어떤 때는 몇 달이나 머무르기도 했다. 찰리에 따르면 아버지는 외할머니를 아주 좋아했다. 아버지가 이 점을 의도했는지 여부는 알 수 없지만 찰리는 가까운 가족들에 대한 관심이 중요하다는 인식을 확고히 하게 됐다. 성인이 된 다음에도 그는 친척들을 틈틈이 도와주었고 특히 병원비를 대신 내주곤 했다. 찰리는 외할머니가 밤마다 침대에서 책을 읽던 것을 떠올렸다. 수십 년 뒤 외할머니가 좋아했던 책 제목을 기억했는데, 그 중에는 1843년 출간된 스페인 제국에 관한 역사서인 윌리엄 프레스콧 (William Prescott)의 《멕시코 정복Conquest of Mexico》, 1896년 런던에서 나온 제임스 배리(James Barrie)의 소설 《감상적인 토미Sentimental Tommy》가 있었다.

외할머니는 찰리가 집에서 상소리를 하면 늘 잔소리를 했고, 이 때문에 아버지도 아들의 성질을 고치기 위해 집안 전통인 채찍을 들기도 했다.[주13] 한번은 찰리가 담배를 피우려 하자 이를 발견한 아버지가 몇 시간 동안 방안에 감금해버린 적도 있었다. 하지만 이 같은 훈육은 나중에 별 효과가 없어서 20세기의 보통 남자들이 출신성분이나 교육수준에 상관없이 그랬듯이 찰리도 성년이 되자 흡연을 즐겼다. 1944년에 심장발작을 일으킨 뒤 의사들이 담배를 줄이라고 권했지만 말을 잘 듣지 않았다. 그는 또 머리 끝까지 화를 내는 성격이었는데, 사업상의 관계에서는 감정을 억누를 줄 알았지만 가족들하고 있을 때면 본 바탕 성격이 그대로 드러나곤 했다.

찰리는 부모와 관련해서는 거의 아무 말도 남기지 않았다. 아버지와의 관계에 대해서는 좋든 나쁘든 기록으로 남아 있는 게 전무하다고 해도 과언이 아니다. 어머니에 대해서는 약간의 얘기가 전해진다. 그녀는 남편에 비해 내성적이고 냉정한 성격으로 동네 일에 무관심한 편이었다. 교육적인 배경 덕분에 그녀는 문학작품, 특히 셰익스피어와 시에 관심이 많았다.[주14] 옥타비아는 자녀들 중에서도 외아들(찰리)에게 만큼은 남다른 사랑을 쏟았지만, 남편의 수입이 적었을 뿐만 아니라 계절에 따라서도 들쭉날쭉했기 때문에 자녀들의 장래를 무척 걱정했다. 그녀가 매년 그린코브 스프링스를 찾아오는 부자들의 편안한 생활을 꽤 부러워했다는 증거가 있다. 찰리의 회고에 따르면 어머니는 그가 출세를 해서 집안의 재산을 불려줬으면 하는 희망을 자주 피력했지만 막상 장래의 진로에 대해서는 언급하지 않았다고 한다.

찰리가 기억하는 어머니의 말 가운데 이런 대목이 있다. "찰리야, 네가 진정으로 원한다면 이 세상에서 네가 원하는 모든 것을 가질 수도 있단다."[주15] 시간이 흐르면서 찰리는 자신과 부모, 그리고 집안에 대한 자신의 의무는 성년이 됐을 때 뭔가를 이뤄내는 것이라는 인식을 갖게 됐다. 그는 어머니가 자랑스러워 할 만한 인물, 즉 플로리다의 시골의사보다는 돈을 더 많이 벌 수 있는 인물이 돼야 한다는 기대를 절실하게 받아들였다. 한마디로 찰리는 어린 시절부터 이미 머리 속에 "성공 코드"가 입력돼 있었고, 부모와 친척들의 기대를 충족시키기 위해 사력을 다했다.

동네 초등학교의 평범한 학생이었던 찰리는 과학에 적성이 없었던데다 아버지의 뒤를 이을 생각도 없었다. 그러나 방과 후에는 아버지의 병원 일 가운데 영업과 관련된 일을 하는 데 타고난 재능을 보였다. 그는 각종 상품 재고를 정리하고, 음료수를 따르고 잔돈을 제대로 거슬러 줄 수 있는 나이가 되자 곧 아버지가 하는 드러그스토어의 파트타임 조수가 됐다. 찰리는 열 살도 되기 전에 토요일과 일요일에는 하루종일, 주중에는 방과후에 드러그스토어에서 점원으로 일했다. 찰리는 나중에 이렇게 회고했다.

일하는 시간은 길었다. 상점은 아침 7시에 문을 열어 밤 12시에 닫았다. 사실상 24시간 개점했다. 물건은 잘 팔리지 않았고 돈을 떼이는 경우도 너무 많아 마진은 컸지만 막상 별로 남는 게 없었다. 아버지와 내 인건비를 제대로 주었다고 하면 남는 게 전혀 없었을 것이다.

드러그스토어에서 취급하는 상품은 무려 2만 가지나 됐지만 절반 이상은 일년 내내 단 한 개도 팔리지 않았다.[주16] 먼 훗날 1930년대에 대규모 체인점인 세이프웨이를 경영하며 식료품과 잡화 판매를 하게 됐을 때 찰리는 완전히 다른 전략을 채택했다. 대량판매, 저(低)마진, 외상이 아닌 현금판매를 강조하는 전략이었다.

찰리가 열두 살이 된 1898년에 찰리 일가는 플로리다를 떠나 테네시 주 녹스빌로 이사했다. 병원 수입이 예전만 못했기 때문에 찰스와 옥타비아 부부는 새로운 곳에서 새 출발을 해보고 싶었다. 1890년대 후반으로 들어서면서 그린코브 스프링스를 비롯한 세인트존스 강변 휴양도시들의 관광경기가 퇴조하기 시작했다. 북부 휴양객들의 행선지가 갑작기 바뀌게 된 것은 헨리 플래글러(Henry Flagler, 1830~1913, 부동산 갑부이자 철도왕으로 플로리다를 비롯한 대서양 연안지역의 개발에 앞장섰다―옮긴이)라는 사업가 때문이었다. 어차피 미국 내 최고의 겨울 휴양지로서 남부 플로리다 지역의 개발이 시간문제이기는 했지만, 그는 이 사업을 적어도 10년, 아마도 25년 이상 앞당겼을 것이다.

플래글러는 록펠러와 함께 석유정제 사업에 뛰어들어 남북전쟁 이후 큰돈을 번 인물이었다. 그는 1880년대에 스페인풍 고도(古都)인 세인트 오거스틴에 반한 나머지 이 해변 마을을 자신의 겨울 휴양지로 삼기로 마음 먹었다. 앞서 1874년에 세인트 오거스틴까지 협궤 철도가 개통되긴 했어도 여전히 불편했던 탓에 관광객들은 증기선을 타고 세인트존스 강을 따라 잭슨빌 남쪽으로 80킬로미터 떨어진 토코이 마을까지 가서 다시 열차를 갈아타고 동쪽으로 32킬로미터 더 가는 긴 여정을 거쳐야 했다.

1885년 이후 플래글러는 플로리다 주 동부 해안선을 따라 세인트 오거스틴에서 시작해 남쪽으로 내려가면서 관광지를 개발하는 사업을 본격화했다. 그는 철도를 부설하는 동시에 부자 관광객들을 대상으로 한 고급 호텔을 세우는 일에 주력했다. 게다가 세인트존스 강 남쪽 제방에서 끝나던 철도 노선도 연장해 잭슨빌과 세인트 오거스틴을 잇는 열차노선을 1883년부터 운행하기 시작했다. 플래글러는 세인트 오거스틴에 유명한 폰세 드 레온 호텔을 건립했고, 이 호텔은 곧바로 부유한 저명인사들에게 인기를 끌었다. 잭슨빌 시내를 관통하는 세인트 존스 강을 가로질러 철교가 가설돼 남쪽의 해변 마을들까지 직행 열차편이 운행되기 시작했다. 1894년이 되자 해안선을 따라 레이크 워스와 웨스트 팜비치 같은 휴양지까지 열차편이 이어졌고, 곧 이곳에는 거대하고 호화스런 호텔들이 들어서 북부의 추운 겨울을 피해 온 부자 휴양객들을 유혹했다. 로열 포인시아나 호텔은 하루 5달러짜리 객실이 540실에 달하는 위용을 자랑하기도 했다.[주17] 플래글러는 특히 1890년대 후반 웨스트 팜비치의 고급 나이트클럽에 불법으로 휘황찬란한 도박장도 개설했다. "팜비치는 지위 높은 인사들의 대표적인 겨울 휴양지가 됐다." 플래글러의 전기 작가인 에드워드 어킨(Edward

Akin)의 말이다.[주18]

1890년대에 들어서자 플로리다의 햇살을 즐기려는 관광객들이 세인트존스 강변의 작은 휴양도시들(그린코브 스프링스를 포함해)을 그냥 통과하기 시작했다. 북부 플로리다는 가끔씩 쌀쌀한 날씨에 얼음이 어는 때도 있었지만 남부 플로리다는 추운 경우가 흔치 않았다. 특히 케이프 캐너배럴 아래 쪽으로는 날씨가 더 따뜻해 한겨울에도 바닷가에서 수영을 할 수 있었다. 관광객이 뜸해지면서 진료환자도 줄어들자 닥터 찰스 메릴과 옥타비아는 그린코브 스프링스에 계속 머물러서는 생활을 유지하기가 어렵다는 결론을 내렸다. 온천 치료를 하려는 류머티스 환자들이 꾸준히 찾아오긴 했어도 클레런딘 호텔을 비롯한 마을 호텔에 머무는 관광객은 갈수록 줄어들었다.

1897년에 닥터 메릴은 한때나마 목돈을 만질 수 있었다. 그는 겨울 휴양시즌 중에 마을에 머무르지 않고 조지 W. 차일즈-드렉셀(George W. Childs-Drexel)의 요트에서 개인주치의로 일을 했다. 차일즈-드렉셀은 필라델피아의 드렉셀 앤 컴퍼니(Drexel and Company)의 창업자인 앤서니 드렉셀(Anthony Drexel)의 손자였다.(이 회사는 19세기 후반 드렉셀, 모건 앤 컴퍼니(Drexel, Morgan and Company)를 거쳐 20세기 들어 드렉셀 번햄 램버트(Drexel Burnham Lambert)가 된다.) 그 시절 가족 중에 노인이나 환자가 있을 경우 겨울철 동안 개인요트에 주치의를 대동하는 게 부유한 관광객들 사이에 드문 일이 아니었다. 봉급은 3개월에 3000달러로 19세기 말 당시로는 꽤 큰돈이었다. 1995년 기준으로 환산하면 6만 달러에 이르는 금액이다. 물론 닥터 메릴이 세 달 내내 집을 떠나 있었다는 점에서 옥타비아가 마냥 즐거워하지는 않았겠지만. 뜻밖의 목돈을 손에 쥐게 된 메릴 일가는 재산을 정리해 보다 나은 곳으로 이사하기로 결정했다.

메릴 일가가 왜 테네시 주 녹스빌로 이사했는지는 분명치 않다. 찰스와 옥타비아가 처음 만난 곳이 이곳에서 불과 40킬로미터 떨어진 매리빌이라 호감이 갔을 것이다. 또 다른 중요한 이유는 이 도시의 인구가 급증했고 경기도 호황이었다는 점이다. 녹스빌 인구는 1870년 8500명에서 1890년에는 2만2500명으로 증가했고 19세기가 끝날 무렵에는 1만 명이 더 불어났다.[주19] 전문직 수요도 당연히 늘어났다. 닥터 메릴은 플로리다에서와 마찬가지로 병원과 드러그스토어를 겸영했다.

녹스빌에 대한 찰리의 반응이 어쨌는지는 알 수 없지만 10대 초반의 소년이 친구들로부터 멀리 떨어져 이사하는 것을 좋아했을 리 만무하다. 확실한 것은 녹스빌에서의 첫 여름에 찰리가 몇 군데 일자리를 얻었다는 점이다. 그는 과일, 과자, 껌 같은 값싼 식료품을 인근 군부대 운동장에서 군인들에게 팔았다. 여기서 마이너리그 야구팀 경기가 열릴 때면 관중들을 상대로 소리를 치면서 행상을 했다. 그는 또 아버지의 드러그스토어에서 파트타임 점원으로 일했다. 돌이켜보면 어린 찰리가 이미 사업가 재능을 보이고 있었고 부모들도 이를 장려했음이 분명하다. 물론 또래의 다른 어린이들도 용돈 벌이로 방과후 활동을 열심히 했다는 점에서 찰리가 대단한 일은 한 건 아니다. 하지만 꽤 어린 시절부터 일상적으로 돈 버는 일에 뛰어들었다는 점은 분명하다. 초등학생 이후 그는 방과후든 주말이든 여름방학이든 일을 하지 않은 적이 없다. 찰리는 평생 어느 한 순간도 한가하게 지낸 적이 없었다.

이런저런 이유로 닥터 메릴과 옥타비아, 자녀들 모두 새 동네에 만족하지 못했다. 병원은 녹스빌의 서민층 동네에 있었는데 기대한 만큼 환자들이 많지 않았고 당연히 돈도 못 벌었다. 경제적 요인만이 아닐 수도 있었다. 메릴 일가는 플로리다에 있는 친구와 친지들이 너무 보고 싶었을 것이다.

메릴 일가는 1년도 채 안 돼 플로리다로 돌아가기로 결정했고 잭슨빌을 새 거주지로 정했다. 잭슨빌은 닥터 메릴이 자랐고 공립학교에 다닌 곳이었다. 그린코브 스프링스에서 20여 년간 살면서 메릴 가족은 증기선을 타고 강 하류로 내려가 필립스 부근에 살던 찰리의 조부모를 여러 차례 방문한 적이 있었다. 닥터 메릴은 이 동네 의사들 중에 친구들이 많았고 그럭저럭 버틸 수 있을 거라고 생각했다. 그린코브 스프링스의 단골환자들도 증기선을 타고 몇 시간만 가면 왕진할 수 있었고, 전문적인 진단을 받기 위해 잭슨빌까지 한나절 나들이 하는 환자들도 있었다. 북부의 부자들을 진료했던 경험을 살려 시즌 중에는 관광호텔 숙박객들을 환자로 유치할 수 있었다. 메릴 일가는 1899년 세인트존스 강 둑을 따라 남서쪽 끝에 있는 부자동네인 리버사이드에 집을 샀다.

1890년대 철도노선이 남쪽으로 연장되면서 치명타를 입었던 세인트존스 강변 휴양도시들과는 달리 잭슨빌은 큰 타격을 입지 않았고, 19세 말 무렵의 경기는 대체로 호황이었다. 1870년 7000명을 밑돌았던 잭슨빌 인구는 19세기 말 2만5000명으로 늘어났다. 잭슨빌에는 다양한 업소들이 있었고, 겨울 휴가 시즌이 되면 단골 관광객들이 호텔이나 유흥시설을 찾았다. 1869년에 문을 연 객실 500실 규모의 세인트 제임스 호텔은 이미 1880년대에 전구를 설치할 정도로 현대화에 앞장서 인근 지역의 랜드마크이자 까다로운 고객들이 찾는 곳으로 이름이 높았다. 세인트 오거스틴과 남부 플로리다의 새 휴양지들이 갈수록 인기를 끌면서 유명 관광지로서 잭슨빌의 급성장세는 주춤해졌지만, 여전히 잭슨빌에는 고급호텔들이 속속 들어서고 있었다. 19세기 말 헨리 플래글러가 이 도시에서 가장 고급스럽고 비싼 호텔을 만들겠다는 목표 아래 컨티넨탈 호텔의 건립을 기획했던 게 그 일례다.

찰리는 동네 공립학교에 다니면서 평범한 2년을 보냈다. 열네 살이 되던 1900년에 리버사이드의 초등학교를 졸업하고 잭슨빌 중심가에 있는 듀발 고등학교에 입학했다. 방과후에는 용돈을 벌기 위해 여러 가지 파트타임 일을 했다. 가장 짭짤한 일자리는 〈플로리다 타임스 Florida Times〉의 신문배달원이었다. 신문배달을 다니는 와중에 주말이나 일요일에는 많은 사람이 모이는 장소에서 신문을 팔기도 했다. 정기독자 중에는 동네 윤락가의 창녀들도 있었는데, 이들이 찰리에게 신속한 배달의 대가로 매주 10센트를 팁으로 주었다는 게 메릴 가문에 전설처럼 전해져 오는 이야기다.

메릴 일가가 플로리다로 돌아온 지 2년이 지난 1901년에 잭슨빌에는 끔찍한 대화재가 발생해 상업지역과 주거지역 대부분이 소실되고 말았다. 잿더미로 변한 건물이 무려 2000여 채에 달했다. 이 중에는 세인트 제임스 호텔과, 플래글러가 최근 신축해 한 달 뒤에 개장키로 한 컨티넨털 호텔도 있었다. 도시 주민의 3분의 1이 집을 잃었다. 다행히 메릴 일가가 살았던 리버사이드 지역은 무사했다. 이후 잭슨빌의 정계와 재계 지도자들은 힘을 모아 도시 재건에 나섰고 내친 김에 지역

경제 기반을 보다 다각화하기로 했다. 관광산업을 포기하지는 않았지만 겨울 휴양시설 재건에 주력하지는 않기로 했다. 시청 담벽에는 다음과 같은 글이 쓰여 있었다. "철도 노선이 해안선을 따라 가설되고 있으므로 결국 먼 남쪽의 해변 휴양지들이 북부 관광객들을 다 차지할 것이다."

화재로 인해 몇몇 공립학교도 소실됐고 교육여건 역시 엉망이 되고 말았다. 임시 교사에서 학년 구분도 없이 수업을 진행했다. 당시 찰리가 다니던 듀발 고등학교도 화재로 피해를 입었다. 화재 이후 어수선해진 상황을 피하기 위해 메릴 부부는 찰리를 스텟슨 대입 예비학교로 보내기로 결정했다. 이 학교는 잭슨빌에서 남쪽으로 160킬로미터 떨어진 소도시 드랜드에 위치한 스텟슨 대학교의 제휴 학교였다. 메릴 일가는 사립학교 등록금을 감당할 만한 돈은 있었다.

이 학교는 헨리 드 랜드(Henry De Land)라는 뉴욕 출신의 부자가 1883년에 설립했다. 따뜻한 기후에 매료된 그는 예쁜 호텔과 주거지, 예비학교, 대학교를 자신의 구상대로 건립하겠다고 결심했다.[주20] 그러나 설립자의 이 같은 이상과는 달리 충분한 등록금 수입이 들어오지 않자, 드랜드 예비학교와 칼리지는 필라델피아의 유명한 모자공장 주인인 존 B. 스텟슨(John B. Stetson)에게 넘어갔다. 학교 운영권을 장악한 스텟슨은 학교이름을 스텟슨 대학교로 바꿨다. 번듯하게 대학교 명칭을 내걸긴 했지만 스텟슨은 예비학교를 이전처럼 병설로 운영했다. 당시 수많은 기숙학교와 마찬가지로 이 예비학교 역시 남학생들에게는 제복을 입히고 행군 등 엄격한 군사훈련을 시켰다.

1901년 가을학기에 스텟슨에 입학한 찰리는 학교 친구들이 전혀 낯설지만은 않았다. 같은 학년에는 잭슨빌에서 학교를 같이 다닌 동갑내기 샘 마크스(Sam Marks)가 있었다. 그 후 스텟슨에서 2년 이상 같은 방을 쓰기도 했던 찰리와 샘은 평생 좋은 친구로 남게 된다. 찰리가 1956년 사망하자 그의 신탁재산 관리인으로 5명이 지명됐는데, 그 중 한 명이 샘 마크스였다. 사실 초등학교를 포함해 그가 다닌 학교 네 곳과 1901~07년 사이 다닌 대학에서 사귄 친구들은 나중에 찰리의 사생활이나 사업에서 중요한 역할을 했다. 다정하고 외향적인 성격을 지닌 찰리는 비공식적인 모임에서는 늘 주인공이었고 훗날 학연을 적절히 활용했다.

1902년 가을 메릴 가족에게 큰 불행이 닥쳤다. 닥터 찰스 메릴이 리버사이드 집으로부터 멀지 않은 길가에서 강도를 만나 심한 폭행을 당했고 결국 평생 불구가 되고 말았다. 잭슨빌에서 온 흑인 2명이 저녁 산책을 하고 있던 닥터 메릴을 쫓아가 이 중 한 명이 그의 머리를 둔기로 내리쳤고, 땅에 쓰러진 그를 다른 한 명이 짓밟았다. 지갑을 훔친 강도들은 그를 죽도록 놔뒀다. 그날 밤 내내 거리에서 움직이지도 못한 채 쓰러져 있던 닥터 메릴은 또 다른 흑인에 의해 발견됐다.

닥터 메릴은 두개골이 골절됐고 심각한 상태였다. 당직의사가 임종이 임박했다고 말하자 옥타비아는 스텟슨에 다니던 찰리에게 급전을 보냈다. 다행히 증세는 호전됐다. 며칠 지나자 46세였던 닥터 메릴은 혼수상태에서 깨어나 회복하기 시작했다. 그러나 정상으로는 되돌아오지 못했다. 설상가상으로 당시 41세였던 옥타비아가 세 번째 아기 출산을 몇 주 남겨놓고 있었다. 둘째 딸인 매리 드렉셀(Mary Drexel, 몇 년 전 겨울시즌에 찰스를 잠시 고용했던 부유한 가문의 이름을 땄다)은 11월 초에 태어났다. 찰리보다 열일곱 살 어린 매리는 여름방학 몇 주 동안 말고는 찰리와 함께 산 적이 없어 여동생이라기보다는 조카나 다름없었다.

생명을 잃을 뻔 했던 닥터 메릴은 경제적, 사회적 지위도 흔들리기 시작했다. 몇 달 동안 휠체어에 의존해야 하는 처지에서 환자들을 많이 빼앗겼기 때문이다. 친구들은 안타까워했지만 그의 정신과 의술이 손상을 입었다는 소문마저 나돌았다. 제대로 일을 할 수 없게 되자 그의 수입은 뚝 떨어졌고 저축해둔 돈으로 살아가야 했다. 옥타비아는 갓난 아기를 돌보느라 바빴고, 찰리는 멀리 학교에 가 있어 줄어든 집안 수입을 보충할 만한 사람도 없었다. 실망한 닥터 메릴은 잭슨빌의 병원을 문 닫고 세인트존스 강 건너 필립스에 있는 아버지의 농장으로 이사해 버렸다.

몇 달 지나자 닥터 메릴은 자신이 너무 잘 알고 있고 또 한때 잘 됐던 곳, 즉 부유층 상대의 겨울 휴양지로 옮겨야겠다고 결심했다. 플래글러 덕분에 겨울 휴양지로 급부상하고 있던 웨스트 팜비치에서 재도전하기로 한 것이다. 그린코브 스프링스의 예전 환자들 가운데 이제 남부 플로리다로 겨울 휴양지를 옮긴 사람들이 그에게 개업을 종용했고, 이들의 충고에 힘을 얻은 닥터 메릴은 병원을 다시 열었다. 그는 동네 부동산에도 투자했고 1905년 이후 인구 증가에 힘입어 부동산가격은 급등했다. 몇 달 뒤 그는 부인과 열두 살 난 에디뜨, 갓난 아기 매리를 불렀다.

이미 빈곤은 메릴 가족에게 무척 중요한 문제였다. 안정된 중상류층 생활을 누리다가 갑자기 추락해 중하층이나 빈민층에서 벗어나지 못할 가능성마저 있었다. 가계수지를 맞추기 위해 옥타비아는 하숙집 (백인용과 흑인용)을 운영했다.[주21] 갑작스런 경제난이 가져다 준 두려움에 대한 기억이 너무나 또렷하게 남아 있었던 탓에 메릴 가족은 자신들이 오랫동안 경제적으로 어려움을 겪었던 걸로 여겼다. 이른바 거지왕자 이야기의 미국판인 셈이다. 다소 과장됐다고는 해도 닥터 메릴이 다친 이후 메릴 일가가 심각한 경제적 어려움에 처했던 것은 부인할 수 없다. 집안의 수입이 줄어들고 있다는 점에서 막연한 불안감이 아니었고 앞으로 나아질 것이라는 희망도 보이지 않았다.

이 사이 찰리는 스텟슨 예비학교의 2년 과정 졸업을 눈 앞에 두고 있었다. 2년의 학교 생활은 사회적으로나 학문적으로나 상당한 도움이 됐다. 심한 장난을 치다 몇 차례 징계를 받기는 했지만 심각한 수준은 아니었다. 침례교 학교인 탓에 교내에서 춤은 금지돼 있었지만 찰리와 친구들은 인근의 성공회 교회에서 주최하는 무도회에 가끔 가곤 했다. 걸릴 경우 학칙을 어긴 벌로 구보를 하거나 벌을 받아야 했다.

메릴 부부는 찰리가 스텟슨 학교를 졸업하는 대신 북부의 명문 예비학교로 전학했으면 하고 바랐다. 찰리는 학교에서 모범생 타입은 아니었지만, 조금만 더 노력하고 제대로 된 추천서만 있으면 북부의 유명 사립대나 종합대학교에 입학할 수 있을 정도로 학교성적이 괜찮은 편이었다. 스텟슨의 교사들은 그가 새 예비학교, 즉 매사추세츠의 워체스터 예비학교에 입학허가를 받을 수 있도록 추천서를 잘 써주었다.

찰리가 워체스터로 전학을 가게 된 근본 이유는 돈을 많이 버는 직업, 특히 사회적으로 인정받는 전문직 인물로 성공할 수 있도록 기회를 제공해야 한다는 가족들의 불 같은 야망 때문이었다. 닥터 메릴의 단골 환자(북부 출신)들도 성공하려는 젊은이에게는 최고의 교육을 시켜야 한다는 점을 누구이 강조했다. 찰리가 의학이나 종교에 전혀 관심을 보이지 않았던 까닭에 법조인을 시키고 싶어하는 가족도 있었다. 스텟슨의 교사들은 찰리가 북부 예비학교의 까다로운 교과과정을 소화해 낼 수 있는 지적 능력을 갖추고 있으며 이미 충분한 훈련을 받았다고 확신했다. 예전부터 남부 가문들은 아들을 북부에 보내 교육받도록 하는 게 관행이었다. 북부의 명문 학교들보다 상대적으로 가까운 편이었던 프린스턴 대학이 초창기에는 인기였다. 찰리가 북부로 간 20세기 초만 해도 일부 예비학교는 특정 대학교의 합격률이 높다는 식의 확고한 명성을 쌓아놓고 있었다. 워체스터 아카데미는 졸업생을 암허스트 칼리지나 아이비리그 대학교에 많이 진학시켰다.

찰리는 1903년 가을 워체스터로 향했다. 이날 이후 그는 휴가 때 머물기는 했지만 다시는 플로리다로 거주지를 옮기지 않았다. 대학 재학 시절에도 방학 때만 플로리다로 돌아왔다. 훗날 돈을 많이 번 다음 찰리는 아버지의 불행 이후 가족이 살았던 웨스트 팜비치에 "메릴스 랜딩"이라고 이름 붙인 궁전 스타일의 대저택을 짓고는 틈날 때마다 찾아와 시간을 보냈다.

3 암허스트 칼리지: 남부인에서 북부인으로

찰리는 열여덟 번째 생일을 몇 주 앞두고 매사추세츠에 있는 워체스터 아카데미에 입학했다. 그 무렵까지 찰리는 녹스빌에서 지낸 1년을 제외하고는 플로리다를 떠난 적이 없었다. 북부에는 아예 가본 적도 없었다. 가장 먼 여행이라고 해야 미시시피 주 렉싱턴 인근의 외할머니 목화농장을 가는 게 고작이었는데 그나마 딥사우스 한 가운데였다. 그렇다고 찰리가 전형적인 남부 청소년이었던 것은 아니다. 남부 문화 속에서 성장하긴 했지만 다른 영향도 많이 받았다.

우선 가족 배경을 봐도 찰리는 북부의 영향을 많이 받았다. 할아버지와 할머니 모두 남북전쟁 후 플로리다로 이주한 북부의 양키 출신이었다. 이들은 자신들의 관습과 태도를 후손들에게 물려 주었다. 더구나 플로리다는 겨울철 북부 휴양객 유치에 따라 경기가 좌우됐기 때문에 메이슨딕슨 라인(Mason-Dixon line, 펜실베이니아 주와 메릴랜드 주의 경계선—옮긴이) 아래쪽의 다른 주들에 비해 지역색이 그다지 강하지 않았다. 세련된 북부 관광객들과 자주 접촉했기 때문에 농사일이 아닌 다른 분야에서 성공하고 싶어하는 젊은이라면 전통 있는 북부 학교에서 보다 나은 교육을 받아야 한다는 인식이 널리 퍼져 있었다.

찰리가 끝내 학사학위를 받지 못한 채 학업을 마친 1907년 당시 그는 이미 행동과 사고방식 자체가 남부보다는 북부화돼 있었다. 그는 워체스터 아카데미에서 1년, 암허스트 칼리지에서 2년, 미시간 대학교에서 1년을 보냈다. 이 기간 동안 그의 거친 부분은 말끔하게 가다듬어졌다. 남부 출신이라는 흔적이 다소 남아 있긴 했어도 그는 치열한 비즈니스 세계에서 출세한 사람들을 대접해 주는 사교계와 상류사회에 동화됐다. 문화적으로 점차 동화되면서 그는 이른바 "동부 기득권층"에 끼고 싶어했다. 사실상 전부가 백인으로 개신교도이면서 북부, 그 중에서도 뉴잉글랜드에 자리잡은 명문 대학교나 칼리지를 졸업한 정계 및 재계 리더들인 이들 동부 기득권층은 정치분야든 경제분야든 국가를 움직이는 데 대단한 영향력을 행사했고, 이는 20세기 중반까지 계속 이어졌다.

찰리의 학창생활은 처음부터 잘 풀리지 않았다. 워체스터 아카데미에서의 생활은 참담했다. 상급학년을 마치기 위해 다른 학교로 전학한다는 것 자체가 여건이 아주 좋은 경우에도 보통 일이 아니었다. 고향친구인 샘 마크스와 함께 다녔던 스텟슨 시절과는 달리 워체스터에서는 아는 친구가 한 명도 없었고 같은 반 학생들과 닮은 점이 하나도 없음을 금방 깨달았다. 특히 독특한 남부 억양 때문에 그는 곧바로 지적으로나 사교적으로 좀 이상한 친구로 낙인 찍히고 말았다. 학업에서도 동료들에 비해 기초 실력이 부족한 탓에 부정적인 이미지가 더욱 굳어졌다. 워체스터에서 찰리는 수업을 따라가는 데 급급했다.

뉴잉글랜드의 엘리트 남자 학교들은 영국 학교를 본 따 만들어졌다. 부유한 중상류층 가문 자체들이 대부분이었고, 찰리처럼 돈이 넉넉하지 않은 전문직업인 집안 출신은 별로 없었다. 대부분의 급우들은 친구를 고르거나 어울리는 패거리를 짤 때 신분 배경을 따졌다. 남부 출신에다 장학금을 받아야 하는 찰리는 당연히 속물근성의 희생양이 될 수밖에 없었다. 그는 외빈숙소 꼭대기 층의 지붕 창이 달린 작은 방에서 장학금을 받는 다른 학생들과 비좁게 지내야 했다. 요즘은 수백만 명의 사립 고등학교와 대학교 학생들이 아무 거리낌없이 장학금을 받지만 20세기 초 뉴잉글랜드의 명문 예비학교 분위기는 전혀 달랐다. 메릴 집안은 찰리의 급우들이 당연시하는 재산과 가문이라는 배경이 없었다. 신분을 중시하는 배타적 환경에서 그는 경제적으로, 학문적으로, 사회적으로 열등감을 느꼈다.[주1]

당시만 해도 인종과 성별, 종교, 문화, 계급에 따른 심한 차별을 당연시했다. 흑인과 여성, 가톨릭신도, 유태인은 학교에서 환영 받지 못했다.[주2] 워체스터는 다행히 오래 전부터 남부 출신 학생들이 다녔기 때문에 찰리가 처음은 아니었다. 하지만 메이슨 딕슨 라인 아래 출신 학생들 대다수가 그랬듯이 찰리도 첫 해에는 꿔다 놓은 보리 자루 꼴이었다.

생활비를 조금이나마 충당하기 위해 찰리는 남성의류 회사의 캠퍼스 내 외판원으로 일했다. 이 같은 위탁판매계약은 사립 기숙학교에서는 드문 일이 아니어서 예비학교 학생이나 대학생용 옷을 만드는 의류회사는 캠퍼스 안에 점포가 없을 경우 캠퍼스에 상주하는 학생들과 계약을 맺곤 했다. 수수료 수입을 얻기 위해 학생외판원들은 광고전단이나 카탈로그를 이용해 동료 학생들을 상대로 판촉활동을 벌였는데, 재고를 보유할 필요가 없었으므로 외판원 입장에서는 위험이 없는 일이었다. 옷을 팔면서 찰리는 다양한 학생들을 만나고 새로운 친구들을 사귈 수 있었으며, 시간이 지나면서 수업에도 적응해 나갔다.

공부를 하는 틈틈이 외판원 일을 하면서 찰리는 운동부에 가입했다. 예비학교는 원래 설립 취지부터가 강의실과 운동장 모두에서 젊은이를 교육한다는 것이었다. 단체운동이 성격형성에 기여한다는 믿음 때문이었다. 체중이 130파운드(58kg)에도 못 미쳤기 때문에 찰리는 미식축구 팀에서 2군이나 3군에 속했고 다른 팀과의 경기에 출전하는 경우는 드물었다. 그러나 야구팀에서는 선발 중견수였다. 꽤 잘 뛰고 어깨도 강했음을 말해준다. 타율과 타점에 관한 기록은 없다.

1904년 봄까지 찰리는 학위를 취득할 만한 충분한 학점을 따지 못했다. 기분이 우울해진 그는 가을학기에 새로운 학교에서 새 출발을 하기로 작정했다.[주3] 워체스터 학교당국도 권위 있는 고등 교육기관에서 대학 생활 첫 해를 잘 마친다면 차후에 졸업장을 수여하겠다고 약속했다. 찰리는 한때 뉴욕 주 이타카에 있는 코넬 대학교 건축학과를 지원할 생각을 하기도 했다. 결국 워체스터 상담교사의 충고를 받아들여 80킬로미터 떨어진 시골마을에 있는, 인문학 교육기관으로 이름 높은 암허스트 칼리지에 입학하기로 했다.

이해 여름 찰리는 집에 돌아가지 않고 다음 학기에 필요한 돈을 벌기 위해 북부에 남았다. 플로리다까지의 기차여행은 시간도 많이 걸리고 돈도 많이 드는데 찰리는 그만한 시간적 경제적 여유가 없었다. 대신 워체스터 급우였던 히스 화이트(Heath White)를 따라 여름 휴양지에서 일자리를 찾기로 했다. 찰리는 메인 주의 포틀랜드 해안으로부터 5킬로미터 떨어진 피크스 섬에 있는 리조트에서 일했는데, 화이트가 지난 여름 웨이터로 근무한 적이 있는 곳이었다. 거의 전부가 상류층인 휴양객들은 플로리다의 겨울 휴양객과 여러 가지로 비슷했다. 찰리는 방과 식사를 제공받았고 급여도 짭짤했다. 게다가 휴양객이 서비스에 만족할 경우 후한 팁을 받을 수도 있었다. 찰리는 여름철 동안 80달러(1995년 가치로 1600달러) 이상을 저축할 수 있었다. 이 돈이면 한 학기 생활비(알뜰 살림 기준으로 1인당 90달러)를 댈 수 있었다.[주4]

오늘날 암허스트 칼리지는 미국에서 작은 칼리지 가운데 명문으로 꼽힌다. 학생들의 학업성취도 기준으로 북동부의 아이비리그를 포함한 주요 대학교들과 같은 반열이다. 암허스트 칼리지는 일반 대학교에서 부도덕하고 이단적인 풍조에 젊은 대학생들이 휩쓸릴 것을 우려했던 조합교회주의자(Congregationalists)들이 1821년에 실립한 사립 남학생(지금은 남녀공학) 교육기관이었다. 보스턴 지역의 진보파 목사들과 자유주의 지성인들이 어울려 다니는 하버드 대학교의 대안학교를 만든다는 게 당초 설립취지였다. 대도시 환경에서는 의지가 약한 학생들이 술집과 창녀들의 유혹에 넘어가 퇴폐와 부도덕에 빠진다고 생각했다. 각종 유혹으로부터 아들을 지키고자 하는 부모들은 그래서 암허스트로 마음이 기우는 경향이 있었다.

암허스트 입학허가는 일정 자격을 갖춘 학생들조차도 받기가 쉽지 않았다. 응시자의 학교성적이 가장 중요한 요소이자 합격 기준이었다. 응시생들은 고전 필수과목들을 이수해야 했는데, 찰리는 이 과목들을 뉴잉글랜드의 예비학교에서 여러 번 수강했었다. 도덕성에 관한 추천서 이외에 신입생들은 라틴어, 희랍어, 영어, 수학, 역사 등 모든 과목에서 탄탄한 기초를 갖춰야 했다. 또 전공으로 인문학 혹은 과학을 선택하는 데 따라 관련 과목인 불어, 독어, 물리, 화학에서 실력을 입증해야 했다. 입학시험은 6월과 9월에 학교 캠퍼스에서 치러졌고 결과는 2주 뒤 발표됐다. 여기에 "일정 수준의 예비학교로부터 칼리지 입학에 적합하다는 공인된 서류를 제출할 수 있다"는 입학안내서 문구에서 볼 수 있듯이 특별전형도 있었다.㈜5 찰리는 바로 이 특별전형을 통해 입학허가를 받은 경우였다.

암허스트에는 워체스터 출신이 많은 편이었다. 워체스터 교사들은 암허스트 칼리지의 인정을 받았고 그들의 추천서만으로 찰리는 입학허가를 받을 수 있었다. 아버지가 다친 뒤 집안 수입이 줄어들었다는 점이 감안돼 장학금도 받았다. 등록금은 한 학기에 55달러로 1년에 110달러였다. 암허스트는 매년 장학금 예산으로 1만2000달러를 확보하고 있었고 1인 당 50달러에서 150달러까지 장학금을 지급했다.㈜6

20세기 초 암허스트는 교수 40여명에 학생수 400~500명으로 세상과 격리된 작은 성채였다. 학생 중 절반은 매사추세츠 주 출신이었고 20%는 뉴욕 주 출신이었다. 찰리는 몇 안 되는 남부 출신이자 유일한 플로리다 주 출신이었다. 교과과정은 꽤나 독특해 희랍어, 라틴어, 철학 같은 고전과목들을 천문학, 식물학, 경제학, 지질학, 그리고 대중연설 같은 현대 교과목들과 섞어 놓았다는 게 특징이었다. 학과는 모두

30개가 있었는데 대부분 교수가 한 명씩이었다. 교수들의 학문 수준은 높은 편이었다. 외국 특히 독일 대학에서 석사과정을 밟은 교수도 몇 명 있었다. 학문 연구가 아니라 강의가 교수들의 주된 역할이었다.

학교는 부모곁을 떠난 학생들에게 부모를 대신한다는 전통에 따라 엄격하게 지도하고 훈육했다. 워낙 까다로운 학칙으로 학생들의 행동을 일일이 통제하는 바람에 사생활 침해라고 반발하는 경우도 많았다. 암허스트의 학생들은 누구나 월요일부터 토요일까지 아침 정각 8시 15분에 의무적으로 예배에 참석해야 했고, 일요일에는 동네 교회에서 예배를 봤다. 수업에 무단 결석하는 것은 허락되지 않았다. 결석과 지각이 많아 벌점이 누적된 학생은 한 학기 정학이나 퇴학을 포함한 엄한 징계를 받았다.[주7]

특별활동도 중요했다. 암허스트 교수들은 학생들이 교내 신문이나 연감을 제작하거나, 각종 동아리 활동을 할 경우 지도교수를 맡았고, 학생들을 캠퍼스 인근의 집으로 초대해 음료를 제공하면서 대화를 나누기도 했다. 댄스파티나 사교모임에서 보호자로 나서는 경우도 있었다. 이 학교의 주된 목표는 장차 사회생활을 하게 될 학생들에게 강의실 안팎에서 종합적인 교육을 시키는 것이었다.

암허스트에서 교수들과 가졌던 학문적, 사회적 교류는 찰리에게 깊은 인상을 남겼다. 세월이 한참 지난 뒤에도 찰리는 모든 교수들을 일일이 기억했다. 교수들에 대한 찰리의 존경심은 대단했다. 훗날 그는 젊은 교수들을 위한 아파트 5개 동 18세대를 짓도록 학교에 30만 달러를 기부하기도 했다.[주8]

도시에서 멀리 떨어져 있다는 단점을 만회하기 위해 암허스트 대학

당국은 캠퍼스 내 합숙서클(fraternity, 인성 함양과 리더십 개발을 목적으로 만들어진 학생조직으로 일반 동아리에 비해 결속력이 강하고 대개 같은 숙소를 쓴다-옮긴이)을 허용하고 있었다. 이 합숙서클이 찰리의 인생과 사업경력에 적지 않은 영향을 미치게 된다. 교육역사학자인 헬렌 호로비츠(Helen Horowitz)에 의하면 19세기 말 무렵 일부 합숙서클 회원들이 쾌락주의적이고 반 지성적인 행태를 보이는 바람에 학교의 면학 분위기가 저해되는 경우가 많았다고 한다.[주9] 그러나 대학교육의 목표를 놓고 교수들과 학생들이 벌인 장기간의 논쟁에서 학생들이 사실상 승리를 거뒀다. 암허스트 칼리지의 에드워드 히치코크(Edward Hitchcock) 총장도 19세기 중반까지 합숙서클을 없애려고 노력했지만 실패하고 말았다.[주10] 대신 학생들이 과도한 음주와 일탈행위에 빠지지 않도록 운동부와 동아리 같은 특별활동을 장려했다.

합숙서클 회원이 대부분인 학생회 간부들이 만들어낸 대학문화는 공부와는 거리가 멀었다. 합숙서클 회원이 아닌 외톨박이로 지내며 "공부벌레"로 놀림 받던 학생들만 열심히 공부하는 분위기였다. 대다수 합숙서클 회원들은 졸업 후 기업체에 취직하면 학교에서 배운 내용이 큰 도움이 안 될 거라고 생각했다. 그래서 어려운 교과목을 피해 학점을 후하게 주는 과목들만 수강했다.

학점을 잘 받으려고 신경 쓰는 학생들이 별로 없었기 때문에 오늘날에 비해 학점 경쟁은 심하지 않은 편이었다. 교수들은 A나 B를 잘 주지 않았고 D나 E 심지어 F도 주저 없이 주었다.[주11] 당시 학생들은 "신사답게" C를 받는 게 무난하다고 생각했다. 수업을 잘 따라가려고 노력을 했으면서도 너무 무리해서 친구들을 앞지르려고 안간힘을 쓰지 않았다는 증거가 C학점이라는 얘기였다.

찰리는 암허스트에서 지낸 2년 동안 그런대로 괜찮은 학업 성적을 거두었다. 2학년 때는 학업성적이 두드러지게 향상됐다. 1905~06년 학기에는 불어와 물리 과목에서 E(불합격)를 받는 등 간신히 C학점을 넘기는 데 급급했다. 그러나 2학년이 되자 모든 과목에서 합격점을 받았고 전체적으로 C⁺에서 B⁻로 올라섰다. 유일한 A학점은 2학년 첫 학기 때 수강한 화학이었지만 다음해 봄 학기에서의 학점은 웬일인지 D로 떨어졌다. 가장 잘했던 과목은 영어로 1904년 가을 학기에 C로 출발해 다음 세 학기 동안 모두 B를 받았다. 수학, 대중연설, 역사, 생리학, 독어에서도 B를 받았다. 학점 부풀리기가 있기 이전인 당시 찰리의 전반적인 성적은 괜찮은 편이었고, 합숙서클과 동아리 활동을 열심히 하는 학생이었던 점을 감안하면 더욱 그랬다.

암허스트 교육의 성과인지 아니면 평소 갈고 닦은 결과인지는 몰라도 찰리는 글 쓰는 능력이 탁월했다. 덕분에 훗날 사업상 서한을 쓸 때나 회사 내부 메모를 작성할 때 의사전달자로서 뛰어난 능력을 과시했다. 그는 논리적이고 체계적으로 사고했고 글은 명확하면서도 간결했다. 재치가 번뜩였고 해학적이기도 했다. 그의 성적기록부를 보면 수학 성적이 좋았는데, 나중에 복잡한 재무자료 분석에서 대단한 재능을 보였다는 게 결코 놀라운 일이 아니다. 당시 명문 대학교에서 정식 교과목으로 채택되지 않았던 경영학 과목을 한 번도 수강하지 않고도 그는 손익계산서와 대차대조표를 비롯한 여러 재무관련 통계수치와 관련된 어마어마한 정보를 소화해 낼 능력이 있었다. 지금도 교육학자들은 인문학 공부만으로도 학생들이 실제 생활에서 비판적이고 분석적인 사고를 할 수 있다는 신념을 갖고 있다. 찰리의 경우 이 같은 철학이 제대로 들어맞는 사례다.

찰리는 입학한 지 몇 주 만에 합숙서클인 카이사이(Chi Psi) 하우스에 들어갔다. 워체스터에서는 찬밥이었지만 합숙서클에서는 환영을 받았다. 찰리는 곧바로 합숙서클 내에서 돋보이는 회원이 됐다. 이후 술, 여자, 노래, 서클 선후배와 친구들에 대한 무한한 의리가 그의 인생에서 매우 중요한 것이 됐다. 그는 긍정적인 의미로든 부정적인 의미로든 대학생활의 쾌락적인 문화를 즐겼다. 첫 학기에 그는 기숙사에 머물다가 다음해 가을 학기에는 카이사이 하우스에 입주했는데, 에드워드 "서즈" 서드베리(Edward "Suds" Sudbury)가 그의 가장 친한 친구였다. 찰리는 우정에 관한 일이라면 물불을 가리지 않았다.

그는 술이 있고 매력적인 여성들과 즐길 기회가 있는 파티를 좋아했다. 미남이었던 찰리에게는 여자들이 줄을 설 정도였다. 남자들도 그와 대화하고 어울리는 걸 좋아했다. 한 친구의 회고담을 들어보자. "그는 매너가 좋았고 사교적이었으며 재미 있었어요. 꾸밈없이 환한 '살인 미소'를 갖고 있었지요."주12 찰리는 평생 사교를 무척이나 즐기는 편이었다. 그러나 잦은 파티와 유흥에도 불구하고 술이나 여자 때문에 사업을 소홀히 하는 경우는 없었다.

용돈을 마련하기 위해 찰리는 몇 가지 부업을 했다. 워체스터 아카데미에서 의류회사 외판원으로 짭짤한 수입을 올렸던 경험을 살려 레니슨 앤 코(Renison & Coe)와 매출액의 15%를 수수료로 받으며, 이 중 3분의 1은 자신이 입을 옷으로 받기로 하는 계약을 맺었다. 덕분에 용돈이 빠듯한 가운데에서도 그는 항상 잘 차려 입을 수 있었고 유행의 첨단을 달렸다. 암허스트에서의 두 번째 해에 그는 이 수입으로 학비를 조달할 수 있었다.[주13] 게다가 그는 웨이터 일까지 했다. 학교 안에는 식당이 없었기 때문에 학생들은 인근 동네의 하숙집에서 식사를 했는데, 찰리는 학교에서 2.5킬로미터 떨어진 곳에 사는 동네 아줌마를 설득해 주로 카이사이 회원인 20여명의 학생들에게 식사를 제공하도록 했고, 그는 식당 보조 일을 맡아 공짜로 밥을 얻어 먹었다.

남자학교인 암허스트는 대도시에서 멀리 떨어져 있었지만 여학생을 사귈 기회는 많았다. 노스햄프턴의 스미스 칼리지나 사우스해들리의 마운트 홀리요크 칼리지 같은 여자대학들은 암허스트에서 10마일도 떨어져 있지 않았다. 더구나 암허스트와 노스햄프턴, 홀리요크를 잇는 전차 노선도 있었다. 덕분에 찰리와 친구들은 주말 무도회나 모임에 함께 갈 여학생들과 데이트 약속을 하기가 쉬웠다.

여학생들은 술이나 운동은 즐기지 않았고, 남학생들에 비해 공부를 열심히 하는 편이었다. 공부에만 전념하면서 사회활동을 전혀 하지 않는 여학생들이 많았다. 대다수 여학생들은 전공을 살려 취직을 했고, 주로 학교나 사회단체 같은 성차별이 적은 직장을 찾았다.[주14]

찰리는 스포츠 경기와 무도회 같은 학교 활동과 관련된 주말 만남을 통해 금발 미녀인 마리(Marie)와 사귀었다. 주말에 외출을 나온 여학생들은 대개 지정 민박집에 머물렀고, 민박집 주인은 외부인 방문이나 귀가시간에 대해 엄격했다. 성적으로 다소 적극적인 여학생들이 있긴 했어도 문란한 경우는 거의 없었다. 대다수는 결혼이나 적어도 약혼 발표 때까지는 순결을 지키려고 했다. 찰리는 서클 모임뿐만 아니라 2학년 진학식과 3학년 무도회에 마리를 데리고 다녔다.

2학년 크리스마스 방학 때 찰리는 이제 세 살 난 여동생 매리가 웨스트 팜비치에서 디프테리아에 걸려 사망했다는 비보를 접했다. 이 소식이 전해진 1906년 1월 2일 그는 서드베리 가족과 함께 뉴욕 주의 마운트버논에서 휴가를 즐기는 중이었다. 닥터 메릴 부부는 병원이 가까운 잭슨빌 지역에 살았더라면 어린 매리의 목숨을 구할 수 있을 것이라며 비탄에 빠졌다. 먼 훗날 정치적으로 자유주의자인 아들 찰스 주니어가 찰리에게 엄청난 재산을 모으게 된 동기를 따지며 대들자 그가 이 얘기를 들려주었을 정도로 찰리에게는 중요한 사건이었다. 상류층의 지위와 생활방식을 변호한 서한에서 찰리는 이렇게 썼다. "아버지는 딸의 목숨을 구하는 방법을 알고 있었지만 돈이 없어 제대로 된 의료장비를 구비하지 못했다는 점을 절망스러워했다. 물론 돈이 전부는 아니다. 그러나 친구와 위기는 나타났다가 사라지곤 하지만 돈은 이 세상에서 전부나 다름없다."[주15]

사실 1906년 당시의 의학 수준을 고려하면 웨스트 팜비치 같은 남부 플로리다가 아니라 잭슨빌, 아니 세계 어디를 가도 매리의 병을 고칠 수는 없었을 것이다. 검증된 치료법이 존재하지 않았기 때문이다. 가족들은 매리의 사망에 죄책감을 느꼈고, 중상류층에서 추락한 자신들의 좌절감을 이런 식으로 표현했다. 그렇다고는 해도 찰리의 말이 틀린 것은 아니다. "어느 정도의 재산을 갖고 있다면 위중한 병에 걸리거나 치료가 필요할 때 제대로 된 병원에 갈 수 있으며, 이 점은 중환자에게 결정적인 것이 될 수 있다."

2학년 2학기 때 찰리는 카이사이 하우스를 오랫동안 관리감독 해온 막강한 선배와 대립각을 세우게 됐다. 서클 친구 한 명이 시험부정 혐의로 교칙에 따라 즉각 퇴학당했다. 암허스트 졸업생들인 카이사이 하우스의 이사회와 서클 내 일부 회원들은 서클에서도 제명시킬 것을 요구했다. 뉴욕 주 변호사이자 냉동식품 업계의 혁신적인 인물인 클레어런스 버즈아이 시니어(Clarence Birdseye Sr.)가 제명에 앞장섰다. 원칙에서 벗어나려고 하는 학생들에게 본보기를 보이자는 게 목적이었다. 찰리는 분노했다. 그가 생각하기에 강경파들의 요구는 상처 입은 사람에게 한 번 더 모욕을 주려는 것뿐이었다. 또 낙담한 동료에게 모두가 등을 돌릴 경우 회원은 좋을 때나 나쁠 때나 서로 도와야 한다는 입회선서를 정면으로 어기게 된다고 생각했다. 서즈 서드베리와 일부 회원들의 지지를 얻어 찰리는 제명 반대 운동에 나섰다.

마침내 타협안이 나왔다. 피고에게 영구제명이 아니라 5년간 자격 정지 조치가 내려졌다. 찰리는 정당한 승리라고 주장했으나 5년 뒤면 20대 후반이 되는 그 회원이 서클에 다시 복귀할 리는 거의 없다는 점에서 승리라고 보기는 어려웠다. 찰리는 이 문제 때문에 몇몇 친구들과 사이가 나빠졌고 카이사이 일부 이사들의 분노를 샀다.

시험부정에 관한 논란은 중요하다. 상반된 원칙이 충돌할 때 찰리가 어떻게 반응하는지 알 수 있기 때문이다. 이 경우 어느 원칙이 우선이었는지가 중요하다. 시험부정에 대한 사회적 비난인가, 아니면 영원한 친구에 대한 개인적 의리를 지킬 것인가? 1906년 봄 찰리는 후자를 택했다. 몇 가지 요인을 고려할 필요가 있다. 우선 찰리 자신이 여러 차례 시험부정을 저질러 왔기 때문에 재수없게 현장에서 적발된 친구에 대해 동정심이 생겼을 수 있다. 둘째로 그가 시험부정을 저지르지 않았더라도 누가 부정을 저질러왔는지 알고 있었기 때문에 한두 명이 부정을 저지르는 게 아닌 상황에서 한 사람만을 비난하는 것은 위선적이라고 생각했을 수 있다.

세 번째 가능성은 학칙이 너무 엄격하고 비현실적이라고 생각했기 때문일 수도 있다. 암허스트는 1904년에 학생들의 자기검열제도를 채택했는데, 이는 웨스트 포인트와 버지니아 대학교 등 몇몇 대학의 학칙을 본 딴 것이었다. 이 제도로 교수들은 시험감독을 할 필요가 없어졌다. 학생들은 자신의 행동에서 당연히 학칙을 지켜야 할 뿐만 아니라 급우의 부정 사례도 신고하도록 했다. 학생 명예위원회는 시험부정과 거짓말, 절도 혐의 등에 대해 판결을 내리며, 유죄 판결이 내려진 학생은 대부분 추후 변론의 기회조차 없이 퇴학 당했다. 다른 학생들과 마찬가지로 찰리는 2학년 등록 전에 이 같은 명예헌장 준수 서약서에 서명했다. 학생들이 특히 반발한 조항은 친구들의 의심스런 행동을 학교측에 고발해야 한다는 조항이었다. 이 조항이 학생을 밀고자로 만들기 때문이었다. 찰리가 막강한 동창회에 맞서, 또 명예헌장을 중시하는 카이사이 이사회에 맞서 서클 친구를 변호한 것은 명예헌장이 과도하게 도덕적이라는 점에 대해 반기를 든 셈이었다.

마지막으로 그는 시험부정자의 동기를 고려했을지 모른다. 예를 들어 그 친구가 단지 학교에서 쫓겨나지 않고 학교를 계속 다니기 위해 그랬다면 시험 부정은 죄가 아니라고 생각했을 것이다. 호로비츠는 이렇게 묘사했다. "학생들은 서로를 하나로 묶어 학교당국에 맞서는 상호단결을 중시했다. 학칙을 어겼다 해도 학교측의 판단만으로 친구들을 판단하길 거부했고, 적발될 위험이 있는 친구에게는 도움을 주었으며, 유죄 판정을 받은 친구에게는 위로를 전했다."[16] 찰리가 맞서

싸운 대상이 학교측이 아니고 서클 선배이기는 했어도 친구에게 동정심을 가졌던 것은 분명하다.

먼 훗날 찰리는 당시를 회고하면서 자신의 행동을 후회했다. 돌이켜보니 잘못된 원칙을 지지했었다는 것이다. 진실과 정직이라는 원칙의 준수가 영원한 우정이라는 이상보다 우선이라는 말이다. 카이사이 회원을 징계하려던 버즈아이를 비롯한 강경파들의 행동에는 악의적이거나 부적절한 점이 없었다. 찰리는 진실성을 중시하지 않는 증권업에 종사하면서 크든 작든 모든 문제에서 정도(正道)를 지키는 게 중요하다는 점을 스스로 깨달았던 것이다.

1906년 봄 학기를 마치자 찰리는 웨스트 팜비치의 집으로 돌아갔다. 그해 여름 그는 신문사에서 일했다. 그의 아버지가 지역신문인 〈트로피칼 선Tropical Sun〉 발행인에게 결핵치료를 위해 애리조나 주에서 푹 쉬라고 권하면서 자신의 아들을 소개한 덕분이었다.

찰리는 편집국장, 기자, 인쇄공에 사장까지 겸하면서 주당 17달러(1995년 가치로 340달러)를 받았다. 시간이 날 때면 틈틈이 동네 세미프로 야구팀에서 매주 세 차례 야구선수로도 뛰었다. 기자 경험은 전혀 없었지만 그는 일을 상당히 잘했고 실적이 좋다는 소문이 자자했다. 나중에 그는 신문사에서 쌓았던 좋은 경험을 떠올리면서 "인간의 본성에 대해 배웠다"고 설명했다.[17] 여름이 끝나자 찰리는 몇몇 신문사에서 스카우트 제의를 받았다. 이해 9월 친구인 서드베리에게 보낸 편지에서 찰리는 "나는 네가 들어 본 적이 없는 행운아일 거야"라고 자랑했다.[18] "미시시피 주 그린빌의 〈데일리 타임스Daily Times〉에서 월급 75달러의 영업부장으로 시작해, 잘만 한다면 월급을 두 배로 올려

주겠다는 제안을 받았어. 그린빌은 인구 2만 명의 미시시피 주에서 두 번째로 큰 도시인 데다 〈데일리 타임스〉는 아주 좋은 신문이지." 찰리는 또 웨스트 팜비치의 〈트로피칼 선〉에 그대로 남아있든가 아니면 마이애미의 전문지 사장을 할 수도 있었다. 일자리가 매력적이긴 했지만 그와 가족들은 학업을 계속해 대학 졸업장을 받아야 한다고 결정했다.

그러나 가을 학기가 시작되자 찰리는 암허스트로 돌아가지 않고 아버지가 1878~79년 학기에 다녔던 앤아버의 미시간 대학교로 전학했다. 외가를 포함한 일가친척들이 전학 결정에 중요한 역할을 했다. 외할머니인 에밀리는 찰스와 옥타비아 부부에게 자신의 외손자는 변호사 재목이기 때문에 필요하다면 미시시피 주의 모든 일가친척을 동원해서라도 미시간 대학교 등록금을 내는 데 돕겠다며 적극 나섰다. 이 대학이 좋은 이유는 3학년과 4학년 학생들에게 기초 법학 강좌를 개설하고 있었고, 이 과목은 로스쿨에 가려면 중요한 과목이었다. 암허스트에는 로스쿨이 없었다. 20세기 초 미시간 대학교의 학문적 명성은 찰리가 그동안 다녔던 학교들에 비해 한 차원 높았다.

미시간 대학교에 다니기로 한 찰리의 결정은 전략적인 변화였다. 닥터 메릴이 3년 전의 사고에서 완전히 회복하지 못했고 중상류층 생활을 유지할 만한 수입을 올리지 못했다는 점이 주된 이유였다. 옥타비아는 가계수지를 맞추기 위해 흑인과 백인용 각각 하나씩 두 개의 하숙집을 운영하고 있었다. 돈은 부족했지만 상황이 절망적이지는 않았다. 상황이 더 나빴더라면 찰리는 대학을 중퇴하고 언론사에 취직했을 것이다. 대신 일가친척 모두는 찰리가 법조인을 목표로 대학에 다닐 수 있도록 돈을 모으기로 했다. 찰리는 마지못해 동의했지만 변호사가 되고 싶은 생각은 전혀 없었다. 의사나 목사 같은 다른 대안이 마땅치 않아 임시로 선택한 직업에 불과했다. 그래도 찰리는 돈줄을 쥔 일가 친척들의 열망에 부응해 법학과목을 수강했다. 카이사이에서의 소동에도 불구하고 찰리 본인 스스로 다른 학교로 옮기길 원했다는 증거는 없다. 다음해 서클 친구에게 쓴 편지에서 찰리는 암허스트에 복학하지 못해 유감이라고 썼다. 게다가 약혼녀 마리 소스트롬이 아직 스미스 칼리지에 다니고 있었다.

1906년 9월 말 찰리가 미시간 대학교를 향해 떠났을 때 그의 주머니 사정은 이전보다 나았다. 신문사 일을 하면서 200달러(1995년 가치로 4000달러)를 모았기 때문에 1년 생활비는 충분했다. 장학금을 신청하지 않아도 된다는 점 역시 마음에 들었다. 앤아버에 도착하자마자 카이사이 지부를 찾았고 서클 합숙소에 방을 구했다. 동네가 워낙 잘 짜여있어서 그는 몇 주만에 아늑함을 느낄 수 있었다. 용돈을 벌기 위해 그는 식당에서 음식과 부자재 주문업무를 맡아서 했다. 1년간 숙소 안의 모든 사람들을 먹이는 데 필요한 큰돈을 쓰는 자리라 책임이 막중했다.

나중에 찰리는 앤아버에서의 생활이 어느 때보다 행복했었다고 회고했다. 학점은 형편없었지만 친구들과의 걱정 없는 교유, 즉 파이프 앤 보울(Pipe and Bowl)과 프라이어스(Friars) 같은 주당 클럽 회원들과 서클 숙소에서 맥주를 마신 것을 염두에 두고 한 말이다. 서즈 서드베리에게 쓴 편지에서 그는 미시간 대학교에서의 학업은 이전 학교에서보다 힘들다고 밝혔다. 아마도 어려운 고학년 과목에다 법학과목까지 수강한 탓이었을 것이다. 찰리는 첫 학기에는 잘 했지만 둘째 학기에 학점이 곤두박질쳤다. 다섯 과목 가운데 세 과목에서 학점을 제대로 받지 못했다. 갈수록 친구가 늘어나 공부를 제대로 할 수 없었다. 게다가 찰리는 법학과목에 전혀 흥미를 느끼지 못했다. 2년 뒤 그는 1907년 봄 학기에 구멍 난 학점을 채우기 위해 섬머스쿨에 등록한다. 결국 찰리는 4학년을 마치지 못했고 학사학위를 취득하지 못했다. 나중에 암허스트 칼리지를 비롯해 몇몇 대학교에서 명예 졸업장을 받기는 했지만 말이다.

이 와중에도 스미스 칼리지 3학년이던 마리 소스트롬에 대한 애정은 변치 않았다. 두 사람은 정기적으로 편지를 교환했다. 이해 봄 그는 기차편으로 암허스트에 가서 마리를 카이사이 댄스 파티에 데려갔다. 6월에는 마리가 앤아버로 와서 종강 파티에 참석하기도 했다. 찰리와 마리는 이 즈음 공식적으로 약혼했다. 마리의 아버지는 뉴욕 시내에 잘 나가는 섬유회사를 갖고 있었다. 마리가 1908년 6월 스미스 칼리지를 졸업하면 결혼한다는 게 두 사람의 잠정적인 계획이었다. 그때까지 찰리는 아내와 가족을 부양할 수 있도록 자리를 잡을 생각이었다. 일단 첫 직장은 예비장인의 섬유공장으로 내정한 상태였다.

하지만 그해 6월까지도 찰리는 취직을 서두르지 않았다. 대신 외삼촌인 아우구스투스 윌슨(Augustus Wilson)이 소개해 준 미시시피 주의 작은 도시 쇼의 야구팀에서 중견수로 뛰었다. 이 작은 도시는 외할머니의 렉싱턴 농장에서 북서쪽으로 80킬로미터 떨어진 미시시피 강 동쪽 제방에 자리잡고 있었다. 아우구스투스 삼촌은 지역 상공인들 사이에 영향력이 있었고, 예전에 찰리가 그린빌 신문사에 자리를 구할 수 있도록 주선해 주기도 했다. 쇼의 야구팀은 메이저리그 팀과 자매 결연을 맺지 않은 데다, 수준도 낮아 마이너리그 기준으로 D급이었다. 아마도 암허스트와 미시간 대학교의 동호인 팀보다도 세지 않았을 것이다. 그래도 마땅히 볼 거리가 없는 동네인지라 쇼 팀은 관중이 제법 많았다. 구단이 찰리에게 주급 25달러(1995년 가치로 500달러)를 제시하자 그는 앤아버를 떠나 쇼로 가는 기차에 올랐다. 시즌을 마친 뒤 찰리는 뉴욕으로 향했고, 그곳에서는 예비장인이 섬유회사에 자리를 마련해놓고 있었다. 미래는 밝아 보였다.

찰리는 대학 시절을 회상할 때면 항상 미시간 대학교보다 암허스트 칼리지를 많이 언급했다. 그는 암허스트에서 2년, 미시간에서 1년 반을 보냈다. 암허스트에서의 성적은 괜찮았지만 미시간에서는 그렇지 않아 언짢았을 수 있다. 암허스트 시절을 떠올릴 때마다 그는 강의실에서 배운 것보다 서클 합숙소에서 놀았던 일을 언급했다. 암허스트와 미시간에서 합숙서클인 카이사이에 소속돼 있던 경험은 그에게 두고두고 영향을 미쳤다. 1916년에 그가 막 출범한 메릴린치에 윈스롭 스미스를 신입사원으로 채용한 중요한 이유도 암허스트 칼리지의 카이사이 회원이었다는 점이다. 찰리가 볼 때는 충분한 소개서이자 추천서였다. 사교활동의 중요성 외에도 찰리는 갈수록 높아지는 암허스트의 학문적 성가를 존중하게 됐다. 그의 둘째 아들 제임스도 암허스트에서 공부해 학문적 명예를 얻었다.[19] 찰리는 암허스트 칼리지를 자신의 모교로 여겼고 나중에 거액의 기부금도 희사했다.

이후 40년 동안 찰리는 뉴욕에서 살았고 뉴욕에서 돈을 벌었다. 찰리는 신선한 아이디어와 성공 의지만을 갖고 미국의 금융중심지에 뛰어든 외지인(주로 남부와 중서부 출신 및 이민 2세)의 전형이었다. 남부인에서 북부인으로 변모한 사람이 찰리만은 아니었다. 당시 많은 사람들이 남부의 농업경제에 한계를 느끼고 상공업이 발달한 북부에서 자신의 재능을 발휘했다. 야심 있는 남부인들에게는 빈틈없이 꽉 짜여 있는 보스턴이나 필라델피아에 비해 뉴욕이 더 개방적으로 보였다.

20세기 전반에 활동한 남부 출신의 저명한 금융인은 여럿 손꼽을 수 있다. 1920년대와 30년대 명문 투자은행인 딜론 리드(Dillon Read)를 경영했던 클레어런스 딜론(Clarence Dillon)은 찰리보다 세 살 많은 텍사스 출신으로, 찰리보다 앞서 1897년에 워체스터 아카데미를 거쳐 하버드 대학교에 진학했다.[주20] 월 스트리트에서 딜론은 우량채권을 인수해 부유한 개인이나 기관투자가들에게 팔았다. 반면 메릴은 중상류층 고객을 대상으로 주식을 팔았다. 두 사람 모두 북부에서 교육받은 남부 출신으로 미국의 자본시장 발전에 중요한 선구자였다. 딜론은 업계에서 존경받는 월 스트리트 인사가 됐다. 반면 메릴은 월 스트리트에서 그럴듯하기는 하지만 비현실적이고 위험스럽기까지 한 아이디어를 가진 신출내기로 취급됐다. 물론 미국의 자본시장을 대중화하고 변화시켰다는 점에서는 찰리가 미친 영향이 훨씬 컸지만 말이다.

4 뉴욕 입성(入城) 그리고 독립

미시시피에서 1907년도 야구 시즌을 끝내고 뉴욕에 도착한 찰리는 일단 예비 장인어른의 손에 진로를 맡겼다. 미시간 대학교에서 법률 과목을 수강해 봤으나 법률 쪽엔 애당초 흥미가 생기지 않았다. 법조인의 길을 포기한 그의 결정을 가족들은 받아 들여야 했다. 그 대신에 찰리는 다양한 직업과 기회가 많은 비즈니스의 세계에 입문하기로 했다. 비즈니스의 세계에는 수천 개의 제조업체, 다양한 분야의 소매업과 도매업, 각종 금융회사가 있었다. 회사 생활은 이른바 품격 있는 직업에 비해 사회적 권위는 떨어지지만 방향만 잘 잡으면 돈 벌 기회는 무궁무진했다.

기차로 뉴욕에 온 찰리에게는 일자리가 기다리고 있었다. 찰리가 의도하지는 않았지만 사랑에 빠진 스미스 칼리지 여학생이 부잣집 딸이라는 점에서 시작부터 행운인 셈이었다. 영향력 있고 부유한 가문과의 결혼은 아들과 딸을 뉴잉글랜드의 명문 사립학교로 보낸 부모들의 바램이었다. 장가를 잘 감으로써 찰리는 상류층 생활 아니 그 이상이 보장될 터였다. 마리가 스미스 칼리지 4학년을 마치기를 원했기 때문에 결혼식이 미뤄졌고, 이 바람에 연장된 약혼기간 동안 찰리는 웨스트 팜비치에서 몸이 좋지 않은 아버지와 여동생을 보살피느라 등골이 휠 지경인 어머니에게 도움이 될 만한 돈을 좀 보내고 싶었다.

로버트 소스트롬(Robert Sjostrom)은 뉴욕 시내에 여섯 개 공장을 거느리고 있는 섬유 사업가였다. 맨해튼 남부에 본사가 있었다. 그 무렵 뉴욕 교외지역인 뉴로셀에 살고 있던 소스트롬은 일상적인 업무는 고용 경영인들에게 맡겨 놓고 있었다. 말단 신입사원으로 시작한 찰리의 주급은 15달러였고, 일을 잘 하면 고속 승진과 함께 급여를 크게 올려주겠다고 소스트롬은 약속했다.

뉴욕에서의 처음 몇 달 동안 찰리의 숙소는 급여만큼이나 허름했다. 맨해튼 중심지인 첼시의 4층 방에 살았는데 얼마나 비좁았는지 "구둣주걱으로 밀고 들어가야 할 지경"이었다.[주1] 아일랜드 출신 여주인은 4명의 남자 하숙생을 치고 있었다. 찰리는 방 한 개와 아침 저녁 식비로 매주 수입의 40%가 넘는 6달러50센트를 지불했다. 첼시 지역은 우연히 정한 장소가 아니었다. 소스트롬 일가가 몇 블록 떨어진 엔디코트 호텔에서 겨울철을 지내기 때문에 택한 장소였다. 마리와 가족들이 시내에 머물 때면 그는 언제든 호텔로 갈 수 있었다.

뉴욕에서의 첫 해를 보내면서 찰리는 장래의 사업파트너인 에디 린치를 만났다. 그들은 입장료가 싼 23번가 YMCA에서 정기적으로 수영을 했는데 어느 날 우연히 만나 서로의 관심사를 얘기했다. 찰리보다 불과 6개월 일찍 태어난 린치는 고향인 볼티모어의 존스홉킨스 대학교 출신이었다. 그는 소다수 장비 제조업체인 리퀴드 카보닉(Liquid Carbonic)에 신입사원으로 들어가 채권회수 업무를 하다가 나중에는 세일즈맨이 됐다. 그 역시 적은 봉급으로 살아가고 있었다. 처음 만나자마자 두 젊은이는 방을 합치기로 했고, 찰리가 웨스트 36번가에 있는 린치의 조금 넓은 숙소로 이사했다. 그들의 성격은 전혀 달랐지만 놀랍도록 서로를 보완해주었다. 찰리는 우아하고 외향적인 반면 린치는 무뚝뚝하고 고집스러웠다. 아마도 그들은 언젠가 사업을 함께 하기를 꿈꿨겠지만 당시에는 아무런 계획도 없었다. 각자 다른 길을 걷고 있었던 것이다. 일단 찰리의 장래는 소스트롬 일가에 묶여 있었다.

찰리는 자신의 가치를 입증했고 1년도 안 돼 소스트롬 일가는 그를 자금부장으로 승진시켜 6개 공장을 관리하도록 했다. 돌이켜보면 금융업이 찰리의 평생 주특기가 됐다는 점에서 중요한 인사였다. 그의 주된 임무는 일상 운영자금으로 쓸 돈과 섬유를 주문하는 도매상이나 소매상 고객들에게 빌려줄 자금을 은행에서 끌어오는 일이었다. 맡은 일이 많아지면서 그의 급료는 급상승했다. 1908년 말 당시 찰리의 주급은 초임의 6배가 넘는 100달러가 됐다. 1990년대 중반 가치로 환산할 때 그는 불과 23세의 나이에 연봉 10만 달러를 받은 셈이다. 그는 가족들의 기대를 저버리지 않았고, 성실하게 1700달러를 저축해 부모님에게 모기지(주택저당채권) 대출을 갚으라고 송금했다.

1909년 봄 찰리의 직장 경력은 급반전했다. 졸업한 지 1년여, 약혼한 지는 2년이나 된 마리 소스트롬이 결혼을 주저했기 때문이다. 마리와 찰리는 다퉜고 결국 파혼했다. 며칠 뒤 찰리는 회사를 그만두기로 했다. 스스로 결심했는지 사표를 요구 받았는지는 불분명하다. 어쨌든 섬유업은 그의 장래가 아니었다. 이로부터 한참 뒤인 1937년 소스트롬의 장례식에서 찰리는 미망인에게 감동적인 조사를 헌사했다. "제가 처음 맨손으로 뉴욕에 왔을 때 소스트롬 씨만이 계셨습니다. 처음부터 소스트롬 씨는 마치 아들인 것처럼 마음을 주시면서 지켜봐 주시고, 경영의 기초뿐만 아니라 대학원 수준까지 가르쳐 주셨습니다." 회사 동료들에게 찰리는 이렇게 말했다. "소스트롬 씨 밑에서 일한 2년 동안은 경영대학원에서 경영학원론과 대출 및 자금관리, 원가회계를 배운 것과 마찬가지였어."[주2]

마리와 헤어지고 직장까지 잃은 뒤 마땅히 할 일이 없어진 찰리는 1909년 여름 학기에 미시간 대학으로 돌아가기로 마음 먹었다. 법조인의 길을 포기한 자신의 결정을 재검토해 보려는 게 목표였다. 우선은 주변의 간섭을 받지 않는 장소에서 다음 진로를 모색할 시간이 필요했다. 게다가 1907년 봄학기 이후 그대로 남아 있는 성적표도 깨끗하게 정리하고 싶었다. 앤아버에서 몇 달 보내면 기분 전환의 계기가 될 것 같았다. 전년도에 받은 고액 연봉 덕택에 모아놓은 돈이 꽤 있어서 등록금과 생활비 걱정은 없었다. 결혼 준비도 할 필요가 없어졌기 때문에 경제적 부담이나 아르바이트를 할 필요 없이 학교를 다닐 수 있었다. 워체스터와 암허스트에서와는 완전히 다른 상황이었다.

여름이 끝나갈 무렵 찰리는 뉴욕 시절 암허스트 동창회 모임에서 만난 프레드 베일(Fred Bale)과 취직자리에 대해 이야기를 나눈 기억이 났다. 베일은 다른 회사가 발행한 어음을 매입해 이를 담보로 대출해주

는 회사인 조지 H. 버 앤 컴퍼니(George H. Burr & Company)에 다닌 적
이 있었고, 찰리도 그 회사 고객 중의 하나였다. 팩터링 기업으로 통하
는 이런 회사들은 대개 자본금이 달려 은행에서 돈을 빌리는 데 애로
를 겪는 제조업체나 유통업체를 상대로 중단기 자금을 대출했다. 소
스트롬 공장에서 근무할 당시 조지 버를 만난 적이 있는 찰리는 버에
게 편지를 써서 자리가 있는지 물어봤지만 답장을 받지 못하자 일단
포기하고 말았다.

1909년 가을 다시 뉴욕으로 돌아온 그는 암허스트 출신인 밥 언더
힐(Bob Underhill)과 같은 방을 쓰면서 일자리를 찾기 위해 여기 저기
찾아 다니며 구인광고를 샅샅이 뒤졌다. 2년여 동안 직장생활을 했지
만 새로이 밑바닥부터 출발할 생각이었다. 그러나 일자리는 없었고
몇 주씩이나 세월만 보내고 말았다. 모욕적인 채용 거절을 당하기도
했다. 찰리는 이때의 기억으로 인해 한때 잘 나가다가 개인적인 불운
이나 경제위기로 인해 생활이 궁핍해진 사람들에게 동정심을 갖게 됐
다.

인종편견으로 인해 취직 기회를 날리기도 했다. 하이그레이드 실크
밀스(Hygrade Silk Mills)의 자금부장이 자신을 도와줄 직원을 뽑겠다고
했는데, 주급이 35달러(1995년 가치로 연봉 3만5000달러)로 꽤 괜찮은 편
이었다. 그러나 찰리는 그가 흑인이라는 이유로 입사제의를 거절했
다. 후일 찰리는 자신이 남부 출신이라 그 자리를 포기했었다고 술회
했지만 사실 북부 백인들도 출세한 소수인종이나 여성으로부터 지시
받기를 원치 않았다.

10월의 어느 날 오후 숙소로 돌아 온 찰리는 프레드 베일이 남겨놓

은 쪽지를 발견했다. 조지 버 회사에 자리가 생겼다는 쪽지였다. 채권 관련 사업을 다각화하기로 결정한 버는 시카고 출신의 은행원을 채용해 이 부서를 맡길 생각이었다. 그런데 이 사람이 기차를 타고 뉴욕으로 오는 길에 폐렴이 걸렸고 얼마 뒤 그만 죽고 말았다. 급하게 사람이 필요해진 버는 찰리에게 주급 25달러에 이익의 10%를 주는 조건으로 부장 자리를 제의했다. 이로써 찰리의 월 스트리트 생활이 시작된 것이다. 이때 찰리의 인생에 지속적으로 영향을 미치는 인연들이 많이 생겨난다. 릴리안 버튼(Lillian Burton)이 그 중 하나였다. 사망한 시카고 은행원의 비서로 채용된 그녀는 찰리 밑에서 일하게 됐고 결국 찰리의 개인비서가 된다. 수십 년 간 그녀는 찰리의 인생에서 중요한 일부였고 세 명의 부인들보다도 오랜 세월을 함께 했다. 성공하려면 옷을 잘 입어야 한다는 어머니의 충고에 따라 찰리가 재단사로 택한 E.R. 반 시클(E.R. Van Sickle)도 이후 50여 년 간 찰리의 옷을 만들게 된다.

버가 투자은행 사업을 확장하려고 한 것은 고객서비스를 한층 강화하기 위해서였다. 버는 고객들이 발행한 어음을 받고 단기자금을 대출해주었다. 특히 라디에이터 및 배관설비 제조업체인 맥크럼-하웰(McCrum-Howell)은 조지 버에게 부채가 많았는데 버 측에서 채권을 외부에 매각해버리면 곧바로 파산할 처지였다. 자본시장에서 자금조달에 성공한다면 버로부터의 단기차입금을 상환할 수 있었지만, 그렇게 하기에는 맥크럼-하웰의 규모가 너무 작았고 대차대조표는 너무 부실했던 탓에 대형 투자은행들의 눈길을 끌지 못했다. 버는 한번 치고 나가 금융사업을 다각화하면 뭔가 얻을 수 있을 것이라고 생각했다.

찰리의 일은 힘들었다. 채권(회사채)을 발행한 적도 상환한 적도 없는 중소기업(대개 가족기업)들의 장기채권을 개인투자자에게 파는 게 주된 업무였다. 오늘날 우리는 이런 채권을 위험이 높다는 점에서 정크본드(junk bond)라고 부른다. 1980년대에 인기 투자상품이었던 정크본드는 신용평가회사로부터 투자등급(investment grade) 미만의 판정을 받은 채권을 말한다.

또 다른 문제는 찰리를 비롯한 조지 버의 직원들이 투자은행 업무 분야에서 거의 경험이 없었다는 점이다. 다행히 릴리안 버튼이 이전에 순진한 고객들을 꼬여 문제성 거래를 유도하는 회사에서 비서로 근무한 적이 있어서 영업 활동에 대해 누구보다 많이 알고 있었다. 흔히 사설거래소(bucket shop)라고 불리는 이 악덕 증권딜러들은 고객들에게 거래가 성사됐다고 말해놓고는 돈을 엉뚱한 곳에 빼돌리기 일쑤였다.[주3] 관련 법규가 느슨하거나 아예 없었기 때문에 처벌도 어려웠다. 헛된 루머로 투기 열풍을 자극하기 일쑤였고, 증권 세일즈맨은 고객들에게 실수로 혹은 고의로 잘못된 정보를 제공했으면서도 책임을 지는 경우는 거의 없었다.

버튼은 전에 근무했던 회사가 고객을 유치하기 위해 사용한 우편 안내문 같은 광고문안을 찰리에게 보여주었다. 찰리는 이런 마케팅 방식이 과연 효과적인지를 고민하던 차에 금융업 전문 광고회사인 알버트 프랭크-겐터 로(Albert Frank-Guenther Law)의 오너인 루돌프-겐터(Rudolph Guenther)의 권고로 힘을 얻었다. 겐터는 이후 40년 동안 찰리의 사업 성공에 중요한 역할을 하게 된다.

공격적인 광고를 집행할지 여부가 관건이었다. 당시 주요 증권회들은 대담한 판촉활동에 소극적이었다. 20세기 초 J.P. 모건, 쿤 로브, 키

더 피바디(Kidder Peabody), 골드만삭스(Goldman Sachs)를 비롯한 투자 은행들은 고객을 유치하기 위한 광고를 거의 하지 않았다. 단지 자신들이 주선한 신주 발행을 공식 발표할 때 마치 묘비명을 쓰듯 회사 이름을 열거하는 게 고작이었다. 인수업무 수수료를 많이 차지한 유명 회사들의 명칭을 대문자로 상단에 배치하고, 나머지 회사들은 중요도가 낮을수록 작은 글씨로 회사명을 기재하는 게 일반적이었다. 기존 회사들은 대부분 일간지와 전문지에 광고를 게재할 때도 사무실 소재 지와 통상적인 업무범위에 관한 제한된 정보만을 기재했을 뿐 투자방 침이나 특정 종목에 관한 상세한 정보를 제공하는 경우는 드물었다.

J.P. 모건을 비롯한 투자은행들은 수십 년 동안 착실하게 명성을 쌓아왔고, 구전(口傳)이나 유력인사의 소개를 중시했다. 의사나 변호사, 회계사 같은 전문직업인들과 마찬가지로 주요 투자은행가들은 광고를 경멸했을 뿐만 아니라 판촉물이 전문직업으로서의 품격을 떨어뜨린다며 공격적인 광고가 비윤리적이라고 주장하기도 했다. 역설적으로 시장경제에서는 이 같은 논리 자체가 비윤리적이다. 왜냐하면 광고를 하지 않는 근본 목적이 대중을 사기로부터 보호하기 위한 게 아니라 묵시적으로 경쟁을 제한함으로써 사실상 담합의 이익을 수호하는 것이었기 때문이다. 공격적인 마케팅 활동에 대한 금기는 경쟁자들의 투자은행업 신규 진입을 억제하는 효과가 있었다. 투자자들 입장에서는 기존 회사와 거래하는 경우에만 중요한 정보에 접근할 수 있었다. 뿐만 아니라 그렇게 해야만 전문성도 없고 경험도 없는, 어쩌면 정직하지 않은 투자자문회사를 피해 갈 수 있다고 여겼다. 결국 광고를 하지 못하는 상태에서 신생 회사들은 출발하는 데 어려움을 겪을

수밖에 없었다. 반면 이 같은 불문율을 깨려고 하는 기업은 품위 없고 신망 없는 회사로 낙인 찍혔다. 외부인이 결코 이길 수 없는 게임이었고 기존의 투자은행들만 유리한 환경이었다.

찰리는 이런 구습(舊習)을 깨기로 작정했다. 그는 제대로 된 접근방법을 활용할 경우 시장이 있을 것으로 확신한 채권을 판매하기 위해 광고를 포함한 다양한 기법을 사용하기로 했다. 그는 높은 수익률을 원하되 높은 부도 리스크도 기꺼이 감수하려는 투자자들을 찾아 나섰다. 정확한 최신 정보를 제공할 경우 잠재적인 투자자들에 대한 직접 권유가 나쁜 일이 아니라는 게 그의 생각이었다. 그러나 일확천금 형은 받아들이지 않았다. 겐터의 자문에 따라 찰리는 광고전단, 신문광고, 대 고객 편지 등 다양한 방법을 동원했다. 채권시장의 변방에서 사업을 해왔던 버는 기존의 투자은행들이 멸시를 한다 해도 이를 감수할 용의가 있었다.[주4]

찰리는 1911년 11월 〈레슬리스 일러스트레이티드 위클리Leslie's Illustrated Weekly〉에 본인 명의로 투자에 관한 기고문을 실었는데, 이 글에서 그 후 40년 동안 그가 줄곧 강조하게 될 투자원칙을 명시했다. 자신을 "평범한 투자자(Mr. Average Investor)"라고 명명한 그는 투자계획을 세우기 전에 고객의 재정상태를 아는 게 중요하다고 강조했다. 20대의 고객에게 딱 들어맞는 투자가 나이든 고객에는 안 맞을 수 있고 반대의 경우도 마찬가지였다. 고객의 목표가 성장인지 안전인지 아니면 중간인지가 중요했다. 위험과 관련한 고객의 태도를 알아내는 것도 중요했다. 나중에 메릴린치가 "고객을 알라(Know Your Customer)"는 지침을 소속 브로커와 영업직원들을 대상으로 제시하면서 이 같은 아이디어들은 공식제도로 정착된다. 이 기고문에서 찰리는 전국의 수많은 중소도시에 거주하는 중상류층 투자자들을 고객으로 유치함으로써 증권시장을 확대하자는 구상도 제시했다. "미국 전역에 걸쳐 다수의 고객을 갖고 있는 게 일부 지역에 국한된 몇몇 부유층 고객들의 주머니만 바라보는 것보다 훨씬 낫다." 1911년 무렵에는 그의 이런 아이디어가 단순한 꿈에 불과했지만 결국 이 꿈은 실현된다.

파격적이면서도 새로운 판촉기법을 채택하는 과감성은 1909년 증권업계에 입문해 1956년 타계할 때까지 월 스트리트에서 찰리의 트레이드 마크였다. 1910년대 당시 시장 변두리에 있던 몇몇 회사들도-정직하든 정직하지 않든-마케팅에 의존해 사업을 했다는 점에서 찰리가 유일무이한 선구자는 아니었다. 그러나 윈스롭 스미스의 권유로 월 스트리트에 복귀한 이후 1940년대와 50년대에 마케팅으로 가장 큰 성공을 거둔 인물은 찰리였다. 1929년 주식시장 붕괴 이전까지 찰리의 활동이 대형 투자은행들에게 별다른 영향을 미치지 못했지만 1940년대에는 찰리가 시도했던 마케팅 정책이 증권산업의 성격을 완전히 바꿔놓았다. 나중에 그가 추진한 정책은 초기에 그가 채택한 것들과 본질적으로 다르지 않았지만 대규모로 추진됐고 영향도 훨씬 더 컸다. 간단히 말해 그는 조지 버의 채권부장으로 재직했던 3년 반 동안 효과적인 마케팅 기법의 중요성을 깨달았고 훗날 이를 제대로 활용했다.

광고의 위력을 발견한 것 말고도 버에 근무할 때 두 가지 중요한 일이 있었다. 첫째는 예전의 룸메이트였던 에디 린치를 증권 세일즈맨으로 채용한 일이다. 린치는 리퀴드 카보닉에서 영업사원으로 근무하면서 상당히 잘 하는 편이었다. 찰리가 버에서는 최고 대우인 주급 25달러에 판매수수료 별도라는 제안을 했을 무렵 린치의 주당 판매수수료 수입은 75달러(1995년 가치로 연봉 7만5000달러)였다. 린치는 장기적으로 보면 수입이 더 나을 것으로 보이는 완전히 새로운 분야에 도전해 보기로 결심했다. 찰리의 권유로 린치는 처음 2주 동안 책상에 앉아 유가증권에 대해 공부했다. 약간의 지식이 생긴 린치는 잠재 고객들을 상대로 전화 공세에 나섰고 그 중 상당수는 무작위 전화(cold call)였다.

린치는 집요했고 실적도 좋았다. 한 잠재 고객에 대한 끈질긴 추적의 일화는 비록 세월이 지나면서 약간 각색이 됐겠지만 반복해서 들어볼 가치가 있다. 어느 날 오전 린치는 브루클린의 넥타이 제조업자인 디오게네스 발삼(Diogenes Balsam)의 사무실을 방문했다. 린치가 비서에게 명함을 제시했지만 비서는 린치에게 발삼 씨가 매우 바빠서 그날 중에는 시간이 없을 것이라고 말했다. 이 말에 린치는 그냥 기다려 보겠노라고 대답했다. 시간은 흘러갔고 린치는 오후 5시까지 대기실에서 끈질기게 기다렸다. 결국 린치는 안 만나 주려던 발삼이 퇴근해 집에 가려는 순간 만날 수 있었고, 두 사람은 잠깐 얘기를 나눈 뒤 평생 서로 도움을 주는 친구가 됐다.

발삼 이야기는 중요하다. 그날 만남 이후 찰리가 체인점과의 평생에 걸친 인연을 맺었기 때문이다. 발삼의 회사는 싸구려 잡화점(five-and-ten-cent stores) 체인인 맥크로리(McCrory)에 저가의 넥타이를 공급하고 있었다. 1년 정도 뒤에 발삼은 증자를 모색하던 존 맥크로리(John McCrory)에게 찰리를 소개해줬다. 찰리는 맥크로리 체인의 증자를 주선했고, 결국 이 회사의 대주주가 됐다.

　식료품과 의약품을 비롯해 저가 소비재를 판매하는 체인점은 19세기 말부터 문을 열었고, 20세기 들어 빠르게 늘어났다. 체인점을 운영한 기업인들은 규모의 경제(economy of scale)와 함께 회사 전반에 걸쳐 업무절차를 표준화했다. 상품을 염가에 대량으로 매입해 중산층 소비자가 대부분인 고객들에게 그 혜택을 돌려준다는 게 체인점이 내세운 장점이었다. 덕분에 체인점 기업은 점포 수나 매출액, 이익 등 모든 면에서 성장하고 있었다. 찰리는 체인점의 성장 가능성을 눈 여겨 보았다. 특히 다른 금융기관들은 체인점을 거들떠 보지도 않을 때 그는 과감히 뛰어들었다. 그의 회고를 들어보자. "내가 제조업체의 자금부장으로 일할 무렵 안정성과 거래규모, 결제의 신속성 등에서 체인점 기업이 최고의 고객이었다. 체인점들은 어느 상점보다 싼 가격으로 대중들에게 표준적인 상품을 제공했다. 나는 케케묵은 방식에서 벗어난, 대중들을 착취하려고 하지 않는 새로운 비즈니스의 기회가 여기에 있다고 확신하게 됐다."주5 이후 30여 년간 그는 체인점 기업들이 마을에서 마을로, 주(州)에서 주로, 나아가 미국 전역으로 점포망을 확장하는 데 필요한 자금을 조달할 수 있도록 열정을 바치게 된다. 대량 유통의 미래를 확신한 찰리는 체인점 기업 주식을 조금씩 사들였고 궁극적으로는 엄청난 부를 축적할 수 있었다.

　초기 확장단계에서 체인점 기업은 내부유보를 통해 확장 자금을 마련했다. 운영자금으로 충당할 단기자금은 상업은행에서 차입할 수 있었지만 장기자금은 차입이 불가능했다. 유명 투자은행들은 이런 신생기업들, 특히 소매업체들을 상대로는 채권이든 주식이든 자금조달에 나설 생각조차 하지 않았다. 오로지 국공채와 철도회사 및 대형 제조업체가 발행한 유가증권만 투자은행들의 관심 영역이었다.

월 스트리트에서의 오랜 경력 내내 줄곧 정직과 투명성을 내세웠던 찰리가 조지 버에서 처음으로 맡았던 인수 업무가 오점을 남겼다는 점은 참으로 안타까운 사실이다. 찰리는 아무것도 몰랐다. 증권거래위원회(SEC)가 신주 발행기업에게 공식적인 투자설명서(prospectus)를 요구하기 한참 전이었던 시절이라 일반 투자자는 해당 기업의 실제 재무상태에 관해 얻을 수 있는 정보가 너무나 적었다. 최신 정보가 별로 없었기 때문에 정직한 영업직원조차 자신이 추천한 기업의 정확한 재무상태를 거의 몰랐다. 주식 및 채권 발행 기업의 재무제표를 믿음직한 회계법인이 독립적으로 감사하는 것도 매우 드문 일이었다. 증권투자가 도박이나 마찬가지라는 일부의 주장이 일리 있던 시절이었다. "사는 사람이 조심하라(Buyer Beware)"가 당시의 일반적인 격언이었다.

찰리의 첫 숙제는 버의 고객인 맥크럼-하웰이 발행한 회사채를 매각하는 일이었다. 기존의 단기채무를 상환하느라 진땀을 빼고 있는 기업이었다. 버는 채권부장인 찰리에게 맥크럼-하웰이 장래가 유망한 수익성 높은 기업으로, 대차대조표의 모양새를 갖추는 차원에서 일시적으로 자금유입이 필요한 것일 뿐이라고 설명했다. 회사채가 투자자들에게 다 팔리자 버는 비상장주식 분야에서 선두 증권회사였던 시어슨 햄밀(Shearson Hammill)에게 보통주를 계속 보유하고 있으라고 설득했다. 재무제표상으로 보면 맥크럼-하웰의 1910년도와 1911년도의 실적은 좋았다. 찰리도 메카닉스 앤 메탈스 뱅크(Mechanics and Metals Bank)에서 신용대출을 받은 돈 2만 달러로 이 회사 주식을 매수했다.

회사채를 성공적으로 인수한 지 2년이 좀더 지난 1912년 봄 어느 날, 느닷없이 버가 찰리를 사무실로 부르더니 맥크럼-하웰이 부도 직전이라는 소식을 전해주었다. 공시된 재무제표는 모두 분식회계로 만들어진 것이었다. 정보를 입수한 찰리는 이 뉴스가 퍼져 나가기 전에 주식을 매각하려고 했으나 담당 브로커와 연락이 제대로 안 되는 바람에 상당한 손실을 입었다. 게다가 맥크럼-하웰의 회사채와 보통주를 보유하고 있던 상당수의 고객들도 위험에 처하고 말았다. 그는 즉시 고객들에게 개별적으로 편지를 써서 잘못된 추천을 한 데 대해 유감을 표시했다. 또 이 손실을 금세 메워줄 수 것으로 확신하는 종목을 추천해주었는데, 다행히 추천종목들 대부분이 결과가 좋았다.

찰리는 맥크럼-하웰 사태로 인해 화가 치밀었다. 버는 당연히 사전에 사태의 전말을 알고 있었든지 최소한 알았어야 했기 때문이다. 찰리는 1909년과 10년의 회사채 발행이 조지 버의 이익만을 위해 추진됐으며, 투자자들의 이익은 전적으로 무시됐다는 결론을 내렸다. 버는 찰리를 속였고, 찰리는 2년 이상 소중한 고객들을 속인 셈이 됐다. 찰리는 버 사장의 무책임한 태도를 납득할 수 없었고 결국 1년 뒤 회사를 떠나게 된다. 찰리는 믿을 수 있는 동료들과 함께 언젠가 자신의 회사를 설립해야겠다고 마음속으로 다짐했다.

조지 버에 근무하던 시절 찰리의 개인 생활에도 중요한 변화가 있었다. 1909년 가을 이제 열여덟 살이 된 여동생 에디뜨가 맨해튼에 있는 2년제 학교인 미스 뱅스 앤 미스 휘튼스 스쿨에 다니기 위해 뉴욕으로 왔다. 찰리의 어머니는 그에게 여동생을 잘 보살피라고 당부했다. 찰리는 암허스트의 카이사이 댄스파티에 에디뜨를 초청받도록 주선하는 동시에 조지 버 사장과 아들인 코트니 버의 집에서 열리는 파티에도 가끔 데려갔다. 그러나 에디뜨는 뉴욕 생활에 만족하지 못했고 웨스트 팜비치의 익숙한 환경으로 돌아가길 원했다.

2학년 중간쯤에 에디뜨는 학교를 중퇴하겠다는 의사를 밝혔다. 어머니 옥타비아는 딸의 희망을 들어주려고 했으나 찰리는 반대했다. 어머니와의 관계에서 그는 어느덧 독립적이 됐고 강한 주장을 펼쳤다. 그는 에디뜨의 중퇴에 대한 자신의 견해를 1911년 1월 20일자 편지에서 이렇게 적었다.

> 문제는 어머니가 그 애를 1년간 학교에 보냈고, 졸업할 때까지 등록금을 내겠다는 데 문서상으로 동의했다는 점입니다. 어머니가 내지 않으면 제가 내겠습니다. 다른 생각은 할 수가 없습니다. 가난한 사람이 갖고 있는 유일한 자산은 정직함인데, 정직하려면 문서상의 의무를 준수해야 합니다. 에디뜨를 내려 보내면 어머니께 부담이 됩니다. 게다가 그 나이에 벌써 학교를 그만둔다는 것은 말도 안 됩니다. 제가 학교를 마치느라 엄청나게 고생했다는 점과, 아무것도 가진 게 없는데도 뭔가 배우려고 힘들게 일하는 젊은 여성들이 수두룩하다는 점을 생각하면 다른 사람이 부러워할 모든 것을 가진 에디뜨가 자신에게 주어진 기회를 활용조차 하지 않는다는 게 화가 날 지경입니다. 제가 보기에, 또 누가 보더라도 에디뜨는 정직하게 행동하지 않았고, 제가 그 아이를 인정하려면 한 번은 뭔가 보여줘야 합니다.[주6]

결국 찰리가 이겼다. 에디뜨는 봄학기까지 학교를 다녔고 찰리는 어머니에게 1911년 여름 졸업식에 참석할 수 있는 여비를 보냈다. 하지만 그는 어머니에게 보낸 편지에서 나타난 두 가지 모순된 주장을 조화시킬 필요성을 느끼지 못했다. 하나는 메릴 일가가 가난해서 정직함을 미덕으로 삼아야 한다는 주장과, 또 하나는 에디뜨는 필요한 모든 것을 다 타고났다는 주장이다. 자신이 빈곤한 집안 출신이라는 착각은 반대 증거가 있는 상황에서도 항상 그의 뇌리 속에 머물렀고, 금융세계의 정상을 향해 꾸준히 전진하는 데도 중요한 심리적 동기가 됐을 것이다.

1912년 봄 코트니 버가 주최한 저녁 만찬에서 찰리는 첫 번째 부인이자 찰리의 세 자녀 중 두 명의 어머니가 될 여성을 만났다. 뉴욕 시 북쪽 허드슨 강변에 있는 브라이아 클리프 대학을 1년여 전에 졸업한 엘리자베스 처치(Elizabeth Church)는 그 무렵 결혼한 언니 집에 살고 있었다. 오하이오 주 콜럼버스에서 태어난 그녀는 다재다능하고 관심사가 다양한 집안 출신이었다. 그녀의 아버지 새뮤얼 처치(Samuel H. Church)는 사업과 학문 모두에서 성공적인 인물이었다. 펜실베이니아 철도(Pennsylvania Railroad)의 전보기사로 출발한 처치는 계속 승진해 부사장까지 지냈고 사사(社史) 편찬도 맡았다. 그는 후에 피츠버그의 카네기 연구소(Carnegie Institute) 소장으로 부임했는데, 과학과 공학 분야에서 유명한 이 학교는 20세기 들어 다른 연구소와 합병해 카네기 멜론 대학교가 된다. 새뮤얼 처치는 올리버 크롬웰(Oliver Cromwell)의 전기와 몇 권의 소설 및 희곡도 썼다. 엘리자베스의 어머니는 그녀가 아홉 살 되던 해 사망했고, 계모와의 관계가 나빠진 엘리자베스는 뉴욕으로 와 언니인 루스(Ruth)의 집에서 살고 있었다. 찰리와는 정반대로 수줍고 내성적인 성격인 그녀는 아름다웠고 피아노에 재능이 있었다. 당시 아내의 역할은 남편이 출세하도록 내조하는 것이었다. 이 점에서 엘리자베스는 찰리의 배우자 감으로 손색이 없었다.

달콤한 로맨스와 짧은 약혼 기간(예전처럼 기나긴 약혼 상태를 반복하지 않았다)이 지나고 엘리자베스와 찰리는 1912년 4월 8일 밴더빌트 호텔에서 가톨릭 전통에 따라 결혼했다. 버지니아 주 핫스프링스에 있는 애팔래치아 산중의 화려한 리조트 호텔인 홈스테드가 신혼 여행지였다. 일주일 뒤 찰리는 버로부터 뉴욕에 가능한 한 빨리 돌아와 유가증권 인수 건을 추진하라는 급전을 받았다.

예전에 버는 시카고의 한 은행가로부터 미시간 주 디트로이트에 본사를 둔 잡화 체인점 S.S. 크레스지(S.S. Kresge)의 대주주 세바스찬 크레스지(Sebastian Kresge)가 사업확장을 위해 증자를 모색하고 있다는 얘기를 들었다. 이미 1910년 무렵 50개 이상의 점포를 보유하고 있던 이 체인점은 1911년에 13개 점포를 추가로 열었고, 1912년에도 20개를 새로 오픈할 계획이었다.[주7] 디트로이트로 간 찰리는 크레스지를 만나 보통주 1만 주와 우선주를 합쳐 200만 달러 상당을 인수하겠다고 제안했다. 사실 우선주 납입금만으로 사업확장에 필요한 자금은 충분했다. 보통주는 시장가격 이하로 인수회사와 주요 고객들에게 배정하기 위한 이른바 "감미료(sweetener)" 였다. 버와 찰리에게 크레스지 건은 성장 업종인 체인점 기업을 대상으로 한 인수업무를 맡을 수 있는 첫 번째 기회였다. 혼자서 인수를 감당할 능력이 없었던 버는 뉴욕의 2군 투자은행으로 유럽시장에도 연줄이 있는 홀가르텐 앤 컴퍼니(Hallgarten & Company)를 찾아가 공동인수를 제안했다. 홀가르텐의 선임 파트너들은 제안을 환영했고 크레스지 건에 참여하기로 했다. 그들은 조지 버가 주식의 상당량을 판매하고 이익을 배분하는 데까지는 동의했지만 맥크럼-하웰의 파산으로 인해 이미지가 나빠진 조지 버가 전면에 나서는 것은 원치 않았다. 버와의 관계로 인해 자신들의 회사 명성에도 금이 갈 것을 우려했기 때문이었다.

사무실로 돌아온 버는 이 상황을 영업 책임자인 찰리와 논의했다. 찰리는 오히려 대담한 역제안을 내놓았다. 홀가르텐이 모든 이익을 차지하도록 하되 이 거래와 관련된 광고문안이나 보도자료를 쓸 때 조지 버를 주간사회사로 명시하자는 것이었다. 이 거래에서 생길 이익을 포기하는 대신 앞서 실추된 명예를 되살릴 수 있었다. 만약 크레스지 주식 매각이 성공한다면 다른 체인점 기업들이 증자할 때 조지 버를 찾아 올 것이라는 판단이었다. 홀가르텐 측은 이 제안에 흔쾌히 동의했다. 크레스지 주식공모가 성공함으로써 조지 버는 명성을 되찾았고, 찰리 역시 월 스트리트에서 이름을 알리는 계기가 됐다. 찰리 자신도 개인적으로 보통주 1000주를 매입해 상당한 이익을 올렸다. 크레스지 주식공모는 찰리에게 결정적인 전환점이었다. 1912년 이후 찰리는 급성장하는 체인점 기업들과 운명을 같이 한다.

찰리가 크레스지 주식공모를 추진하는 동안 엘리자베스는 그리니치 빌리지의 웨스트 8번가에 있는 아파트를 치장하느라 바빴다. 그해 여름 두 사람은 롱아일랜드의 오이스터 베이에 사는 친구들을 방문해 수영과 테니스를 즐기며 회원제인 시완하카 클럽에서 춤도 추며 보냈다. 1년 뒤 찰리와 엘리자베스는 도심을 떠나 교외로 이사하기로 했다. 뉴저지 주 몬클레어에 있는 주택을 임대해 찰리는 여기서 출퇴근했다. 1200달러(1995년 가치로 2만4000달러)를 주고 날렵한 승용차도 구입했다. 골프도 배웠고 브리지게임도 시작했다. 그의 골프 실력은 나날이 향상돼 핸디캡이 8까지 떨어졌다. 찰리는 카드게임, 그 중에서도 브리지게임과 포커를 즐겼는데 이 취미는 평생 이어졌다. 그는 브리지게임을 매우 잘 하는 편으로 노후에도 밤 늦게까지 카드를 하지 않으면 안 될 정도였다. 둘째 아들인 지미(제임스의 애칭)의 회고에 따르면 찰리는 부담 없이 게임을 하는 경우에도 재미를 더하기 위해 돈을 걸자고 우기곤 했다고 한다.[주8] 찰리는 졌을 때는 바로 돈을 내 놓았고 이겼을 경우 불과 몇 센트라 하더라도 다음날 아침 식탁에서까지 악착같이 받으려고 했다.

월 스트리트 인사들을 상대로 광고의 중요성을 설파해왔고 찰리와 손발을 맞춘 적이 있던 루돌프-겐트는 1913년 어느 여름날 이스트만 딜론(Eastman Dillon)의 파트너인 허브 딜론(Herb Dillon)으로부터 영업자를 추천해 달라는 부탁을 받았다. 이스트만 딜론은 저명한 고객을 많이 갖고 있던 뉴욕에서도 손꼽히는 투자은행이었다. 겐트는 찰리의 이름이 가장 먼저 떠올랐다. 맥크럼-하웰의 파산과 관련해 찰리가 아직도 버 사장에게 앙금이 남아있는 상태였고, 인수업무에서 회사의 이익률이 10%를 넘는 경우에도 이익분배를 받지 못해 실망하고 있다는 점을 겐트는 잘 알고 있었다. 조지 버에서 3년간 근무하는 동안 찰리는 인수수수료와 매매차익으로 75만 달러 이상을 회사에 벌어주었지만, 그의 보수는 정기급여와 이익분배를 합쳐 10만 달러(1995년 가치로 200만 달러) 수준에 불과했다. 그는 더 많은 몫을 원했다. 버는 이를 거절했고, 찰리는 좀더 큰 다른 회사로 옮길 기회를 조용히 엿보고 있었다. 딜론은 겐트를 통해 주급 50달러에 수수료 별도라는 꽤 괜찮은 안을 제시했지만 겐트는 주급 100달러가 찰리가 받아들일 최저 수준이라고 생각했다. 이어 찰리는 딜론과 만난 자리에서 주급 125달러의 약속을 받아냈다. 월 스트리트의 서열을 고려하면 찰리의 전직은 급격한 신분 상승이었지만, 재량권이라는 측면에서 보면 후퇴였다. 찰리가 조지 버를 떠나자 린치가 채권부의 영업 책임자가 됐다.

이스트만 딜론의 새 자리는 찰리의 기대에 어긋났다. 허브 딜론과의 갈등이 빈발했고 기분도 상했다. 딜론은 찰리가 조지 버에서 누렸던 재량권을 인정하려 들지 않았다. 이 전통 있는 회사는 오로지 정부와 철도회사, 몇몇 제조업체들하고만 거래했다. 반면 지금껏 찰리는 혁신적인 현대식 체인점 회사가 전공 분야였다. 이스트만 딜론은 전통을 중시한 반면 찰리는 체질적으로 전통을 무시했다. 또한 찰리는 캘머스 모터스(Chalmers Motors)의 신주 인수를 둘러싸고 딜론과 심하게 다투었다. 찰리의 디트로이트 친구들, 특히 세바스찬 크레스지와 그의 동료들은 신생 자동차 산업의 전망에 회의적이었다. 찰리는 이 회사 주식을 고객들에게 도저히 권하지 못하겠다고 딜론에게 말했다. 딜론으로서는 신출내기 영업자로부터 이런 말을 듣고 싶지 않았다.

이스트만 딜론에서의 상황은 갈수록 악화됐다. 허브 딜론은 경영정상화 계획을 내세워 찰리에게 약속한 주급 125달러를 75달러로 삭감해버렸다. 어느 날 딜론은 의외로 찰리에게 맥크로리 스토어에 관한 자료를 건네주며 채권이나 우선주 인수에 참여해야 할지 의견을 달라고 했다. 찰리는 이 잡화 체인점 기업을 높게 평가했다. 그는 딜을 마무리 짓고 유가증권 판매를 총괄할 수 있는 기회를 달라고 요구했다. 그는 이스트만 딜론이 거래수수료만으로 20만~25만 달러까지 벌어들일 수 있을 거라고 생각하고는 자신의 몫으로 5만 달러를 달라고 했다. 찰리의 이런 건방진 제안에 딜론은 차갑게 거절하면서 맥크로리 건은 찰리가 입사하기 전에 이미 얘기가 다 돼 있었으며, 거래가 성사될 경우에도 찰리는 자신의 몫을 요구할 권리가 없다고 대답했다. 결과적으로 거래는 성사되지 않았다. 찰리는 맥크로리 관련 서류를 서랍 안에 넣어두고는 적절한 시기가 오기만을 기다렸다.

이스트만 딜론의 선임파트너와 말이 전혀 통하지 않는다는 사실에 좌절한 찰리는 과감한 변신을 결심했다. 크게 성공하든지 아니면 낭패를 보든지 둘 중 하나였다. 1913년 12월 말 그는 허브 딜론에게 한 가지 제안을 했다. 현재의 직책과 정기 급여를 포기하는 대신 회사 내에서 일종의 독립된 회사로 활동할 테니 사무실 공간과 전화선만을 달라는 것이었다. 이렇게 되면 그가 이스트만 딜론을 통해 계속해서 유가증권을 거래할 것이므로 회사 측은 가만히 앉아 수수료 수입을 얻을 수 있었다. 찰리가 지난 4년 동안 증권중개인으로 활동하면서, 또 인수업무를 하면서 상당한 고객들을 확보하고 있었기 때문에 딜론은 이 제안을 수락할 수밖에 없었다. 부하직원으로는 조지 버에서부터 따라온 비서 릴리안 버튼과 남자 직원 한 명이 전부였다. 이로써 1914년 1월 6일 찰스 E. 메릴 앤 컴퍼니(Charles E. Merrill & Company)가 출범했다.

5 비상(飛翔): 파트너 린치

찰리가 증권 브로커로, 또 열정이 넘치는 투자은행가로 독립한 그날부터 제1차 세계대전에 자원 입대하기로 결정한 날까지 3년 동안 그의 신생회사는 거래규모와 유가증권 신규발행, 수익성 모두에서 꾸준히 성장했다. 전력을 기울일 분야를 미리 정해놓기 보다는 기회가 보이면 일을 벌여나갔다. 대개는 급성장할 가능성이 높은 쪽에 주력했다. 몇 년 만에 그의 사업 영역은 세 가지 산업으로 확장됐다. 식품 및 일반 잡화점 체인을 포함한 체인점 기업, 완성차와 부품을 포함한 자동차 산업, 무성영화의 제작 및 배포와 듀폰(Du Pont)과의 합작을 통한 필름 생산 같은 영화산업이었다. 체인점과 영화산업은 대박을 터뜨렸다. 자동차 산업 투자는 그다지 큰 성공을 거두지 못했다.

이들 산업의 공통된 특징은 20세기 초반에 성장한 새로운 산업이라는 점이었다. 신규 산업인 만큼 투자자가 감수해야 할 위험도 높았다. 손실을 보는 경우도 있었지만 큰 차익을 거둘 여지도 많았다. 찰리가 자금조달을 주선했던 기업들 대부분은 성공적이었다.(물론 파산하는 경우도 있었다.) 다행히 건실한 투자가 더 많아 부분적인 손실은 별 문제가 되지 않았다.

월 스트리트에 과감히 뛰어드는 젊은이들 대개가 그렇듯 찰리도 처음에는 고전했지만 어려운 시기를 넘기고 결국에는 성공했다. 초창기부터 에디 린치를 파트너로 영입했다. 두 사람은 역할을 분담해 차분한 성격에 설득의 달인인 찰리가 기업 고객들을 맡았다. 반면 린치는 변호사나 다른 회사 사람들과 토의할 때 거친 협상가 역을 자주 맡았다. 이런 보완적 듀엣 관계에서 외향적 성격인 찰리는 새 일거리를 잘 찾아낸 반면 내성적인 성격인 린치는 어려운 구석을 파헤쳐 구체적인 안을 마련해냈다.

찰리가 제1차 세계대전 직전 월 스트리트에 본격적으로 뛰어들었을 때만 해도 증권업계에는 회사가 무척 많았고 서비스의 종류도 다양했다. 미국 자본시장은 건국 이후 계속해서 제도적으로 성숙되는 과정에 있었고, 주식과 채권, 각종 파생상품을 아우르는 첨단 금융거래 기법은 이미 100년 이상의 역사를 지니고 있었다. 월 스트리트의 맨 꼭대기에는 우량채권과 우선주의 발행에 주력하는 반면 보통주는 잘 취급하지 않는 엘리트 프라이비트 뱅커(Private Banker)가 자리잡고 있었다. 이들은 대개 월 스트리트에 본사를 두었고 보스턴에 본사가 있는 경우도 간혹 있었다. 원금 보전과 확정 수익을 원하는 부유층과 은행, 보험회사 같은 곳이 이들의 주요 고객이었다.

그 중에서도 일류 투자은행들은 미국이나 해외시장에서 유가증권을 널리 유통시키기 위해 자기들끼리 신디케이트를 구성하는 경우가 많았다. 신규로 유가증권을 발행하려는 기업 고객들이 지불하는 인수업무 보수가 유일한 수익원이었다. 고객들에게는 채권이든 우선주든 보통주든 유가증권을 장기간 보유하라고 권고하는 게 일반적이었다. 정보의 비대칭성(한 쪽이 다른 쪽에 비해 정보를 더 많이 갖고 있는 경우–옮긴이)으로 인해 보통주는 경영진이나 인수회사처럼 고급정보를 갖고 있는 부류나, 위험한 투자를 전혀 두려워하지 않는 투기자에게 적합한 투자로 여겨졌다. 그래서 J.P. 모건을 비롯한 유명 증권회사들은 유통시장(secondary market, 기업이 발행한 증권을 투자자들끼리 거래하는 시장으로 증권거래소가 대표적이다–옮긴이)에서 유가증권을 거래하는 사람들을 따로 고용할 필요도 없었다. 사실 이런 회사의 파트너들은 투기와 조금이라도 관련된 일은 전혀 하지 않았고, 주식을 사고 파는 것 자체를 투기로 간주하는 분위기였다.

자본시장에서 소매상 역할은 증권회사들의 몫이었다. 이들은 매일매일 트레이더와 투기자들의 거래를 중개했다. 증권회사들은 또 유가증권뿐만 아니라 상품 선물과 풋옵션 및 콜옵션까지 중개했다. 투자은행과는 달리 증권회사들은 지역적으로 분산돼 있어 대도시는 물론 중간 규모의 도시에도 지점망을 갖고 있었다.

19세기 말 무렵 주식 브로커에 대한 평판은 좋지 않았다. 이들의 고객 역시 투자한 증권의 단기적인 가격 상승에만 관심을 가졌었다. 단기든 중기든 장기든 증권회사들은 단순한 거래중개 서비스 외에는 별다른 역할을 하지 못했고, 영업직원들은 유통시장에서 이루어지는 유가증권 거래에서 중개인을 맡는 데 불과했다. 여러 지점망을 거느린 증권회사들도 있었지만 대개 남부와 중서부, 북동부 등 특정 지역에만 집중돼 있었고, 전국적인 점포망을 보유하고 있는 증권회사는 없었다. 뉴욕증권거래소 같은 주요 거래소의 정식 회원사가 아닌 증권회사들은 회원사들과 수수료를 분할하는 약정을 맺고 있었다. 메릴린치 역시 1914~15년에 뉴욕증권거래소에서 중개한 모든 거래는 협력 증권회사를 통해 성사시킨 것이었다.(메릴린치는 1917년에 뉴욕증권거래소의 정식 회원사가 됐다. 따라서 1914~15년에는 회원 자격이 없었기 때문에 협력 증권회사를 통해 거래를 중개한 것이다-옮긴이)

고객과의 관계에서 적용하는 윤리적 기준도 회사마다 달랐다. 의심할 필요 없는 정직한 브로커들도 있었지만 진실성에 관한 한 천차만별이었다. 주식시장이 하강국면으로 접어들면 부실기업에 투자한 사람들은 거액의 손실을 입었다. 주요 증권거래소에 상장되지 않은 중소형주들이 활발하게 거래되기도 했는데, 이런 주식들은 이른바 장외거래소(Curb Exchange, 오늘날 American Stock Exchange의 전신-옮긴이)나 미국 전역의 장외시장에서 거래됐다. 자본이득(시세차익)과 배당금 수입을 동시에 원하는 공격적인 투자자들에게 중요한 문제는 오로지 거래량을 늘이는 데만 혈안이 돼 있는 사기꾼들로부터 정직하고 성실한 주식 브로커를 구분하는 것이었다.

엘리트 프라이비트 뱅크로서의 투자은행과 거래수수료로 연명하는 평범한 증권회사의 양극단 사이에는 또 다른 부류의 증권회사들이 자리잡고 있었다. 몇몇 회사들은 양쪽 모두를 겨냥한 영업을 했다. 종합증권회사인 이들은 일상적인 증권거래 중개서비스를 통해 안정적인 수입을 챙기는 동시에 뉴욕증권거래소 상장 자격을 못 갖춘 중소기업들이 신규 유가증권을 발행할 경우 인수업무를 맡아 수수료 수입을 챙겼다. 이들은 투자자들로부터 신주 청약을 받고 나면 해당 기업의 유가증권에 대한 유통시장을 활발하게 유지하는 게 일반적이었다. 이들 같은 이른바 시장조성자(market maker)는 해당 기업의 유가증권을 보유하고 있다가 매수가와 매도가의 차액을 챙기곤 했다.

찰리가 초창기에 성공을 거둘 수 있었던 주된 이유는 그의 회사가 오늘날 기업금융이라고 불리는 활동을 했기 때문이다.[주1] 회사의 파트너들은 발행회사와 기업금융회사(투자은행)의 딜러들, 그리고 리테일 고객(개인투자자)들을 한자리에 불러모으는 금융중개인 역할을 했을 뿐만 아니라 해당 기업의 주식도 상당한 규모로 매입했다. 이에 따라 파트너들은 해당 기업의 주주가 됐고, 영업직원들은 투자자들에게 해당 종목을 추천했다. 해당 기업의 실적이 좋아 주가가 급등하면 파트너들도 상당한 차익을 거둘 수 있었다. 린치가 회사에 재직했던 초창기 15년 동안 파트너들의 재산 증가는 주로 기업금융 덕분이었다.

반면 증권거래 중개(브로커) 업무는 수익성 높은 기업금융(인수) 업무에 밀려 뒷전으로 처지고 있었다. 처음부터 기업금융의 가능성을 확신했던 찰리조차 인수 업무가 이렇게 빠르게 브로커 업무를 능가하리라고는 예상하지 못했다. 잘 나가는 증권중개업자의 경우 대량 거래를 통한 수수료 수입으로 어지간히 벌 수는 있었지만 수익성 높은 기업금융 분야에 진출하지 않는 한 월 스트리트에서 큰 재산을 모으기는 불가능했다. 브로커 업무의 위상이 부차적이기는 했지만 찰리는 개인 고객의 중요성을 결코 간과하거나 과소평가하지 않았다. 증권거래 고객들의 신속한 거래체결을 언제나 가장 중시했다. 어떤 종목을 사고 팔아야 할지에 대한 투자자문을 원하는 투자자들에게도 가능한 한 가장 정확한 정보를 제공했다. 주식에 투자하고 싶어하는 고객들에게는 주가상승과 관련해 현실적인 충고를 해주었다.

당시 "수수료 사업(commission business)"이라고 불린 브로커 부문은 메릴린치에 상당한 수익과 이익을 창출해주었다. 수수료 사업은 1910년대에 3~4명 정도(상근기준)였던 영업직원들을 먹여 살렸고, 신주(新株)에 주로 투자하는 개인 고객들과의 관계유지에도 유용했다. 사실 개인 고객들에 대한 최상의 서비스 제공이 이 회사 경영전략의 핵심이었다. 브로커 영업 자체에서 나오는 수익은 빤하지만 신주를 청약할 투자자가 없다면 기업고객들을 대상으로 한 인수업무를 엄두조차 내지 못할 것이다. 기업금융(인수)과 증권거래 중개(리테일 브로커 영업) 업무는 메릴린치에서 상호 보완적이었던 셈이다. 따라서 개인 고객을 꾸준히 유치하고 기존 고객의 요구에 부응하는 게 광고 및 영업직원들의 성과를 평가하는 기준이 되었다.

찰리의 회사가 고객을 대하는 정책에는 중산층과 중상류층 초보 투자자들에 대한 그의 혁신적인 접근법이 담겨 있었다. 당시 그의 아이디어가 아주 독창적인 것은 아니었지만 미국 투자은행 가운데 이처럼 종합적인 정책과 원칙을 채택한 회사는 거의 없었다. 진실성(truthfulness)과 완전공개(full disclosure), 과도한 수수료 금지를 강조하는 것 말고도 메릴린치는 영업직원들에게 매출액, 이익, 배당금이 평균 이상이 될 것으로 전망되는 기업의 보통주에 고객의 자금을 투자하라고 권고했다. 목표는 투자원금의 보전을 넘어 장기간에 걸친 고객

자산의 가치증식이었다. 이와 함께 주식투자에 따르는 리스크를 피하고자 하는 이른바 위험회피 성향의 고객들에게는 포트폴리오 변경을 무리하게 강요하지 않았다. 회사채와 우선주에 대한 신규 청약이 회사의 인수업무에서 가장 중요했기 때문이다. 찰리의 회사는 극단적으로 보수적인 투자자부터 자칭 투기자에 이르기까지 모든 부류의 고객을 상대했다.

1916년 4월 찰리는 영업직원들에게 보낸 메모에서 평생 강조하게 될 중요한 원칙들을 처음으로 제시했다:

> 우리 영업사원이 고객과 나누는 전화통화를 들어보니 특정한 거래에서 고객이 얻게 될 이익과, 특정 종목에 투자하는 이점에 관해 얘기할 때 여전히 나쁜 관행이 남아있음을 발견했습니다. 절반만이 진실인데도 엄청나게 과장하는 것보다 더 위험한 거짓말은 이 세상에 없습니다. 월 스트리트에서 많은 사람들은 메릴린치가 왜 이리 잘하는지 궁금해하지만, 막상 린치 씨와 나의 고객들이 우리 두 사람의 말을 전적으로 믿기 때문이라는 점을 알아챈 사람은 거의 없습니다. 여러분이 명심해야 할 점은 우리 회사의 성실성과 정직함에 대해 고객의 신뢰를 얻는 순간 추가 주문은 따 놓은 것이나 마찬가지라는 것입니다. 우리는 건전한 투자든 일부 투기성 있는 거래든 모든 종목을 거래하는 데 반대하지 않지만 우리의 허락을 받지 않고 투자를 투기로 바꿔놓는 행위는 절대로 용납하지 않는다는 점을 분명히 해둡니다. 여러분이 실행하는 하나하나의 거래가 지금까지 우리가 쌓아 올린 가장 소중한 무형의 자산을 늘릴 수도 망쳐버릴 수도 있다는 점을 명심하기 바랍니다.[주2]

부실한 투자자문의 위험을 강조하고 있는 그의 이 같은 원칙은 그 후 영업회의나 교육에서 수없이 반복해서 강조됐다.

찰리는 극도의 보수주의와 광적인 투기 사이에서 중간 노선을 택했다. 기존 고객이나 잠재 고객에게 보내는 안내문에서 그는 아직 은퇴할 나이가 안 된 투자자들에게는 장기적으로 가치가 상승할 가능성이 높은 투자 포트폴리오를 구성하라고 권고했다. 훌륭한 경영진을 갖춘 성장성 높은 기업의 보통주로 포트폴리오를 보유하고 있는 투자자들은 향후 15~25년 동안 상당한 부를 축적할 수 있을 것이라고 설득했다. 확신에 가득 찬 그는 자신의 권고 그대로 실행에 옮겼고 파트너든 직원이든 고객이든 모두를 끌어들였다.

1914년 1~4월 사이 찰스 메릴 앤 컴퍼니는 상당한 거래수수료 수익과 함께 6700달러의 순이익을 기록했다. 여건이 좋아지자 찰리는 이스트만 딜론에서의 더부살이 생활을 청산하고 월 스트리트 7번지에 널찍한 사무실을 빌렸다. 이와 함께 린치에게 조지 버를 그만두고 두 사람의 재능을 다시 합치자고 설득했다. 이 제안에 린치는 조지 버에서의 단골 고객들까지 데려왔다. 1914년 10월에는 회사 형태를 개인 회사에서 파트너십으로 바꾸고, 회사 이름도 메릴린치 앤 컴퍼니(Merrill, Lynch & Company)로 바꿨다. 찰리는 엄선한 몇몇 주주와 2년간의 합자계약(limited partnership)을 맺으면서 회사 출자금을 1만5000달러에서 5만 달러로 증액했다. 조건은 6% 이자에 순이익의 10% 배당이었다.주3 1916년 상반기에는 회사를 대표해 린치가 뉴욕증권거래소의 정식 회원으로 등록했다.

새로이 출범한 메릴린치가 맞이한 첫 번째 당면과제는 안타깝게도 재앙으로부터의 탈출이었다. 제1차 세계대전 발발이 원인이었다. 이스트만 딜론에서 근무할 때부터 찰리는 싸구려 잡화점 체인기업인 맥크로리에 관심이 많았다. 1914년 당시 이 체인점은 미국 동부에 110개의 점포를 보유하고 있었다. 린치의 오랜 고객인 넥타이 제조업자 디오게네스 발삼이 맥크로리의 최고경영자(CEO) 존 매크로리와의 면담을 주선했다. 찰리는 1912년에 크레스지 체인의 자금조달에 성공했던 사실을 강조하면서 맥크로리에게 재무구조 강화와 사업확장을 위한 자금으로 200만 달러 상당의 우선주를 발행하자고 제안했다. 이에 따른 인수업무 수수료만 메릴린치 보통주 발행액의 5분의 1에 육박하는 규모였다. 메릴린치로서는 다른 투자은행 두세 곳과 협력하지 않고서는 이 거래를 성사시킬 만한 능력이 없었으므로 찰리는 인수단 참여사를 물색해야 했다. 뉴욕의 중견 회사 30여 곳과 접촉했지만 모두 거절당하고 말았다.

찰리는 여기에 굴하지 않았다. 그는 기차를 타고 시카고로 향했다. 부동산 채권에 경험이 많은 시카고 지역 투자은행인 S.W. 스트라우스 앤 컴퍼니(S.W. Straus & Company)를 끌어들였다. 맥크로리의 자금조달 규모는 250만 달러로 상향됐고, 모기지 채권과 우선주가 각각 절반씩이었다. 스트라우스는 맥크로리의 보통주 2%를 받는 대신 모기지 채권 청약을 맡기로 했다. 이에 따라 메릴린치는 우선주 125만 달러어치의 유통을 책임졌고, 이 일이 성공하면 맥크로리의 보통주 18%를 취득하기로 했다. 찰리는 어머니에게 이렇게 설명했다. "저는 일요일도 없이 매일 밤 일해왔고 거의 쓰러질 지경입니다. 새로 만든 회사는 돈을 벌고 있습니다. 4월에 500달러, 5월에 2500달러를 벌었습니다. 저

는 저 자신을 성공시킬 수도 망쳐 버릴 수도 있는 일을 이제 막 마무리 지었습니다."주4

암허스트 칼리지 출신의 영업직원 섬너 콥(Sumner Cobb)과 찰리는 수 주일 동안 고객들을 찾아 다닌 끝에 7월 초 투자자들로부터 125만 달러의 우선주 전량을 청약 받을 수 있었다. 그러나 이로부터 1주일 만에 발칸 반도에서 정치적 혼돈이 휘몰아치기 시작하자 투자자들은 자신의 투자가 안전한 것인지 우려했다. 결국 8월에 제1차 세계대전 이 발발하면서 주식시장은 폭락을 면치 못했고 뉴욕증권거래소는 아예 문을 닫고 몇 달 동안 개장하지 않았다. 맥크로리에 청약했던 고객들은 대부분 청약주문을 취소했고 딜은 보류되고 말았다.

메릴린치의 파트너들은 장외거래에서 생기는 수수료 수입으로 겨우 연명하면서 이 어려운 시기를 견뎌냈다. 그들은 우선 월 100달러씩만 가져가기로 했다. 두 파트너 다음의 서열 3위이자 영업직원이었던 콥은 컨버스 러버(Converse Rubber)로 전직해 버렸다. 찰리와 엘리자베스, 6개월 된 딸 도리스 등 찰리 일가는 생활비를 절약하기 위해 몬클레어의 주택을 나왔다. 엘리자베스는 도리스를 데리고 오하이오의 언니 집에 잠깐 가 있기로 했다. 찰리도 차를 팔고 작은 아파트로 이사했다. 그 사이 찰리는 회사를 살리기 위해 메카닉스 앤 메탈스 뱅크의 게이츠 맥개러(Gates McGarrah) 은행장에게 무담보로 2만 달러를 빌려달라고 요청했다. 이 은행은 그가 몇 해 전 맥크럼-하웰 주식을 살 때 대출을 해준 은행이었다. 찰리의 회고담을 들어보자. "만약 그때 맥개러 행장이 대출을 거절했다면 아마도 사업을 포기하고 집에 가서 수박을 키웠을지 모릅니다. 나는 맥개러의 사무실을 나오면서 기쁨의 눈물을

흘렸습니다. 오늘날까지도 내가 그 은행과 거래하고 있다는 건 당연한 일 아닙니까?"[주5]

뉴욕증권거래소가 그해 12월 부분 개장하면서 위기를 넘길 수 있었다. 1915년에는 증권시장이 정상으로 회복돼 모든 거래제한조치가 풀렸다. 오히려 유럽에서의 전쟁특수로 인해 기업 이익이 좋아질 것이란 기대감이 고조되면서 거래량도 늘었다. 덕분에 메릴린치도 1915년 초 엄청난 거래물량을 중개할 수 있었다. 엘리자베스와 도리스는 오하이오에서 돌아왔고 찰리는 몬클레어에 이전보다 더 큰 집을 임대했다. 1914년 가을을 바닥으로 찰리의 사업은 이후 40년간 쉴 새 없는 상승일로를 달렸다. 두 번 다시 자금부족이 사업의 발목을 잡는 일은 벌어지지 않았다.

금융시장이 정상을 회복하자 찰리는 맥크로리 체인에 다시 관심을 돌렸다. 인수단을 재구성해 거래를 순조롭게 성사시켰다. 원래의 맥크로리 체인은 영업부문인 맥크로리 스토어(McCrory Stores)와 점포부동산을 관리하는 맥크로리 부동산(McCrory Real Estate)으로 분할됐다. 시카고의 스트라우스 은행이 투자자들에게 72만5000달러의 저당채권을 팔아 부동산 회사 지분을 인수했다. 메릴린치는 125만 달러 상당의 맥크로리 스토어 발행 7% 금리 누적우선주를 청약 받기로 했다. 우선주를 일정대로 상환하기 위한 감채기금(sinking fund)도 만들어졌다. 우선주의 지위는 자본금이라기 보다는 장기부채에 가까웠다는 점을 말해주는 대목이다.

찰리는 월 스트리트에서 우선주를 공모하기에 앞서 공동인수회사를 물색했다. 1915년 5월 투자은행인 혼블로워 앤 위크스(Hornblower

& Weeks)의 파트너인 존 프렌티스(John Prentiss)가 이익의 20%를 갖는 조건으로 참여했다. 보스턴에 본사를 둔 이 투자은행은 일류 투자은행이 아닌 이류나 삼류급 투자은행이었지만 평판은 좋았다.[6] 혼블로워 앤 위크스의 참여로 메릴린치는 맥크로리 건을 추진하는 데 필요한 자금뿐만 아니라 신용까지 확보할 수 있었다. 찰리는 공동인수회사의 명성 덕분에 앞으로 공동간사회사를 구하기가 쉬워질 것으로 기대했다. 강직하고 보수적인 회사든 투기성이 있는 회사든 인수단에 참여하는 회사의 명성이 월 스트리트에서는 매우 중요했다. 찰리는 성장산업에 속한 신생 기업의 주식을 과감하게 매입하기는 했지만 투기자로 알려지기는 원치 않았다. 적절한 조화가 과제였다.

　맥크로리와의 협상이 진행되는 도중에 찰리는 틈틈이 회사 조직을 확장해 나갔다. 1912년에서 1915년 사이 크레스지와 맥크로리 측과의 협상을 위해 여러 차례 미시간 주를 오가면서 디트로이트 지역의 투자자들과 만날 기회가 있었다. 디트로이트는 미국 자동차 산업의 중심지로 급부상한 도시였다. 크레스지 주식의 초기 투자자 중 한 명이었던 찰스 모트(Charles Mott)가 제너럴 모터스(General Motors)의 대주주라는 인연도 있었다. 이 지역 영업을 더 강화하기 위해 찰리는 디트로이트에 직원 한두 명 규모의 작은 지점을 개설했다. 미시간 주 토박이인 에드워드 유잉 맥크론(Edward Ewing MacCrone)을 초대 지점장으로 임명했지만 몇 달도 안 돼 떠나버렸다. 맥크론은 재직 당시 맥크로리 우선주를 라이벌 회사인 크레스지 직원들에게 10만 달러 어치나 팔았는데, 이들은 경쟁력 있는 체인점 기업 주식에 투자하는 게 현명하다고 판단했던 것 같다. 맥크론의 후임자로 조지 버에서 근무한 적도 있고,

얼마 전 찰리의 여동생인 에디뜨와 결혼한 해롤드 맷징거(Harold Matzinger)가 8월에 부임했다.[주7] 1917년에 회사는 개인 고객 영업을 강화하기 위해 시카고 지점을 하나 더 개설했고 종전 직후에는 로스앤젤레스와 밀워키에도 지점을 추가했다. 뉴욕에 본사가 있는 회사가 서부 지역에 지점망을 두는 것은 이례적인 것으로, 찰리가 이미 이때 거대한 미래 구상을 갖고 있었음을 말해준다.

되돌아보면 당시로서는 상황 전개에 따라 그때그때 대응하는 것처럼 보였지만 지역기반을 확대한 결정은 미래 영업이라는 측면에서 매우 중요했다. 이 같은 전략적 의사결정이 어디서 비롯됐는지는 알 수 없지만, 방대한 지역에 점포를 개설하는 소매업자들과 자주 만나다 보니 금융분야에도 이 같은 소매 점포망을 도입해 보고 싶다는 생각이 들었을 거라고 짐작할 수 있다. 찰리는 이미 중간 가격대의 제품을 대량으로 싸게 판다는 소매 체인점의 원리를 확신하고 있었다. 증권업 분야에서도 똑같은 개념을 적용해 상품이 아니라 서비스를 팔 수는 없을까? 이미 몇몇 증권회사들이 거점 지역 내의 여러 도시에 점포를 개설하고 있었다는 점에서 이 구상이 완전히 독창적인 것은 아니다. 하지만 찰리처럼 "100개 이상의 지점을 갖춘 전국 점포망"이라는 전략을 언젠가 실현하겠다고 구상한 인물은 없었다.

맥크로리 주식 청약을 순조롭게 추진하기 위해 메릴린치는 섬너 콥을 다시 채용하고 파트타임 영업직원들을 뽑았다. 신문이나 전문지에 광고도 게재하기 시작했다. 회사 파트너들은 또 맥크로리 우선주 투자의 장점을 강조하는 편지를 주요고객들에게 보냈다. 청약절차는 더디게 진행됐지만 결국 성공리에 완료됐다. 메릴린치가 전체 판매물량의 90%를 차지했다. 혼블로워 앤 위크스는 판매 비중이 10%에 불과했지만 계약대로 순이익의 20%를 배분 받았다. 메릴린치는 여기서 벌어들인 수수료 수입만으로 메카닉스 앤 메탈스 뱅크로부터의 차입금을 갚고도 충분한 이익을 남길 수 있었다.[주8]

회사는 인수업무 보수를 벌었을 뿐만 아니라 보수 중의 일부로 맥크로리 보통주를 당시 시가 이상의 확정가격으로 매입할 수 있는 옵션을 받았다. 맥크로리 소매 체인점이 조달 자금을 제대로 활용해 성장세를 이어나가고, 이 회사 주식에 투자자들이 관심을 갖게 된다면 메릴린치는 보통주 주가 상승 시 옵션 행사로 막대한 이득을 챙길 수 있었다. 실제로 맥크로리 체인점은 꾸준히 성장했고 이익도 계속 증가했다. 덕분에 메릴린치는 옵션을 행사해 상당량의 보통주를 보유하게 됐고, 장부가치만 수백 만 달러에 달했다.[주9]

메릴린치는 크레스지 체인과도 장기적인 거래관계를 맺었다. 찰리는 조지 버에서 일할 무렵 크레스지 인수업무를 맡은 적도 있었다. 맥크로리 건이 성공하자 자신감을 갖게 된 찰리는 기존의 친분을 활용하기로 했다.[주10] 1915년 11월 디트로이트에서 크레스지를 다시 만나 유상증자를 제안했다. 북동부 및 중서부 지역 130개 도시와 마을에 점포를 확장해 놓은 이 체인점의 경영진은 급성장세가 이어지길 원했다. 메릴린치 측은 우선주 200만 달러와 보통주 10만 주를 발행할 계획을 마련했다. 혼블로워 앤 위크스는 다시 한번 공동인수회사가 되겠다고 나섰다. 이 소문이 월 스트리트에 퍼지자 조지 버와 홀가르텐은 자신들의 고객을 빼앗겼음을 알아차리고 이를 갈았다.

당시 일류 투자은행들은 다른 회사 고객에게 접근하는 것을 비신사적인 행위로 간주했다. 혼인관계와 마찬가지로 지인들 사이의 따뜻한 분위기 속에서 이뤄지는 비즈니스인 "인맥금융(relationship banking)"이 야 말로 기업 고객과 금융회사 간의 적절한 영업방식으로 여겨졌다. 어떤 투자은행가는 기존의 거래 관계에 외부인이 끼어드는 것조차 비윤리적이라고 생각했다. 이처럼 과점적인 피라미드의 정점에 위치한 투자은행들은 안정적인 관계를 만끽하면서 경쟁자들의 공격적 행위를 투기적이라고 경멸하며 절대 묵인하지 않으려 했다. 기존의 인수회사에 불만이 있을 경우 다른 일류 투자은행으로 옮기는 것 자체는 용인됐지만 이런 경우에도 고객이 아닌 투자은행이 먼저 나설 수는 없도록 돼 있었다. 예를 들어 찰리가 크레스지를 집요하게 공략하고 있다는 소문을 모건 측에서 우연히 들었다면 그들은 어김없이 공동대응에 나섰을 것이다.주11 그러나 1916년 무렵 일류 투자은행의 눈에는 메릴린치가 하찮은 회사에 불과했고 그 뿌리를 제대로 아는 사람도 거의 없었다. 한참 뒤인 1940년대에 월 스트리트에 복귀한 찰리는 낡고 귀족적인 관행을 철저하게 파괴하는 일을 주특기로 삼는다.

　미국이 제1차 세계대전에 참전하기 전 메릴린치는 체인점 산업과 관련된 새로운 기록을 세웠다. 사상 처음으로 식료품 체인점 기업의 증자에 성공한 데 이어 최초의 기업 합병도 성사시킨 것이다. 메릴린치가 체인점을 상대로 한 자금조달에 잇달아 성공하자 필라델피아의 증권중개업자이자 투자은행인 카사트 앤 컴퍼니(Cassatt & Company)가 관심을 갖기 시작했다. 1916년 늦은 봄 카사트의 제의로 메릴린치는 애크미 티 컴퍼니(Acme Tea Company)의 유가증권 발행을 위한 신디케이트에 참여했다. 애크미 티는 필라델피아에 본사를 두고 8개 도시에

400여 개의 점포를 거느린 식료품 체인점이었다. 메릴린치는 1916년 말 카사트와 두 번째 공동인수를 성사시켰는데, 뉴욕 시의 양대 식료품 체인점인 존스 브라더스 티 컴퍼니(Johns Brothers Tea Company)와 그랜드 유니온 티 컴퍼니(Grand Union Tea Company) 간의 합병협상에서 주간사회사 역할을 맡았다. 인수규모가 1000만 달러를 넘어서자 〈뉴욕타임스New York Times〉에서도 취재했는데, 1916년 12월 8일자 〈뉴욕타임스〉에서는 "이 거래는 최근 들어 최대의 체인점 딜이었다"고 보도했다. 찰리는 금융회사들을 상대로 한 독창적인 광고 개발에 몰두하던 루디 겐트와 상의한 뒤 2000달러 이상을 들여 〈뉴욕타임스〉 기사내용을 수십 군데의 지역신문에 일일이 전보로 부쳐주었다. 효과가 있었다. 몇 주에 걸쳐 수많은 증권 청약이 산간벽지에서까지 날아 들어왔다. 설립된 지 3년도 채 안 된 메릴린치가 급성장 업종인 체인점 분야에 전문성을 갖춘 월 스트리트 회사로 자리잡은 것이다.

1910년대 후반 찰리의 관심을 끌었던 두 번째 업종은 자동차 제조업이었다. 자동차 산업 분야의 고객 기업들 가운데 상당수는 수익성이 낮았고 결국 파산했다. 1915년 당시 자동차 산업은 구조조정기를 겪고 있었고 승자와 패자가 확연히 구분되면서 시장은 점차 과점시장으로 변하고 있었다. 헨리 포드의 회사는 자동차 산업 전체 매출의 절반을 차지했고 막대한 이익과 함께 업계 정상에 섰다. GM도 20% 정도의 시장점유율을 차지하면서 확고한 업계 2위로 자리를 굳혔다. 변두리에 있는 영세 회사들이 나머지 25% 정도의 시장을 놓고 안간힘을 쓰는 상황이었다. 포드가 모델T(1908년 출시한 세계 최초의 대량 생산 자동차로 자동차 대중화 시대를 열었다-옮긴이)로 저가 자동차 시장을 장악하고 있었기 때문에 다른 회사들은 중고가 자동차에 주력했다. 그러나 당시 대부분의 일류 투자은행은 자동차회사들에 대해 여전히 미심쩍어 했다. 1910년에 보스턴에 본사를 둔 2군 투자은행인 리 히긴슨 앤 컴퍼니(Lee Higginson & Company)가 GM의 부도를 막기 위해 자금을 모집했을 때 보수적인 회사들은 참여하기를 꺼릴 정도였다.

크레스지와의 인연 덕분에 찰리는 자동차회사의 경영진을 고객으로 확보하고 있었는데, 이들은 체인점 주식을 보유함으로써 자신들의 포트폴리오를 다각화하기를 원했다. 이들은 자동차 산업의 전망을 확신했고, 따라서 다른 성장 산업에 여유자금을 투자하는 데 조금도 주저함이 없었다. 게다가 대부분의 자동차회사들은 딜러망을 통해 제품을 팔기 때문에 자동차회사 경영진은 수많은 점포망을 통한 최종소비재 유통이라는 개념에 이미 익숙해져 있었다. 자동차 산업 전문가인 리 카운셀먼(Lee Counselman)의 충고에 따라 찰리가 투자한 회사가 색슨 모터스(Saxon Motors)였다. 카운셀먼은 이미 1905년부터 소규모 자동차 회사를 비교적 성공적으로 경영했고 캘머스 모터스에도 근무한 경험이 있었는데, 1915년 무렵에는 해리 포드(Harry Ford)가 사장을 맡고 있던 색슨 모터스의 부사장으로 재직 중이었다.[주12] 이 회사는 강력한 엔진과 화려한 인테리어를 갖춘 자동차를 생산하기로 하고, 본격적인 마케팅에 앞서 600만 달러의 자금을 필요로 했다.

1915년 11월 메릴린치는 색슨 모터스 주식을 인수했다. 아직 안정된 기업이 아니었다는 점을 감안해 고객들에게는 이 회사 주식을 투기성 투자로 소개했다. 신설 공장이 자동차 조립을 시작하자 주문이 밀려 들어왔다. 그런데 이때 재앙이 닥쳤다. 이제 막 완공한 공장에 불이나 몽땅 불타 버리고 말았다. 보험에 가입하기는 했지만 공장을 다시 지을 때까지 생산을 미룰 수는 없었다. 이 회사는 몇 군데 공장을 빌려 생산을 계속했지만 결과는 형편없었다. 더구나 공장을 다시 완공하기 전 해리 포드가 사망하고 말았다. 이에 따라 찰리와 린치, 카운셀먼은 당시 GM에서 뷰익(Buick) 사업부 담당 부사장을 맡고 있던 월터 크라이슬러(Walter Chrysler)를 연봉 3만5000달러라는 파격적인 조건으로 색슨 모터스에 스카우트하려고 했다. 그러나 크라이슬러가 거절했다. 이후 몇 년간 색슨 모터스의 상황은 악화일로를 걸었고, 1922년 법정관리로 들어간 이후 다시 살아나지 못했다. 훗날 찰리는 크라이슬러 영입 협상을 제대로 하지 못했다고 결론지었다. 그는 크라이슬러에게 색슨의 지분 20%를 주었더라면 자동차업계 "빅 쓰리(Big Three)"의 반열에 오를 회사를 만들 수 있었을 것이라고 후회했다.

자동차 산업과 관련해 찰리가 두 번째로 놓친 아까운 기회는 피셔 바디 코퍼레이션(Fisher Body Corporation)의 기업공개(IPO)에 참여할 찬스였다. 메릴린치의 디트로이트 지점장을 맡고 있던 맷징거는 여섯 명의 피셔 형제들과 친한 사이였다. 피셔 바디는 원래 19세기 말까지는 미시간 주에서 가장 큰 마차 제조회사였는데, 1908년에 자동차로 업종을 전환한 회사였다.주13 피셔 일가가 소유하고 있던 이 회사는 GM을 비롯한 완성차 제조업체의 주요 부품공급업체였다. 디트로이트에서 열린 회의에서 찰리와 린치, 맷징거는 기업공개 안에 대해 피셔 일가와 구두로 잠정 합의했다. 그러나 자문변호사와 외부 전문가들이 피셔 형제들에게 기업공개 협의를 중단하라고 들쑤셔댔고 결국 협상은 중단됐다. 이로부터 불과 3년 뒤인 1919년 피셔 일가는 GM에

2500만 달러 이상을 받고 경영권을 넘겼다.

자동차 산업과 관련된 또 다른 프로젝트는 정말 뼈저리게 아팠다. 뉴저지 주 사우스 플레인필드의 스파이서 매뉴팩처링 컴퍼니(Spicer Manufacturing Company)는 완성차 제조업체에게 부품을 납품하는 회사였다. 승용차와 트럭용 유니버설 조인트와 구동축, 차축 부문에서는 1916년 당시 미국 최대 회사였다. 메릴린치에게 식료품 체인점을 소개해준 필라델피아의 투자은행 카사트 경영진이 찰리에게 스파이서를 소개했다. 그러나 제1차 세계대전 기간에는 실적이 좋았던 스파이서의 차축 사업부가 1910년대 후반부터 자금난에 빠졌다. 결국 이 회사 주식에 투자한 고객들이 큰 손실을 입지 않도록 하는 방안으로 인수회사들은 경영정상화 작업에 참여하지 않을 수 없었고, 특히 가장 급한 채무를 상환하고 경영정상화가 될 때까지의 시간을 벌어주기 위해 50만 달러 규모의 채무연장기금(revolving fund)에도 출연해야 했다. 이 두 번의 쓰라린 경험 탓에 찰리는 자동차 산업에 대한 초기의 열정을 잃어버리고 말았다.[주14] 그러나 체인점과 영화업 분야에서 기회가 많았기 때문에 큰 문제가 되지는 않았다.

찰리의 사업은 1917년과 18년에 일시 중단됐다. 애국심에 불탄 찰리가 군대에 자원 입대했기 때문이다. 그가 미국의 강력한 군사력을 주창했다는 점을 감안하면 이 같은 결정이 즉흥적이거나 엉뚱한 것은 아니었다. 미국도 일정 시점이 되면 유럽의 전쟁에 참전해야 한다고 확신했던 찰리는 이미 1916년에 뉴욕 주 플랫츠버그 소재 민간인 장교 훈련 과정을 알아봤다. 미 의회가 1917년 4월 독일에 대해 전쟁을 선포하자 메릴린치는 〈뉴욕타임스〉에 전쟁국채를 사자는 광고를 게

재했고, 전쟁국채 청약에 대해서는 일체의 이익이나 수수료 없이 대행하겠다고 선언했다. 메릴린치는 전쟁 기간 중 정부기관 관련업무를 무료로 대행하겠다고 나선 사실상 최초의 투자은행이었다. 광고를 게재하자 뉴욕증권거래소는 찰리를 소환해 기업행동위원회(Business Conduct Committee)와 사전협의를 거치지 않았다는 절차상의 하자에 대해 훈계했다. 이 위원회는 회원사들의 광고를 감독하는 기구였다. 거래소 측과의 이런 충돌은 훗날 각종 규칙과 규제를 둘러싸고 찰리가 월 스트리트의 기득권층과 숱한 분쟁을 벌이게 된 신호탄이나 마찬가지였다.

참전하겠다는 찰리의 열의에도 불구하고, 찰리와 린치는 사업을 지속시켜야 한다는 점을 감안해 한 사람만 입대하기로 했다. 미혼인 린치가 적임자였다. 그러나 린치는 시력측정을 통과하지 못해 장교학교에 입학하지 못했다. 곧 바로 찰리가 버지니아 주 알링턴의 포트마이어에 있는 장교학교에 지원했다. 몇 주 동안 아무 연락이 없자 그는 지원서류가 어떻게 처리되고 있는지 확인하기 위해 기차를 타고 워싱턴으로 갔을 정도였다. 그는 장교 지원자가 넘쳐 군사훈련 경험이 있는 사람들을 우선 선발한다는 사실을 알고 있었다. 그는 기지를 발휘해 군사학과가 있는 스텟슨 재학시절 2~3학년 때 군사훈련을 받았고 제복을 입고 연병장을 돌았다는 점을 강조했다. 게다가 뉴욕에서 훈련소까지 직접 방문함으로써 자원입대를 향한 진지함과 열의를 과시할 수 있었다. 육군 인사장교는 찰리를 즉시 받아들였다.

1917년 여름 육군에 입대했을 당시 찰리의 나이는 서른둘이었다. 포트마이어에서 기초 군사훈련을 마친 그는 중위로 임관해 버지니아

주 피터스버그에 있던 캠프 리의 취사병 학교에 배치됐다. 미시간 대학교 재학시절 서클 숙소에서 식당관리 일을 했던 게 근무지 배치에 영향을 준 것 같다. 경력을 감안할 때 육군 경리단에 배치되지 않은 게 의외였다. 취사병 학교가 너무 따분했던 그는 육군 항공대로의 전출을 희망했고, 1918년 2월 텍사스 대학교 오스틴 캠퍼스에 있던 군사항공학교에 입교했다. 찰리는 교육생 가운데 나이가 제일 많았다. 샌안토니오 인근 켈리 비행장에서 비행 훈련을 받은 뒤 플로리다 주 아카디아 근처의 카스트롬 기지로 부임했다.[주15] 바로 고향 땅이었다. 비행장은 팜비치의 부모님 집에서 북서쪽으로 160킬로미터 떨어져 있어 툭하면 비행기를 몰고 방문하곤 했다. 훗날 그의 딸 도리스에게 보낸 편지에서 찰리는 "아카디아에서 팜비치로 비행기를 몰고 가 조종석에서 내렸을 때 아버지의 얼굴 표정에서 안도감과 자부심, 그리고 자식에 대한 사랑을 느낄 수 있었다"고 회고했다.[주16] 그는 또 주말마다 죽마고우인 샘 마크스를 만나러 잭슨빌에도 가곤 했다. 아쉽게도 찰리는 자신이 해외파병 대상이 아님을 알았지만 항공학교 교관으로 전투기 조종사들을 훈련시키는 임무를 맡았다. 다른 조종사들에 비해 나이가 많았고, 가족이 있다는 점 때문에 육군 당국은 그를 유럽의 전쟁터에 배치하지 않았다.

한편 제1차 세계대전 참전 의욕을 불태우고 있던 린치도 1918년 봄 무렵 기병대에 이등병으로 입대했다. 장교가 아닌 사병들에 대해서는 안경 착용에 대한 육군 규정이 완화된 덕분이었다. 린치가 전투 시의 승마 요령을 한창 배우던 중 전쟁은 끝났고, 린치 역시 미국 땅을 벗어나지 못했다. 그렇다면 린치마저 떠나 있던 6개월여 동안 누가 회사를 실제로 경영했는지를 확인하기는 어렵지만 영업직원들은 단순히 증권거래 중개업무만 수행했다. 찰리와 린치가 1918년 말 회사로 복귀할 때까지 비서들과 관리부서 직원들이 회사를 지켰다.

찰스 메릴 중위가 군 복무를 했던 18개월은 "전쟁에 이겨야 한다"는 간결하고도 명확한 목표를 가진 거대 관료조직을 직접 체험해 볼 수 있는 좋은 기회였다. 이전까지 그는 중소기업 경험이 전부였다. 찰리는 이때 수많은 사람들이 공동의 목표를 갖도록 동기를 부여하는 전략을 체험할 수 있었다. 회사와 고객이 함께 더 높은 목표와 부를 달성하기 위해 노력하는 과정에서 처음부터 찰리는 종교적인 열정을 보여주었다. 군 경험이 아마도 이 같은 기질을 강화했을 것이다. 군대라는 거대 조직이─비록 군대가 비영리법인이긴 하지만─합리적인 계획과 적절한 지시에 따라 얼마나 훌륭하게 작동하는지 처음으로 볼 수 있었다. 그런 점에서 단 한 가지만은 확실하다. 1917~18년의 군 경험은 그의 사업에서 결코 공백기간이 아니었다.

항공대 근무 중에도 찰리는 전쟁이 끝난 뒤 사업을 어떻게 재개할지 계속 고민하고 있었다. 미국이 전쟁에 뛰어들기 전의 회사 실적을 고려할 때 그는 미래 전망에 대해 과도할 정도로 낙관하고 있었다. 1918년 린치에게 쓴 간략한 편지에서 찰리는 자신의 생각을 짧고 완성되지 않은 문장으로 이렇게 표현했다:

실력 있는 직원을 둬야 해. 보다 능률적인 직원. 매일 평균 1만 주를 거래할 조직을 갖춰야 해. 사람도 더 두고. 보다 나은 빠른 시스템도 갖추고. 신문사들과 연계해 매주 주식시장 보고서도 내야 해. 진짜 영업 책임자를 둬야 해. 리테일 영업. 사무실 밖에서 주로 일할 진짜 영업 책임자. 출퇴근은 필요 없어. 우리는 지금 당장 20명을 쓸 수도 있어.[주17]

군에서 제대해 몬클레어의 집과 월 스트리트로 돌아왔을 때 찰리는 남 부러울 게 없었다. 아직 35세도 안 됐지만 그는 이미 부자였고 더 큰 돈을 벌 계획이 서 있었다. 스스로 세워놓은 기업금융 전략을 통해, 또 기존의 투자은행과 증권거래 중개업무로 다른 사람들의 재산증식을 도와주는 과정에서 돈을 벌 수 있었다. 찰리로서는 여기서 일과 즐거움을 동시에 추구할 수 있었다.

린치와의 파트너십은 가끔 빚어지는 긴장관계와 두 사람간의 성격 차이에도 불구하고 성공적이었다. 그는 린치에게 대단한 믿음을 갖고 있었고, 이런 믿음은 1938년 린치가 타계한 다음에도 이어졌다. 미군이 유럽에서 돌아오자 찰리는 주저하지 않고 이전 같은 빠른 속도로 사업을 추진해 나갔다. 메릴린치는 대부분의 다른 투자은행들이 아무런 생각 없이 무시해버렸던 분야, 즉 체인점 기업의 유가증권 분야에서 전문회사로 인정 받고 있었다.[주18] 기존의 투자은행들이 놓친 시장은 찰리의 차지였다. 그는 월 스트리트에서 활짝 날개를 펴고 비상하면서 투자은행들의 비공식 서열을 정하는 사람들의 눈에 자신의 이미지가 뚜렷하게 각인되길 원했다. 메릴린치가 정상으로 올라서기에는 아직 갈 길이 멀었지만 두 사람의 파트너는 제대로 된 방향으로 나가고 있었다.

6 1920년대의 호황기: 찰리의 경고

1920년대는 메릴린치에게는 물론, 찰리와 린치 두 파트너에게도 그야
말로 번영의 시기였다. 제1차 세계대전이 끝난 직후에는 유가증권 인
수 계약의 회복 속도가 실망스러웠지만 1920년대 중반으로 접어들며
유가증권 거래량이 급증했다. 두 사람은 이전에 자신들이 일했던 기
업의 유가증권 인수 계약을 추진하면서 경제적 보상 이상의 만족을 느
낄 수 있었다. 바로 찰리의 첫 직장인 로버트 소스트롬의 패초그 플리
머스 공장과 린치의 첫 직장인 리퀴드 카보닉이었다. 예전의 직장동
료들이 두 사람의 재무적 판단 능력을 높이 평가했다는 점에서 이 건
들은 특별한 의미가 있었다.

　1920년대에 메릴린치는 무려 70여 개 기업의 유가증권 인수를 맡아
자금조달을 주선했다. 경영진이 건전하고 매출액과 순이익의 성장가

능성이 높은 기업들이 주요 대상이었다. 기업 고객들의 기업공개(IPO)를 맡는 경우가 많았다. 이들 기업 가운데 나중에 파산한 곳은 단한 곳뿐이었다. 물론 완벽한 기록은 아니었지만 유가증권 인수 건수가 워낙 많았고 기업공개와 관련된 리스크가 적지 않다는 점을 감안하면 아주 탁월한 실적이었다. 메릴린치가 주선한 기업의 유가증권을 매입한 개인 고객들은 장기적으로 배당금 수입과 자본이득에 대단히 만족했다.

제1차 세계대전 당시 다른 미국인들과 마찬가지로 찰리도 미국 경제의 미래와 증시 전망에 낙관적이었고 때로는 흥분할 정도였다. 연방정부의 적극적인 국채판매 캠페인 덕분에 중산층이 대거 자본시장에 참여했다. "우리는 전쟁이 끝나기 전까지 800만~2000만 명에게 국채를 팔 수 있어. 자신한다고!" 찰리는 린치에게 이렇게 말했다. 그는 또 "사람들이 애국심의 발로로 국채를 사기 시작했지만 가장 안전한 형태의 투자임을 알게 되면 계속해서 투자하게 될 거야"라고 덧붙였다.[주1] 실제로 전후 일시적인 경기침체를 겪은 뒤 미국 경제는 1919년부터 29년까지 지속적으로 성장해 나갔다. 인플레이션과 실업률은 낮았고 실질임금은 늘어났으며 기업 이익은 상승세를 탔다.

1920년대에는 일반 대중도 증권시장에 참여하기 시작했다. 보통주에 관심을 가진 투자자들도 등장했지만 이들은 경험도 없는 데다 순진했다. 뉴욕증권거래소(NYSE)에 상장된 기업은 1915년에 500개에 불과했지만 1925년에는 1000개로 늘어났고, 주식투자자도 1910년 200만 명 미만에서 1930년에는 500만 명 이상으로 급증했다.[주2] 1901년에 40억 달러였던 뉴욕증권거래소의 시가총액은 1929년에는 무려 600억 달러로 증가했다. 주가상승에 따라 거래량도 증가해 1922년 2억6000만 주에서 1925년에는 4억5000만 주로, 1929년에는 10억 주를 넘어섰다.[주3] 지방증권거래소나 장외시장에서 거래되는 종목도 증가했다. 신설 증권회사와 중소형 투자은행들도 성황을 누렸다. 기존의 금융회사들은 사업영역 다각화에 나섰다. 뉴욕의 몇몇 주요 상업은행들도 자회사를 설립해 유가증권 인수업무를 시작했다. 1920년대 말에는 상업은행들이 일류 투자은행들의 전유물이었던 국공채 및 회사채 관련 업무 가운데 절반을 잠식했다.

맥크로리와 크레스지의 유가증권 인수 건에서 주간사회사를 맡았던 실적을 바탕으로 메릴린치는 남들이 무시했던 분야인 체인점 관련 업무에서 선두 금융회사로 자리매김했다. 찰리는 이 같은 강점을 최대한 활용해 도약하고 싶어했으나 고객 기업들이 주저했다. 전후 불경기에 대한 두려움으로 인해 체인점들은 확장 계획을 보류한 상태였다. 이로 인해 1919년 5월부터 1922년 12월까지 메릴린치가 인수업무를 맡은 25개사 가운데 체인점 기업은 3개사에 불과했다. 기존 고객 중에는 크레스지가 1920년에 300만 달러의 채권을 발행했고, 신규 고객 중에는 J.C. 페니(J.C. Penney)와 G.R. 키니(G.R. Kinney)가 있었다. J.C. 페니는 제임스 캐시 페니(James Cash Penney)와 두 명의 파트너(나중에 페니에게 지분을 매각했다)가 1902년에 와이오밍 주 케머러에서 설립한 회사로 제1차 세계대전 이전에 이미 200여 개의 점포를 갖고 있었고, G.R. 키니는 1921년 무렵 100개 이상의 점포를 거느리고 중저가 신발을 판매하는 급성장 추세의 체인점이었다. 1919년 7월에 메릴린치와 조지 버는 J.C. 페니의 우선주 300만 달러를 인수하기로 합의했다. 이 가운데 메릴린치가 3분의 1을 책임진다는 계획이었다.

J.C. 페니와의 협상과정에서 찰리는 두 가지 경영정책에 관해 경청할 기회를 가졌다. 이 정책들은 찰리에게 깊은 인상을 심어주었고 향후 많은 영향을 미치게 된다. 19세기까지는 외상 판매가 관행화돼 있었기 때문에 소매상 주인들은 재고뿐만 아니라 외상매출채권을 감당하기 위한 별도의 운전자본이 필요했다. 더구나 외상 가운데 일정비율은 회수가 불가능해 이익에서 차감해야 했다. 그러나 페니는 기존 관행을 무시하고 모든 거래에서 현금 거래만 고집했다. 외상을 안주는 대신 가격을 낮게 책정했다. 낮은 마진을 감수하는 만큼 많은 물량으로 만회해야 한다는 게 페니의 생각이었다. 가격경쟁력이 있었기 때문에 원래 이름이 골든 룰 스토어(Golden Rule Stores)였던 이 회사의 점포들은 많은 마을과 도시에서 금방 입지를 굳힐 수 있었다.

페니의 회사에서 찰리가 감동한 또 다른 혁신적 정책은 이익분배제도였다. 창업자는 현장의 점포 관리자들이 해당 점포의 부분 소유자가 되는 것을 허용함으로써 그 점포에서 벌어들인 이익을 분배할 때 참여할 수 있도록 했다. 이 정책은 본사가 수백 개 점포를 직접 소유하고 관리하는 방식과, 본사가 여러 프랜차이즈 점포를 조정하는 역할만 맡는 두 가지의 전혀 다른 경영방식을 결합한 것이었다. 이 같은 인센티브 프로그램은 점포 관리자들을 충성심 강하고 야심 있는 집단으로 만들어 경제학에서 말하는 대리인 문제(principal-agent problem, 주주의 대리인인 경영자가 주주의 이익을 위해 최선을 다하지 못하는 것-옮긴이)를 해결할 수 있는 방법이었다.[주4] 페니의 제도는 중앙통제와 자율주의를 섞어 놓은 것이었다. 점포 관리자들은 월급은 적어도 지분 소유를 통해 이익 분배를 받기 때문에 실제 연간 소득은 더 많았다. 찰리는 현금 판매와 이익분배제도라는 두 가지 개념에 눈을 떴고, 나중에 세이프웨이의 경영권을 장악한 뒤 그대로 도입했다.

인수업무가 부진했던 동안 메릴린치는 비록 화려하지는 않았지만 중요한 금융사업에서 나오는 수익으로 버틸 수 있었다. 조지 버에 근무할 때부터 기업어음(commercial paper, 기업이 자금조달을 목적으로 발행하는 단기 무담보 어음—옮긴이)에 익숙했던 찰리와 린치 두 사람은 메릴린치에도 유사한 부서를 만들었다. 만기가 60일에서 180일인 단기 약속어음을 주로 취급했는데, 발행자는 은행 대출만으로는 운전자본이 부족한 기업들이었다. 메릴린치를 통해 기업어음을 발행한 기업들은 인수업무 고객이기도 했기 때문에 이 같은 부가적인 금융서비스는 고객과의 관계 강화에 도움이 됐다.

두 번째 수익원은 리테일(개인) 고객을 대상으로 7개 지점망에서 제공한 증권거래 중개업무(브로커 영업)였다. 1920년대 내내 메릴린치는 맨해튼 중심가와 맨해튼 북부에 한 곳씩 뉴욕 시내에 2개 지점이 있었고, 시카고와 디트로이트, 로스앤젤레스, 덴버, 밀워키 등에도 지점이 있었다. 뉴욕의 두 지점에 근무하는 직원 숫자가 1930년 당시 40명이 넘었고 지방 근무 직원들은 모두 합쳐 15~20명이었다. 1920년대에 12명의 직원이 파트너가 됐는데, 1916년에 암허스트를 졸업하고 입사한 윈스롭 스미스도 이 가운데 한 명이었다.

1919년부터 4년 동안 메릴린치는 남서부 지역의 원유 채굴회사와 정유회사들의 유가증권 인수업무도 맡았다. 텍사스 주 오스틴과 샌안토니오에서 비행훈련을 받던 시절부터 찰리는 이 지역에 관심을 갖고 있었다. 기업과의 거래가 흔히 그렇듯 개인적인 인연이 이 산업 분야에 진출한 요인이었다. 마침 찰리의 미시간 대학교 동창이자 캠퍼스 내 주당 클럽인 프라이어스 회원이었던 루이스 맥클루어(Louis McClure)가 적임자로 떠올랐다. 1919년 초 맥클루어는 텍사스와 오클라호마의 유전지대로 향했다. 몇 달 뒤인 1919년 10월 그는 팬핸들 석유(Panhandle Production and Refining)의 우선주 발행 건을 따내는 데 큰 공을 세웠다. 덕분에 메릴린치는 1922년 한 해 동안 6개사를 대상으로 총 9건, 금액으로 1400만 달러 상당의 유가증권을 발행하는 데 주간사 회사를 맡는 등 상당한 성공을 거두었다. 그러나 석유산업에 대한 메릴린치의 관심은 금방 시들고 만다. 석유회사들과의 협상에서 큰 활약을 했던 린치가 1920년대 초 영화산업 일이 바빠지면서 제대로 신경을 쓰지 못했기 때문이다.

메릴린치가 1920년대에 맡았던 인수업무 가운데 실패한 것은 단 한 건으로, 석유산업이나 체인점이 아닌 제조업이었다. 메릴린치는 1920년 여름 용커스 인근에 공장이 있는 워링 모자(Waring Hat Manufacturing)의 우선주 100만 달러 인수업무를 맡았다. 이 회사는 전후의 불경기에도 소폭 적자를 내며 잘 버텨왔고 미래 전망도 밝아 보였다. 이 회사의 유가증권을 개인 고객들에게 추천하는 동시에 파트너인 찰리와 린치도 1923년에 이 회사의 보통주 투자를 늘렸다. 메릴린치의 기업어음 담당부서는 어음발행 관련 업무를 맡았다.

그러나 이때 워링 모자의 재고자산이 과다 계상돼 있음을 알게 됐다. 찰리는 추가 자금지원을 통해 회사를 살리려고 시도했지만 다른 채권단들이 망해가는 회사에 추가 투자는 헛된 일이라며 참여를 거절했다. 결국 모두가 손해를 보고 말았다. 보통주에 투자했던 찰리와 린치는 거액의 손실을 입었고, 메릴린치의 주선으로 우선주를 매입했던 개인 고객들도 큰 손해를 봤다. 찰리는 손해를 많이 본 고객들에게 체인점인 긴터 컴퍼니(Ginter Company, 나중에 퍼스트 내셔널 스토어로 이름을 바꿨다) 주식을 시장가격보다 훨씬 낮은 주간사회사의 인수가격으로 매입할 수 있는 기회를 제공함으로써 손실을 보전해주었다.[주5] 긴터 주식을 할인된 가격에 매수할 수 있는 제안을 받은 투자자들은 대부분 워링 모자의 부도에 따른 손실을 만회했다.[주6]

1924년 1월 회사의 창립 기념일을 며칠 앞두고 찰리는 직원들과 지인들에게 그때까지의 성과를 정리하는 장문의 글을 썼다. 당시 대부분의 월 스트리트 인사들과는 달리 공개주의를 신조로 삼아온 찰리는 이 글을 모든 개인 고객들에게 보냈고 보도자료도 배포했다. "지난 10년간 우리는 수많은 유가증권 발행에서 주간사를 맡아 유가증권 발행과 유통을 책임졌습니다. 우리의 사업은 모든 종류의 유가증권 매입자에게 봉사하는 일입니다. (그러나) 미국에서 큰 재산은 채권 보유자가 아니라 주식 소유자가 일궈냈습니다." 이 점을 염두에 두고 메릴린치가 재산증식에 관한 원칙을 충실하게 준수해 왔다는 점을 강조했다. "우리도 우리가 가진 돈의 일정 부분을 우리가 자금조달을 주선한 기업에 투자했습니다. 우리가 가진 현재 재산의 대부분은 이런 원칙을 충직하게 지키는 과정에서 형성된 것입니다. 단지 돈을 투자하는 것 외에도 우리는 경영진 파견과 건전성 감독, 경영자문, 긴급자금지원 등의 서비스를 제공했습니다. 이들 기업과 함께 한다는 게 우리 회사의 정책입니다." 그는 마지막으로 "저희들이 알기로는 지금까지 이

것이 증권회사가 내놓은 최초의 선언문입니다"라고 마무리했다. 이로부터 15년 이상 지난 뒤 메릴린치는 다시 한번 월 스트리트의 관례를 깨고 비상장 기업으로는 처음으로 손익계산서와 대차대조표를 자발적으로 공개하게 된다.

사업이 호황을 누리는 와중에도 찰리의 개인생활은 엉망이었다. 1920년에 찰스 주니어가 태어난 지 얼마 되지 않아 찰리와 엘리자베스는 툭하면 다퉜고 두 사람 사이는 더 벌어졌다. 찰리는 회사에서는 항상 차분하고 침착한 반면 집에서는 따지기 좋아하고 독선적이며 화를 잘 내고 까다로웠다. 종전 후 찰리는 집을 몬클레어에서 맨해튼 중심가의 파크 애비뉴 471번지의 3층집으로 이사하기로 했다. 또 롱아일랜드 남부 해안의 사우스햄턴에 주말별장을, 부모가 사는 집 근처인 팜비치에 여름용 별장을 샀다. 찰리는 경제적 성공의 과실을 만끽하고자 했다. 그러나 엘리자베스는 새로운 환경이 편하지 않았다. 돈 버는 데만 혈안이고, 음주와 파티를 즐기는 사람들로 가득 차 압박감을 주는 맨해튼보다는 뉴저지 북부의 조용한 교외 분위기가 좋았다. 엘리자베스는 사회활동에 스트레스를 받는 반면 찰리는 재미있어 했다.

찰리는 일주일 가운데 주중에는 며칠, 주말에는 거의 항상 친구들이나 사업상 동료들과 어울렸다. 엘리자베스의 당황스러움을 별도로 한다면 그들의 높은 생활수준과 사치스러운 씀씀이는 재계의 정상으로 급부상하고 있는 야심찬 금융인에게 어울리는 수준이었다. 그러나 월 스트리트에서의 높아진 위상에도 불구하고 찰리는 일류 투자은행가들과 어울리기를 꺼렸다. 대개 아이비리그 출신인 이들을 찰리는 "양반놈들(striped pants)"이라며 경멸조로 불렀다. 대신 그는 회사동료와 자금을 지원한 고객사의 임원, 딜에 참여한 변호사, 옛날 학교친구들끼리 부부동반으로 모이는 것을 더 좋아했다. 당연히 찰리에게는 귀족집안 출신보다는 신흥 부자들이 편했다.

맨해튼 인근에서 파티를 열 때나 사업상 혹은 휴식을 위해 지방에 갈 때면 찰리는 항상 활발한 사회생활을 즐기는 매력적인 여성을 만날 수 있었다. 부와 권력, 약간의 명성, 게다가 외모까지 갖춘 잘 나가는 남성이 젊은 여성과 깊은 관계로 발전하는 게 당연했다.

1924년 여름 찰리 부부는 별거에 들어갔다. 찰리는 마거리 호텔로 옮겨갔다. 그 시절은 가족법이 매우 엄격하고 규제가 심했던 탓에 이혼이 흔한 일은 아니었다. 뉴욕 주를 포함해 많은 주에서 간통이나 학대만을 법적 이혼 사유로 인정했다. 공개재판에서 망신당하고 싶지 않은 뉴욕 주의 부부들은 가족법이 비교적 관대한 다른 주에 배우자의 임시 거주지를 마련해야 했다. 플로리다가 여기에 딱 맞았다. 엘리자베스는 딸과 아들을 플로리다 주 잭슨빌로 데려가 거주지를 옮기고 이혼 절차를 밟았다. 찰리의 죽마고우인 샘 마크스가 이혼 수속을 맡았고 13년간의 결혼 생활은 1925년 2월 종지부를 찍었다.

13이라는 숫자는 서구사회에서 불길한 숫자로 여겨져 왔고 찰리의 결혼 생활을 볼 때 미신이 근거 없는 얘기만은 아니라는 생각이 들 정도다. 엘리자베스 이후 찰리는 두 차례 더 결혼했고 각각 13년 안팎의 기간 동안 살았다.[주7]

마리 소스트롬과 짜증날 정도로 긴 약혼관계를 유지하다가 결혼에 실패한 뒤 시간끌기를 매우 싫어하게 된 찰리는 이혼 수속이 끝난 지

불과 몇 주 뒤 39세의 나이에 열네 살이나 어린 헬렌 인그람(Hellen Ingram)과 결혼했다. 찰리가 살았던 잭슨빌 출신인 헬렌은 찰리가 처음 만났을 때 초년병 기자였다. 그녀는 원래 〈플로리다 메트로폴리스 Florida Metropolis〉(후일 〈잭슨빌 저널Jacksonville Journal〉로 제호를 바꾸었다)에서 음악 및 사회 담당 기자로 출발했다. 헬렌은 1922년 23세의 나이로 사업가적 수완을 발휘해 〈실루엣Silhouette〉이라는 잡지의 오너이자 편집인 겸 발행인을 맡았다.

헬렌은 1924년 여름 계절적으로 관광업이 시들해지자 편집 역량을 늘리기 위해 뉴욕의 컬럼비아 대학교 저널리즘 과정에 등록했다. 잭슨빌의 고향친구로부터 찰리가 엘리자베스와 별거 중이라는 사실을 들어 알고 있던 그녀는 뉴욕에 도착하자마자 찰리를 찾았고 얼마 안돼 두 사람은 데이트를 시작했다. 나이 차이에도 불구하고 두 사람은 공통점이 많았다. 우선 남부에 뿌리를 둔 비슷한 배경을 갖고 있었다. 찰리는 대학교 2~3학년 사이 여름철에 팜비치의 신문사에서 여러 가지 일을 해본 경험이 있었기 때문에 언론에 친숙한 편이었다. 헬렌은 정열적인 성격에 예뻤고 예술적이며 생기발랄했다. 게다가 그녀는 기업인 세계에서 해야 할 일을 알고 있었고 즐거움도 만끽할 줄 알았다. 그녀는 찰리가 그 시점에서 찾고 있던 바로 그 사람인 듯했다. 헬렌이 그해 가을 마이애미로 돌아간 뒤 찰리는 팜비치의 부모님 집을 여러 번 방문할 건수를 만들어 새 애인을 만났다. 헬렌은 이혼 수속이 끝나는 즉시 결혼하겠다고 약속했다. 그들은 잭슨빌에 있는 그녀의 집에서 1925년 2월 결혼식을 올렸다. 뉴욕에서 온 린치가 동료 파트너의 가장 친한 친구로 참석했다. 찰리는 자기에게 딱 들어맞는 아내를 맞이했다. 그와 헬렌은 이해 봄 유럽으로 약간 늦은 신혼여행을 떠났다.

신접살림은 그리니치 빌리지 웨스트 11번가에 차렸다. 찰리가 첫 번째 결혼 당시 얻었던 신혼집에서 멀지 않은 곳이었다. 그는 리모델 링과 실내장식에 무려 5만 달러를 썼는데 신부를 기쁘게 해주려고 값 비싼 그림도 구입했다. 헬렌은 몇 달 후 임신했고, 1926년 3월 그들 사 이의 유일한 자식인 제임스 인그램 메릴(James Ingram Merrill)이 태어났 다. 헬렌은 찰리의 사교범위를 넓혔다. 그녀는 상상력이 풍부했고 분 명한 스타일로 다양한 친구들과 어울리기를 즐겼다. 헬렌은 적어도 결혼 생활 10년 동안은 찰리의 사업친구들과도 잘 어울렸고, 배우와 작가, 언론인, 음악가, 화가 등 뉴욕에 거주하는 예술가나 지성인들을 찰리에게 소개시켜주었다. 부유함과 고상한 문화는 맨해튼의 핏줄이 었고, 메릴 부부는 두 가지 세계를 만끽했다. 물론 비즈니스와 경제적 여유가 무엇보다 중요했지만 말이다.

헬렌과 결혼한 지 얼마 되지 않아 찰리는 롱아일랜드의 남부 해안의 여름 휴양지 사우스햄프턴에 있는 대저택을 사들였다. 이 저택은 사 과나무가 많다고 해서 과수원이라는 뜻의 "디 오처드"라는 이름을 붙 였다. 2층과 3층에 주말 손님들을 위한 침실 여러 개의 갖추었을 정도 로 컸던 이 대저택은 주거공간 말고도 온실과 오르간이 있는 음악실, 각종 호화 시설이 있었다. 디 오처드는 이후 20년간 찰리가 늦봄부터 초가을까지 생활한 주말 별장이었다. 1944년 심장발작이 있은 뒤에는 주중에도 많은 시간을 보냈다.

찰리의 부동산 구입 욕구는 맨해튼과 롱아일랜드에 집을 마련한 데 서 멈추지 않았다. 그는 당시로서는 천문학적인 금액인 50만 달러

(1995년 가치로 500만 달러)를 들여 미시시피 주 탤러해시 강변에 있는 "와일드우드(Wildwood)"라는 이름의 4000에이커(480만평)에 달하는 플랜테이션 농장을 구입했다. 〈뉴욕타임스〉는 1927년 10월 21일자 기사에서 "새 주인이 와일드우드를 예전 모습으로 복원시킬 계획"이라고 보도하기도 했다.

플랜테이션 농장의 위치를 감안할 때 그의 선택 기준을 짐작할 수 있다. 이 목화농장은 외할머니 에밀리의 농장이 있는 홈즈 카운티에서 북동쪽으로 불과 80킬로미터 떨어져 있다. 외할머니의 농장은 그가 어린 시절 여름철마다 방문했던 곳이다. 새로 구입한 농장의 관리인으로 찰리는 외가 쪽 친척인 제퍼슨 윌슨(Jefferson Wilson)을 앉혔다. 그러나 뉴욕에서의 사업상 부담감에서 벗어나 미시시피의 농장에서 정기적으로 쉬겠다는 당초 계획과는 달리 처음 구입하러 갔을 때 말고는 거의 방문하지 않았다. 대신 남부 플로리다가 그의 겨울철 단골 휴양지가 됐다. 미시시피 농장은 제대로 운영되지 않았고 찰리는 1938년에 손해를 보고 이 농장을 팔았다. 찰리가 와일드우드 농장을 구입한 근본 동기는 남부 지역 농장주의 귀족적인 전통을 한번 흉내 내보려는 것이었다. 찰리는 자신의 어머니와 친척들, 새로 맞이한 신부와 그녀의 친척들에게 자신이 비록 돈을 벌기 위해 북부에 가기는 했어도 여전히 마음속으로는 남부연합의 대의와 남부인의 전통을 간직하고 있음을 과시하고 싶었다. 그는 물론 주변의 누구도 이 같은 전통이 노예 착취와 인종우월주의에 바탕을 둔 것이라는 점에 대해 고민하지 않았다. 훗날 그의 장남 찰스 주니어는 아버지의 신탁 재산을 남부 지역의 흑인 대학교에 출연하는 데 앞장섰다.주8

찰리의 주 수입원은 제조업과 유통업 분야 기업들을 상대로 자금조달을 주선하는 것이었지만 영화산업 투자에서도 상당한 자본이득을 실현했다. 1921년에 메릴과 린치는 세계적으로 명성이 있는 프랑스 영화사 빠떼 프레레 시네마(Pathe Freres Cinema) 미국 법인의 경영권을 획득했고, 5년 뒤에는 다수 투자자들에게 이 회사를 넘겼다. 빠떼 건은 기존의 기업금융 거래와는 근본적으로 달랐다. 메릴린치는 수동적인 외부 투자자에 그치지 않았기 때문이다. 린치는 처음부터 뉴욕에 본사를 둔 이 영화사의 일상적인 경영에 적극적으로 참여했다. 금전적인 보상 외에 비금전적인 보상도 있었다. 영화사 투자에 따라 영화배우나 유명 감독과 사귈 수 있었고, 찰리와 린치 두 사람은 연예계 명사들과 어울리는 게 너무나 좋았다.

영화산업은 소매 체인점이나 자동차 산업과 비슷한 시기인 19세기 말에 등장했는데, 20세기 들어 미국은 물론 외국 영화사들까지 미국 관객을 상대로 한 영화제작에 나섰다. 무성영화 시절이라 언어는 중요한 문제가 아니었기 때문에 미국에서 상영된 영화 상당수가 유럽에서 제작된 것이었다. 1896년 파리에서 영화제작을 시작한 빠떼는 당시 한창 잘 나가는 세계 최대의 영화사 가운데 하나였다. 빠떼는 1905년에 미국 내 배급망을 조직했다.[주9] 빠떼는 에디슨(Edison), 비타그라프(Vitagraph), 바이오그라프(Biograph) 등 선구적인 독립영화사들과 함께 영화특허회사(Motion Pictures Patent Company)라는 트러스트를 1908년에 설립하기도 했다. 2년 뒤 빠떼는 뉴저지에 있는 영화제작 시설을 사들여 본격적으로 미국 관객들을 겨냥한 영화를 만들기 시작했다.

1911년에는 관객들에게 뉴스를 제공해 호평을 받기도 했다. 빠떼의 뉴스는 반 세기 뒤 텔레비전 뉴스에 밀리기까지 수십 년간 미국 영화관의 주요 메뉴였다. 대단한 인기를 끌었던 "폴린의 모험(Perils of Pauline)" 시리즈가 빠떼의 대표적인 작품이었다.

제1차 세계대전이 발발하자 프랑스를 비롯한 유럽에서의 영화제작이 사실상 불가능해졌다. 이에 따라 미국의 영화산업도 큰 변화를 겪었다. 빠떼의 미국 내 자회사로 독립법인이었던 빠떼 익스체인지(Pathe Exchange)는 이 무렵인 1915년에 설립됐다. 법인 설립 직후인 1915년에 프랑스의 법무법인인 쿠데르 프레레의 뉴욕 사무소에 근무하던 변호사 폴 풀러(Paul Fuller)가 찰리와 린치를 찾아왔다. 풀러는 고객의 유가증권 관련 소송을 진행하는 과정에서 찰리와 린치를 만난 적이 있었다. 그는 두 사람에게 각각 연봉 5만 달러를 받는 조건으로 이 현지 법인의 이사 자리를 제안했다. 두 사람 모두 제작자로든 전주(錢主)로든 영화산업에는 전혀 경험이 없었다는 점에서 어마어마한 연봉(1995년 가치로 연봉 100만 달러)에 이사 자리를 제안한 이유를 선뜻 이해하기 어렵다. 현존하는 자료에 따르면 프랑스 모기업을 위한 회계감시자 역할을 기대해 두 사람을 영입했다고 돼 있다. 하지만 낮은 보수로도 얼마든지 영화 전문가를 구할 수 있었다는 점을 감안하면 미국 시장에서 나오는 이익을 주체하지 못한 나머지 프랑스 본사의 경영진이 흥청망청 쓰는 와중에 두 사람의 보수를 별 생각 없이 과도하게 책정했던 것으로 보인다. 이유야 어쨌든 풀러에 의해 이사로 영입된 두 사람은 시간이 갈수록 영화산업에 깊숙이 관여하게 된다.

빠떼는 제1차 세계대전 기간 전후 훌륭하게 운영됐다. 린치는

1915~21년 사이 줄곧 이사직을 유지했지만 찰리는 군에 입대한 1917년에 사임했다. 체인점과 마찬가지로 영화관들도 성장하는 중산층이 타깃이었다. 1910년대 말 미 전역에서 수천 개의 영화관을 서로 연결하는 영화 배급 체인이 생겨났고, 매주 수백 만 명이 영화를 관람했다. 빠떼는 주요 제작사이자 미국시장에서 가장 큰 영화배급사였다. 메릴린치가 인수하기 전인 1920년 9월부터 1921년 1월까지 5개월 동안 빠떼는 18편의 영화를 제작해 배급했다.[주10] 미 전역의 33개 지점망을 통해 이 영화사는 장편영화와 단편영화–자체 제작했거나 다른 영화사가 만든 영화들–그리고 빠떼 뉴스를 묶어 독립 영화관들에게 공급했다.

그러나 미국 현지법인은 프랑스 본사 경영진과 계속 불화를 일으켰고 풀릴 기미도 보이지 않았다. 결국 사장인 폴 브루네(Pual Brunet)와 관리책임자인 엘머 피어슨(Elmer Pearson)을 중심으로 한 미국법인의 경영진들이 경제적, 법적 독립성 획득이 유리한지 여부를 검토하기에 이르렀다. 변호사인 폴 풀러는 찰리와 린치에게 프랑스 본사와의 관계를 끊자고 설득했다. 월 스트리트가 영화사의 자금조달에 관여한 선례도 있었다. 1919년 권위 있는 투자은행인 쿤 로브는 당시 잘 나가던 대형 영화사 페이머스 플레이어스-라스키 코퍼레이션(Famous Players-Lasky Corporation)를 위해 1000만 달러 상당의 우선주와 보통주 발행을 주선했다.[주11]

빠떼의 상황을 가장 잘 알고 있던 린치는 1921년 파리로 가서 세 달 동안 머물며 프랑스 본사와의 분리협상을 진행했다. 메릴린치 역사상 가장 대담한 딜이었다. 소수 지분만 보유하는 데 그쳤던 기존의 딜과는 달리 대주주 지분을 취득해야 했기 때문이다. 빠떼 미국법인의 자산은 600만~700만 달러로 취득 가능했다. 문제는 400만~500만 달러로 추산되는 미국법인의 부채 처리문제였다. 미국법인의 대차대조표에는 회사채 200만 달러, 우선주 200만 달러, 두 종류의 보통주(클래스A 보통주 10만주와 클래스B 보통주 1만주)가 계상돼 있었다. 클래스B 보통주에는 이사의 3분의 2를 선임할 권리가 있었고, 회사채와 우선주는 클래스A 보통주로 전환할 자격이 주어졌다. 미래의 자본이득뿐만 아니라 당장의 고정 소득을 바라는 투자자들을 염두에 둔 일종의 우대조건이었다.

찰리는 주로 전환권이 주어지거나, 보통주를 미래 일정시점에 유리한 가격으로 매입할 수 있는 인수권이 붙어있는 우선적 유가증권(senior security)을 선호하는 편이었다. 이 경우 회사의 증자에 기여한 모든 당사자들이 나중에 회사가 이익을 내면 그 성과에 대한 몫을 나눠 가질 수 있었기 때문이다. 협상 결과 메릴린치는 클래스A 주식의 51%와 클래스B 전부를 갖기로 함으로써 회사 경영권을 100% 장악했다. 메릴린치의 현금 지출액은 35만 달러에서 75만 달러 사이였다. 이 거래는 그 후 5년간 엄청난 이익을 가져다 주었다.

빠떼 딜이 성사된 직후 파리에서 돌아와 빠떼의 회계 장부를 검토하던 린치는 폴 브루네가 경영상 중대한 실수를 저질렀거나 횡령을 한 혐의가 있음을 발견하고는 브루네를 해임하고 풀러를 빠떼 익스체인지의 "얼굴 마담" 사장으로 임명했다. 린치는 이사회 의장이 됐고 실무적인 필요상 최고경영자(CEO) 직책을 맡았다. 피어슨은 관리책임자 겸 2인자로 남았다. 빠떼의 사례는 메릴린치가 기업금융 업무를 취급하면서 금융과는 전혀 관계없는 업종의 기업 경영에 관여한 사례였다. 이후 린치는 그의 시간과 에너지의 절반 가까이를 영화사 경영에 바쳤다. 반면 찰리가 빠떼에 들인 노력은 잠깐의 외도일 뿐이었다. 찰리는 기존의 일하는 방식에서 크게 벗어나지 않았고 주로 체인점과 관련된 금융서비스 업무에 주력했다.

린치가 지휘하는 동안 빠떼의 실적은 대단히 좋았다. 1925년에 이회사는 순자산 860만 달러에 140만 달러의 순이익을 기록했다.[주12] 클래스A 보통주는 뉴욕증권거래소에 상장돼 우량기업임을 입증했다. 1926년 초 이 회사 주식은 70~80달러에 거래됐고 주가수익비율(PER)도 적정수준인 10~12배를 기록했다.[주13] 채권 역시 전환권이 주어진 덕분에 1000달러 미만에서 3000달러 수준까지 3배나 올랐다. 메릴린치는 상승장에서 꾸준히 지분을 내다 팔았지만 의결권이 있는 클래스B 보통주는 전혀 건드리지 않았다. 메릴린치가 경영권을 장악한 가운데 빠떼는 미국 내 30개 도시의 지점망을 통한 영화배급과 뉴스 제작에 주력했다. 스타급 배우 대부분이 다른 영화사와 계약을 맺고 떠나가자 빠떼는 예산이 많이 드는 장편영화 제작 편수를 연간 5~10편으로 대폭 줄였다.

프랑스 본사와의 회사분리 계약서에 들어있는 조항 하나가 예상치 않은 보너스가 되기도 했다. 프랑스의 빠떼 프레레가 개발한 필름원판 제조과정 특허권을 미국 현지법인이 보유하고 있었기 때문이다. 당시는 매년 수천 통의 필름원판이 미국으로 수입되고 있던 시절이었다. 미 의회가 1920년대 초 필름 원료 수입에 보호관세—이스트만 코닥(Eastman Kodak)에게 미국시장에서의 독점권을 부여하는 법안—를 부과하자 메릴린치가 보유하고 있던 필름원판 특허권은 소중한 자산이 됐다. 린치는 필름원판 제조능력을 보유한 국내 업체를 찾아 나섰다. 때마침 원래 화약 제조업체였던 듀폰이 20세기 초부터 다양한 화학제품으로 사업다각화를 시도하면서 필름을 개발해 코닥에 맞서려고 했지만 그다지 성공을 거두지 못하고 있었다. 뜻이 맞은 두 회사는 손을 잡았다. 빠떼는 특허권을, 듀폰은 전문기술과 생산설비를 제공했다. 뉴저지 주 팔린에 공장을 둔 합작사 듀폰 빠떼 필름 매뉴팩처링(Du Pont Pathe Film Manufacturing)이 200만 달러의 자본금으로 설립됐다. 이 회사 역시 새로운 이익 제조기기가 됐다. 나중에 메릴린치는 이 합작사 지분을 듀폰에 넘기면서 상당한 차익을 남겼다.

하지만 1926년 들어 영화산업의 여건이 변화하자 메릴린치는 기존의 전략을 재검토했다. 경쟁력을 유지하기 위해서는 빠떼의 대규모 증자가 필요하다고 영화 전문가들은 권고했다. 종전 이후 대형 영화사들이 수직적 통합을 추진하면서 영화산업은 전반적으로 과점 산업으로 변모하기 시작했다. 주요 제작사와 배급사들은 사업 영역을 영화관 운영으로까지 넓혔다. 한마디로 영화산업도 기존의 제조업이 걸어왔던 길을 걷는 상황이었다. 독립회사들은 제작과 배급, 영화관 등 모든 분야에서 살아남는 데 급급해야 했다. 전국적인 체인망에 소속된 영화관들은 계열 영화사의 영화를 의무적으로 상영했기 때문에 빠떼 같은 독립 영화사는 상영관 확보조차 어려워졌다.

빠떼의 관리책임자인 피어슨은 찰리에게 회사의 전략적 위상을 향상시킬지 여부를 빨리 결정해야 할 시점이라고 말했다. 영화관 체인 사업에 투자함으로써 계열화된 영화사들과 제대로 경쟁하든지 아니면 사업을 포기하는 결단을 내려야 한다는 주장이었다. 피어슨은 괜찮은 영화관 체인을 사들이려면 1500만 달러가 필요하다고 덧붙였다.
주14 빠떼의 미래에 대한 논의는 메릴린치의 역사에서 중대한 고비였
다. 만약 계속 밀고 나가기로 결정한다면 회사에 미칠 파장은 엄청난
것이었기 때문이다.

빠떼 문제는 단지 금전적인 이익 차원에서만 판단할 게 아니라 이
같은 결정이 찰리와 린치의 경력에 장기적으로 어떤 영향을 미칠 것인
지를 고려해 판단해야 했다. 두 사람이 힘을 모아 영화관 체인을 구축
하려고 시도했다가는 자칫 두 사람 모두 영화인으로 변신해야 할 처지
였다. 린치는 이미 영화산업에 절반쯤 발을 들여 놓았지만 찰리는 아
직 깊이 개입하지 않고 있었다. 영화산업 분야의 경영자는 찰리가 바
라는 게 아니었다. 그는 소비자들에게 다양한 상품과 서비스를 제공
하는 전국적인 체인망의 개념에 끌리긴 했지만 영화업계의 선두 회사
들이 이미 대다수 영화관을 확보하고 있었기 때문에 빠떼는 원점에서
출발해야 했다. 그렇다고 영화관 체인사업으로 확장하려면 엄청난 자
금조달을 위해 외부 주주를 대거 영입해야 하고, 메릴린치로서는 이사
회 장악을 포기해야 할지도 모르는 상황이었다. 종합적인 검토를 하
고 난 뒤 찰리는 지분 매각을 결정했다.

메릴린치가 보유한 클래스B 주식에 대한 매각 협상은 월 스트리트
의 투자은행인 블레어 앤 컴퍼니(Blair & Company)가 맡았다. 조셉 케네
디와 유명 제작자 겸 감독인 세실 B. 데밀(Cecil B. DeMill)도 이 회사 주
주였다. 메릴린치가 보유한 클래스B 주식 1만 주는 결국 290만 달러에
매각됐다. 취득가격이 워낙 낮았기 때문에 매각대금 자체가 순이익이
나 마찬가지였다.주15 나중에 새로운 주주들은 빠떼 익스체인지를 다

른 영화사와 합병시켜 RKO를 만들었고, 이 회사는 1930년대 영화산업 전 분야에 걸쳐 할리우드의 유명 영화사들과 치열한 경쟁을 벌였다. 메릴린치의 빠떼 투자로 거둬들인 수익률은 천문학적이었다. 메릴린치는 우선 1921~25년 사이 정기배당금을 받았고, 기회가 날 때마다 채권과 우선주, 클래스A 보통주를 팔아 이익을 올렸고, 듀폰과의 필름원판 제작 합작사 설립을 통해, 그리고 마지막으로 1926년에 클래스B 보통주 매각을 통해 엄청난 수익을 챙겼다.

빠떼 사업은 두 사람에게 아주 중요했다. 린치로서는 찰리와의 관계를 쌍방향으로 전환시킬 수 있는 기회였다. 찰리가 1914년에 메릴린치를 설립한 이후 체인점을 포함해 대부분의 주요 사업분야에서 주도권을 잡아왔다. 이런 상황에서 린치는 빠떼를 자신의 전공분야로 만들었고 합작사업의 성공을 발판 삼아 두 사람 사이의 관계도 더욱 공고해졌다.[주16] 영화사업을 통해 린치는 찰리의 부와 명성에 결정적으로 기여함으로써 그동안의 신세를 갚을 수 있었다.

1920년대 초반 메릴린치는 지금까지 낯설었던 업종인 영화사 경영에 깊숙이 관여함으로써 소중한 경험을 얻었다. 이 경험은 그 이후 상당한 영향을 미쳤다. 우선 린치의 관심이 금융업에만 머물지 않게 됐다. 찰리도 전공분야가 아닌 새로운 사업에 상당한 자신감을 갖게 됐다. 찰리는 세이프웨이 경영에 적극 참여함과 동시에, 이와는 전혀 별개의 사건인 1929년 주가 대폭락을 겪으면서 1930년 금융업을 포기하고 사업 진로를 수정했다.

1920년대 중반 주요 체인점 기업들은 전후의 불안감에서 벗어나 확장에 돌입했다. 자동차가 대중화되면서 체인점의 매출과 이익이 덩달아 늘어났기 때문이다. 특히 농촌지역의 소비에 미친 영향은 정말 놀라왔다. 농촌 가정에서 값싼 모델T 자동차를 구입해 수시로 도시에 쇼핑을 가서는 예전 같으면 없이 지냈거나 우편으로 주문했을 물건들을 사들였다. 도시지역 가정도 자동차 덕분에 예전보다 쇼핑을 더 자주 하게 됐다. 어디에 살든 체인점에서 생필품을 구입하면 몇 센트라도 싸다는 이유로 몇 킬로미터를 더 나갔다. 자동차가 유통업 전략에 미친 영향은 시어스 로벅(Sears, Roebuck)의 경우를 보면 잘 드러난다. 1920년대 중반 시어스 로벅은 카탈로그 판매방식에서 벗어나 전국의 주요 마을과 도시마다 수많은 점포를 개설하기 시작했다.[주17]

이 시기에 소매 체인점들의 확장 자금을 지원하는 데 찰리가 중요한 역할을 했다. 대형 인수업무를 많이 취급하면서 메릴린치는 투자은행 업계에서 인정을 받기 시작했다. 1920년대 말이 되자 메릴린치는 신설회사 수준에서 벗어나 월 스트리트의 차상위권(second-tier) 회사로 올라섰다. 〈뉴욕 이브닝 저널New York Evening Journal〉은 1924년 5월 10일자 기사에서 소매 체인점의 유가증권 관련업무에서는 메릴린치가 독보적이라고 보도했다. 이들 체인점이 성공을 거둔 이유에 대해 찰리는 "상품 생산자와 소비자 간의 간격을 점차 좁혀 나가고 있기 때문"이라고 주장했다. 그는 또 "오랫동안 이 나라는 과다한 유통비용 때문에 경제적 손실을 입어왔다"고 덧붙였다. 1925년에 기존 고객과 잠재 고객들에게 보낸 소책자에서 찰리는 전체 경제에서 유통업이 차지하는 중요성에 대해 강조했다. 그는 22개 소매 체인점 기업의 매출액을 모두 합치면 자동차 생산량의 50%, 석유 생산량의 거의 100%, 유연탄 생산량의 100%에 달한다는 점을 지적했다. 찰리는 자신의 회사가 자금을 지원함으로써 유통업체들이 성장하는 데 기여했으며, 이들 업체의 점포수가 모두 5800개, 매출액은 5억2000만 달러에 달한다는 사실이 무척이나 자랑스럽다고 밝혔다. 1922년 이후 신규 고객으로 영입된 체인점 가운데는 다이아몬드 슈(Diamond Shoe), 러너 스토어스 (Lerner Stores), 내셔널 티(National Tea), 뉴베리스(Newberrys), 피플스 드 러그(Peoples Drug), 월그린 드러그(Walgreen Drug), 웨스턴 오토(Western Auto), 세이프웨이가 있었다. 1926년부터 시작된 세이프웨이와의 인연은 다음 장에서 자세히 설명한다.

찰리는 1929년에 쓴 그의 중요한 메모에서 체인점 경험을 이렇게 회고했다:

> 대형 체인점 기업의 경영진은 정직과 진실성에 관한 한 최고 수준이라고 나는 순수한 마음으로 말할 수 있다. 체인점 산업에 종사하는 사람들은 내가 아는 한 항상 예외 없이 평범하게 인생을 시작한 사람들이다. 그들은 침착하고 건전하며, 보다 나은 이상을 추구하며, 보통사람들에 대한 애정과 남을 도와주려는 열망이 있으며, 보통사람들의 입장을 충분히 대변한다.

이 말은 세이프웨이의 경영진에게 딱 들어맞았다. "세이프웨이의 강점은 점포나 창고의 위치 혹은 유형자산에 있는 게 아니라 사람에 있다. 우리가 이런 신뢰를 계속 유지해 나가고 주주와 소비자들에 대한 책임을 다할 때 우리는 계속 성장하고 번창할 것이다." 체인점 기업들의 주식시장 상장이 증가하는 현상에 대해 찰리는 이렇게 설명했다. "체인점 기업 주식이 인기 있는 것은 체인점이 유통이라는 문제를 해결해줄 것이라고 일반 대중이 믿고 있기 때문이다." 찰리는 과학적 경영의 창시자인 프레드릭 W. 테일러(Fredrick W. Taylor)의 선구적인 업적을 거론하면서, 미국에서는 자본가나 노동자 모두 낭비요인의 제거와 발명, 개량, 우수한 조직, 팀워크 향상을 통해 생산성 향상을 제대로 수행해왔기 때문에 주가가 상승할 수 있었다고 분석했다. 그는 특히 "헨리 포드가 대량 생산의 대표적 인물이듯 체인점 분야에서도 대량 유통의 과학과 기법에서 선구자가 등장할 것"이라고 덧붙였다.^주¹⁸ 먼 훗날 찰리의 예언처럼 월마트(Wal-Mart)의 창업자 샘 월튼(Sam Walton)이 1980년대에 미국 최고의 부자가 됐다. 크레스지나 맥크로리, 페니와 마찬가지로 아칸소 출신의 기업가 샘 월튼은 평범한 환경에서 성장해 제2차 세계대전 종전 후 할인점 사업에 혁신적 기법을 도입해 큰돈을 벌었다. 찰리의 예견이 그대로 실현된 셈이다.

1928년 초 찰리는 주가가 정점에 도달했고 건전한 투자자라면 이제 자신의 포트폴리오를 점검해 보는 게 현명하다고 생각했다. 물론 증시 전문가나 경제전문가들 가운데 주식시장 대폭락의 가능성을 예견하는 사람은 없었다. 상승세가 언제까지 이어질지, 어디까지 올라 갈지 의구심을 품은 사람은 있었지만 대부분은 기우로 여기는 분위기였다. 기업 이익이 늘어나면서 주가는 계속해서 올라가기만 했다.

주식시장의 급격한 조정이 곧 닥칠 것이라고 확신한 찰리는 곧 바로 행동에 들어갔다. 1928년 3월 31일 메릴린치 고객들에게 보낸 친필 서한에서 그는 비상벨을 울렸다.^{주19} 주가 대폭락을 18개월 앞둔 시점에서 찰리는 투자자들에게 메릴린치가 유가증권을 보유하고 있는 기업들은 대차대조표상 차입금이 거의 없다는 점을 강조했다. 현 상황에서는 부채가 없는 게 현명한 정책으로 고객들은 이 점을 유념해야 한다고 지적했다. "우리가 주요 대기업들에게 했던 충고를 모든 투자자들이 유념해야 할 필요가 있습니다. 우리는 무작정 팔아 치우라고 강요할 수는 없지만 어떤 상황에서든 부채를 줄이거나 모두 상환해 버리라고 권하고 싶습니다." 그의 충고를 귀담아들은 고객들은 이후 3~4년 동안 몰아친 주식시장의 대혼돈기에 다른 조심성 없는 투자자들에 비해 안전할 수 있었다.

린치를 포함한 메릴린치의 파트너들은 찰리가 지나치게 비관적이라고 생각했지만 찰리는 꾸준히 설득하고 또 자신의 권한을 행사함으로써 이들의 반대를 꺾었다. 메릴린치는 자금조달을 주선해준 기업의 주식은 남겨두었지만 상당량의 주식을 정리했다. 몇 주 뒤 직원들에게 보낸 메모에서 찰리는 자신의 정책을 이렇게 변호했다. "우리는 사업을 보다 안전하고 품격 있게 운영함으로써 고객들을 언제나 최대한 보호할 수 있습니다." 보유주식을 줄인 메릴린치는 "1000만 달러 이상의 여유 현금"을 보유할 수 있었다. 그는 자신의 회사가 "어떤 대형은행보다도 안전하고 강하며, 어느 증권거래소보다 부채비율이 낮다"고 자랑했다. 주식시장 전망에 관한 한 찰리의 판단은 다소 이른 감이 있었지만 과거에도 그랬듯이 그의 논리는 정연했다.

허버트 후버 대통령이 1928년 11월 당선된 뒤 취임 시점까지 캘빈 쿨리지(Calvin Coolidge) 대통령이 임기를 채우는 몇 주 동안 찰리는 암허스트 학연을 활용해 퇴임하는 대통령을 백악관에서 면담하는 기회를 가졌다.[주20] 쿨리지는 암허스트 출신으로 가장 유명한 동문이었고 찰리는 동창회에 상당한 기부금을 출연해 동창회 인맥이 강했다. 쿨리지 대통령은 찰리의 시장 전망에 동의했다. 콜금리가 7~8%, 배당수익률이 3% 내외인 상황에서 언제든 시중금리나 주가가 50% 이상 급등락할 수 있다는 점에 의견을 같이했다. 찰리는 쿨리지가 대통령직에서 물러나면 연봉 10만 달러나 이익의 10%를 받는 조건 가운데 원하는 대로 영입하겠다고 제안했다. 투자은행에 대해 아는 게 거의 전무하다며 대통령이 난색을 표하자 찰리는 홍보를 맡아달라고 부탁했다. 신문과 라디오를 활용해 과도한 부채와 무책임한 투기의 위험성에 대해 미국민에게 경고하라는 것이었다. 그러나 쿨리지 대통령은 이 근사한 직책을 정중하게 거절했다.

찰리가 상황 악화를 경고한 지 몇 달이 지났지만 주식시장은 계속해서 상승하고 있었다. 다우존스 산업평균 주가는 1928년에도 5년 연속 상승세를 보이면서 50% 가까이 올라 10년 만에 최대의 상승률을 기록했다. 찰리의 걱정은 기우처럼 보였다. 그러나 찰리는 자신의 비관론을 견지했다. 오히려 회사 보유주식을 추가로 매각할 시점이라고 생각했다. 그의 가족과 친구들이 있는 편안한 자리에서 찰리는 모두가 극구 부인하고 있는 위기가 다가오고 있음을 너무나 확신한다며 어쩌면 정신과 치료를 받아야 할지도 모르겠다고 말했다.[주21]

1928년 말 사업상 여행을 떠나 있는 동안 찰리는 파트너인 섬너 콥에게 뉴욕에서의 주식매각 작업이 지연되고 있는 데 대해 불만을 표시하는 신랄한 편지를 보냈다. 그는 4660만 달러에 달하는 투자 종목을 일일이 열거하면서 30일 이내에 700만 달러 상당의 주식을 매각하는 것을 시작으로 체계적인 매각계획을 실행에 옮기라고 지시했다. "이 것은 공식적이며 시급한 일"이라고 그는 강조했다. "이유와 목적, 심한 반대, 뭐든 상관없이 나는 다 청산하기를 원하며 그 시점은 바로 지금이네. 내 방식대로 표현하자면 세이프웨이 주식 9만 주를 제외하고는 전부 다 팔아야 하네. 모든 지점과 직원들을 동원할 수 있도록 통신수단을 활용해 대대적인 매각에 나설 것. 할당량을 정하고 수수료 일부를 포상금으로 지급할 것. 딜러 채용 및 협력체제 구축, 신문 활용등 모든 수단을 다 동원해 좋든 나쁘든 주식 매각에 나설 것." 찰리의인내력도 한계에 도달하고 있었다. "아무도 (내 말에) 관심을 기울이지않았고 그게 기분 나빠"라고 찰리는 콥에게 말했다. "당신과 에드(린치)는 내 기분을 알 거야. 이제는 내 말을 따라야 하네."[주22]

아버지 장례식 참석차 팜비치에 머물던 1929년 2월 25일 찰리는 린치에게 장문의 편지를 썼다.[주23] 극도로 강렬한 표현을 써가며 자신의입장을 설명했다. "하늘이 맑지 않아. 근거가 있는 의견이야. 연방은행은 이미 폭풍우가 몰려오고 있다고 수 차례 경고했네. 돈에 취한 사람이 아니면 누구나 경고 신호를 읽을 수 있을 것이네." 동료들 가운데 동조세력이 많지 않자 화가 난 찰리는 이렇게 덧붙였다. "뉴욕 본사에 팽배해 있는 무관심한 태도가 마음에 안 들어. 차익을 실현하는데 반발하는 것은 도저히 풀 수 없는 미스터리라네." 세법상의 규정을들어 보유주식 매각에 따른 막대한 차익으로 인해 엄청난 세금을 물어야 할 것이라는 반론에 대해서도 찰리는 잘못된 사고라며 일축해 버렸다.

파트너십 자체마저 위기에 처했다. 내부의 적에 대해 끊임없이 공격하던 찰리는 드디어 린치에 대해서도 반대론자들에게 동조하고 있다며 비난했다. "자네가 주식 매각에 반대한다고 드러내 놓고 말하지는 않지만 나는 자네가 보유주식을 정리하지 않고 있으며, 다른 사람들에게도 매각하지 말도록 하고 있다는 것을 알고 있네. 자네가 나와 반대의 길을 가고 있다는 게 너무나 유감이네. 참기 어려운 근심과 걱정을 나 혼자 짊어져야 하는 상황이라면 사업은 아무 의미도 없네. 좋았던 시절에 아무리 훌륭한 명성을 쌓았어도 지금처럼 어려운 시기가 닥치면 그 시련을 견디기가 어렵다네." 그는 미래를 예견하듯 말했다.

찰리는 자신의 좌절감을 반영한 행동을 예고하며 편지를 이렇게 마무리 지었다.

보유주식 매각을 고집하는 내가 틀린다면 그것은 내가 감당할 만한 사치며 자네를 포함한 모든 파트너들은 나의 잘못을 용서해주기 바라네. 알다시피 나는 갈등보다는 단합을 선호하네. 나는 내 소망이 존중 받기를 바라며, 보다 강력하면서도 혹시 문제가 될 수도 있는 수단을 동원하지 않고도 실현되기를 원한다네. 미안한 얘기지만 나의 말과 행동 어떤 것에도 반응이 없는 것으로 보이네. 나로서는 참기 어려운 상황이지. 서로를 보호하기 위해 건전하고도 합리적인 방안을 마련해 즉각 행동에 나서는 게 자네의 특권이자 의무라네.

찰리의 메시지는 협박과 간청에도 불구하고 기대했던 효과를 거두지는 못했다. 찰리는 결국 뉴욕으로 돌아가 행동을 취했다. 이에 대응해 린치는 1929년 늦은 봄 유럽여행을 떠나버렸다. 찰리는 건전성을 중시하는 자신의 원칙에 따라 회사의 포트폴리오를 조정했을 뿐만 아니라 변호사를 동원해 린치의 개인 보유주식도 매각하려 했다. 몇 달이나 인상을 찌푸리고 있던 린치는 마침내 찰리의 요구에 굴복했다. 그는 파리에서 편지를 썼다. "자네 생각에 동의하지는 않지만 자네 행동에 반대하지는 않겠네. 원한다면 내 보유주식을 모두 팔게."[주24] 동료 파트너인 찰리의 간섭에 린치는 분개했겠지만 불과 몇 달 뒤 감사하지 않을 수 없는 상황이 벌어졌다.

1929년 10월 주가 대폭락이 닥쳤을 때는 이미 막대한 현금을 비축해 만반의 준비태세를 갖춰 놓고 있었다. 찰리의 경고는 기우가 아닌 유비무환이었다. 찰리의 판단은 적중했다. 이후 3년간 계속된 엄청난 하락을 감안하면 찰리 본인조차 그렇게 정확하리라고는 생각하지 못했을 것이다. 회사의 파트너와 직원들, 수많은 개인 고객은 그의 현명한 충고를 영원히 잊을 수 없었다. 1929년 9월을 정점으로 1932년 3월 바닥을 칠 때까지 주가는 90%나 폭락하는 장기간의 침체장으로 빠져들었지만, 그들은 찰리 덕분에 큰 손실을 피할 수 있었다. 주가 대폭락 이후 시장 예측 전문가로서 찰리의 명성은 확실하게 각인됐고 오늘날까지도 그의 월 스트리트 경력에서 뚜렷한 족적으로 남아있다.

시장 상황을 비관적으로 바라본 사람은 찰리 혼자만이 아니었다. 그러나 찰리는 초기부터 줄곧 문제를 제기했고 목소리가 가장 컸던 인물이었다. 더구나 비밀리에 혹은 사기나 조작을 통해 자신의 이익만을 보호할 목적으로 그의 통찰력을 활용한 것도 아니었다. 그는 메릴린치가 인수업무를 맡은 기업 주식에 대해서는 그 회사가 위험에 처해 있다는 점을 미리 알더라도 절대 공매도(short selling)에 나서지 않았다.[주25] (공매도란 투기자가 제3자로부터 주식을 빌려 현금을 받고 매각한 뒤

저가에 다시 매수해 원보유자에게 주식을 되돌려 주는 방법으로 주가 하락 시 이익을 올린다.) 다른 증권회사의 주식중개인은 고객들에게 돈을 더 많이 빌려 더 많은 주식을 사라고 권하고 있던 시기에 찰리는 고객들이 신용으로 주식을 매입할 경우 반드시 주의를 주라고 영업직원들에게 지시했다.

메릴린치는 주식시장의 급격한 하락에 대비해 위험 요인을 많이 낮추기는 했지만 자금조달을 주선한 기업들의 주식은 상당량 그대로 보유하고 있었다. 시가 3000만 달러가 넘는 25개 이상의 기업 주식이 메릴린치의 1930년 1월 현재 대차대조표에 기재돼 있었다.주26 주요 고객기업 4개사 주식이 전체의 85% 이상을 차지하고 있었다. 세이프웨이 1480만 달러, 맥마르 스토어스(MacMarr Stores) 540만 달러, 맥크로리 460만 달러, 내셔널 티 110만 달러 등이었다. 세이프웨이와 맥마르는 메릴린치가 경영권을 확보한 서부 지역의 체인점 기업으로 찰리가 이 사회에서의 의결권 유지를 원했기 때문에 보유주식을 남겨 둔 경우였다. 그는 두 회사의 최고경영진을 선임할 의결권을 갖고 있었고 장래에도 완벽한 통제권을 유지하고 싶어했다. 이 때문에 두 기업의 주식은 1929년에 단행한 투자 포트폴리오 조정 대상에서 제외시켰다. 메릴린치 입장에서 보자면 세이프웨이와 맥마르는 성공적인 기업금융의 산물이었다.

주식시장은 1929년 10월 주가 대폭락 이후 3주간 급락세를 보였지만 그 뒤 5개월간이나 반등했다. 1929년 11월 248까지 떨어졌던 다우존스 산업평균 주가는 다음해 4월 저점 대비 18% 오른 294까지 상승했다. 투자자들은 주가 대폭락이 침체장의 시작이 아니라 단기적인 조정이었다며 안도의 한숨을 내쉬었다. 그러나 찰리는 여전히 회의적인 장기 전망을 갖고 있었다. 실제로 그는 상황을 극도로 비관적으로 전망한 나머지 아예 금융업에서 손을 떼기로 결심했다. 1930년 2월 3일 메릴린치는 회사의 증권중개(브로커) 기능, 즉 6개 지점을 당시 미국 내 최대 점포망을 보유한 대형 증권사인 E.A. 피어스에 양도한다고 발표했다. 주로 영업과 지원부서 일을 하던 6개 지점 직원들은 모두 피어스로 옮겨 기존의 업무를 계속했다. 몇몇 신참 파트너들도 피어스로 이직했다. 이 가운데는 찰리와 함께 초창기에 회사를 함께 했던 섬너 콥과 윈스롭 스미스가 포함돼 있었다.

언론에 자산매각 사실을 공표한 뒤 메릴린치는 기업금융 업무만 취급했던 설립 초기의 모습으로 돌아갔다. 찰리와 린치는 아무런 대가도 받지 않은 채 회사 재산과 직원을 피어스에게 넘겼다. 오히려 찰리와 린치 두 사람과, 피어스에 합류한 파트너들은 피어스의 자본력을 강화하는 차원에서 500만 달러를 투자하기로 했다. 찰리와 린치가 각각 190만 달러씩 투자하고 회사를 옮긴 파트너들이 나머지 120만 달러를 채워 넣었다. 증권회사는 규모가 크고 지역적으로 분산돼 있으며 다수의 리테일(개인) 고객을 확보해야 한다는 게 찰리의 믿음이었다. 게다가 1901년에 증권업계에 뛰어든 E.A. 피어스는 1926년에 자신의 이름을 딴 이 회사의 책임파트너가 돼 탁월한 실적을 보여주었다.[주27]

분리 작업에도 불구하고 메릴린치가 공중 분해된 것은 아니었다. 본사의 핵심 인력은 이제 월 스트리트 40번지의 자그마한 사무실로 이사했다. 앞으로 투자은행 업무에만 집중한다는 게 새로운 전략이었다. 따라서 유가증권의 리테일 영업도 필요 없고 기업금융 업무도 하지 않게 된다. 메릴린치는 기존의 기업 고객만을 대상으로 유가증권 인수업무를 계속하면서 기회가 생기면 다른 투자은행과 신디케이트를 조직할 계획이었다. 신규 고객 유치는 포기했다. 시간이 지날수록 이 같은 감량 경영이 현명한 조치였음이 드러났다. 불황기인 1930년대에 주식시장에 새로 상장한 기업 숫자가 얼마 안 됐기 때문이다.

한편 린치는 반 은퇴 상태에 들어갔다. 은행에 수백만 달러를 예치해둔 데다 이와는 별도로 안전한 채권과 우선주에 수백만 달러를 투자한 상태였기 때문에 1938년 타계할 때까지 7년간 여유 있고 사치스러운 생활을 즐기며 보냈다. 찰리처럼 그도 사무실에 이따금 들렀고 과거에 자금조달을 주선해준 기업 경영진과 가끔 만나기도 했다.

44세의 나이에 금융업을 포기하고 식료품 체인점 산업으로 전공을 바꾼 찰리의 극적인 결정에는 몇 가지 이유가 있었다. 우선 부정적인 이유로는 1928년과 29년에 주식을 매각하는 과정에서 파트너들이 시간을 너무 질질 끄는 바람에 다른 파트너들에 대한 신뢰를 잃게 된 것이다. 불확실한 시기에는 안전을 최우선으로 한다는 게 그의 모토였던 반면 다른 파트너들은 욕심과 절세를 앞세웠다. 린치조차도 그의 말을 안 들었다. 결국 찰리가 이기긴 했지만 동료들과의 갈등으로 인해 그의 인내력은 바닥난 상태였다. 두 번 다시 이런 경험을 하고 싶지 않았다. 이 사건 이후 그는 말을 안 듣는 파트너들이 없는, 완벽한 통제가 가능한 회사를 원했다.

긍정적인 이유로는 세이프웨이와 제휴 체인점들에 대해서는 중요한 의사결정에서 어떤 도전도 받지 않는 절대 권력을 행사할 수 있었다는 점이다. 그는 1926년에 세이프웨이를 인수한 뒤 사장으로 영입한 M.B. 스캑스(M.B. Skaggs)를 상당히 존중했다. 1920년대 후반으로 접어들면서 찰리는 세이프웨이 경영에 점차 더 많은 시간을 투입했다. 1929년에 그는 서부 지역의 체인점 맥마르 스토어스에 추가로 투자함으로써 식료품 체인점 분야에 깊숙이 발을 들여놓았다. 군대 시절부터 비행기를 무서워하지 않았던 그는 정기적으로 뉴욕과 캘리포니아 사이를 비행기로 오간, 사실상 미국 최초로 동부와 서부를 동시에 누빈 사업가였다. 찰리는 기꺼이 식료품 체인점 사업에 도전했고, 이 분야 사람들을 좋아했다. 찰리와 스캑스는 사업전략에 관한 의견이 완벽하게 일치했다.

오랫동안 여러 체인점 기업의 자금조달을 주선해봤기 때문에 찰리는 거대 체인점 기업을 지휘할 준비가 돼 있었고 두세 개 정도까지 가능해 보였다. 1930년의 회사 축소 이후 린치와 자산을 나누는 과정에서 찰리는 세이프웨이와 맥마르의 주식 소유권을 가졌다. 월 스트리트에서의 경력은 이제 끝난 것처럼 보였지만 그는 어느 때보다 에너지가 충만해 있었다. 찰리는 자신의 사업가적 재능을 새로운 분야에서 발휘하기를 원했다. 직업적으로나 지역적으로 모두 새로운 도전이었다.

7 세이프웨이 시대

찰리는 1926년부터 세상을 떠날 때까지 세이프웨이 스토어스를 이끌었다. 1930년대 들어 월 스트리트를 떠나있는 동안 그는 식료품 체인점 분야에 심혈을 기울였다. 특히 1920년대 중반부터 1930년대 초까지는 세이프웨이가 다른 체인점과의 인수합병(M&A)을 통해 역동적으로 성장해 나가는 과정에서 금융전문가로서의 역할을 유감없이 발휘했다. 꾸준히 확장 전략을 펴나간 결과 1933년 무렵에는 세이프웨이의 미국 내 점포가 3265개에 달해 점포 수 기준으로 A&P와 크로거(Kroger)에 이어 3위를 기록했다.[주1] 대공황기였지만 대부분의 가정에서 식생활만큼은 이전 수준을 유지하고자 했기 때문에 식품점은 그 영향을 적게 받았다. 소득이 줄어들고 실업자가 늘어날수록 필수 식료품을 할인된 가격으로 파는 식료품 체인점의 인기는 높아갔다.

세이프웨이는 메릴린치가 금융업과 무관한 기업을 사들인 두 번째 사례였다. 실제로 이 거래를 성사시키는 데 필요한 자금은 메릴린치가 앞서 회사 차원에서 최대 규모로 투자했던 빠떼 익스체인지의 클래스B 보통주를 매각해 조달했다. 찰리는 영화보다는 식료품 체인점을 선호했다. 1930년대 초로 접어들자 영화산업에서 손을 뺀 그의 결정은 정말로 탁월한 선택처럼 보였다. 1930~33년 사이 경기가 위축되면서 영화관도 심각한 타격을 받았다. 그러나 영화산업은 프랭클린 루즈벨트 대통령 당선 이후 되살아났고 영화관객도 이후 10년 동안 크게 늘었다. 미국 소비자들은 내구재 구입은 크게 줄였지만 정기적인 영화 관람과 따뜻한 식사만큼은 필수불가결하다고 여겼다.

세이프웨이는 원래 제1차 세계대전 발발 이전 로스앤젤레스에서 샘 실리그(Sam Seelig)가 설립한 회사였다.[주2] 1900년까지 10만여 명에 불과했던 로스앤젤레스의 인구는 1920년 무렵 60만 명에 육박할 정도로 불어났고, 남부 캘리포니아는 20세기 들어 가장 급성장하는 지역이 됐다.[주3] 제1차 세계대전 종전 후 실리그의 체인점은 식료품 도매상인 W.R.H. 웰든(W.R.H. Weldon)에게 큰 빚을 지게 되었다. 부채를 출자로 전환하는 과정에서 경영권을 인수한 웰든은 상호를 세이프웨이로 바꿔 실리그에게 경영을 맡겼다. 얼마 뒤 웰든은 메릴린치의 서부 지역 담당 영업직원인 조셉 메릴(Joseph Merrill, 찰리와는 무관하다)에게 가격만 맞으면 팔 의사가 있음을 내비쳤다. 그는 도매업이 본업이라 소매 부문의 경영권을 외부 투자자에게 넘기길 원했다. 거래는 눈 깜짝할 사이에 이뤄졌다. 1925년 말 현재 330개의 점포를 보유한 세이프웨이의 발행주식 가운데 80%를 350만 달러에 인수하기로 한 것이다.

그 무렵 식료품 유통업은 지각변동을 겪고 있었다. 20세기 들어 1920년대까지 도시지역에서의 식료품 판매는 주로 독립된 영세상점들의 몫이었고, 도매상으로부터 상품을 공급 받는 동네상점이 판매하는 상품의 종류는 현재의 기준으로 보면 극히 제한적이었다. 예를 들어 소비자들은 고기가 필요하면 정육점에 갔고, 동네 야채가게에서 신선한 과일과 야채를 샀다. 역사학자 리처드 테들로우(Richard Tedlow)는 그의 책《더욱 새로워지고 보다 나아진: 미국의 대중 마케팅 이야기New and Improved: The Story of Mass Marketing in America》에서 이 같은 다수의 영세상점 시스템은 상품 유통업의 초기 단계라고 설명했다. 유통업체가 시장을 내부 조직으로 흡수해 도매기능과 소매기능을 수직적으로 통합하고 천문학적인 속도로 지역기반을 넓혀 나가는 게 두 번째 단계다. 이 단계에서의 선두 기업이 A&P였다.

1920년 당시 A&P는 회사 이름과는 달리 미시시피 강 동쪽 지역을 중심으로 4500개 이상의 점포를 보유하고 있었다. 2위 업체는 필라델피아가 본거지인 애크미 마켓스(Acme Markets)로 점포수가 1300개에도 못 미쳤다. 대형 식료품 체인점들이라 해도 1920년 무렵까지는 소매점 전체 식료품 판매액의 6%를 차지하는 수준이었다. 그러나 10년 뒤 세이프웨이를 포함한 5대 체인점의 시장점유율은 25%까지 높아지게 된다.[주4] 규모의 경제와 함께 영세점포의 외상판매나 공짜 배달 같은 서비스를 과감히 없앰으로써 가격을 낮출 수 있었고, 체인점들은 저가를 무기로 고객을 끌어들였다.

찰리는 영화산업에서 못다한 뭔가를 식료품 체인점 산업에서 해낼 수 있었다. 지각변동을 겪으며 대형화하고 있는 산업에서 선두주자가 되는 일이었다. A&P는 선발주자의 이점을 갖고 있었지만, 2위 그룹은 고만고만한 업체들이 경합을 벌였고 세이프웨이도 금세 이 반열에 올라설 수 있었다.

찰리의 첫 번째 과제는 회사를 경영할 유능한 최고경영자(CEO)를 뽑는 일이었다. 그러나 찰리와 린치 두 사람 모두 이 자리를 맡아 서부로 이사하는 것을 원치 않았기 때문에 빠떼의 경우처럼 만족할 만한 체제를 갖출 수 없었다. 이때 서부 지역의 유통업계에서 강력히 추천한 인물이 오레건 주 포틀랜드에 본거지를 둔 식료품 체인점의 오너 겸 지배인인 마리온 B. 스캑스였다. 1926년 6월 찰리는 포틀랜드 시내 벤슨 호텔에 묵으며 8일간 스캑스와 집중적인 협의를 가졌다. 찰리의 전략은 점포 수가 비슷한 세이프웨이와 스캑스 체인을 합병하는 것이었다.

월 스트리트에서 온 인물의 깔끔한 옷차림과 세련된 매너에 처음에는 별로 정이 가지 않던 스캑스는 출신 배경과, 미래 전망, 야심에서 찰리와 놀라울 정도로 공통점이 많다는 점을 발견했다. 스캑스의 회고담을 들어보자. "우리는 둘 다 시골에서 자랐어요. 자부심도 크고 독립심도 강했죠. 우리가 같이 일한 기간 내내 처음 8일간 쌓은 상호 존중과 신뢰를 한번도 훼손하지 않았습니다. 나와 함께 일하는 동안 찰리는 똑똑하고 날렵하고 정직한 것 말고도 언제나 자신이 약속한 것 이상을 해내더군요."[주5]

찰리는 앞서 월터 크라이슬러를 색슨 모터스로 영입하지 못했던 실수를 되풀이하지 않기 위해 이번에는 과감한 결정을 내렸다. 고액 연봉만으로는 충분한 유인책이 되지 못할 것으로 보고 스캑스에게 합병회사 지분을 보유하도록 할 생각이었다. 두 가지 안을 제시했다. 스캑스의 기존 지분 대신 현금과 채권, 우선주를 묶어 모두 700만 달러를 갖든지, 아니면 150만 달러의 현금에다 합병회사의 보통주 3만 주를 갖든지, 양자택일을 하라고 제안했다. 스캑스는 후자를 택했다. 그는 또 최고경영자로 재직하는 동안 사외이사로부터의 어떤 간섭도 안 받는 완벽한 경영권을 달라고 했다. 찰리는 5년간 스캑스에게 자신의 의결권을 위임함으로써 회사 경영에 관한 전권을 부여했다. 새로 설립되는 합병회사의 본사는 포틀랜드와 로스앤젤레스의 중간 지점인 오클랜드에 두기로 했다. 찰리는 1929년에 작성한 메모에서 세이프웨이의 성장요인으로 최고경영자의 탁월한 리더십을 언급했다. 식료품의 바이어이자 상품기획자 겸 판매자로서 유능할 뿐만 아니라 정보를 받아들이고 개선의 필요성을 바로 알아차리며 자신을 적응시켜 나가는 능력이 탁월하다는 게 스캑스에 대한 찰리의 평가였다.[주6] 스캑스는 그 후 세이프웨이에서 은퇴한 1940년대까지 찰리가 가장 신임하는 사업 파트너로 남았다.

미주리 출신의 스캑스는 대학을 중퇴하고, 미주리 주 남서부의 다이아몬드라는 마을에서 작은 레스토랑과 제과점, 정육점을 운영하던 형의 일을 도왔다.[주7] 순회목사였던 스캑스의 아버지도 식료품 상점에서 시간제로 일했었다. 오클라호마 주에서 잠깐 도급일을 한 스캑스는 1915년 아이다호 주의 작은 마을 아메리칸 폴스에 있던 식료품 상점의 아버지 지분을 1000달러 조금 넘는 돈으로 사들였고, 이를 발판으로 6년 뒤 아이다호와 몬타나에 걸쳐 15개의 상점을 거느리게 됐다.

스캑스는 10여 년 전 인근 와이오밍 주에서 잡화점 사업을 시작한

J.C. 페니와 비슷한 스타일로 운영했다. 페니처럼 스캑스도 현금 판매를 고집했다. 외상 금지는 회수되지 않는 외상이 없음을 의미했다. 저가였기 때문에 매출액은 늘었고 이익도 많이 났다. 스캑스는 그 시절을 이렇게 회고한다. "3000달러면 괜찮은 식료품점을, 5000달러면 큰 상점을 인수할 수 있었어요. 우리의 목표는 점포당 10만 달러의 연간 매출액에 15%의 매출이익률과 5%의 순이익율이었죠. 그래서 투자액 대비 100%의 수익률을 올리는 게 어렵지 않았습니다." 종업원들을 대상으로 이익분배제도를 도입한 것도 페니와 같은 점이었다. 점포 관리자들은 기본급 외에 점포에서 벌어들인 순이익의 30%를 받았고 회사의 비의결권 주식에 투자할 권리도 주어졌다. 높은 수익성을 반영해 주가는 계속 상승하는 추세였다. 이 같은 인센티브 제도 덕분에 능력 있고 부지런한 점포 관리자들이 모여 들었다. 1920년대 초 스캑스는 본사를 포틀랜드로 이전하면서 기존의 소매업을 보완하고 가격경쟁력을 높이기 위해 식료품 도매업에도 뛰어들었다. 이어 친척이 세운 유타 주의 체인점과 합병해 1925년에는 오레건, 몬타나, 아이다호, 네바다, 북부 캘리포니아에 300개 이상의 점포를 거느릴 수 있었다.

스캑스에게 회사 운영을 맡긴 찰리는 다시 합병 대상기업을 찾아 나섰다. 찰리의 주특기인 동시에 메릴린치의 파트너들이 주요 주주인 세이프웨이를 위한 일이기도 했다. 세이프웨이는 자본시장에 관한 그의 전문지식과, 대량 유통에 대한 끊임없는 관심을 결합시킬 수 있는 완벽한 수단이었다. 빠떼의 경우 린치에게는 본업이나 마찬가지였지만, 찰리에게는 그저 우연한 외도에 불과했다. 찰리에게는 식료품 유통업이 훨씬 더 매력적이었고 도전적이었다. 1920년대에 찰리는 자신이 아는 모든 금융기법을 총동원해 세이프웨이를 최고의 유통회사로 키워나갔다. 10년 뒤 그가 월 스트리트로 복귀해 전국의 중산층을 상대로 한 금융상품 판촉에 나섰을 때와 비교하면 그 수순(手順)은 반대였다. 찰리는 평생에 걸쳐 성공적인 경영사례를 꾸준히 공부했고, 공부한 보람이 있었다. 개인적인 재산 증식뿐만 아니라 미국 경제의 발전에도 엄청난 영향을 미칠 수 있었기 때문이다.

도소매업에서 규모의 경제를 달성하기 위해서는 신속한 확장이 필요했다. 이 점에서 찰리와 스캑스는 의견이 일치했다. 내부 성장만으로는 두 사람의 구상을 실현하기 어려웠다. 따라서 다른 대형 체인점 기업과의 합병을 추진하는 게 다음 수순이었다. 영토 확장이 지상과제였다. 이후 수 년간 찰리는 기존 체인점과의 합병을 모색했다.[주8] 입지가 좋고 점포 당 매출액이 많은 체인점을 집중 탐색했다. 찰리는 남부 캘리포니아의 샤피(Chaffee) 체인점을 시작으로 남동부와 남서부 체인점들을 공략했다. 1927년에는 워싱턴 D.C.의 새니타리 그로서리(Sanitary Grocery)와 캔사스시티의 버드 그로서리 스토어스(Bird Grocery Stores)를 합병했다. 찰리는 열정적으로 일했다. 기차가 애리조나 주에 잠깐 정차한 동안 그 동네의 페잉 테이킷(Pay' n Takit) 체인점을 급히 사들이기도 했다. 대부분의 계약은 주식교환(swap of stock certificate)이었고 현금 지급은 거의 없었다.

1927년 무렵 장외시장에서 처음 거래된 세이프웨이 보통주의 상장(IPO) 주가는 226달러였다. 1928년에 1대5의 주식분할이 단행되면서 주가는 50달러 밑으로 떨어졌다.[주9] 스캑스가 아직 2년의 위임기간이 남아있는 의결권을 포기하기로 함에 따라 찰리는 세이프웨이의 우선주와 보통주를 뉴욕증권거래소(NYSE)에 상장할 수 있었다. 보통주 주가는 115달러까지 올라갔다가 1930년 하반기에는 하락세로 접어들었다. 1930년 1월에 공표된 재무제표에 따르면 메릴린치는 세이프웨이 발행주식 가운데 20%의 지분을 소유했고, 시가로는 1480만 달러에 달했다.[주10]

서부 지역의 피글리 위글리(Piggly Wiggly), 툴사의 선 그로서리즈(Sun Groceries), 볼티모어의 노블럭 브라더스(Knoblock Brothers), 엘파소의 뉴웨이 스토어스(Neway Stores), 캐나다의 맥도날드(McDonald) 체인점 등이 세이프웨이가 합병한 체인점들이었다. 1926년 당시 서부 해안 지역의 670여 개 점포로 출발한 찰리는 1929년에는 무려 4배나 늘어난 2660개로 점포 수를 늘렸다. 점포 당 연간 매출액 9만1000달러는 그 무렵 식료품 체인점에서 최고 수준이었다. 이 같은 경이적인 성장세에도 불구하고 세이프웨이는 연간 매출액과 점포 수에서 업계 선두였던 A&P에 비해 아직 4분의 1에 불과했다.

북서부 지역에서는 점 찍어두었던 기업으로부터 거센 저항에 부딪치기도 했다. 결국 세이프웨이와는 별도의 독립회사를 설립해 확장을 계속해나갔다. 로스 맥킨타이어(Ross MacIntyre)라는 식료품 체인점 사업자가 이 경우였는데, 그는 찰리의 체인점 기업에 합류할 의사가 있었지만 앞서 포틀랜드 지역에서 스캑스의 체인점과 살벌한 경쟁을 벌인 앙금이 남아있었다. 더구나 여전히 라이벌 의식이 있었기 때문에 세이프웨이와 합치면 최고경영자인 스캑스의 부하직원이 돼야 한다는 점을 끔찍이도 싫어했다. 또 워싱턴 주 스포케인에 본거지를 둔 체인점 오너 찰스 마르(Charles Marr)도 세이프웨이와 합병하는 데 비슷한 거부감을 갖고 있었다. 협상가로서의 수완을 유감없이 발휘한 찰리와, 그의 새 조수 링컨 위렌은 맥킨타이어와 마르를 설득해 1929년에 맥마르 스토어스(MacMarr Stores)라는 새로운 합병회사를 설립했다. 이 회사의 보통주는 아메리칸증권거래소(AMEX)의 전신인 커브 익스체인지(Curb Exchange)에서 거래됐다. 1930년 1월 현재 메릴린치가 보유한 이 회사의 보통주 시가는 540만 달러에 달했다. 찰리는 이 회사를 장차 세이프웨이와 합병시키길 원했지만 일단 결정을 미룬 채 적당한 시기를 엿보기로 했다. 스캑스도 유예기간을 두는 데 특별히 반대하지 않았다. 1930년대 초 스캑스가 최고경영자 자리에서 물러나자 찰리는 맥마르 체인과 세이프웨이를 합병했다.

링 위렌은 1930대 내내 찰리의 가장 중요한 부하직원이었다. 1928년 메릴린치에 입사한 그는 몇 년 뒤 스캑스가 건강악화로 이사회 의장으로 물러나자 그 후임으로 세이프웨이의 최고경영자에 임명됐다. 당시 장기 불황 속에서 사실상 일손을 놓은 린치의 공백을 위렌은 잘 메워주었다. 이 기간 중에도 린치 부부는 찰리 부부의 친구로 남아 있었고, 나중에 찰리의 연인이자 세 번째 부인이 될 여인을 친구에게 소개시켜줌으로써 그들은 간접적이나마 찰리의 두 번째 결혼이 파경으로 치닫는 데 기여했다.

위렌은 개인적인 연고로 입사한 인물이었다. 찰리는 1920년대 초 잭슨빌을 방문하면서 당시 목재소를 경영하던 위렌을 처음 만났다. 찰리는 두루 조건을 갖춘 위렌이 마음에 들었고 월 스트리트 진출을 여러 차례 권유했다. 서부 지역의 식료품 유통업에 깊숙이 관여하고 있던 찰리로서는 스캑스를 비롯한 세이프웨이 임원들과 미국 전역에 걸친 인수합병 대상기업 주주들 간의 업무협의를 맡아줄 특사 겸 연락책이 필요했다. 찰리는 워렌에게 이 자리를 맡아달라고 설득했고 뉴욕 본사에서 몇 주간 교육을 받게 한 뒤 워렌에게 맥마르 협상을 마무리 짓도록 해 워싱턴 주로 파견했다. 마무리 작업은 성공적이었고 메릴린치는 신설 합병회사의 보통주 40%를 확보했다. 찰리와 린치, 스캑스가 당초 기대했던 것보다 3분의 1이상 많은 지분이었다. 이처럼 훌륭한 성과를 낸 워렌은 많은 칭찬을 받았다. "행운이든 일을 잘 해서든" 대단한 결과라는 게 당시 찰리의 평가였다.[11]

워렌은 자기 사업에서 성공한 경험이 있는 데다 플로리다 출신이었고 남부 배경을 갖고 있다는 게 강점이었다. 실제로 1920년대 중반에서 30년대 중반까지 찰리의 인생에서 가장 중요했던 사람은 동향인 헬렌(부인)과 워렌이었다. 헬렌과 찰리는 1930년대 말 이혼한 반면 워렌은 50년대까지 세이프웨이에 머물렀다.

금융업에서 출발해 식료품 유통업으로 업종을 바꾼 찰리는 세 번째 신규 사업을 시작했다. 1932년에 〈패밀리 서클Family Circle〉을 창간한 것이었다. 이 잡지는 주요 식료품 체인점의 계산대에서 배포하는 무료 주간지였는데, 19세기 중반 이후 미국에서는 최신 패션과 생활정보에 관심이 많은 여성 독자들을 겨냥한 잡지들이 인기를 끌었다.[12] 20세기 초 30년간은 〈레이디스 홈저널Ladies' Home Journal〉과 〈위민스 홈 컴패니언Women's Home Companion〉, 〈맥콜스McCall's〉 같은 월간지가 잘 팔렸다. 이들은 연애소설과 함께 요리, 육아, 바느질, 패션, 각종 최신 생활정보로 구성된 기사들을 엮어서 펴냈다. 주로 우편으로 잡지를 배송했는데 상품광고가 주 수입원이었다. 많은 독자를 유치해 광고 효과를 최대한 높여야 했기 때문에 구독료는 대체로 싼 편이었다.

찰리가 출판에 처음 관심을 갖게 된 것은 북부 플로리다에서 맺은 개인적인 인연 때문이었다. 특히 플로리다에 오는 관광객들을 대상으로 한 소규모 주간지를 발행했던 헬렌이 결혼과 함께 일을 중단해야 했다는 점이 찰리가 출판에 관심을 갖는 직접적인 계기가 됐다. 헬렌은 1920년대에 〈세인트 오거스틴 이브닝 레코드St. Augustine Evening Record〉에서 스포츠 담당 기자를 했던 해리 에반스(Harry Evans)를 찰리에게 소개시켜주었다. 골프광인 에반스는 당시 골프 시합에 나갔다가 만난 〈라이프Life〉의 사장 클레어 맥스웰(Clair Maxwell)의 제의로 〈라이프〉에 근무하고 있었다. 아마도 헬렌이 에반스와 링 워렌, 찰리로 구성된 골프 모임을 주선했던 것으로 보인다. 곧 출판 사업과 관련된 논의가 시작됐다.

두 사람은 참신한 아이디어로 접근했다. 샌프란시스코 방문 중 백화점에 들렀던 찰리는 쇼핑 관련 뉴스와 광고가 게재된 잡지가 배포되는 걸 본 적이 있었다. 식료품 체인점에서도 비슷한 것을 도입할 수 없을까 하고 찰리는 생각했었다. 한편 에반스는 〈라이프〉에 잠시 근무하던 시절부터 광고주의 돈이 낭비되고 있다는 사실을 알고 있었다. 왜냐하면 특정 제품 구입에 관심 있는 독자층 집단에 접근한다는 명분 아래 전국 단위의 출판물에 전면광고를 게재하고 있었기 때문이다. 광고업계의 옛 속담이 딱 들어맞는 대목이다. 모든 광고대행사는 잠재 고객들을 상대로 한 대규모 광고 캠페인에 쓰인 돈의 절반 이상이 버려지는 것이라는 사실을 솔직히 인정한다. 하지만 얼마 이상의 광고예산을 써야 이 중 절반이라도 고객들을 끌어들이는 데 쓰이는지 정확히 말할 사람은 없다. 광고란 그래도 일정 수준의 효과가 있는 게 사실이지만 어떤 매체가 특정 제품에 가장 효과적인지 결정하는 일은 주먹구구 식이었다.

찰리는 제1차 세계대전 이전 신규 고객을 유치하기 위해 다이렉트 메일(DM)을 활용한 경험이 있었다. 금융업계에서 광고의 필요성을 인식하기 한참 전부터 그는 광고의 위력을 잘 알고 있었다. 찰리가 출판업에 뛰어들기로 결정한 데는 대학 2~3학년 시절 여름방학 때 웨스트 팜비치의 신문사에서 편집장 직무 대행을 했던 것도 영향을 미쳤다. 그 이후 찰리는 평생 언론인으로서의 감각을 유지할 수 있었고, 1940년대 들어 재탄생하게 되는 메릴린치에서 홍보(PR) 전략을 실행하는 데도 큰 도움을 주었다.

찰리는 에반스와 이야기를 나누다 식료품 체인점의 계산대에서 배포하는 여성 주간지라는 아이디어가 떠올랐다. 한 조사 결과에 따르면 도시민들은 주 2회 인근 식료품점을 다녀가고 집안의 쇼핑은 여성이 떠맡았다. 식료품 체인점의 선반에 단독으로 진열될 기획상품들의 광고비만으로 잡지사 경영을 꾸려나갈 계획이었다. 그렇게 하면 무관심한 데다 반응도 없는 불특정 다수 독자를 바라보느라 헛되이 쓰여지는 막대한 광고비를 절약할 수 있었다. 쉽게 말해 특정 독자를 대상으로 한 고도로 집중화된 잡지를 만들어, 그 지면을 사는 광고주에게 돈 쓴 만큼의 효과를 보장한다는 전략이었다.

찰리는 〈패밀리 서클〉을 세이프웨이의 한 부서나 자회사로 둘 생각이었다. 그런데 스캑스의 반응을 떠보니 회의적이었다. 스캑스는 식료품 사업은 잘 알았지만 출판에는 문외한이었고, 출판에 회사 돈을 투자하지 않으려 했다. 결국 찰리는 개인 돈으로 하는 수밖에 없었다. 그의 재산 규모를 감안할 때 〈패밀리 서클〉에 투자하는 돈이 크지는 않겠지만, 그가 벌인 사업 가운데 가장 위험한 일이었다. 찰리는 잡지를 성공시키기 위해 편집인을 맡은 에반스에게 많이 의지했다. 다른 사업과는 달리 출판은 찰리 개인의 투자였기 때문에 메릴린치(당시 기간 요원만으로 최소한의 활동만 했다)와는 무관했다.

〈패밀리 서클〉 창간호는 1932년 9월 동부 해안 지역의 3개 체인점 기업에서 첫 선을 보였다. 소비자들의 반응은 긍정적이었고 광고주들의 판매액은 늘어났기 때문에 이 잡지가 쇼핑객들에게 미치는 영향력을 과시할 수 있었다. 한 달 만에 부수는 35만부로 늘어났고 2년 뒤에는 배포부수가 130만 부를 넘어섰다. 〈패밀리 서클〉에 세이프웨이의 자본 참여를 꺼리던 스캐스도 점포에서 잡지를 배포하는 데는 적극적이었다. 특히 세이프웨이는 이 잡지의 최대 광고주이기도 했다. 대형 체인점들은 〈패밀리 서클〉이 저가에 자신들의 자기상표 부착상품을 홍보할 수 있는 이상적인 매체라는 점을 알아차렸다. 체인점 입장에서는 외부 공급업체로부터 구매하는 품목보다 자기상표 부착상품의 마진이 더 높았다. 원래 출판사업에서 이익을 내기란 판매부수를 늘리는 것보다 훨씬 더 어려운 일이지만, 이 잡지는 창간 5년 만인 1937년에 흑자 기조로 접어들었다.

1946년에는 판매 전략을 바꿔 유가 배포를 시도했다. 가격은 불과 5센트(1995년 가치로 50센트에도 못 미치는 가격)였다. 잡지판형도 커졌고 월간지로 바뀌었다. 이때까지 찰리는 잡지사 경영에 깊이 관여하지 않았다. 그는 경영진을 출판업계에서 신망이 두터운 팔머 레버만

(Palmer Leberman)과 잭 셰퍼(Jack Schaefer)로 교체했다. 1950년대 초반 15개 체인점 기업의 7500개 점포 계산대에서 〈패밀리 서클〉이 판매됐다. 월간 판매부수는 400만 부를 넘어섰고 미국 내 주요 잡지 중 7위를 차지했다. 연간 광고매출은 1200만 달러를 웃돌았다. 찰리는 타계하기 2년 전인 1954년에 〈패밀리 서클〉 경영권을 레버만에게 넘기고 나머지 지분은 잡지사 임직원들에게 나눠주었다. 찰리는 대공황의 바닥에서 출판이라는 새로운 사업을 시작하는 위험을 감수했지만, 선견지명과 결단력, 유능한 인력의 도움에 힘입어 출판업에서도 성공을 거둔 것이다.

1932년에 3400개 점포를 피크로 세이프웨이의 확장세는 갑자기 멈춰버렸다. 대공황의 여파가 워낙 심각했기 때문이다. 찰리는 체인점 추가 인수를 보류했다. 1930년대 중반으로 접어들면서 체인점과 독립점포 간의 가격 차이가 줄어들자 소매시장에서의 경쟁은 더욱 치열해졌다. 이 와중에도 세이프웨이는 총매출액에서 크로거를 추월해 2위로 올라섰다. 1933년 2월 찰리는 이렇게 자랑했다. "세이프웨이 점포는 80%가 초현대식이고 모든 면에서 최신식이라는 점은 자타가 공인하는 사실이다."주13 링 워렌이 최고경영자로 취임하면서 새롭게 시행한 전략은 내부 시스템 개선이었다. 세이프웨이 경영진은 기존 점포들을 대상으로 보다 효과적인 원가통제와 더 나은 물류시스템을 추구했다. 다양한 제품과 편리한 서비스를 갖춘 새로운 유형의 식료품 체인점이 소비자들에게 인기를 끌던 1930년대에 세이프웨이는 대형 슈퍼마켓으로의 변신에서 또 한번 선구적인 역할을 했다. 점포 폐쇄와 합병을 통해 대형화를 추구한 결과 세이프웨이의 점포 수는 10% 정도 줄었다. A&P는 점포 수를 무려 40%나 줄이기도 했다. 1939년에 세이프웨이의 점포 당 연간 매출액은 10년 전에 비해 40% 늘어난 13만 달러로 여전히 업계 최고수준이었다.

대공황기의 기업들이 대개 그랬던 것처럼 세이프웨이를 비롯한 주요 식료품 체인점들도 현상 유지에 급급했다. 성장이 목표가 아니라 수익성 유지가 목표였다. 세이프웨이는 그나마 수익성을 유지했고 정기 배당금도 지급할 수 있었다. 다만 성장 전망을 하향 조정했기 때문에 주가 하락을 피할 수는 없었다. 1930년 초부터 35년까지 세이프웨이의 보통주 주가는 115달러에서 무려 70%나 하락한 35달러로 떨어졌다. 메릴린치가 보유한 세이프웨이 주식의 시가도 1000만 달러 이상에서 불과 400만 달러로 곤두박질쳤다. 이로 인해 1929년 이전에 적립해둔 내부 유보금이 대부분 사라져버리고 말았다. 1940년이 되자 주가는 다시 40달러까지 반등해 괜찮은 수준으로 거래됐지만 주가수익비율(PER)이 여전히 10배 정도로 비정상적인 수준이었다. 찰리는 이 어려운 시기에도 세이프웨이 주식을 그대로 보유한 것은 물론 1930년대에 주가가 바닥을 쳤을 때는 추가로 매수하기도 했다. 세이프웨이의 미래에 대한 그의 확신은 변함이 없었다.

세이프웨이와 〈패밀리 서클〉에 쏟은 찰리의 열정을 마무리하기에 앞서 우리는 제1장에서 언급한 중요한 일화를 한번 더 살펴봐야 한다. 앞으로의 방향을 결정짓는 사건이었기 때문이다. 1930년대 중반 세이프웨이는 캘리포니아에서 여론의 향배에 사활을 건 적이 있었다. 체인점에 대한 정치적 공격은 20세기 초부터 시작돼 대공황이 심화되면서 더욱 격렬해졌다. 최종적으로는 체인점 기업들이 힘을 합쳐 여론이 주도한 차별적 법안을 좌절시키는 데 성공했다. 위기가 과장됐을수도 있지만 찰리를 포함한 이해당사자들 입장에서는 심각하게 받아들일 수밖에 없었다.

체인점 비판론자들은 외지인들이 동네의 영세상점들을 말살시키려한다고 주장했다. 동네상점들에 비해 가격이 저렴한 체인점에서 쇼핑할 경우 소비자가 얻게 되는 혜택이나 이점은 거론하지 않았다. 생계를위협받게 된 동네상점들은 가격으로는 도저히 체인점과 경쟁할 수 없었기 때문에 똘똘 뭉쳐 이른바 외부 침입자들을 축출하기 위한 법안을제정하려고 시도했다.

독립 소매상점들은 처음에는 주민들의 애향심에 호소하면서 소비자들에게 체인점을 고사시키자고 설득했다. 이 작전이 실패하자 이들은 조합을 결성해 주의회 의원들을 상대로 강력한 로비를 펼쳤다. 경제정의와 사회정의를 명분으로 내세웠지만 문제의 핵심은 소비자가양질의 제품을 값싸게 살 수 있는 권리와 지역상공인들이 자신의 경제적, 정치적, 사회적 리더십을 보전하려는 권리 간의 상충이었다.

체인점에 가해진 대표적인 차별조치는 주 경계 내에서 2개 또는 3개이상의 점포를 운영하는 체인점 기업에 대해 누진세를 부과하는 방안이었다. 수천 개 점포를 거느린 대형 식료품 체인점일수록 이 같은 반(反) 체인점 법안으로 심각한 타격을 입을 수밖에 없었다. 동부 지역에서는 A&P, 크로거를 비롯한 주요 식료품 체인점들이 법안 제정을 막기 위해 전면에 나섰다.[주14] 서부 지역에서는 이 역할을 세이프웨이가맡았다. 이미 1931년에 워렌은 찰리에게 "세이프웨이 본사에 정치판 경험이 있는 인력을 영입해 법안에 맞설 수 있는 조직을 결성할 필요가 있다"는 편지를 보내기도 했다.[주15]

1935년에 캘리포니아 주의회는 독립 소매점들의 압력에 굴복해 체인점에 대해 누진세를 적용하기로 의결했다. 누진세 법안이 시행될 경우 세이프웨이는 연간 세금 부담액만 65만 달러 늘어날 처지였다. 찰리와 세이프웨이는 캘리포니아의 다른 체인점 기업들과 공동으로 주민들이 직접투표를 통해 결정할 때까지 법안의 시행을 연기하도록 하는 청원서를 제출했다.

결국 1936년에 유권자들은 이 과세안을 부결시켰고, 세이프웨이를 비롯한 체인점 기업들은 예전처럼 주요 식료품을 최저가로 소비자들에게 공급할 수 있었다. 훗날 찰리의 자녀들은 "아버지(찰리)는 투표에서 이긴 뒤 자신이 만약 천국에 가게 된다면 그것은 캘리포니아 주민들이 우유 한 통을 살 때마다 몇 센트씩 절약할 수 있게 해주었기 때문일 것이라고 자랑했다"고 회고했다.

세이프웨이에만 전념했던 1920년대 말과 30년대 초 찰리는 체인점 업계의 첫 고객이었던 맥크로리의 경영위기 해결에 도움을 달라는 요청을 받았다. 맥크로리의 문제는 찰리를 비롯한 유통 전문가들의 충고와는 반대로 점포를 확정금액으로 장기 임차한 데 있었다. 경영진은 미래에 투자했다고 생각했지만 결과는 정반대였다. 1930년대에 지속적인 디플레이션으로 인해 실질 임차비용은 감당하기 어려울 정도로 불어났다. 맥크로리는 대공황으로 치명타를 입었고 이익은 순식간에 손실로 뒤바뀌었다. 은행 차입금의 연장이 불가능해지자 맥크로리는 1930년에 파산을 신청해 법정관리에 들어갔다.

메릴린치는 1929년 말 현재 맥크로리 보통주 7만주를 보유하고 있었고, 당시 주가는 65달러에 달했기 때문에 찰리 자신도 이해당사자였다. 3년 뒤 주가는 2달러 수준까지 떨어졌다. 법원은 위기에 빠진 맥크로리를 회생시키기 위한 경영정상화 위원회를 구성해 찰리를 위원으로 위촉했다. 그는 고정금액이 아니라 판매액에 따른 임차료 지불안을 제시했고 다른 위원들도 동의했다. 점포 건물에 대한 수요가 없는 상황에서 대부분의 땅 주인도 임차인을 잃기 보다는 임대조건을 바꾸는 게 유리했기 때문에 동의하지 않을 수 없었다. 200개 이상의 점포를 보유한 경쟁 체인점 S.H. 크레스(S.H. Kress)의 임원 찰스 그린(Charles Green)이 찰리의 추천으로 새로운 최고경영자로 선임됐다. 찰리의 회생안 덕분에 맥크로리는 파산상태에서 벗어나 수익성을 되찾았다. 그러나 과거의 영광을 되찾기에는 역부족이었다. 1940년의 보통주 주가는 1933년의 최저가보다 7배 이상 오른 15달러까지 상승했지만 10년 전 주가와는 거리가 멀었다. 회사정리 절차에 관한 논쟁의 와중에 창업자인 존 맥크로리와 찰리가 갈라섰다. 몇 년 뒤 찰리는 초창기 고객이었던 세바스찬 크레스지와의 사이도 나빠졌다. 찰리는 대부분의 사업상 친구들과 오랜 우정을 나누었지만 예외도 있었다.

1930년대 중반으로 접어들면서 헬렌과의 결혼생활에 금이 가기 시작했다. 문제는 첫 부인인 엘리자베스와의 관계가 나빠졌던 경우와 비슷했다. 헬렌의 회고를 들어보자. "찰리는 남자친구보다는 항상 여자친구가 더 많았어요. 그는 여자친구들에게 이끌렸고 구애에 넘어갔죠."주16 부인의 예술적 안목과 찰리의 거친 기업가적 행동은 타협의 여지가 없었다. 더구나 30대 중반이 된 헬렌은 이제 성숙했고 더 이상 남편의 부나 지위에 주눅들거나 겁먹지 않았다. 자신만의 세계를 갖고 있던 그녀는 남편이 그녀 자신과 아들 지미의 인생을 통제하려는 데 분개했다. 특히 아들의 양육 문제를 둘러싸고 다툼이 잦았다. 찰리는 어린 아들에게 무엇이 최선인지에 대해 보수적인 입장이었고, 헬렌은 이런 남편이 너무 완고하다고 생각했다.

찰리는 결혼생활에서의 권리와 특권에 관해 너무 낡아빠진 견해를 갖고 있었다. 남편은 명령하고, 아내와 자녀들은 항의할 권리를 갖고 있기는 해도 결국에는 순응하든지 결과에 복종해야 했다. 그가 생각하기에 가정은 우량기업처럼 운영돼야 했다. 어떤 면에서 보면 자신의 성장 환경이 반영된 것이기도 했다. 마음대로 되지 않자 그는 가정에 대한 불만을 드러내놓고 표출했다. 1937년에 도리스에게 보낸 편지에서 찰리는 이렇게 썼다:

헬렌에 대한 내 진심과, 모든 일이 잘 되는 행복한 감정에 대해 잘 알고 있을 거라고 확신한다. 내가 말 못할 고민을 하는 이유는 과거에 나를 흔들리게 했고 거의 무너뜨릴 뻔 했던 소나기나 심한 폭풍우 속에서 계속 서 있을 자신이 없기 때문이다. 나는 나와 관련된 모든 중요한 일에서 주도적인 역할을 해왔고 내 밑에 들어오는 모든 사람들에게 헌신과 협력을 기대한다. 나는 능동적이든 수동적이든 반항과 저항을 참지 못한다.

헬렌과 아들 지미는 그의 말을 안 들었고 그의 생각에 반항적이었다. 결과적으로 그들은 서로에 대해 지쳐갔다.

찰리와 헬렌이 아직 함께 사는 동안 그나마 유일한 즐거움은 자신이

기쁘게 결혼을 승낙했던 딸과 사위를 만나는 일이었다. 사위인 로버트 마고완은 1934년 팜비치에 있는 찰리의 집에서 당시 스무 살이던 도리스를 만났다. 두 사람은 1935년 6월 사우스햄프턴에서 결혼했다. 하버드 대학교 출신인 마고완은 뉴욕의 메이시(Macy) 백화점에서 직장생활을 시작했고, 그 후 미국 유수의 광고회사인 N.W. 아이어(N.W. Ayer)의 더 좋은 자리로 옮겨 근무하다가 도리스를 만났다. 딸 부부가 쿠바로 신혼여행을 다녀오자 찰리는 사위를 샌프란시스코로 보내 식료품 유통업 공부를 시켰다. 그의 인생에서 마지막 20여 년 동안 로버트-도리스 부부와의 관계는 모든 가족관계 중에서도 가장 만족스러웠다. 찰리의 어머니 옥타비아는 1933년에 사망했고 여동생 에디뜨도 1936년에 요절했다. 아들인 찰스 주니어와 지미는 아버지의 길을 따를 생각을 하지 않은 반면, 마고완은 장인과 인생관이 비슷했다. 찰리는 마고완을 후계자로 키웠다. 마고완은 세이프웨이에서 잠깐 근무한 뒤 곧 메릴린치의 뉴욕 본사로 발령 받았고 이후 10년 6개월간 근무했다. 먼 훗날인 1955년에 마고완은 링 워렌에 이어 세이프웨이의 최고 경영자로 복귀했다.

또 다른 축하할 만한 일은 1936년 찰리와 헬렌, 지미 등 찰리 가족이 하워드 메이저(Howard Major)라는 건축가가 설계한 팜비치의 새집 "메릴스 랜딩"으로 이사한 것이었다. 궁전식 별장으로 내륙 수로를 따라 길게 놓인 이 집은 롱아일랜드의 저택처럼 자고 가는 손님들을 위한 방이 많았다. 기분이 좋아진 찰리는 자신의 새집을 도리스에게 이렇게 설명했다. "건물과 땅이 사랑스럽다. 나는 팜비치에서든 어디에서든 이런 걸 본적이 없어. 두드러진 특징은 없지만 땅과 건물과 가구가

너무나 조화를 잘 이뤄 아름다움과 편안함, 품격이 물씬 풍겨나."[18] 1
년 뒤에도 자랑은 멈추지 않았다. "플로리다의 새집은 신의 선물이야.
그곳으로 갈 때는 거의 부서질 지경의 몸 상태지만 사나흘 지나면 말
끔히 회복되거든."[19] 새집에서 얻는 기쁨과는 반대로 헬렌과의 관계
는 갈수록 악화됐다. 1937년 봄부터 두 사람의 불화는 심각한 지경에
이르렀고 결국 이해 연말 별거에 들어갔다.

　나중에 세 번째 부인이 된 킨타 데스마르(Kinta DesMare)와의 관계가
시작된 건 1930년대 중반이었다. 린치의 부인인 시그나 린치(Signa
Lynch)가 그녀를 소개시켜주었다. 킨타는 뉴올리언스가 고향인 시그
나의 동네 친구였다. 찰리는 킨타의 미모와 부드러움에 반했다.[20] 그
녀는 헬렌보다 순응하는 성격이었고 도전적이지 않았다. 찰리는 순종
형의 여자를 원했다. 너무 강하거나 독립적인 스타일은 좋아하지 않
았다. 킨타는 아내로서 저녁이나 주말에 즐거운 마음으로 손님을 접
대했다. 주말 손님은 대개 찰리의 친구들로 사우스햄프턴과 팜비치의
저택에 자주 오는 손님들이었다. 당시 51세였던 찰리는 낮에는 골프
와 테니스, 밤에는 만찬과 브리지게임을 즐겼다. 킨타는 1937년에 35
세였다. 찰리의 조카 메릴 맷징거(Merrill Matzinger)는 이렇게 기억한
다. "그녀는 귀엽고 맵시 있는 자랑거리였어요. 친구들이 경탄할 만큼
집과 자신을 우아하게 가꾸었지요."[21] 아주 나이 어린 모델은 아니었
지만 킨타는 찰리가 자랑거리로 삼을 만한 아내였다.

　찰리의 재산은 주가 하락으로 인해 1929년을 정점으로 꽤 줄었지만
여전히 수백만 달러에 달했다. 또 세이프웨이 등에서 배당금을 받고
있었기 때문에 고정소득도 많았다.[22] 그 무렵 경기불황으로 호사스

런 명품들의 가격이 떨어지자 찰리는 투자수익으로 1920년대보다 더 많은 명품 구매에 나섰을 정도다.

찰리는 파경을 맞은 결혼 생활에 대해 쉬쉬하며 언론의 추격에서 벗어나려고 했지만 이 같은 노력은 수포로 돌아갔다. 스캔들은 떠들썩하게 보도됐고 간통이 파경의 원인인 것처럼 알려졌다. 당시 간통은 심각한 범죄였다.[주23] 찰리는 도리스에게 보낸 편지에서 불편한 심기를 드러냈다. "나에 대한 복수극을 이해할 수가 없어. 그녀의 미련함, 탐욕, 잔인함이 이해가 되지 않아."[주24] 5년 이상의 소송 끝에 헬렌은 금전적인 보상을 명시한 이혼안에 동의했다. 찰리는 이혼 소송이 마무리된 지 한 달 만인 1939년 3월 킨타와 결혼했다.

어머니와 여동생의 죽음, 여기에 헬렌과 킨타 사이의 삼각관계 속에서 괴로워하던 와중에 찰리는 재혼 1년을 앞두고 개인적인 생활과 사업 모두에 영향을 미칠 큰 비극을 겪었다. 에디 린치가 53세 생일을 며칠 앞둔 1938년 5월 사망한 것이다. 유럽으로 여행가는 도중 패혈증에 걸렸던 그는 런던에 도착한 지 며칠 만에 세상을 떠났다.[주25] 주위의 애도에 감사하면서 찰리는 한 특파원에게 이렇게 말했다. "에디의 죽음은 내게 치명적인 상처입니다. 지난 31년간 에디와 나는 최고의 친구였고, 이중 29년간은 가장 절친한 사업동료였습니다."[주26]

찰리의 말은 진실이었다. 하지만 실제로 사업상의 우정은 10여 년 전부터 점차 금이 가고 있었다. 두 사람의 사이가 벌어진 것은 빠떼 익스체인지 지분을 매각하고 그 이익을 세이프웨이에 재투자하기로 했을 때부터였다. 린치는 영화사 경영에 깊숙이 간여했던 반면 식료품 유통업 진출에는 소극적이었다. 이전까지 일 중독자였던 린치는 1926

년 이후 사업에 흥미를 잃었고, 1930년대에는 테니스와 여가활동 말고 다른 일은 거의 하지 않았다.

앞서 이야기한 것처럼 찰리는 1928년과 29년에 주식시장의 하락 가능성에 대비해 회사의 위험을 줄이자고 주장했고, 린치는 정반대 입장이었다. 이에 따른 장기간의 논쟁은 두 사람 사이의 연결고리를 약화시킨 한 요인이었다. 다른 문제도 있었다. 1929년 4월 신랄한 내용의 메모에서 찰리는 기업 고객과의 협상에서 린치가 부당한 배임 행위를 했다며 비난했다.[주27] 1930년대 초 회사 규모를 축소한 이후 메릴린치는 거의 영업을 하지 않았고, 린치는 사실상 이후 8년간 은퇴 생활에 들어가 버렸다. 그는 투자 포트폴리오를 관리하기는 했지만 사업활동에 거의 참여하지 않았다.

그러나 린치가 세상을 떠난 뒤 회사를 재정비하는 과정에서 찰리는 고집스럽게도 회사 상호에서 친구 이름을 빼기를 거부했다. 뉴욕 주 법률에 의하면 살아있는 사람만 회사 상호에 표시할 수 있다고 변호사들이 설명했지만, 찰리는 그 법을 피할 수 있는 방안을 찾아보라고 말했다. 궁리하던 변호사들은 두 이름 사이의 콤마(,)를 없애고 현재의 상호를 살아있는 사람들의 이름이 아닌 회사의 명칭으로 바꿀 수 있도록 해달라고 행정당국에 요청했다. 이에 따라 새로운 공식 명칭은 메릴린치 앤 컴퍼니(Merrill Lynch & Company)가 됐다. 콤마가 없어진 점만 빼 놓고는 이전 상호와 사실상 같았다. 역설적으로 1940년대의 회사 성장에는 아무런 기여도 하지 못한 린치의 이름이 이후 회사가 남긴 업적에 힘입어 영원히 남게 됐다. 30년 가까이 사업동료로 지낸 찰리의 정감과 의리 덕분이었다.

사업동료인 린치가 없어진 상황에서 어떻게 해야 할지 몰랐다는 찰리의 주장과는 정반대로 린치의 사망은 찰리가 금융업에 다시 관심을 갖는 중요한 전기가 됐다. 린치가 사라지자 찰리는 누군가가 자신의 행동이나 정책에 반대할 것이라는 걱정을 할 필요가 없었고, 자신의 의사결정을 완벽하게 통제할 수 있었다. 1940년대 이후 측근인 윈 스미스는 찰리에게 도전할 만한 자금력이 없었다. 파산 직전에서 살아난 E.A. 피어스의 선임파트너는 찰리에게 중요한 문제를 전부 맡기는 걸로 만족해했다. 권력의 정점에서 조용한 분위기를 즐기는 것 자체가 찰리에게는 대만족이었다. 중년 시절 그는 순응하지 않는 부인과 협조하지 않는 회사동료로 인해 고통을 겪었다. 이제 대형 금융회사로 재탄생한 메릴린치에서 그는 원하는 모든 일을 원하는 시점에 할 수 있게 됐다. 다른 주요 출자자들의 의견이 긍정적이라고 판단될 때만 귀를 기울였다. 정책 검토 단계에서는 이견을 수용했지만 일단 결정(대부분 본인이 내린 결정이다)이 내려지고 난 다음에는 시간이 지체되는 것을 용납하지 않았다. "권력은 타락한다(power corrupts)"와 "절대권력은 반드시 타락한다(absolute power corrupts absolutely)"는 격언과는 반대로 월 스트리트에 복귀한 찰리는 그 뒤 자신의 우월적 지위를 독재자로서가 아니라 계몽군주처럼 적절히 활용했다.

8 월 스트리트의 개혁가

찰리는 대공황기에 사실상 금융계를 떠나 세이프웨이 경영에 전력을 쏟았다. 이 시기는 1790년대에 태동한 미국 자본시장이 사상 최대의 변혁을 겪은 때였다. 뉴딜(New Deal) 정책이 시행되면서 월 스트리트의 투자 환경은 근본적으로 변했다. 대다수 금융회사들은 연방정부의 감독기능 강화에 반대했지만 새 법인의 주요 내용은 찰리가 줄곧 강조해온 원칙들과 일치했다. 그는 투자은행가, 증권거래소, 증권딜러 및 브로커들이 소액 투자자들에게 보다 책임 있게 행동하고, 특정 이해당사자의 이익을 줄일 수 있는 규정과 절차를 만들어야 한다고 오래 전부터 주장해왔다.

찰리는 금융업계에 처음 몸담았을 때부터 뉴욕증권거래소(NYSE)의 내부 규칙을 만든 기득권층과 자주 다투었지만 막상 개혁안 입안 과정에서는 공사 불문하고 별로 나서지 않았다. 그러나 메릴린치의 지점 망을 인수했다가 10년 뒤 메릴린치와 다시 합병하면서 파트너가 된 E.A. 피어스는 새로운 규정 제정을 둘러싼 논쟁에 깊숙이 개입했다. 이 격동의 시기에 일반대중의 투자환경을 개선하기 위해 노력했던 피어스의 행동을 찰리 역시 싫어하지는 않았다.[주1]

1930년대에 많은 변화가 있었다는 점에서 연방정부의 개혁 법안을 살펴볼 필요가 있다. 1940년에 월 스트리트로 복귀한 찰리로서는 개혁 법안 덕분에 성공을 위한 발판을 마련할 수 있었기 때문이다. 1930년대까지만 해도 금융업에 대한 정부의 감독에서 일관성을 찾아보기 어려웠다. 어떤 부문은 규제가 너무 심했고, 어떤 분야는 규제가 거의 없었다. 상업은행의 경우 처음부터 연방정부와 주정부의 감독을 받아왔다. 초창기에는 행정부의 관심 밖이었던 보험회사들도 19세기 말과 20세기 초부터 주정부 차원의 새로운 규정을 준수해야 했다. 이와는 달리 투자은행과 증권회사들은 엄격한 감독을 받지 않았다. 그렇다고 해서 처음부터 방치한 것은 아니었다. 오늘날 파생금융상품이라고 불리는 각종 옵션상품의 거래를 관장하는 법안을 19세기 초 뉴욕 주가 제정한 게 단적인 예다. 투자 부문에 대해 오랫동안 무관심했던 연방 정부는 1880년부터 20년까지 서서히 감독을 강화해나갔고, 자본시장 관련 법안에도 큰 영향을 미쳤다.[주2]

남북전쟁 이후 대형 운송기업 및 제조업체들이 등장하면서 연방정부와 지방정부도 관리 감독을 강화하기 시작했고, 1910년 이전에 이미 대부분의 주에서 공공기업들을 감독할 각종 위원회를 설치했다. 주민들에게 전기, 수도, 가스 같은 공공서비스를 제공하는 기업과 철도기업이 이른바 공공기업이었다. 공공요금에 대한 불만이 높아지자 위원회는 해당 공공기업의 자본구조 조사에 착수했고, 자연히 이들 기업의 자본구조에 많은 영향을 미쳤다. 1920년대로 접어들자 주정부에 이어 연방정부도 철도기업의 유가증권 발행을 보다 면밀히 감독하겠다고 나섰다. 제1차 세계대전 이전까지 미국 자본시장은 철도기업들의 유가증권시장이라고 해도 과언이 아니었다. 1910년대 말에는 뉴욕 증권거래소에 상장된 주식과 채권 등 유가증권 가운데 90% 이상이 철도기업이 발행한 것이었다.[주3]

미국 증권법에는 감독 사각지대가 있었다. 은행이나 공공기업과는 달리 제조업체나 서비스업체, 외국기업들의 유가증권 발행과 관련된 규정은 상대적으로 느슨했다. 정부의 감독이 소홀했던 데는 나름대로 이유가 있었다. 1890년대까지도 대형 제조업체가 유가증권을 발행하는 사례는 극히 적었고, 주요 증권거래소에서 거래되는 경우도 드물었기 때문이다.

1920년대에는 유가증권을 보유한 계층도 극소수에 불과했다. 19세기까지 주식이나 채권을 보유한 계층은 유가증권 거래에 따르는 위험(risk)과 보상(reward)을 판단할 만한 능력을 갖춘 수준 높은 투자자들이었다. 여기에 신중함까지 더한 부유층은 주로 건전성과 정직성에서 명성을 지닌 투자은행을 통해 유가증권을 매입했다. 이들 위험회피형(risk-averse) 투자자는 J.P. 모건, 쿤 로브 같은 유명 투자은행이 제공하는 보수적인 충고에 따라 투자대상을 국공채와 철도기업의 채권으로 국한시켰고, 간혹 주요 철도기업이 발행한 고배당 우선주에 관심을 갖는 정도였다. 상류층 가문들을 고객으로 한 금융자문회사는 신탁관리인이라는 본래의 역할에 충실하면서 대개 미래의 자본이득(시세차익)보다는 원금 보전과 안정된 현금흐름을 중시했다.

주식투자자들도 해당 기업이 배당금을 꼬박꼬박 지급한다 해도 급격한 주가 변동과 파산의 위험을 인식하고 있었다. 그래서 초창기부터 보통주 투자는 어느 정도 투기적이라고 간주됐다. 철도기업 주식이나 U.S. 스틸(U.S. Steel) 같은 대형 제조업체의 보통주만 주요 투자은행들로부터 투자적격 승인을 받을 수 있었다.

당시 주식은 탐욕스러운 세력들의 시세조작에 휘말릴 우려가 있다는 점에서 기본적으로 위험한 투자로 여겨졌다. 세력들은 특정 종목을 비정상적으로 높은 가격이나 낮은 가격으로 몰고 가기 위한 작전을 펼쳤다. 해당 종목의 주가가 정상 수준으로 회복되기 전에 단기 차익을 챙기려는 의도였다. 기업실적이 나빠졌든 내부거래로 인한 투기 때문이든 주식투자로 인해 상당한 손실을 입은 투자자는 의회나 여론으로부터 아무런 동정도 받지 못했다. 주가조작의 희생자는 미국의 법 체제 아래서 아무런 도움도 받지 못한 채 스스로 모든 것을 감수해야 했다.

연방정부가 자본시장에 대한 감독을 제대로 하지 못했던 또 다른 요인은 주요 증권거래소마다 세력들로부터 투자자를 보호하기 위해 만든 자체 규정이 있었기 때문이었다. 거래소에서는 기본적으로 경매시장이 제대로 기능하도록 감독했다. 경매시장에서는 한 명의 스페셜리스트(specialist, 거래소 회원으로 하나 또는 몇 개 종목의 시장 조성자 역할을 한다—옮긴이)가 특정 종목의 매매주문 체결에서 유일한 중개인 역할을 했다. 거래 체결의 대가로 스페셜리스트와 브로커가 받는 수수료는 주식발행 물량에 관계없이 모든 종목에 대해 동일했고 고정돼 있었다. 트레이딩 룸(trading room) 출입은 거래소 회원으로만 엄격하게 제한됐고 회원자격을 얻으려면 일정 요건을 갖춰야 했다. 최소 자본 요건에다, 평판에 관한 저명 기업인의 추천서가 주요 자격 요건이었다. 주가 조작을 하다 적발된 회원은 자격정지나 영구제명 조치를 당했다. 위장매매(wash sale, 사자주문과 팔자주문을 동시에 대량으로 내놓아 일반 투자자들을 끌어들여 특정 종목 거래를 유도하는 수법—옮긴이)는 엄격히 금지됐다. 거래소 이사회에서는 정식 상장을 희망하는 기업의 재무건전성을 심사했다.

비판을 받기도 했지만 대개의 경우 거래소가 자체 감독권을 책임감 있게 행사했다. 순진한 투자자들을 명백한 사기로부터 보호하기 위한 목적이었다. 물론 세력들의 매집(corner)이나 공매도 공격(bear raid)처럼 의심스러운 거래에 참여한 회원사에 대한 처벌규정이 느슨하다는 비판을 받기는 했다.(매집의 경우 트레이더는 특정 종목 주식을 꾸준히 사모아 높은 가격으로 올려 놓은 뒤 보유주식을 팔아 치우는 것이며, 공매도 공격은 트레이더가 특정 종목 주식을 빌려와 계속해서 매각함으로써 주가를 아주 낮은 수준까지 떨어뜨린 뒤 주식을 도로 사들여 상환함으로써 차익을 챙기려는 수법이다.)

증권 감독 분야의 허점은 이른바 주식과 채권의 장외시장이었다. 장외시장에서는 실적이 별 볼일 없는 중소기업들이 발행한 유가증권이 주로 거래됐다. 이들 중소기업 가운데 상당수는 이제 막 창업한 신생기업이었다. 투기등급 이하의 종목들은 정식 거래소에 상장할 수 없었기 때문에 이들 주식의 발행과 유통에 관한 규정과 지침이 제대로 있을 리 없었다. 제도적으로 취약한 장외시장에서 특정 종목의 거래를 신속하게 성사시키기 위해 딜러 역할을 맡으려는 증권회사도 있었다. 거래량이 적고 주문도 불규칙했기 때문에 딜러가 보유 중인 주식 물량은 툭하면 떨어졌고, 주식 물량이 바닥나면 다시 사들이곤 했다.

장외시장에서 활동하는 증권사들은 유가증권 종류별로 제 각각의 수수료율을 적용했다. 오늘날의 부동산 거래처럼 중개인이 제3자간의 거래를 중개하는 경우보다 회사가 보유한 유가증권을 매각하는 경우가 더 많은 판매수수료를 챙길 수 있었다. 이는 영업직원들로 하여금 거래가 부진한 종목이나 투기주 같은 특정 종목을 거래하게 만들려는 목적이었다. 고객들은 매입 권유를 받은 종목이 누구 것인지 알지 못했다. 딜러 보유분에서 왔는지 제3자로부터 왔는지 알 길이 없었다.

20세기 이전까지 각 주에서는 장외시장의 증권 딜러와 중개인들을 상대로 사법권을 행사할 경우 사후적으로 사기방지법(형법)으로 처벌하는 게 고작이었다. 영업직원이 특정 종목의 투자등급을 속였더라도 법정에 가서야 유죄 여부가 가려졌다. 불행하게도 이자나 배당금조차 지급하지 않은 상태에서 여러 해가 지나고 나서야 사기였음이 객관적으로 확인되는 경우가 많았다. 이때가 되면 억울한 희생자에게 보상해줄 돈은 이미 거의 남아 있지 않았다. 파렴치한 브로커들이 순진한 투자자를 겨냥해 단기에 큰돈을 벌 수 있다고 유혹하는 게 전형적인 사기수법이었지만, 초보 투자자들은 "진실이라고 하기에는 너무나도 달콤한" 영업직원의 말을 제대로 평가할 능력이 없었다. 이른바 사설 거래소(뉴욕증권거래소를 비롯한 어떤 증권거래소와도 아무런 관계도 없었다)가 가장 악질적인 범법자들이었다. 이들 프로 사기꾼은 투자자들에게 높은 수익률을 약속했지만 사실은 증권을 취득할 생각조차 하지 않았다.

　사기성 유가증권 매매와 관련된 미국의 법과 제도는 기본적으로 사전 예방적이라기보다는 사후적이었다. 범법자를 찾아내 법정에 세우는 경우에도 금전적 손실이 완전히 입증된 다음에만 유죄판결을 받았다. 게다가 유명 투자회사와 주요 증권거래소도 투자자 보호법안의 통과를 지지하지 않았다. 이들로서는 장외시장이 계속 불확실성이 높은 상태로 남아 있는 편이 비상장 종목에 대한 투자를 꺼리는 기존 고객을 그대로 붙잡아두는 데 유리했기 때문이었다. 영국에서는 이미 합리적인 투자자 보호법안이 시행되고 있었다는 점을 감안하면 월 스트리트의 이 같은 태도는 이기적이고도 무책임한 것이었다. 영국에서는 당시 세계 최대 자본시장인 런던에서 발행된 유가증권임에도 불구하고 정확하고 사실적인 정보가 부족하다는 비판 여론에 따라 1844년에 회사법(Companies Act)를 제정했다.[주4] 1900년에 한층 강화된 이 법안은 유가증권을 발행하는 기업과 이 유가증권을 판매하는 투자은행에 관한 적절한 재무정보를 일반 대중에게 발표할 것을 의무화했다. 발행 기업의 이사회와 투자은행이 잠재적인 투자자들에게 철저하고도 성실하게 정확한 정보를 제공하지 못했을 경우 해당 기업이나 투자은행의 관계자까지 책임을 지도록 했다. 국제금융의 중심지로서 런던의 위상이 강화된 것은 이 같은 사전 예방적 제도 덕분이었다. 20세기 들어 1920년대 중반까지 미국 내 개혁파들의 목표는 모든 주식 및 채권 종목에 적용 가능한 규칙과 규정을 영국 수준으로 끌어올리는 것이었다.

미국에서도 일부 감독 대상 업종의 유가증권에 대해서는 1920년대에 이미 엄격한 감독 기준을 적용하고 있었다. 연방정부 차원의 주간상업위원회(ICC)와 일부 주의 철도위원회는 관할 기업의 재무제표를 정기적으로 열람하고 공시할 권한을 갖고 있었다. 은행과 공공기업들도 정부기관의 관찰 대상이었다.[주5] 1910년대까지 주요 증권거래소에 상장된 주식의 상당수가 철도나 은행, 공공사업 분야였기 때문에 1925년까지도 공시 정책에서는 영국과 미국 간에 실제로 큰 차이는 없었다. 그러나 증권시장이 대상승 국면을 지속하자 규제를 받지 않는 업종의 기업과 외국에서 발행된 채권이 막판에 무더기로 거래소에 상장되면서 영국과 미국 간의 제도적 차이는 크게 벌어지고 말았다.

뉴딜 정책 시행 이전에 비규제 업종의 유가증권을 대상으로 한 법률을 제정하려는 시도는 예상치 못했던 곳에서 나왔다. 미국의 금융 중심지로부터 공간적으로나 문화적으로나 꽤 멀리 떨어져 있는 캔사스 주였다. 캔사스 주민들은 엉터리 투자로 인해 금전적 손실을 보는 사례가 빈발하자 쓰레기 같은 주식을 팔러 다니는 영업직원들의 활동을 제한하기로 결단을 내렸다. 너무나 많은 저질 세일즈맨들이 "푸른 하늘(blue sky)에 대한 권리" 같은 터무니 없는 증서를 농부들에게 팔고 다녔다. 캔사스 주의회는 1911년에 여러 면에서 영국의 관련 법을 능가하는 수준의 새로운 규칙과 규정을 제정했다. 캔사스 주가 제정한 증권사기방지 종합법안은 모든 신규 유가증권 발행 시 재무제표를 첨부해 등록할 것을 의무화했을 뿐만 아니라 중개인과 딜러 면허제도도 도입했다. 처음으로 주정부에 강력한 감독권이 부여됐다. 주정부에는 사기성이 의심되는 회사나 직원에게는 면허발급을 거부할 권한이 주어졌고, 합법적인 중개인에 대해서도 의심스러운 금융상품은 판매할 권리를 박탈할 수 있었다. 적절한 수익률을 보장하지 않는 상품은 일단 의심스러운 상품으로 분류됐다.주6

이후 20년간 다른 주에서도 투자자 보호를 위한 증권사기 방지법안 (blue-sky bill)을 제정했다. 이 법안은 그러나 투기성이 높은 종목이나 장외시장만을 겨냥한 것이었다. 정식 증권거래소에 상장된 유가증권은 주정부 등록 의무가 면제됐다. 따라서 뉴욕증권거래소를 비롯한 주요 거래소들은 주정부가 자본시장의 외곽(투기종목이나 장외시장)을 제재하려는 움직임을 별로 심각하게 받아들이지 않았다. 오히려 비상장 주식에 대한 강력한 제재법안을 환영하는 분위기였다. 투자자들이 거래소 상장 주식이나 채권만 거래할 것이기 때문이었다. 한마디로 정부 규제에 대한 월 스트리트의 반대는 부분적이었다. 다만 그들 고유의 영역, 즉 주요 거래소의 활동에 간섭하는 것은 극구 반대했다.

두 번째 중요한 규제 관련 정책은 뉴딜 정책의 배경으로 거론되기도 하는 1920년 수송법(Transportation Act) 제정을 들 수 있다.주7 이 법은 ICC의 권한 강화가 골자였다. ICC는 철도기업이 유가증권을 발행할 때 사전 신고를 받으며, 해당 기업의 재무제표를 검토해 발행 여부를 승인할 수 있게 됐다. 하버드 대학교 경제학과 교수인 윌리엄 Z. 리플리(William Z. Ripley)가 이 개혁법안의 열렬한 주창자였다. 철도는 여객 및 화물 운송에서 가장 중요한 운송수단이라는 점에서 일반 국민들도 철도기업의 경영 현황에 이전부터 관심이 많았다. 더구나 제1차 세계대전 기간 중 연방정부는 전시(戰時) 동원을 극대화하기 위한 방안으로 철도기업을 국유화했으나, 이후 부채가 과도하게 증가하면서 이자 부담이 눈덩이처럼 불어나 철도 요금 인상이 불가피해졌다. 이 지경에 이르자 미 의회가 1920년 ICC에 엄청난 권한을 부여한 게 법 제정의 배경이었다. 이 법률이 시행되면 철도기업에 대한 금융자문회사로서의 역할이 축소될 수밖에 없었던 월 스트리트의 투자은행들은 막상 이 혁명적인 법 제정 과정에서 제 목소리를 내지 못했다.[주8]

　ICC가 철도기업의 신규 유가증권 발행을 거부할 수 있는 권한은 캔사스 주가 주정부에 부여한 권한과 비슷했다. 대다수 회사채와 주요 증권거래소에 상장돼 있는 우선주 및 보통주 가운데 상당수는 1920년대 후반까지도 철도기업이 발행한 유가증권이었기 때문에 영국과 미국의 법률적 차이는 실제로 그다지 크지 않았다. 1920년 수송법은 여러 면에서 1930년대 증권법 개혁의 모델이자 전신이었다.

주가 대폭락의 원인 규명을 위한 의회 청문회는 많은 전문가들이 몇 개월이면 주식시장이 반등할 것으로 예상하는 바람에 수 년간 지연됐다. 신속한 법안 제정은 불필요하며 현명하지도 않다고 여겼다. 주가의 급등락은 늘 있는 일이라고 여기는 사람들도 있었다. 실제로 1929년 10월 주가 대폭락 이후 6개월 만에 대다수 종목이 당시 하락폭의 절반 정도를 회복했다. 1929년 11월 다우존스 산업평균 주가는 198로 연중 최저치를 기록했지만 1930년 4월에 294를 회복하며 50% 가까이 반등했다. 그러나 이때부터가 본격적인 하강 국면의 시작이었다. 다우존스 산업평균 주가는 1930년에 33%, 1931년에 52%, 1932년도에 다시 23% 떨어졌다 결국 1932년 6월에는 1929년 9월에 기록했던 사상 최고치에 비해 무려 89%나 하락했다.[주9]

주식시장 붕괴로 막대한 손실을 입은 투자자가 정확히 얼마나 되는지는 파악할 수 없다. 하지만 1930년까지 미국의 주식투자자 숫자는 꾸준히 증가했고, 야심만만한 브로커들은 그 이전까지 자본시장에 무관심했던 중상류층 가정을 적극 공략해 고객으로 유치했다. 일각에서는 피해 규모를 과장해 호황 국면 당시 주식시장에 들어온 투자자의 숫자가 1929년 당시 1000만 명에 달했을 것이라고 추산하기도 했다. 하지만 자료를 정밀 분석해보면 그 숫자는 300만~500만 명으로 줄어든다.[주10] 정확한 숫자가 어찌됐든 이전까지는 주식을 보유하지 않았던 수백만 중상류층 가정이 시장의 추락을 경험했고, 이들은 한 목소리로 의회에 사기행각을 바로 잡을 대책을 입안하라고 요구했다.

1932년 허버트 후버 대통령과 당시 의회의 다수당이었던 공화당은 개혁법안 마련에 앞서 주식시장에 대한 청문회를 벌이기로 합의했다. 특히 증권거래소에서의 공매도 관행에 비판여론이 거셌다.[주11] 공매도는 본질적으로 비윤리적이므로 금지해야 한다는 주장도 있었고, 공매도가 주가 하락을 부추긴 만큼 엄격히 관리해야 한다는 전문가도 있었다. 현상 옹호론자들은 공매도가 실제로 주가 안정에 도움이 된다고 반박하기도 했다. 이들은 공매도가 투기에 의한 과도한 주가 상승을 억제하며 지나친 낙관론을 누그러뜨리는 효과도 있다고 주장했다. 1933년까지 이어진 의회 청문회에서 뉴욕 최대의 상업은행 가운데 하나인 체이스 내셔널 뱅크(Chase National Bank)의 알버트 위긴(Albert Wiggin) 행장이 1929년 여름 다름아닌 자신의 은행 주식을 공매도해 대폭락 이후 400만 달러의 차익을 챙긴 사실이 적발됐다.[주12] 결국 개정 법률에서는 공매도를 불법으로 규정하지는 않았지만, 최고경영자를 비롯한 주요 임직원들은 자신이 경영하는 기업의 주가 하락을 통해 이익을 취하지 못하도록, 즉 이들에게는 공매도를 금지하는 조항이 포함됐다.

의회 청문회가 한창이던 1932~33년 사이 월 스트리트의 목소리를 대변한 인물은 뉴욕증권거래소의 리처드 휘트니(Richard Whitney) 이사장이었다. 휘트니는 철도기업과 공공기업 채권을 전문으로 하는 중견 투자은행의 책임파트너이기도 했다. 그의 형인 조지 휘트니(George Whitney)는 저명한 투자은행인 J.P. 모건의 거물 파트너였다. 리처드 휘트니는 상원 소위원회에 출석해 비판론자들의 공격에 뉴욕증권거래소를 철통같이 방어했다. 연방정부 차원의 입법은 불필요하며, 거래소는 강화된 내부 규율을 시행해 나갈 능력이 있다는 주장이었다. 한번은 휘트니가 자신의 사무실에서 의회 조사관들에게 호기를 부리며 이렇게 말하기도 했다. "여러분은 큰 실수를 하는 겁니다. 거래소는 완벽한 기관입니다."[13]

하지만 1930년대가 다 가기도 전에 이 대단한 인물은 몰락하고 말았다. 리처드 휘트니는 횡령혐의로 기소됐다. 일반 대중이 아닌 자신의 형 조지를 포함한 증권거래소 회원을 상대로 한 사기였다.[14] 오랜 기간에 걸친 사기 행각이 들통나자 리처드 휘트니는 유죄를 인정했고 주 교도소에 수감됐다. 공교롭게도 그의 채권자 가운데는 1930년대에 10만 달러를 담보대출해준 E.A. 피어스도 있었다.[15] 1938년 4월 휘트니의 불명예 퇴진은 뉴욕증권거래소의 기득권층이 개혁이라는 대세에 굴복했음을 말해주는 사건이었다. 이 일을 계기로 회원사 중심의 거래소는 일반 투자자 위주로 바뀌었다. 돌이켜보면 리처드 휘트니의 갑작스런 퇴진은 찰리의 월 스트리트 복귀 시점이 다가오고 있다는 신호탄이었던 셈이다.

1932년 11월 대통령 선거가 끝나고 1933년 초가 되자 주식시장과 주요 거래소에 대한 의회 청문회가 재개됐다. 이전부터 자본시장 개혁을 주창해왔던 신임 프랭클린 루즈벨트 대통령은 하버드 대학교 로스쿨 교수인 펠릭스 프랑크푸르터(Felix Frankfurter)를 책임자로 한 법률팀을 구성해 법률 개정 작업에 들어갔다.[주16] 개혁안의 방향은 다양했다. 첫 번째는 상업은행과 투자은행의 제도적 분리였다. 20세기 초 뉴욕의 일부 상업은행들은 계열기업으로 자회사를 설립해 유가증권 발행 업무를 함께 해왔고, 1920년대 말에는 이들이 채권시장의 절반 가까이를 차지했다. 은행 자회사들은 철도기업과 공공기업, 대형 제조업체는 물론 외국정부, 특히 재정이 취약한 남미 정부의 국채 발행 업무를 주선하기도 했다. 그러나 이들 외국 정부 발행 국채 중 상당수가 전 세계적 공황의 와중에 지급불능 상태에 빠졌고, 인수회사와 고객들이 피해를 입는 경우가 많았다. 윌슨 대통령 시절 재무장관을 역임한 카터 글래스(Carter Glass) 상원의원 같은 비판론자들은 상업은행과 투자은행의 겸업을 강하게 비판하면서 은행 자회사들의 무분별한 영업활동이 증권시장 폭락에 일조했다고 목소리를 높였다.

이런 주장은 후대의 경제사학자들에 의해 대부분 인정 받지 못했지만 당시 정치지도자들은 1929~33년 사이의 장기 불황이 왜 초래됐는지에 대해 자신 있게 말하지 못했고, 결국 글래스 상원의원의 압력에 떠밀려 상업은행과 투자은행을 법으로 분리해버렸다.[주17] 상업은행과 증권업을 동시에 영위했던 금융기관들은 1934년에 둘 중 하나를 선택해야 했다. 이때부터 모든 상업은행은 기업 고객과 외국정부를 상대로 한 유가증권 인수 업무를 할 수 없었다. 상업은행과 투자은행의 분리가 찰리에게 미친 영향을 평가하자면 1940년대 들어 메릴린치가 새 출발할 당시 상업은행들이 증권업에 뛰어들지 못하는 바람에 기존의 증권회사들이 과당경쟁을 피할 수 있었다는 점을 들 수 있다.

개혁안의 두 번째와 세 번째 방향은 일반 투자자에게 제공하는 재무정보의 확대와 인수회사 및 브로커, 딜러에 대한 윤리기준 강화였다. 영국의 개정 회사법과 1920년 수송법에서 ICC에게 부여한 광범위한 권한, 여러 주의회에서 잇따라 제정한 각종 증권사기방지법안 등이 모델이었다. 의회 청문회에서의 증언과 보도자료를 통해 대다수 월 스트리트 회사들은 개혁안에 반대의사를 표명했다. 새로운 법안이 자본주의의 몰락을 가져올 것이라는 게 이들 월 스트리트 보수파의 주장이었다. 불황이 극심한 상황에서 규제만 강화할 경우 경기 회복을 저해할 것이라는 주장도 제기됐다. 다수 투자자들에게는 물론 궁극적으로 자신들에게도 이익이 되는 법안이었는데도, 그토록 영리한 많은 사람들이 이 점을 몰랐다는 게 의아할 정도다. 1930년대까지도 주요 금융회사들은 과거의 소수 부유층 위주의 자본시장에 너무 익숙해 있었기 때문에 수많은 중산층 가구가 1920년대에 증권시장에 새로 참여했다는 사실을 제대로 파악하지 못했던 것이다. 일반 투자자들도 자신들이 속았음을 알고 나서는 증권회사들이 보다 높은 책임감을 갖고 저질 세일즈맨으로부터 보호해줄 것을 요구했던 게 당시 상황이었다.

월 스트리트 인사들이 무더기로 기소되는 와중에 연방정부의 개혁안을 지지하는 예외적인 입장에 서 있던 두 사람이 있었다. 1920년대 메릴린치의 파트너였던 폴 실즈(Paul Shields)와 E.A. 피어스였다.[주18] 두 사람은 이미 발행된 유가증권을 유통시장에서 거래하는 일상적인 거래중개 서비스에 주력하는 증권회사의 책임파트너였다. 당시 "수수료회사"로 불렸던 증권회사의 이익은 정식 거래소 및 장외시장에서 이뤄지는 거래량과 직결돼 있었다. 따라서 다른 증권회사의 책임파트너들과 마찬가지로 피어스와 실즈도 시장 제도의 공정성에 대한 대중의 신뢰를 회복해야 증권회사가 고객의 사랑을 받을 수 있고 거래량 유지도 가능하다는 점을 잘 알고 있었다. 실즈와 피어스는 월 스트리트의 문제점에 대해 보다 종합적인 접근방법을 원했다. 재무제표 공시제도를 더욱 강화하고 특정 종목과 관련된 위험을 적절히 공시할 경우 자본시장 참여자 모두에게 장기적으로 혜택이 돌아갈 것이라고 주장했다.

피어스와 실즈가 개혁안을 지지해야 할 또 다른 이유가 있었다. 다른 증권회사들처럼 이들의 회사도 뉴욕증권거래소의 기득권층과 분쟁을 벌이고 있었다. 뉴욕증권거래소에서 일하는 사람은 크게 나눠 스페셜리스트와 개인 트레이더, 증권회사의 대리인 등 세 부류였다. 스페셜리스트는 시장에 나오는 매물을 경매로 처리하는 필수적인 존재였다. 19세기에 한때 번성했다가 20세기 들어 주춤해진 개인 트레이더는 본질적으로 투기자 내지 거간꾼이었다. 이들은 내부정보를 입수하거나 스페셜리스트의 사무실을 들락거리며 짭짤한 수입을 올렸다. 자신들은 가격변동폭을 줄여줌으로써 시장에서 긍정적인 역할을 하고 있다는 게 이들의 변명이었다. 수백만 명의 투자자들이 고객인 증권회사들은 이들의 주장을 신뢰하지 않았고, 개인 트레이더의 활동을 엄격하게 통제해야 한다고 주장했다. 그러나 개인 트레이더들이 창출하는 거래 물량이 만만치 않았기 때문에 증권회사와 분쟁이 생기면 스페셜리스트는 대개 이들의 편을 들었다.

1930년대 당시 뉴욕증권거래소 회원 중 다수가 증권회사였지만 이상한 선거규정 때문에 트레이더와 스페셜리스트가 힘을 합치면 거래소 이사장은 물론 거래규칙 제정 및 일상 업무를 담당하는 일반직원들까지 선임할 수 있었다. 거래소 이사장은 항상 거래소 회원이 맡았지만 무보수에다 극히 제한된 역할만 수행했다. 실즈와 피어스는 연방정부가 증권거래소를 감독할 경우 뉴욕증권거래소가 좀더 민주적으로 변할 수 있을 것이라고 생각했다. 1930년대 중반까지 리처드 휘트니 이사장을 비롯한 거래소 내 보수파들의 반대 때문에 이들의 구상은 관철되지 못했지만, 1930년대 말이 되자 전국적인 지점망을 거느린 증권회사들이 월 스트리트의 파워게임에서 우위를 점하기 시작했다. 뉴욕증권거래소는 상근 이사장 제도를 도입했고 비회원들에게도 선거권이 생겼다. 내부 개혁이 이뤄지자 거래소 이사장은 몇몇 개인 트레이더들의 이기적인 목표보다 일반 대중과 월 스트리트 전체의 이익을 중시하게 됐다.[주19] 찰리가 금융계로 복귀한 1940년 당시 뉴욕증권거래소는 이미 중상류층 투자자들을 자본시장으로 끌어들이려는 찰리의 의도와 비슷한 방향으로 움직이고 있었다.

1933년과 34년에 제정된 두 개의 주요 법안을 통해 연방정부는 자본시장에 대한 개입을 강화했고, 철도기업에만 국한됐던 감독권을 확대해 유가증권 발행 전체를 그 대상으로 삼았다.[주20] 유가증권을 발행하는 기업은 해당 기업의 정확한 재무정보를 담은 투자설명서와 발행할 유가증권의 상세한 내용을 투자은행의 자문을 받아 감독당국에 사전에 제출하도록 의무화한 조항이 핵심이었다. 감독당국은 제출일로부터 20일 이내에 투자설명서를 면밀하게 검토해, 공시 기준을 충족시키지 못하는 유가증권에 대해서는 발행중지 명령을 내릴 수 있었다. 이 법의 주된 목적은 유가증권에 표시된 내용의 진실성 확보였다. 취약한 기업이 발행한 의심스러운 유가증권이라고 해서 무조건 거절하는 것은 아니었다. 다만 투자설명서 상에 투기등급임을 정확히 표시해야 하며 안전하다든지 확실한 투자로 표현하는 것은 금지됐다.

자본시장에 대한 감독권은 원래 연방거래위원회(FTC, 소비자 보호와 공정거래질서 확립을 위한 기구로, 윌슨 대통령이 트러스트에 대항하기 위해 만들었다–옮긴이)가 갖고 있었다. 1934년 의회는 증권거래위원회(SEC)를 신설해 자본시장 감독권을 부여하면서 조셉 케네디를 초대 위원장으로 임명했다. 앞서 1920년대 중반 찰리와 린치가 빠떼 영화사 지분을 매각할 때 우연히 만난 인물이었다. 케네디는 1932년 대선에서 루즈벨트 대통령을 지지했던 몇 안 되는 경제계 인사였다. 1920년 수송법으로 막대한 권한을 부여 받은 ICC와는 달리 SEC는 건전성이 결여되거나 투자자에게 적절한 수익률을 제공하지 못할 것으로 보이는 유가증권의 발행을 금지할 권한이 없었다. 이 점에서 1933년과 34년에 제정된 증권법은 그 정신에서 영국의 회사법과 유사한 점이 많다.

새 증권법 아래서 연방정부는 뉴욕증권거래소를 비롯한 미 전역에 걸쳐있는 거래소들의 지배구조에 개입할 권한을 갖게 됐지만 이 같은 권한 행사를 자제하려는 경향이 강했다. 이 때문에 거래소들은 정부의 개입을 두려워하면서도 사교클럽과 비슷한 분위기를 그대로 유지했다. 이에 따라 SEC는 거래소 이사회에 주가 조작 목적의 내부 담합 조직 결성을 금지하도록 내부 규칙을 더욱 강화하라는 명령을 내렸다. 또 투자은행들이 신주 발행 시 일정 수량을 사업상의 동료나 정치권 인사들에게 시가보다 낮은 가격으로 배정하는 관행도 철폐하도록 했다. J.P. 모건이 특별 관리하는 저명인사 명단이 의회 청문회 과정에서 공개돼 소동이 벌어진 게 계기가 됐다.[주21] 1930년대 말에는 정부와 뉴욕증권거래소가 공동으로 증권시장의 공정성에 대한 투자자들의 신뢰 회복을 위해 "주식 갖기 캠페인"을 벌이기도 했다.

새 증권법 시행 후 개인 브로커와 딜러들은 연방정부에 등록해야 했다. 의회도 법을 위반하는 회사와 개인에게는 법적 제재를 강화했다. 과거 주정부 차원의 증권사기방지법이 주 경계를 넘나드는 사기에 대해서는 무력했다는 점을 감안한 것이다. 이에 따라 1933년 이후 금융회사들은 새 증권법을 준수하지 않을 경우 가혹한 벌금이나 업무정지 혹은 회사폐쇄 명령을 받게 됐다. 고객에게 거짓말을 한 영업직원은 민사상의 책임뿐만 아니라 형사처벌도 받았다. 유죄가 입증된 피의자에게는 실형이 내려질 수 있었고, 악질적인 범법자는 아예 평생 동안 증권업 분야에 취업할 수 없도록 했다. 영업직원이나 화이트칼라의 경우 감옥에 가는 것을 극도로 꺼린다는 점에서 엄격한 예방조치로 이런 가혹한 제재가 채택됐다. 법 시행 이후에도 매년 범법자가 적발됐다는 점에서 사기관행이 완전히 사라지지는 않았지만, 엄한 벌칙 때문에 사설 거래소들은 문을 닫았고 증권업계에서 사기와 협잡 관행은 현저히 줄어들었다.

1938년에는 장외시장을 규제하기 위한 목적으로 SEC의 권한을 더욱 강화한 멀로니 법(Maloney Act)도 제정했다. 1930년대 후반 출범한 장외시장인 전미증권업협회(NASD)는 정부 정책에 보조를 맞춰 주요 거래소의 정식회원이 아닌 증권회사들에게도 동일한 윤리기준을 적용하기로 했다. 이 자생적 협회는 새 증권법과 유사하거나 중복되는 각 주의 법률을 가급적 통일시키는 것을 목표로 삼았다. 1940년 당시 NASD의 회원은 전국적으로 2900개 사에 달했다.[22]

대공황기에 E.A. 피어스를 비롯한 증권회사들은 살아남기 위해 안간힘을 썼다. 1929년 주가 대폭락 이후 다른 증권회사들처럼 어느 정도 시간이 지나면 경제가 다시 회복될 것으로 생각했던 피어스는 침체기에도 공격적인 경영을 내세워 경쟁우위를 점하려는 전략을 폈다. 1930년에 찰스 메릴과 에드먼드 린치—정확하게는 두 사람의 어머니 명의—를 비롯한 메릴린치 파트너 몇 명을 합작파트너로 영입하면서 500만 달러의 출자금을 유치했던 피어스는 수중에 1500만 달러의 자금을 보유하고 있었다. 이에 힘입어 피어스는 메릴린치의 지점망과 직원을 흡수한 데 이어 서부 해안 지역의 로건 앤 브라이언(Logan & Bryan)의 지점을 흡수하는 등 성장가도를 달렸다.[23] 1930년대 말 무렵 피어스는 40개 도시에서 지점을 개설하고 있었다. 대서양 연안과 중서부에 집중돼 있기는 했지만 서부 해안에 6개 지점, 덴버에 사무소, 캐나다에도 3개 지점을 거느렸다.

1929~32년 사이 주가가 90%나 폭락했음에도 불구하고, 놀랍게도 거래량은 주가 하락폭만큼 줄어들지 않았다. 이 때문에 주가와 상관없이 거래 중개로 돈을 버는 주식 브로커들은 대부분 경기하강으로 인

한 수수료 수입 감소를 크게 걱정하지 않았다. 대공황이전 10년간 뉴욕증권거래소의 거래량은 1920년 2억3000만 주에서 1925년에는 4억4500만주, 1929년에는 12억 주로 증가했다. 그러나 1929년을 기점으로 거래량은 줄어들어 1930년에는 8억1200만 주, 1931년에는 5억7600만 주, 1932년에는 4억2500만주로 계속 감소했다. 다행히 루즈벨트 대통령이 당선되면서 1933년의 거래량은 6억5500만주로 전년도보다 50% 이상 증가하기도 했다. 3년간 끔찍할 정도로 떨어졌던 주가도 1933년에는 급반등했다. 1933년과 34년에는 산업생산이 증가했고 경제는 바닥에서 벗어나는 것처럼 보였다. 피어스와 직원들은 안도의 한숨을 내쉬었지만 이들의 낙관은 잘못된 판단이었다.

증권시장에 대한 연방정부의 감독 강화를 둘러싼 논쟁의 와중에서 보수파는 정부의 감독 강화로 인해 자본시장의 건전성이 저해될 것이라고 주장했다. 휘트니의 유명한 독설을 한번 살펴보자. "어떻게 뉴욕증권거래소처럼 이미 완벽한 기관을 개선할 수 있단 말인가?" 이후 10년간 일어난 일들을 살펴보면 개혁 회의론자들의 우려가 결코 엄살만은 아니었다. 1936년과 37년 잠시 반등한 것을 제외하곤 거래량은 1942년까지 지속적으로 감소했고, 증권회사(브로커)의 수익성은 계속 악화됐기 때문이다. 1934년에는 주식 거래량이 전년도에 비해 절반 수준인 3억2400만 주로 줄어들었고, 1938년에는 5년 만에 최저치를 기록했다. 1940년 뉴욕증권거래소의 거래량은 불과 2억700만 주로 상장종목 수가 훨씬 적었던 1905년 수준에도 못 미쳤다. 주식시장은 겨우 명맥만 유지했고 상황은 해가 갈수록 나빠지고 있었다.

1939년 말 무렵에는 거래 부진 속에서 E.A. 피어스 직원뿐만 아니라 다른 증권회사 임직원들도 파산 직전 상태였다. 루즈벨트 대통령이 취임한 이후 미국 경제는 1937년과 38년의 침체기를 제외하곤 줄곧 나아지고 있었지만 여전히 신규 계좌보다는 폐쇄 계좌가 더 많았다. 전국 규모의 증권회사 점포망 구축이라는 피어스의 구상도 좌초할 위기였다. 이익은 사라졌고 손실은 눈덩이처럼 불어났다. 손실 방어 차원에서 찰리는 피어스에 대한 투자를 출자에서 대출로 전환했다. 워싱턴과 월 스트리트에서 증시 개혁안에 앞장섰던 피어스의 귀에도 주가 대폭락 이전의 제도를 옹호하거나, 루즈벨트 대통령이 주도한 뉴딜 정책의 부작용을 비판하는 개혁 회의론자들의 목소리가 들리기 시작했다. 시카고의 윈스롭 스미스를 비롯한 지점장들은 임대료와 기타 경비를 충당할 만한 수수료 수입도 벌어들이지 못하는 지경이었다. 이런 상황에서 10년간의 파트너십 계약이 1940년 초 만료되면 피어스 앤 컴퍼니는 회사 청산을 고려해야 하는 실정이었다. 상황은 암담했다. 찰리가 무대로 다시 등장한 것이 바로 이때였다.

돌이켜보면 피어스는 정말 어려운 시기에 용감하게 수성(守城)에 전력을 기울였다. 찰리가 돈과 경영 능력을 갖고 복귀할 때까지 그는 회사를 잘 지켰다. 복귀한 찰리는 피어스가 만든 전국 점포망을 미국뿐만 아니라 세계에서 가장 성공적인 기업으로 발전시켰다. 여기서 나온 이익은 메릴린치와 피어스, 페너 앤 빈의 파트너들뿐만 아니라 수천 명의 직원들, 미국 자본시장의 부활로 혜택을 입은 수백만 명의 고객들에게 돌아갔다.

9 　　　　　　　　고객의 이익이 가장 먼저다

찰스 메릴이 월 스트리트에서 불멸의 인물로 남게 된 것은 그가 인생
에서 세 번째이자 마지막 사업 이력으로 미국에서 가장 크고 수익성
높은 증권회사의 최고경영자(CEO)를 맡았기 때문이다. 몇 차례의 합
병을 거치면서 메릴린치, 피어스, 페너 앤 빈(Merrill Lynch, Pierce, Fenner
& Beane)이라는 긴 이름을 갖게 된 회사다. 회사 이름이 하도 길어 혹
자는 "우리 국민(WE THE PEOPLE)"이라고 농담 삼아 부르기도 했지
만, 메릴린치의 파트너들은 회사 이름을 소중히 여겼고 중산층 가구의
투자 목표에 봉사한다는 점을 강조하기 위해 이를 선전하기까지 했
다. 1940년 월 스트리트에 복귀해 1956년 타계할 때까지 찰리는 여러
혁신적인 전략을 선도했고, 이 전략들은 미국의 자본시장과 금융시장
전반에 큰 반향을 불러일으켰다. 그가 도입한 정책과 절차들은 전 세

계 자본시장에도 큰 영향을 미쳤다. 미국 자본시장의 역사에서 주요 인물들–18세기 말의 알렉산터 해밀턴(Alexander Hamilton, 미국의 초대 재무장관–옮긴이)부터 20세기 초의 J.P. 모건에 이르기까지–은 정부나 대기업의 자금조달을 위한 유가증권 신규 발행을 주선함으로써 유명해졌다. 사실 찰리도 월 스트리트 초창기 시절(1914~29)에는 비슷한 경로를 밟아 부를 축적했고 약간의 명성도 쌓았다. 당시 그가 성공한 분야는 투자은행의 한 축인 기업금융 분야였다. 그는 자금조달을 주선해준 기업의 보통주를 취득해 보유했다.

1940년대 들어 메릴린치가 새로이 부상하기 이전까지 일반적인 증권산업(증권중개업)은 품위를 따지는 엘리트 금융 세계에서 인정을 받지 못했다. 증권업계의 인정된 리더들인 폴 실즈와 E.A. 피어스조차 월 스트리트에서 공식적이든 비공식이든 위상이 높지 않았고 그다지 힘을 쓰지도 못했다. 본사 중심인 투자은행과는 달리 리테일 증권업은 경쟁이 심했고 지역적으로도 분산돼 있는 비즈니스였다. 그러다 보니 동부에서 서부 지역까지 대도시와 중간 규모 도시에 걸쳐 수많은 지점망을 두었고, 인구가 적은 소도시에는 사무소를 열었다. 잘 나가는 투자은행은 불과 며칠 혹은 몇 주 만에 큰 거래를 성사시키고 수십만 달러에 이르는 거액의 보수를 챙겼지만, "수수료 회사"인 증권회사들은 개인 고객을 상대로 수백 주 단위의 거래를 성사시켜준 대가로 불과 몇 달러의 수수료를 받는 게 고작이었다. 증권회사 직원들로서는 특별히 화려할 일도 없었고 유통시장에서 약간의 수수료를 챙기는 게 전부였다. 대부분 중산층이나 중상류층 생활을 누릴 수는 있었지만 최상류층에 진입할 만한 재산을 모으지는 못했다. 주요 증권회사의 핵심 파트너들만 부유층에 속했다.

1930년대 당시 대부분의 금융회사들은 관행이나 법률에 의해 제한된 업종만 할 수 있었다. 주요 투자은행들은 독립된 비계열 기업이었고, 사업영역도 단 하나의 업종에 국한된 단종 기업들이었다. 철저히 도매 금융업자였던 이들은 증권중개 업무를 경시했고 특정 고객들에게만 예외적으로 거래체결 서비스를 제공했다. 반면 원래 증권업으로 출발했던 회사들은 업무 영역을 확대해 자신들의 위상과 수입을 높이려고 시도하는 게 보통이었다. 물론 자금력이 튼튼하거나 자금동원 능력도 있는 일부 증권회사의 경우 투자은행의 고객을 유치하려는 시도를 했다. 자본시장의 변두리에 있는 이들 증권회사는 중소기업—주요 투자은행들이 기피하는—이 발행하는 신규 유가증권 인수업무를 맡음으로써 투자은행업 분야에 진입하는 코스를 밟아나갔다. 시장조성자 겸 증권중개업자로 활동한 이들 증권회사는 장외시장에서 거래되는 유가증권을 모두 인수했다. 그러나 뉴욕증권거래소(NYSE)에서 거래되는 철도기업의 채권 같은 우량 유가증권을 인수할 기회는 얻지 못했다.

증권회사와 투자은행 사이에는 제도적, 관행적 차별이 오랫동안 존재해왔다. 사실 증권업은 단순하고 돈벌이도 신통치 않았다. 1920년대 당시 찰리도 마찬가지였다. 직접 투자나 기업금융 업무가 수익성이 훨씬 높다는 것을 알게 된 찰리는 단순한 브로커 영업에 점차 관심을 잃어가고 있었다. 메릴린치는 1920년 이전에 개설한 점포들을 대부분 유지했지만 더 이상 소매(리테일) 영업을 강화하지 않았다.

1940년에 금융업에 복귀한 찰리는 과거의 경험을 충분히 활용했다.

물론 금융상품에 관한 지식과 건전 투자 원칙의 준수는 이전처럼 가장 중요한 가치였다. 하지만 세이프웨이 경영에 헌신하면서 배운 교훈도 1930년 이전 월 스트리트에서 이뤄낸 업적 못지 않게 중요했다. 식료품 판매와 마찬가지로 증권업도 거래 한 건당 이익이 적기 때문에 수익성을 높이려면 판매량을 지속적으로 늘려야 한다는 게 그가 터득한 교훈이었다. 세이프웨이에서 배워 훗날 재탄생한 메릴린치에 접목시킨 가장 중요한 컨셉트는 전국 곳곳에 흩어져 있는 거대 점포망의 효율적인 운영 기법이었다. 세이프웨이는 1930년대 300개 이상의 점포를 운영하고 있었다. 찰리와 린치가 1920년대에 메릴린치를 경영했을 때만 해도 회사가 아주 작아 거의 모든 직원을 다 알고 지냈다. 반면 세이프웨이는 규모와 범위가 워낙 방대해 찰리가 아는 직원은 몇 명 되지 않았고 주요 임원들과 의사소통하기에도 바빴다. 따라서 일상적인 업무는 다른 임원들에게 맡기고, 찰리는 결정적인 문제와 큰 전략에만 집중했다.

세이프웨이의 경영 목표는 고객들이 어렵게 벌어 지불한 돈 이상의 가치를 제공함으로써 판매량을 높이는 것이었다. 식료품 체인점 고객들은 사회적 지위나 소득수준에서 모든 계층을 망라했고, 식료품 체인점은 알뜰 점포에서 양질의 기본식품을 저가로 판매하는 방식이었다. 시간이 흐르자 찰리는 이 같은 영업방식을 증권업에도 적용할 수 있으며, 고객기반을 확대해 미국의 중상류층을 전부 포괄할 수 있을 것이라는 확신을 갖기 시작했다.

1940년에 재출발한 메릴린치의 대표파트너를 맡게 된 찰리에게는 세 가지 당면 과제가 있었다. 근본 원칙에 관한 것이라는 점에서 상호

연관된 것이었지만 지역별, 인력별로 다양한 접근법이 필요했다. 우선 찰리는 완전히 새로우면서도 혁명적인 기업문화를 창출하고자 했다. 늘어나는 고객들에게 합리적인 수수료로 최상의 서비스를 제공하는 게 절대적으로 중요했고, 이를 위해서는 영업직원과 리서치 담당 연구원, 지원부서직원들의 상호협력이 필요했다. 증권회사에서는 이런 시도를 해본 전례가 없었기 때문에 메릴린치가 도입한 경영방식은 독창적이었고 최초의 사례였다.

두 번째 과제는 아직 잠자고 있는 다른 증권회사들을 상대로 새로운 현실을 깨우치도록 설득하고 독려하는 일이었다. 대중의 신뢰가 절대적으로 필요한 업종이라는 점에서 찰리는 자신의 회사가 장기적으로 잘 되려면 경쟁회사의 이미지와 성과도 제고할 필요가 있다고 생각했다. 증권회사가 성공하려면 거래량 증가가 필수적인데 다른 증권회사들이 구시대의 관행에 얽매여 제살 깎아먹기 식 행태를 계속한다면 거래량 증가는 기대하기 어려웠다. 한마디로 찰리는 경쟁우위를 추구하면서도 경쟁자를 죽일 생각은 없었다. 사실 그는 다른 증권회사들도 언젠가 자신의 제도적 개혁을 수용해 월 스트리트의 중흥에 기여하기를 바랐다.

1940년대 초 모든 증권회사의 지상과제는 고객 유치였다. 적은 거래량으로는 모든 회사가 손실을 면키 어렵다는 점을 뼈저리게 경험했기 때문이다. 이때 메릴린치는 다른 증권회사의 고객을 빼앗는 게 아니라 신규 고객 유치에 앞장섰다. 찰리는 투자대상으로서 주식과 채권에 대한 대중의 신뢰를 회복하고, 동시에 페어플레이와 정직한 제도를 바탕으로 증권시장에 대한 대중의 믿음을 회복하기 위해서는 증권업계 종사자 모두가 뭉쳐야 한다고 생각했다.

세 번째 과제는 대중을 주식시장으로 끌어들여 투자자로 만드는 일이었다. 찰리의 계획은 대공황기의 손실로 증시에 환멸을 느끼고 떠난 사람들을 다시 불러 모으는 것 이상이었다. 그는 대담한 구상을 갖고 있었다. 주식투자를 한 적이 없는 사람들에게 계좌 개설을 권유하는 것이었다. 찰리는 고객의 재산 증식을 위해 자신의 회사와 종업원들이 체계적인 투자 프로그램을 통한 합리적인 투자상담을 하고 있다는 점을 믿어달라고 설득했다. 뉴욕증권거래소 통계에 따르면 1940년에 활동성 증권 계좌를 갖고 있는 가구는 100만 명 정도였다. 메릴린치에서는 앞으로 10년 내에 이 숫자가 두 배는 될 것이라고 자신했다. 성장 가능성을 눈 여겨 본 메릴린치는 그 후 수 년간 20개 도시에 새로 지점을 개설한다는 계획을 세웠다.

증권회사가 투자대상으로서 채권뿐만 아니라 주식에도 관심이 있는 사람들을 위한 안전지대로 변신함으로써 기존 이미지에서 벗어나야 한다는 게 찰리의 바람이었다. 19세기는 물론 20세기 들어서도 점잔만 빼던 투자은행가들은 부유층에게 국공채나 대기업의 회사채를 추천함으로써 기존의 재산을 지키도록 하는 게 고작이었다. 그러나 찰리는 이 같은 제한적인 역할에서 과감히 탈피하고자 했다. 부자가 아닌 일반 가정에서도 성장 잠재력이 큰 보통주에 정기적으로 투자함으로써 경제적 지위를 높일 수 있다는 게 찰리의 생각이었다. 뉴욕증권거래소에 상장된 보통주의 연평균 수익률이 10~12% 수준이었다는 점을 감안하면 투자한 다음 25년이 지나면 원금이 10배 이상 불어날 수 있었다. 가령 어느 투자자가 매년 300~500달러씩 투자해 40세까지

1만 달러 상당의 보통주를 보유했다면, 이 투자자가 65세가 됐을 때 주식의 가치는 적어도 10만8000달러로 불어나고 70세가 되면 17만 5000달러가 된다. 한 세대 안에 중산층 가정이 경제적으로 한두 계단 상승해 상류층에 진입하게 되고, 이미 상류층인 가정은 최상층으로 올라설 수 있다는 계산이다.

1930년대 말까지도 대다수 미국인들은 주식투자가 도박과 흡사한 것이라고 여겼다. 특별히 아는 게 많거나 운이 아주 좋은 사람을 제외하곤 매번 손실을 입는 게 보통이라고 생각했다. 이 같은 인식을 바꾸려면 주식의 본질과 증권시장의 기능에 관한 정확한 정보를 전파해야 한다고 찰리는 판단했다. 모두를 전부 설득시킬 수는 없겠지만 장래의 투자자가 귀를 기울이고 마음에 담아 둔다면 평생에 걸쳐 상당한 혜택을 누릴 수 있다는 논리였다. 물론 증권거래가 늘어날 경우 증권회사 직원과 파트너들도 그 혜택을 누릴 수 있었다.

변호사들이 메릴린치와 E.A. 피어스의 합병안을 마련 중이던 1940년 2~3월 두 달간 찰리와 측근인 윈스롭 스미스, 사위인 로버트 마고완은 전국 지점장 회의에서 공개할 계획인 야심찬 미래 영업전략을 짜느라 많은 시간을 보냈다. 준비 작업을 돕기 위해 찰리는 로스앤젤레스에서 경영 컨설팅회사를 운영하고 있던 테드 브라운에게 남부 캘리포니아 지역의 피어스 지점에 대한 철저한 분석을 의뢰했다.[주1]

브라운의 컨설팅회사는 피어스의 영업조직을 두 가지 관점에서 연구했다. 브라운은 우선 회계사들에게 증권계좌 종류별로 수익과 원가에 대한 분석을 하도록 했다. 다음으로 로스앤젤레스 지점에 계좌가 있는 3000여 명의 고객 가운데 표본을 추출해 태도와 의견을 조사했다. 질문은 포괄적인 것부터 구체적이고 간단한 것까지 다양했으며, 조사관은 자본시장 전반에 관한 고객들의 견해는 물론 피어스 지점과 개별 직원들의 성과에 관한 고객들의 의견을 물었다. 대부분의 고객은 자신들과 같은 외부인에게 증권 관련제도가 공정한지 대해 의심하고 있었고, 당연히 주식중개인이라는 직업의 신뢰성에 대해서도 회의적이었다. 반면 피어스의 로스앤젤레스 지점 소속 브로커에게는 비교적 후한 점수를 주었다. 결국 증권시장에 대한 비판이 일반적이긴 해도 이로 인해 회사 직원의 자질이나 평판이 반드시 부정적인 영향을 받지는 않는다는 의미였다.(정치의 세계에서도 비슷한 이야기를 할 수 있는데, 대부분의 미국인은 정치제도로서 의회를 상당히 불신하지만 자신의 지역구 출신 의원들의 정직함과 능력에 대해서는 높은 신뢰를 갖고 있다.)

로스앤젤레스 지점에 대한 분석과 새로이 합병한 메릴린치 최고 경영진과의 협의, 여기에 그동안의 컨설팅 경험을 종합해 브라운은 미국 금융업 역사상 가장 혁신적인 아이디어를 제안했다. 증권업 분야에 오래 종사했던 사람들에게 그의 제안은 너무 급진적이어서 혁명이나 다름없었다. 특정 거래와 연계된 수수료의 일정 비율을 떼어내 개별 브로커에 대한 급여로 지급하는 방식을 포기하라고 권고한 것이다.(피어스의 경우 브로커가 가져가는 몫이 전체 수수료의 28%였다.) 대신 회사의 수익에 기여한 정도를 평가해 브로커에게 고정 급여를 지급한다는 방안이었다. 당시 보상제도는 영업직원들의 실적에만 초점을 맞추고 있었기 때문에 관리하기가 상대적으로 쉬웠다. 반면 새로운 제도는 각각의 직원이 지점의 손익에 얼마나 기여했는지 지점장이 주관적인 잣대로 결정해야 하기 때문에 훨씬 더 까다로웠다.

월 스트리트의 어떤 회사도 이처럼 파격적인 보상정책을 시행해 본 적이 없었던 시대라 브라운이 이 같은 안을 처음 제시하자 이렇게 황당무계한 아이디어를 제정신으로 낸 것인지 의심하는 사람마저 있었다. 피어스의 장기 근속자들은 자신들의 신분이 월급쟁이로 바뀌는 점에 대해 이야기하면서 브라운처럼 금융업에 문외한인 외부인사가 증권회사에서 통할 만한 아이디어를 개발하는 게 가능한지 의구심을 제기했다.

브라운은 메릴린치가 다른 증권회사와 차별화하길 진짜 원한다면 기존 고객들의 불만뿐만 아니라 장기적으로 수백 만 잠재 고객들의 막연한 두려움을 없애줄 획기적인 정책을 시행할 필요가 있다고 끈질기게 주장했다. 브로커들이 경쟁사보다 더 정직하며, 투자자들의 경제적 목표를 충족시키는 데 보다 헌신적이라는 주장만 해서는 단순한 경쟁우위의 차원을 넘어서는 확실한 무엇을 하고 있다는 인상을 주기 어렵다는 것이었다. 브라운의 조사결과 증권회사와 거래한 적이 있는 사람들은 한결같이 브로커가 증권을 사고 팔라고 권고할 때마다 브로커가 과연 누구의 이익을 가장 중시할지 의심을 품었던 것으로 나타났다. 브로커가 거래수수료만 챙기려 하는 것인지 아니면 진짜로 이 거래가 고객의 이익에 부합한다고 믿는 것인지 의구심을 가졌던 것이다. 브로커의 동기에 대한 이 같은 불신은 브로커의 보수가 거래수수료를 기준으로 결정되는 한 불가피하다고 브라운은 강조했다. 따라서 브로커와 고객 간의 불신 관계를 바꾸는 유일한 방법은 "억지 거래"를 만들어내려는 동기를 완전히 차단해 버리는 것이었다.

증권중개업보다는 투자은행 분야가 주 전공이었던 찰리도 처음에는 새로운 보상방식에 회의적이었지만 결국은 브라운의 설득에 넘어갔다. 광고부장이던 루 엥겔(Lou Engel)에게 보낸 편지에서 찰리는 당시 상황을 이렇게 회고했다:

테드 브라운이 제시한 모든 정책 가운데 이것이야말로 내가 가장 받아들이기 힘든 것이었네. 나는 테드에게 나 같으면 수수료도 주지 않는 회사에서 일하지 않을 거라고 확실하게 얘기했지. 데드는 (잠깐 생각하더니) 의자에 등을 기댄 채 편한 자세로 말하더군. "그 점이 바로 내 제안의 핵심입니다. 그것을 채택하지 않는다면 나머지는 얘기할 필요도 없습니다."

반대 입장에서 돌아서 열렬한 지지자가 된 찰리는 이 정책을 파트너들에게 열심히 설득했다. 찰리는 "지난 15년간의 일들을 돌이켜 볼 때 내가 주도한 모든 정책 가운데 이것이 제일 중요한 것이었다"고 결론지었다.[주2]

이틀간의 전국 지점장 회의가 1940년 4월 3일 수요일 오전 10시 뉴욕의 왈도프 아스토리아 호텔에서 시작됐다. 피어스가 개막선언을 한 뒤 곧 바로 새로운 대표파트너인 찰스 메릴을 소개했다. 찰리는 회의의 배경과 그동안의 전략 수립에 대해 설명했다. 그는 참석자들에게 네 차례의 전체 회의 동안 일일이 받아 적을 필요는 없으며 경영진이 새로운 시각에서 접근한 아이디어와 근본원칙을 이해하는 데 집중해 달라고 당부했다. 지점장들은 일주일 안에 전체 회의록 원고를 받을 것이라는 사실을 알고 나서야 안도했다. 양면 타이프로 된 원고는 거의 250페이지에 달했다.

오전의 개막 연설에서 찰리는 그가 세이프웨이에 전력을 기울이는 동안 얻은 교훈을 인용했다. "이제 저는 다시 투자은행가가 될 예정이지만 속마음은 여전히 식료품 체인점 사업가라고 생각합니다. 아시다시피 저는 1912년 이후 체인점 사업에 종사해왔습니다."[주3] 1920년대 후반 한때 찰리는 식료품 사업에 관한 한 모든 걸 다 알고 있다고 생각했었는데, 1931년에 자신이 아무것도 모른다는 사실을 알게 되고 나서는 정신이 확 드는 느낌이었다고 이야기했다. 그가 몰랐고 또 거의 모든 사람이 몰랐던 이유는 "엄청난 양의 잘못된 정보" 속에 너무 오랫동안 빠져 있었기 때문이었다고 지적했다. "경영진은 기억력과 영감, 직관, 전통, 그리고 사업의 일반적인 느낌에만 의존해 점포들을 관리해 왔지만 제가 확신컨대 자신들의 판단을 뒷받침할 만한 아무런 근거도 갖고 있지 않았습니다." 과거의 식료품점 관리자들은 다양한 상품에 대해 표준 마진율을 유지해야 한다고 생각했다. 품목에 따라 그들은 도매가의 20% 혹은 30%나 40%의 마진율을 고집했다.

1930년대 초 체인점들의 문제점에 대해 보다 체계적으로 분석했던 찰리와 세이프웨이 경영진은 기존 관행을 버리고 가격결정에서 완전히 새로운 접근방법을 시도하기로 했다. 찰리는 당시의 상황을 냉정하게 직시하면서 "유통업자로서 우리가 바랄 수 있는 것은 우리의 비용에 상응하는 이익도, 희망하는 대로의 이익도, 욕심만큼의 이익도 아니라 그 동네에서 가장 낮은 가격으로 맞추고 난 뒤 우리 호주머니에 남아있는 것이라고 선언했다"고 말했다.[주4] 이와 똑같은 잣대로 증권업도 상품기획과 대 고객관계에서 기존의 접근방법을 재검토할 필요가 있었다. 다른 업종이라도 앞선 점은 배워야 했다. 찰리의 말은 이어졌다. "여러분이 제 생각을 받아들였으면 합니다. 여러분이 저의 판매 이론을 이해하고자 한다면 이게 기초라고 생각하기 때문입니다. 세이프웨이 점포에 들어오는 고객은 가장 싼값으로 최고의 가치를 얻는다는 확신을 가지고 물건을 살 자격이 있습니다. 품목별로 고객이 내는 돈과 우리 원가와의 차이가 우리의 총이익이 되는 것이지 우리 맘대로 그 비율을 정하는 게 아닙니다. 우리가 점포 문을 여는 순간 우리 점포에 들어오는 사람은 누구나 가장 싼 가격으로 가장 일차고 최고의 대우를 받게 될 것이라는 정책을 우리 돛대 위에 높이 매달아야 합니다."[주5] 이 원칙은 초보 투자자들을 대하는 데도 전적으로 맞는 얘기였다. 회사의 수탁의무에 관해 찰리는 이렇게 덧붙였다. "당신을 믿는 사람을 속여서는 안됩니다." 믿음과 신뢰, 양질의 서비스, 싼 수수료는 1940년대와 50년대 메릴린치의 슬로건이 됐다.

이날 오전 늦게 다시 단상에 올라간 찰리는 거래중개와 관련된 수익과 비용을 분석했다. 1939년 기준으로 평균 거래주문 처리비용은 14달러29센트인 반면 평균 수수료 수익은 10달러17센트였다. 거래 한 건당 4달러 이상의 손실이 나는 셈이었다. 100주 이상의 정상 거래단위는 거래 당 16달러 정도의 수수료 수익이 생겼기 때문에 겨우 수지를 맞출 수 있었다. 그러나 100주 미만의 소량 주문은 거래 당 수익이 5~6달러에 불과했다. 그런데 소량 주문을 처리하는 데 드는 비용이나 대량 주문을 처리하는 데 드는 비용은 별 차이가 없었기 때문에 결국 소량 주문이 이익을 저해하는 요인이었다. 그러나 찰리는 이익에 마이너스라는 이유로 소액 계좌나 단주 거래를 푸대접할 생각이 없었다. 증권업에서 단주 거래는 소매업에서 말하는 특가품과 유사했기 때문이다. 20대와 30대 젊은 고객 가운데 일부는 나중에 부를 쌓고 신뢰도 갖게 된 다음 대량 주문을 할 것이며, 그때는 실질적인 수익의 원천이 될 것이라는 기대가 있었다.

비용과 수익에 대한 내부 분석자료에서 놀라운 발견은 고객의 신용거래 계좌(고객이 돈을 빌려서 유가증권을 살 수 있도록 허용한 증권계좌–옮긴이)에서 벌어들인 순이자가 일상적인 거래중개에서 발생하는 손실을 상당 부분 상쇄할 정도로 짭짤하다는 점이었다. 찰리의 설명대로 1930년대 후반 연간 이자수입은 70만~100만 달러에 달해 영업손실을 만회해주었다.[주6] 회사는 사실상 신용으로 유가증권을 사는 고객들에게 신용대출을 확대했고, 그렇게 번 이익으로 굴러가고 있었다. 한 세기 이상 증권회사들은 대출시장과 자본시장을 연결하는 금융중개인의 기능을 해왔던 셈이다. 투기자뿐만 아니라 장기투자 고객들도 주식투자 자금의 일부는 차입하는 게 보통이었다. 주요 자금줄은 증권회사에 콜금리로 돈을 빌려주는 상업은행들이었다. 콜금리는 통상 100% 유가증권 담보대출에 적용되는 금리로 상대적으로 낮은 편이었다. 무이자의 고객예탁금도 증권회사의 자금줄이었다. 신용으로 증권을 매수하는 고객은 대개 콜금리보다 1~2% 높은 이자를 지급했다. 증권회사에서는 이 마진을 이자수수료(interest override, 저금리인 콜금리나 무이자인 예탁금으로 조달한 자금으로 이자가 높은 신용대출을 해줌으로써 거둬들이는 수익을 말한다. 이자도 받고 수수료도 받는다는 의미에서 이자수수료라고 이름 붙였다–옮긴이)라고 불렀다.

찰리는 이날 첫 연설을 마친 뒤 브라운을 일련의 혁신적 경영정책의 기초가 된 "팩트들(facts)"을 찾아낸 사람이라고 소개했다. 이어서 등단한 브라운은 자신의 컨설팅회사가 분석한 로스앤젤레스 지점의 1939년과 40년도 영업실적에 대해 자세히 보고했다. 로스앤젤레스 지점에는 브로커가 9명, 고객계좌는 2828개로 브로커 당 평균 고객은 300명이 조금 넘었다. 전체 고객의 90%정도가 유가증권만 거래했다. 6%는 상품만 거래했고, 4%는 상품과 유가증권을 모두 거래했다. 여성 고객의 비율은 25%였다. 거래량은 고객별로 크게 달랐다. 전체 고객의 15%이상이 최근 1년 사이 거래가 없었고, 55%는 1~5건, 30%는 6건 이상의 거래실적이 있었다. 거래실적이 적은 70%의 계좌에서 생기는 수수료 수입은 15%에 불과한 반면 거래가 활발한 계좌에서 나오는 수수료 수입이 전체의 85%를 차지했다.

브라운은 신용융자잔고가 있거나 예탁금이 있는 계좌를 보유한 고객이 회사의 수익성과 브로커들의 수입에 어떤 영향을 주는지 중점 분석했다. 가장 활동적인 계좌는 신용거래 계좌였다. 투자금의 일부를 빌려 증권을 사는 고객들이 기여하는 연평균 수수료 수입은 165달러나 된 반면 현금만으로 증권을 매수하는 고객의 수수료 수입 기여도는 50달러에 불과했다. 더구나 신용거래 고객이 지급하는 연간 이자수입이 70달러에 달했다. 최대의 수익원은 5000달러 이상의 신용융자잔고가 있는 신용거래 계좌들이었다. 1939년 당시 이들 고객은 연간 수수료로 500달러 이상, 이자로 440달러의 수익을 안겨줬다. 한편 앞으로의 거래에 대비해 현금 예탁금을 많이 갖고 있는 고객들도 수익성이 높아 연간 175달러를 수수료를 내 예탁금 없이 현금으로만 거래하는 고객들보다 수익 기여도가 3배 이상 높았다.

보고서에서는 장기 고객의 경우 신규 고객에 비해 거래빈도가 높다고 분석했다. 지점 계좌의 3분의 1정도가 5년 이상 된 계좌였고, 이 고객들이 전체 수수료 수입의 절반을 차지했다. 신규 고객은 거래량에 큰 기여를 못했지만 언젠가 단골고객이 돼 회사에 큰 이익을 안겨줄 잠재력이 있다는 점에서 소중했다.

이틀째 회의의 주제는 조직과 구조, 업무절차상의 문제였다. 참석자들에게 가장 중요한 주제는 브로커의 급여와 대 고객서비스, PR(홍보) 전략과 관련된 새로운 정책이었다. 브로커들의 수입이 수수료 연동 방식이 아니라 고정 연봉으로 바뀐다는 점이 최대의 뉴스였다. 이제 인센티브가 없어지면 브로커들이 거래 늘리기에 주력한다는 일반 대중의 의혹도 사라질 터였다. 새로운 정책의 발표 시점에 맞춰 회사는 기존 고객과 미래 고객의 눈길을 끌만한 큰 글씨로 이런 슬로건을 내걸었다. "고객의 이익이 가장 먼저다.(THE INTERESTS OF OUR CUSTOMERS MUST COME FIRST.)" 브로커의 최저 연봉은 2400달러로 책정됐고 300여 명의 전체 영업직원 가운데 15%는 1939년보다 오히려 소득이 늘어났다. 최저 연봉 이상의 수입을 올렸던 브로커들은 모두 1940년 말까지의 남은 기간 동안 현재의 소득에 추가로 월 25달러를 더 받았다. 집에 가져갈 돈이 줄어든 브로커는 한 명도 없었다. 이 같은 급여체계는 특정 브로커가 벌어들일 수 있는 소득의 상한선을 정해놓은 것이었지만 소득이 안정되는 데다 거래량이 증가할 경우 매년 급여 인상을 기대할 수 있다는 장점이 있었다.

급여체계 개혁에 이어 메릴린치는 지점 단위의 업무분장과 책임범위를 대대적으로 재정비했다. 로스앤젤레스 지점에 대한 브라운의 심층분석 결과 얻어진 교훈을 바탕으로 찰리는 기존의 고객서비스 시스템을 완전히 뜯어 고치고자 했다. 그의 시도는 상호보완적인 두 가지 목적이 있었다. 다양한 고객층에게 보다 나은 서비스를 제공한다는 목적과 거래량을 증대시켜 회사의 수익성을 향상시킨다는 게 목적이었다. 당시 증권회사들은 오로지 개인별 경쟁에만 의존해 고객계좌를 배정하고 있었다. 지점장들은 신규 고객을 유치한 브로커에게 해당 고객의 거래를 사실상 독점할 수 있는 권한을 부여했다. 이 같은 전통적인 영업방식으로 인해 과거 메릴린치(다른 증권사도 마찬가지)의 거의 모든 브로커들이 고객들에게 앞뒤 안 가리고 마구 달려드는 일이 빚어졌다. 이 결과 브로커의 고객명단에 올라 있는 이름의 대부분은 소액이나 비활동성 계좌였고 따라서 수익성이 낮았다. 평균적으로 브로커의 고객 계좌 가운데 4분의 1 내지 3분의 1이 비교적 활동적이었지만 그래 봐야 약간의 이익을 남기는 정도에 불과했다.

고객별 거래량 편차 외에 한 명의 브로커가 목표가 서로 다른 다양한 고객 집단을 동시에 상대해야 한다는 점도 문제였다. 원금 보전에 관심이 있는 채권 투자자들, 장기성장을 내다보고 주식을 보유하는 보통주 투자자들, 단기 시세차익을 극대화하려고 달려드는 풋옵션과 콜옵션 투기자까지 다양한 고객 군이 존재했기 때문이다. 고객서비스와 관련된 지식과 범위에서 모든 브로커가 팔방미인이 돼야 하는 게 현실이었다. 능률과 효과를 높이기 위해 메릴린치는 만능 브로커가 모든 고객 군을 다 상대하며 무원칙하게 계좌를 배정했던 기존의 운영방식을 대폭 수정하기로 결정했다.

고객서비스 개선의 대원칙은 전문화였다. 지점장들은 자신의 책임 아래 계좌를 배정하며, 더 이상 브로커 역할을 맡지 않았다. 몇 년이 지나야 비로소 완료될 것으로 예상되는 이 작업이 원활하게 진행되도록 각 지점장들에게 의사결정 기준도 제시했다. 브라운의 충고에 따라 메릴린치는 고객별로 목표를 명시할 수 있도록 고안된 고객 설문조사를 실시하기로 했다. 증권업계 최초로 메릴린치가 개인별 재무상황표를 도입한 것이다. 이 표에는 고객별로 경제적 목표와 이를 달성하기 위해 합의된 자산운용전략 등이 기재됐다. 고객은 메릴린치 브로커와의 1대1 면담을 통해 설문지를 작성하고 서명했다. 고객이 메릴린치에게 어떤 수준의 서비스를 원하는지 얘기하면, 회사는 고객이 원하는 만큼의 서비스를 제공하겠다고 약속하는 게 핵심이었다. 예를 들어 고객들은 특정 종목에 대한 의견이나 자문을 상시적으로 원하는지에 관해 질문을 받는다. 어떤 고객은 설문에서 자신들이 원하는 것은 경기동향과 특정기업의 재무상황에 대한 신뢰할 만한 정보일 뿐, 요청하지 않은 자문은 반갑지 않다고 지적하기도 했다.

설문조사에서 파악한 정보를 활용해 지점장은 고객을 몇 가지 부류로 분류하고 각자의 요구조건에 어울리는 브로커와 짝지어 주었다. 지점 내의 소액 및 비활동성 계좌는 대개 경험이 제일 적은 한두 명의 신참 브로커에게 이관시켜 나갔다. 소액 계좌 전담 브로커는 소량 거래를 담당했는데 이 일은 어떤 면에서 지역사회 봉사나 다름없었다. 이와 함께 브로커들에게 과거에는 비활동적이던 고객이 거래량을 확대하면서 수익성 계좌로 바뀔 만한 요건을 갖췄는지 항상 주시해야 하는 임무가 주어졌다. 소액 계좌를 떠넘김으로써 수익성 높은 계좌를 담당하게 된 브로커들은 담당 고객 수가 줄어들 수 있었다. 로스앤젤레스 지점의 경우 브로커 1인 당 담당 고객 수가 300명 수준에서 150명 정도로 절반 가까이 줄었다. 핵심 브로커들은 이제 거래량이 많은 계좌에 최고의 서비스를 제공하는 데 주력할 수 있었다.

고객과 브로커의 짝짓기 과정에서 지점장들은 설문조사 정보를 활용해 고객들을 3개 그룹으로 분류했다. 투자자와 투기자, 장세에 따라 신중한 투자와 투기 사이를 오가는 사람들이었다. 로스앤젤레스 지점의 경우 활동성 계좌의 3분의 1정도는 분류가 가능했다. 이 데이터를 근거로 투자종목 선택 시 원금보전과 장기성장을 중시하는 브로커들은 첫 번째 투자자 그룹의 고객들과 짝을 맺어졌다. 고위험과 시세 급등락을 기꺼이 받아들이는 브로커들은 투기자 고객들에게 배정됐다. 이 브로커들은 정기적으로 파생상품을 거래하는 활동성 계좌의 5% 정도를 담당했다. 투자자와 투기자 사이를 오가는 부류에 적합한 고객들은 양쪽 모두 가능한 브로커들에게 배정됐다. 예전 같은 만능 브로커가 남아 있기는 했지만 이제 그 숫자는 크게 줄어들었다.

새로운 급여체계와 계좌 재배정 계획에 따라 각 지점의 직원은 해당 지역의 고객 만족과 신규 업무 개발에서 한 팀으로 행동해야 했다. 같은 지점의 브로커는 적어도 소액 및 일반 계좌에 관한 한 신규 고객을 놓고 싸울 이유가 없어졌다. 이제 그들은 메릴린치의 서비스가 타사에 비해 월등한 이유를 잠재고객에게 설명하는 데 전념할 수 있었다. 뉴욕 본사는 각 지점 단위로 성과를 평가했고, 각 지점장에게는 직원 각자가 지점 전체 성과에 기여한 정도를 평가해 급여를 책정할 수 있는 권한이 주어졌다.

영업현장의 브로커들을 지원하기 위해 찰리를 비롯한 메릴린치 파트너들은 월 스트리트의 오랜 금기를 깨고 대대적인 광고 및 PR 캠페인을 전개하기로 했다. 찰리는 지점장들에게 이렇게 말했다. "만약 메이시 백화점이 뉴욕증권거래소 회원사 수준의 영업비용을 지출한다면 내년 4월 말에는 백화점 문을 닫을 거라고 나는 확신합니다."[주7] 대중들에게 증권거래소의 기능은 물론 수익성 높은 성장기업에 대한 장기투자가 어떤 효과를 거두는지 교육시키는 게 새로운 과제로 떠올랐다. 뉴욕증권거래소도 이전까지의 전통을 벗어 던지고 1930년대 후반 일련의 이미지 광고를 시도한 적이 있지만 거래량에 미치는 효과는 미미했다. 찰리의 적극적인 주장에 힘입어 메릴린치는 다음해 광고비로 10만 달러를 책정했다. 소득과 재산 패턴을 분석한 결과 현재 유가증권을 거의 갖고 있지 않지만 권유할 경우 투자할 가능성이 있는 가구가 전국적으로 500만 가구에 달했고, 대부분 중간규모 도시에 거주하는 중상류층이었다. 브라운은 회의 둘째 날 발행부수가 75만부인 〈타임〉의 3분의 2면 정도를 차지하는 광고 28주치를 예약했다고 발표했다. 브라운에 따르면 〈타임〉은 "증권업종의 잠재 고객들에게 가장 많이 접근할 수 있는 미국 최고의 매체"였다.[주8] 회사는 또 지점망이 있는 도시에서 발간되는 신문에 광고를 게재할 계획이었는데, 이들 신문의 발행부수를 모두 합치면 1400만 부에 달했다.

광고와 더불어 판매의 보조 역할로 막연히 인식돼 왔던 PR에 대해서도 찰리는 홍보실을 새로 만들어 시민들과 활발한 의사소통을 할 계획이었다. 찰리는 회사 직원이 상공회의소나 로터리클럽에 정기적으로 나가 경제 및 금융시장 동향을 논의하도록 한다는 구상도 갖고 있었다. 고객 가운데 4분의 1이 여성이라는 점에서 여성단체도 공략 대상이었다. 증권투자의 장점에 대해 교육하는 게 주된 목표였다. 내용은 일반적인 것으로 메릴린치에 치우치기 보다는 증권산업과 증권회사 전반에 대해 호의적인 반응을 유도하는 것으로 정해졌다. 타 증권사들이 혜택을 누리는 경우가 생기더라도 주식시장을 부흥시키는 게 모두의 이익에 부합한다고 찰리는 확신했다. 당시 상황에서 메릴린치의 임원들은 경쟁사의 이미지를 개선하지 않고서는 메릴린치 독자적으로 일을 추진하기 어렵다고 생각했다. 1930년대에 자본시장의 개혁을 주제로 한 다양한 공개포럼에 참석한 적이 있는 피어스가 홍보실을 책임지기로 했다.

PR 강화는 그 자체로도 중요했지만 조직 내부에도 상당한 변화를 가져왔다. 1930년대 당시 피어스의 지점장들은 다른 증권사에서와 마찬가지로 1인2역을 맡아야 했다. 브로커에서 승진한 지점장들은 지점 관리 업무에 시간을 할애하는 동시에 오랜 단골고객을 상대로 일상적인 브로커 업무를 수행했다.

메릴린치의 조직 개혁안에서 지점장의 주된 임무는 관리와 판촉활동, 홍보로 정해졌다. 새로운 방안에서는 본사가 후선 업무를 대거 떠안았지만 지점장들은 사무직원과 비서, 브로커를 포함한 지점 직원의 고용과 해고에서 상당한 자율권을 가졌다. 지점장들은 또 고객 계좌를 배정하고 지점 내 급여 수준을 결정할 권한을 가졌다. 특히 홍보와 관련해 지점장은 지역사회의 고객들에게 회사를 대표한 대변인 역할도 수행했다. 지점장의 역할이 바뀌면서 예전에는 중시되지 않은 탁월한 대중연설 능력이 이제 관리자 지위로 올라서려는 사람들에게 매우 중요해졌다.

지점장들은 또 특별한 이유가 없어도 정기적으로 우량 고객의 사무실이나 집을 방문해 일을 맡겨 준 데 대한 감사 표시를 해야 했다. 이런 식의 비공식 방문을 통해 고객들에게 크고 작은 불만이 있는지 질문하고, 고객들로부터 그들의 니즈를 충족시키거나 불만을 해소하기 위해서는 어떤 서비스를 늘리거나 개선해야 할지 솔직하게 들을 수 있었다. 한마디로 지점장은 일반 대중 및 고객들과 끊임없이 접촉하고, 경우에 따라서는 사실상의 시장조사 요원 역할도 맡았다. 이제 과도한 고객 유치를 할 필요는 없어졌다. 고객들은 자신의 증권계좌가 메릴린치의 장기적인 성공에 필수적이라는 느낌을 받게 되는 것이다.

지역적으로 멀리 떨어진 곳에서 활동하는 브로커들에게 실질적인 도움을 주는 방안으로 찰리는 뉴욕 본사가 리서치 및 정보제공 역량을 강화하길 원했다. 뉴스 담당 부서가 중요한 경제 및 금융 동향을 선별해 와이어나 게시판을 통해 전달함으로써 메릴린치의 브로커들은 중요한 국내외 정보에서 경쟁사 브로커들보다 빠를 수 있었다. 조사 결과 좋든 나쁘든 적절한 뉴스가 많이 제공될 경우 고객들의 거래도 늘어나는 것으로 나타났다. 기업분석을 담당하는 리서치 부서도 강화할 계획이었다. 다양한 종목에 대해 보다 정확한 정보를 보다 자주 제공하는 게 리서치 부서의 임무였다. 브로커와 투자상담을 하지 않고 스스로 판단해 결정하기를 원하는 전문가 수준의 고객들을 대상으로 메릴린치는 최상의 정보시스템을 구축함으로써 경쟁우위를 확보할 계획이었다. 찰리가 월 스트리트에 맨 처음 입성했을 때부터 가장 좋아한 표현인 "조사하라, 그리고 투자하라"가 회사의 모토가 됐다. 짧고,

감각적이고, 기억하기 쉽고, 인용하기 좋은 모토였다.

찰리와 측근들은 미래의 영업 전략수립에만 골몰한 게 아니라 운영비 감축 계획도 짰다. 총액으로 따져 100만 달러 내지 전년도 총 비용의 15%를 삭감한다는 게 목표였다. 주문처리, 장부기재, 계좌관리 등을 뉴욕 본사에서 총괄하면서 생긴 규모의 경제 효과로 어느 정도 비용절감을 기대할 수 있었다. 회사는 비용절감 분을 고객과 나누기로 하고 기존의 증권회사들이 비활동성 계좌에 부과해온 서비스 수수료를 폐지했다. 이 짜증나는 수수료의 폐지와 함께 메릴린치는 경쟁사에 비해 우위에 설 수 있었고 광고문안에서도 인용할 거리가 생겼다. 사무실 임대료에서도 거액을 절감할 계획이었다. 고객 주문의 85%가 전화로 이뤄진다는 점에서 임대료가 비싼 지역에 지점을 둘 필요성이 없다는 점을 발견한 찰리는 임대기간이 만료되는 대로 사무실을 임대료가 좀더 싼 지역으로 옮겼다. 같은 건물이라도 1층에서 2층으로 옮겼다. 찰리는 이 문제를 예리하게 지적했다. "우리가 번쩍번쩍한 궁전을 유지하면서 고객의 15%만을 응대한다는 게 도대체 말이 안됩니다. 회비 없는 클럽을 운영하는 시대는 이제 끝났습니다."주9 공간 이용의 합리화는 중산층 가구를 고객으로 삼겠다는 회사의 정책과도 일치했다. 또 통신기술의 발전을 적극 활용했다. 증권업은 일반 대중과 거의 전화만으로 일을 한다는 면에서 가장 앞선 업종이었다. 메릴린치는 경영전략을 수립하는 데 이를 반영한 최초의 대기업이었다.

뉴욕 본사에 있는 주요 임원들의 역할 분담에서 찰리는 스미스를 오른팔로 삼고 그에게 일상적인 업무와 신규계획 및 전략의 실행을 맡겼다. 출근이 불규칙한 찰리를 대신해 스미스가 최고경영자 직무대행을 맡았다. 사위인 마고완에게는 영업총괄을 맡겼다. 브로커들과 함께 신규 고객을 유치하고 거래량 증대 방안을 찾는 일이었다. 뉴욕증권 거래소의 기득권층과 싸웠던 피어스에게는 대정부 관련 업무를 맡겼다. 피어스의 연봉은 2만4000달러로 1940년 당시 회사 내에서 단연 최고였다. 반면 스미스는 1만 달러, 찰리는 자신의 연봉으로 불과 6000달러를 책정했다. 아마 찾아가지도 않았을 금액이다. 피어스는 100세까지 장수했는데 1990년대 중반에도 사무실에 정기적으로 들르곤 했다. 1940년 합병 이후 그는 회사 경영진으로 외곽 지원 역할을 맡았지만 중요한 의사결정 모임에는 끼지 못했다.

후선 업무 책임자로는 피어스 조직에서 합류한 인물인 조지 히슬롭 (George Hyslop)이 임명됐다. 후선 업무란 주문처리와 고객기록 유지를 가리키는 말이었다. 몇 달 뒤인 1940년 8월 찰리는 회계학 전공으로 세이프웨이에서 근무하던 마이클 맥카시를 채용해 후선 업무 총괄을 맡겼다.주10 브라운처럼 맥카시도 증권업계 경험이 전무했지만 업무를 금방 파악했고 핵심그룹에 진입할 수 있었다. 찰리 본인은 투자은행 업무와 홍보를 맡았고, 홍보 업무에 관한 한 종신 자문역이라고 할 수 있는 브라운의 자문을 자주 받았다. 이후 15년 동안 찰리는 광고 캠페인과 교육 프로그램 개발에 주력했다. 여기에는 엄청난 시간과 돈을 투자해 직원 대상 연수 프로그램을 개발한 일과 경제 전반 및 업종별 단체, 특정 기업에 관한 사실과 통계가 담긴 책자로 발간해 현재 및 장래 고객들에게 광범위하게 배포한 일이 포함돼 있다.

1940년 첫 세 달 동안의 논의와 4월의 지점장 회의에서 발표한 각종 정책은 이후 4반세기에 걸쳐 메릴린치의 사풍(社風)으로 이어졌다. 월 스트리트나 미국의 다른 증권회사와는 완전히 차별화된 새로운 기업 문화의 청사진도 공개됐다. 지점 내 브로커들간의 경쟁이 약해진 대신 팀워크와 협동이 지점의 운영지침이 됐다. 찰리도 처음에는 새 개혁안이 워낙 실험적이라 수정하거나 폐기해야 할지도 모른다고 고백하기도 했지만, 개혁의 실용성에 대해서는 낙관적이었다. 돌이켜보면 새로운 정책을 시행해 나가는 과정에서 정말로 놀라웠던 점은 세월이 지나도 초안을 거의 수정할 필요가 없었다는 사실이다.

1930년대 후반까지도 투자은행업은 대공황의 후유증에서 벗어나지 못하고 있었다. 찰리는 인수 업무로 돈을 버는 것 말고는 별로 생각해 본 적도 없었다. 그러나 50개 이상의 지점망과, 이제 고정급을 줘야 하는 300명 이상의 리테일 브로커들을 떠맡으면서 찰리는 그가 월 스트리트 초창기 시절 겪었던 것과는 전혀 다른 업종에 종사하게 됐다. 지점장 회의 개막연설에서 그가 인용했던 세이프웨이의 사례는 여러 모로 적절했다. 찰리는 이제 시간과 돈을 모두 바쳐 증권업 분야에서 소매업을 하게 된 것이다. 거래량이 제대로 증가하지 않거나 경비를 제대로 통제하지 못한다면 찰리와 파트너들이 합병회사에 투자한 자본금 500만 달러는 1~2년 안에 연기처럼 날아가 버릴 상황이었다.

인수합병(M&A)과 새로운 실험

제2차 세계대전 중 미국 경제는 상승세를 탔고 대부분의 업종이 호황을 구가했지만 투자은행과 증권회사는 그다지 혜택을 누리지 못했다. 종전 무렵 뉴욕증권거래소(NYSE) 거래량은 1930년대 말과 40년대 초의 바닥권에서 벗어나기는 했지만 전쟁 기간 중 월 스트리트 금융회사들의 전반적인 성장세는 다른 업종에 비하면 형편없이 낮은 수준이었다. 사실 투자은행들은 전쟁물자 증산을 위한 자금조달에서 별다른 역할을 하지 못했다. 제조업체들이 자본시장을 활용하지 않은 이유는 크게 두 가지였다. 우선 많은 기업들이 이미 충분한 생산설비를 갖추고 있었으며, 둘째로는 전시 체제 아래서 군부가 전쟁물자 생산에 필요하다고 지정한 공장은 연방정부가 증설 자금을 직접 지원했기 때문이다.[주1] 전쟁 기간 중 연방정부는 국채 발행과 은행대출 보증을 통해 자금중개 기능을 직접 떠안았다. 제조업체들도 전후 불황의 가능성 때문에 민간부문에서 신규 자금을 조달하지 않으려 했다. 실제로 제1차 세계대전 종전 직후인 1920년에도 그런 적이 있었다. 개인투자자들은 1930년대의 주가 대폭락의 후유증에 여전히 겁을 집어먹은 상태여서 전후 폭락의 가능성을 걱정하고 있었다.

주식 거래량이 회복 기미를 보이지 않자 찰스 메릴과 E.A. 피어스의 회사를 합병한 신설회사의 미래도 어두웠다. 유럽에서 한창 전쟁이 진행 중인 상황이라 투자자들도 주식투자를 꺼리는 바람에 뉴욕증권거래소의 거래량은 1939년부터 42년까지 지속적으로 감소했다. 주가도 부진을 면치 못해 다우존스 산업평균 주가는 이 기간 중 25%이상 떨어졌다. 결과적으로 찰리가 처음 증권업에 뛰어들었던 1914년이나 다시 돌아온 1940년 모두 좋은 시기는 아니었다. 그는 두 차례의 세계대전 발발에 즈음해 새로운 사업을 시작했고, 운 좋게 두 차례의 금융시장 혼란기를 무사히 넘길 수 있었다.

대공황이 끝날 무렵 피어스 회사는 여전히 손실을 기록하고 있었고 1930년 당시 1500만 달러였던 자본금은 계속 잠식돼 가고 있었다. 이로 인해 메릴과 린치 일가는 1939년 현재 피어스에 대한 각자의 출자금 가운데 85%인 150만 달러를 날려버렸다는 기록도 있다.[주2] 합병회사 출범 후에도 적자 행진은 이어졌다. 그러나 불과 500만 달러의 자본금으로 시작한 신설 회사는 영업개시 9개월 동안 적자를 30만 달러로 줄였다. 게다가 총수익이 운영경비보다 불과 4만 달러 적은 수준까지 올라왔기 때문에 앞으로의 수익성 전망은 고무적이었다. 다만 270만 달러가 넘는 비경상 경비와 대손상각이 반영되는 바람에 순손실 금액은 다소 늘어났다.

마침내 1941년이 시작되자 회사는 결국 반환점을 돌아 45만9000달러의 이익을 냈다. 찰리가 뉴욕 본사에 정기적으로 출근한 마지막 해인 1943년에는 480만 달러의 세전 순이익을 기록했다. 전시 소득세율이 75% 이상이었기 때문에 세후 순이익은 110만 달러였다. 세후 기준으로 회사의 순자산 대비 수익률이 16%에 달해 상당히 높은 수준이었다.

찰리가 월 스트리트에 도입한 수많은 혁신적 정책 가운데 최고의 업적은 1940년에 종합적인 사업보고서를 발간해 대중들에게 광범위하게 배포한 일이라고 할 수 있다. 상세한 대차대조표와 간략한 손익계산서를 포함한 메릴린치의 사업보고서는 미래 영업의 9가지 원칙을 강조하는 말로 시작했다. 이른바 회사의 9계명 가운데 제1계명은 "고객의 이익이 가장 먼저다"로 시작된다. 어떤 법률이나 연방정부, 주정부, 증권거래소의 규정 어디에도 파트너십 회사의 재무제표 공개를 요구하는 조항은 없었다. 증권거래위원회(SEC)나 뉴욕증권거래소에서도 재무제표 공개를 권유한 적이 없었다. 실제로 증권업에서든 투자은행업 분야에서든 파트너십 회사나 개인회사가 이와 비슷한 보고서조차 공개한 적이 없었다. 미국은 물론 세계 어디에서도 그랬다.[주3]

찰리는 자발적으로 이 같은 조치를 취할 경우 100년 이상 월 스트리트에 온존해 온 비밀주의를 타파하겠다는 자신의 의지가 최대한 많은 사람들에게 전달될 수 있을 것이라고 확신했다. 그래서 이처럼 과감하게 행동한 것이다. 이 시기에는 주식회사만 사업보고서를 발간했고, 그것도 채권 보유자과 주주들에게 회사의 최근 성과를 알려주는 게 주된 목적이었다. 메릴린치의 사업보고서는 기존 고객뿐만 아니라 잠재 고객의 관심사까지 다루었다는 점에서 이와 구별됐다. 찰리는 사업보고서 발간이 언론의 관심을 끌 것이라고 생각했고 실제로 그렇게 됐다. 이미 오래 전부터 광고의 힘을 알고 있던 그는 친한 언론인들을 통해 신문과 잡지에 호의적인 기사가 많이 나가길 원했다. 1941년 3월 25일자 〈뉴욕 월드 텔레그램New York World Telegram〉은 경제부장 랄프 헨더샷(Ralph Hendershot)의 이름으로 사업보고서 발간을 극찬했다. "대중은 회사와 기대하기 때문에 회사의 재무상황을 알 권리가 있다. 메릴린치가 이 점을 인식했다는 점에서 축하할 만하다."

경쟁력 강화도 찰리가 노렸던 점이다. 장부열람을 허용함으로써 대중들에게 다른 증권회사들은 뭔가 감출 게 있고 투자자들을 상대하는 브로커들도 믿음이 떨어질 것이라는 미묘한 메시지를 전달했다. 월 스트리트의 다른 증권회사 파트너들은 찰리가 전통을 무시하고 내부 기록을 유출시켰다며 불만을 터뜨렸다. 뉴욕증권거래소는 주식회사를 정식 회원사로 받아들이지 않는 오랜 규정이 있었지만 메릴린치는 스스로 주식회사처럼 행동함으로써 이 규정의 취지를 무시해버렸다. 그러나 시간이 지나면서 경쟁사들도 경영의 진실성을 의심받지 않으려면 찰리처럼 사업보고서를 발간해야 한다는 현실을 깨닫게 됐다. SEC는 이미 1930년대에 투자은행을 대상으로 신규 증권 발행과 관련된 사항을 예비 투자자들에게 보다 많이 공개하도록 법으로 명시한 바 있었다. 1940년대에 찰리는 솔선수범해 월 스트리트 기업들 스스로 내부가 훤히 보이도록 문을 활짝 열어 놓은 셈이었다.

사업계획을 치밀하게 짰는데도 불구하고 첫 해는 아주 힘들었다.

찰리를 비롯한 경영진은 새로운 급여제도를 시행하느라 진땀을 뺐을 뿐만 아니라 매출이 전년도보다 20% 이상, 금액으로 따져 120만 달러나 감소한 상황에서 회사 살림을 꾸려 나가야 했다. 주식시장의 전반적인 거래량 감소에 맞서 메릴린치가 할 수 있는 일은 없었다. 내부 개혁 덕분에 30만 달러의 비용을 절감할 수 있었던 게 그나마 위안이었다. 1940년 4월에 발표한 약속을 지키기 위해 찰리는 일반적인 서비스에는 수수료를 폐지하거나 인하했다. 소액 및 비활동성 계좌에 대한 수수료 부과방침은 일단 보류했다.[주4]

서부 지역 고객들이 수수료 인하의 최대 수혜자였다. 태평양 연안의 증권회사들은 오래 전부터 뉴욕증권거래소 회원사 태평양 연안협회(Pacific Coast Association)라는 명칭의 단체를 결성해 거래중개의 대가로 기존 수수료율보다 50% 이상 높은 추가 수수료를 고객들에게 부과했다. 동부 지역까지 장거리전화 및 전신회선을 임대해야 하기 때문에 비용이 많이 든다는 게 추가 수수료를 받는 명분이었다. 그러나 미국 최대의 지점망을 거느리게 된 메릴린치는 기존의 관행을 과감히 깨뜨렸다. 메릴린치는 지역 카르텔에서 탈퇴하면서 서부 지역에 적용하던 수수료율을 인하하는 동시에 다른 지역에서는 증권거래소가 정한 최저 수수료율로 내리겠다고 발표했다. 지역간 수수료 차별을 없애려는 찰리를 향해 샌디에이고에서 시애틀에 이르는 태평양 연안의 증권회사들로부터 비난이 쏟아졌다. 그러나 카르텔은 결국 무너졌다. 고객을 잃지 않기 위해 모든 증권사들이 수수료를 3분의 1이상 내려야 했다. 수수료 수입이 줄어도 살아남을 만큼 규모를 갖추지 못한 작은 증권회사들은 사업을 접거나 큰 회사와의 합병을 모색했다. 찰리는 새로운 수수료율이 자리잡을 경우 태평양 연안의 메릴린치 고객들은 연간 15만 달러를 절감할 수 있고, 거래량이 늘어날수록 수수료 절감액은 더 커질 것이라고 내다봤다.

메릴린치는 수수료율 인하에 이어 예탁금과 신용융자잔고에 적용되는 금리에 대해서도 보다 탄력적인 정책을 채택했다. 테드 브라운이 1940년 초에 작성한 지점 운영현황 분석보고서에 따르면 주식매입 대금 중 일부를 증권회사에서 빌리는 고객과 미래 투자를 위해 예탁금을 남겨 놓는 고객들이 수익 기여도가 가장 높았다. 신용거래 계좌를 더 많이 유치하기 위해 찰리는 각 지점에서 신용융자잔고에 적용하는 금리를 어떤 경쟁사(타 증권사나 지방은행 또는 대부업체)보다 낮은 수준으로 인하하겠다고 발표했다. 또 현금 예탁금을 남겨 놓는 고객을 유치하기 위한 방안으로 그는 월 스트리트의 금기를 다시 한번 깨뜨렸다. 예탁금 잔액에 대해 이자를 지급하기로 약속한 것이다. 물론 이율은 0.5%로 낮았지만 당시 금융기관의 저축성 예금 금리 수준은 됐다.

예탁금 잔액이 있는 계좌를 유치하는 것은 두 가지 측면에서 유리했다. 우선 이들 고객이 돈을 남겨 놓지 않는 현금거래 고객보다 거래빈도가 높았다. 둘째, 금융중개 기능을 수행하면서 외부에서 대출자금을 조달하는 경우보다는 고객들로부터 조달하는 게 마진이 더 컸다. 고객의 예탁금 잔액에 지급하는 금리가 콜금리보다 낮았기 때문이다. 콜론(call loan)보다 예탁금으로 신용융자를 제공할 경우 이른바 이자수수료 수입이 생겼다. 1941년 한 해 동안 예탁금 잔액은 900만 달러에서 2200만 달러로 증가했고, 이 금액은 돈을 빌려 증권을 사는 고객들의 신용융자잔고의 40%를 차지했다.

수수료 인하와 거래량 감소에 따른 현저한 수익 감소를 보충하기 위해 메릴린치는 대대적인 비용 절감에 나섰다. 찰리가 금융업 복귀를 처음 요청 받은 1939년 말 당시 윈 스미스는 고객서비스의 질을 떨어뜨리지 않아도 실질적인 비용 절감과 흑자 전환이 가능하다고 주장한 적이 있었다. 찰리가 자신의 세 번째 사업으로 다시 증권업에 도전할 용기를 낼 수 있었던 것도 그의 주장 덕분이었다. 신설 합병회사는 첫해에 300만 달러의 경비를 절감했다. 이는 회사 이름이 피어스였던 전년도 전체 경비의 20%에 달하는 금액이었다. 더구나 이 같은 비용 절감은 브로커나 후선 부서 직원들의 급여를 삭감하지 않고 달성한 성과였다. 다만 파트너들은 1939년에 비해 삭감된 월급을 감수해야 했다.

주요 원가절감 요인은 세 가지였다. 사무실 이전과 집기 임대, 통신료 절약이었다. 찰리는 1940년 지점장 회의에서 선언한 대로 각 지점의 위치를 임대료가 비싼 지역에서 값싼 지역으로 옮기도록 지시했다. 그는 멋진 동네에 있는 예쁜 지점보다 전화기가 더 중요한 영업수단이 됐다고 생각했다. 모범을 보인다는 차원에서 뉴욕 본사를 파인스트리트 70번가의 싼 건물로 옮김으로써 연간 임대료 5만 달러를 절감했다. 1940년 여름 세이프웨이에서 메릴린치로 자리를 옮겨 온 마이크 맥카시의 진두지휘 아래 후선 부서들을 통합함으로써 규모의 경제 효과로 통신 및 기록보관 비용도 절약할 수 있었다.

외딴 도시의 독립(비계열) 증권사들과의 제휴관계를 대거 해지함으로써 보다 큰 폭의 경비절감이 가능했다. 앞서 1930년대에 피어스는 지점망이 없는 지역(대부분 서부 지역)의 독립 증권사와 제휴관계를 맺고, 수수료와 보수를 나눠 갖는 조건으로 뉴욕시장에서의 거래체결을 대행했다. 그러나 이 같은 제휴관계를 자세히 분석해 본 결과 통신장비 유지 및 주문처리 비용이 수익보다 많았다. 제휴관계 해지 결정은 후선 업무 부서의 비용을 엄격하게 통제하고 보다 효율적인 시스템과 절차를 도입하려는 의지의 표현이었다.

1941년 여름 메릴린치는 페너 앤 빈과의 합병이라는 절호의 기회를 살려 지점망을 거의 두 배로 확장했다. 페너 앤 빈은 지점 수 기준으로 미국 2위의 증권사였다. 1930년대 말 대부분의 증권사들과 마찬가지로 당시 페너 앤 빈은 거래량 감소로 인해 휘청거리는 상황이었다. 미래 전망이 잘 보이지 않자 페너 앤 빈 경영진은 메릴린치를 찾아와 합병을 제안했다. 1916년에 뉴올리언스에서 찰스 페너(Charles Penner)와 알페우스 빈(Alpheus Beane)이 설립한 이 공격적인 증권회사는 남부에서 중서부 지역까지 넓혀나갔다. 페너 앤 빈은 주요 수익원이 목화와 곡물 같은 상품선물거래라는 점에서 피어스와 달랐다. 사업 본거지도 상품선물거래가 이뤄지는 시카고와 멤피스, 뉴올리언스였다.

합병 가능성을 타진하기 위해 1941년 6월 찰스 페너와 그의 아들인 다윈, 알페우스 빈 주니어를 비롯한 파트너들이 윈 스미스와 만났다. 창업자인 알페우스 빈이 1937년에 사망하면서 회사가 어려워졌다. 물론 근본적인 문제는 증권시장 전반의 거래량 부진이었다. 다윈 페너의 회고에 따르면 찰리는 합병 제안에 아주 적극적이었다. "찰리는 주저 없이 우리 제안에 동의한다고 말하더군요. 이어 책상 서랍을 열더니 흰 종이를 꺼내 맞은 편의 제 부친께 건네면서 이렇게 말했어요. '입장권을 쓰시죠'"[주5] 찰리의 말은 자신들이 위험을 감수하는 만큼 장래 파트너도 그들의 돈을 투자하라는 의미였다. 한 달도 채 안 돼 모든 세부조건이 마련됐다. 페너 앤 빈 쪽에서는 150만 달러를 투자하고 20% 정도의 지분을 배정 받았다. 찰리의 지분은 55%로 정해졌고, 사위인 마고완이 5% 정도를 출자하기로 했다.[주6] 협의 과정에서 찰스 페너는 합병회사의 명칭을 단순히 메릴 컴퍼니로 하자고 제안했다. 그러나 아직도 린치에 대한 추억이 남아있던 찰리의 생각은 달랐다. "저는 풀 네임으로 메릴린치, 피어스, 페너 앤 빈이 더 좋아요. 이 명칭은 모든 사람의 뇌리에 깊이 새겨져 모두가 기억하려고 노력하게 될 겁니다." 1941년 8월 합병 이후 언론인들은 농담 삼아 이 회사를 "우리 국민(We the People)"이나 "월 스트리트의 천둥꾼들(The Thundering Herd of Wall Street)"이라고 불렀다. 선의의 농담이었지만 예전 이름을 고수하기로 한 결정은 회사의 활동을 대중들이 인지하는 데 효과적이었다. 얼마 뒤 "우리 국민"는 메릴린치 사내보의 제호가 된다.

메릴린치의 일부 파트너와 부서장들은 페너 앤 빈과의 합병안에 대해 처음에는 소극적이었다. 자칫 상품선물거래가 회사의 핵심 사업이 될지도 모른다는 걱정 때문이었다. 1942년의 상품거래는 회사 전체 수익의 24%를 차지해 1940년의 17%보다 비중이 7%포인트 증가했다. 상품거래를 하는 고객은 전혀 다른 두 부류였다. 주로 방어적인 목적을 가진 실수요자와 공격적인 투기자들이었다. 농민들이나 제조업체는 통상 자신의 포지션을 방어하고 가격 급등락에 대비하기 위해 상품 시장을 활용했다. 반면 상품 트레이더들은 예기치 않은 사건으로 가격이 급등락할 때 대박을 터뜨리기 위해 달려드는 투기자였다. 활동적인 트레이더가 상품선물을 정기적으로 사고 파는 행위는 기본적으로 도박이나 다름없었다. 페너 앤 빈의 내부 기록을 보면 소수의 상품

트레이더만 지속적인 투기를 통해 큰돈을 벌었을 뿐 상품계약 및 옵션을 매수하거나 매도한 대다수 투자자들은 돈을 벌지 못했다.

회사 내부에서는 또 메릴린치가 만들어 나가려는 새로운 이미지와 상품선물이 근본적으로 맞지 않는다는 주장도 제기됐다. 1940년에서 41년 상반기까지 메릴린치가 추진한 핵심 전략 가운데 하나가 바로 투자자들에게 우량주와 건실한 성장기업에 대한 투자가 상대적으로 안전하다는 점을 강조함으로써 금융시장의 투기적인 면을 지워버리고자 하는 일이었다. 그런데 상품거래를 강조할 경우 자칫 대박의 꿈을 팔아먹는 엉터리 브로커들을 기피하는 중상류층 가구를 끌어들이려는 전략 목표와 상충될 가능성이 있었다.

그러나 찰리는 종합증권회사라는 개념을 밀고 나가기로 결심했다. 증권시장의 3대 분야인 주식 및 채권거래, 상품거래, 유가증권 신규발행 분야 모두를 주요 사업으로 거느리는 회사였다. 그는 장기 투자자와 투기자를 전부 고객으로 삼아 거래중개 업무를 할 준비를 갖췄다. 페너 앤 빈과의 합병으로 새로 인수한 지점도 증권중개 업무를 취급하도록 함으로써 내부 비판론자의 우려를 잠재웠다. 덕분에 메릴린치의 브로커들은 다른 지역에 비해 주식투자자들이 적은 편이었던 남부지역의 주식투자 계층을 확대하는 데 중요한 촉매 역할을 했다.[주7] 1943년 말에는 상품거래 수익이 회사 전체 수익의 10% 아래로 떨어졌다.

합병하기 몇 주 전까지 페너 앤 빈 내부에도 회의론자들이 있었다. 중견 파트너들인 빅터 쿡(Victor Cook)과 노먼 와이든(Norman Weiden)은 합병에 극도로 부정적이었고, 심지어 동료들에게 회사를 그만두고 다른 직장을 찾아보겠다고 선언했을 정도다. 15분으로 예정됐던 찰리와 두 사람 간의 동시 면담은 무려 7시간을 끌었고 저녁식사까지 이어졌다. 쿡의 회고를 들어보면 찰리는 특유의 편안한 스타일로 그들을 반겼다고 한다. "그래, 여기 변절자가 두 분 계시군요. 마음에 안 드는 게 뭐지요?" 이러면서 찰리는 조목조목 따져 나갔다. 면담이 끝날 때가 되자 찰리는 자신의 급진적인 아이디어가 "홍보 컨설팅 회사의 막연한 그림이 아니라 개인적인 확신과 월 스트리트에 대한 풍부한 지식에 바탕을 두고 있다"는 점을 강조했다. 찰리의 설득으로 쿡과 와이든이 회사에 잔류하기로 하자 다른 파트너들도 뒤를 따랐다. 메릴린치는 단지 지점망을 인수한 게 아니라 경영진도 보강한 셈이었다. 훗날 쿡은 찰리가 매우 빠르면서도 영민한 판단력을 지닌 보기 드문 경영자였다고 기억했다.[주8]

　페너 앤 빈 지점망과 메릴린치 지점망의 통합은 사실 엄청난 작업이었지만 그 과정은 비교적 순탄했다. 같은 도시에서 지점이 중복되는 경우가 12곳에 불과했기 때문에 중복 지점을 통합하지는 않았다. 점포 통폐합보다는 페너 앤 빈 직원들에게 새 회사의 정책과 절차에 관해 교육시키는 게 급선무였다. 찰리는 시장점유율을 높이고, 단숨에 주요 도시의 중심가, 즉 메인 스트리트마다 지점망을 구축할 수 있는 전략수단이 바로 합병이라고 여겼다. 합병 이후 메릴린치는 30개 주 90개 도시에 지점망을 거느리는 동시에 워싱턴 D.C.와 쿠바의 아바나에도 특약점을 보유하게 됐다.[주9] 가장 지점이 많았던 주는 텍사스로 10개 지점이 있었고, 캘리포니아가 8개, 플로리다와 펜실베이니아가 각각 7개씩이었다. 집중화 전략이라는 말이 등장하기도 전에 메릴린치는 이미 선벨트(Sun Belt)로 불리는 남부지역에 회사의 자원을 집중하는 전략을 채택했다. 물론 찰리가 플로리다나 캘리포니아에 머무를 때면 항상 편안함을 느꼈던 것도 사실이다. 1942년의 수익 구조를 분석해보면 지역별 균형이 잘 갖춰져 있었음을 알 수 있다. 북동부 지역이 전체 수익의 27%, 중서부가 25%, 남동부와 남서부가 각각 19%, 서부가 나머지를 차지했다.

합병과 관련된 사항 외에 1940년대 초 무렵 메릴린치 경영진이 당면한 또 하나의 중요한 문제는 증권시장의 지속적인 거래량 감소였다. 연방정부가 전쟁국채 판매 캠페인을 벌이는 바람에 국민들은 기업 주식에 관심을 잃었고 증권회사들도 국채 판매 경쟁을 벌일 수밖에 없었다. 메릴린치 역시 직원의 90%가 국채 판매 캠페인과 관련된 일을 하고 있었다. 증시 자금이 전비 조달로 빠져 나가면서 뉴욕증권거래소의 거래량은 1941년에 전년도보다 18%나 감소했고, 1942년에는 다시 25% 줄어들었다. 1942년의 거래량 1억2600만주는 42년 전인 1900년에 기록한 거래량마저 밑도는 수준이었다. 그나마 지난 3년간 하락국면에서 벗어나지 못했던 다우존스 산업평균 주가가 1942년에 7% 상승해 12월 말에는 연중 최고치를 기록하면서 밝은 전망을 예고해주었다는 점이 유일한 위안거리였다. 덕분에 거래량이 25% 이상 감소한 상황에서도 메릴린치는 1942년에 14만6600달러의 소폭 흑자를 기록할 수 있었다. 자본금 600만 달러 대비 2%가 조금 넘는 수익률이었다.

기업들마다 거의 비슷한 상황이었지만 전쟁 기간 중 메릴린치의 인력 구성에도 변화가 생겼다. 1940년에 첫 인원 감축으로 1000명 이하로 내려갔던 전체 직원 수가 다시 늘어나 신규 고객 증가에 따른 인력

수요를 충족시킬 수 있는 수준이 됐다. 5년 만에 회사 직원 수는 2500명을 넘어섰다. 브로커들은 평균 연령이 45세 이상이라 징집대상이 아니었던 탓에 전쟁의 영향을 크게 받지 않았다. 몇몇 관리부서 직원들만 장교로 입대했는데 이 가운데는 찰리의 사위 로버트 마고완도 끼어있었다. 당시 39세였던 그는 해군에 입대해 태평양 지역에서 복무했다. 대부분의 군 입대자는 후선 부서 직원들로 모두 373명의 직원이 제2차 세계대전 참전을 위해 회사를 떠났다. 메릴린치는 군 복무를 위해 퇴사한 직원들에게 월 25달러(1995년 가치로 230달러)의 연금을 추가로 지급하는 후한 정책을 채택했다. 애국심의 발로였지만 직원들의 충성심을 유지하기 위한 목적도 있었다. 회사는 전쟁이 끝나면 이들을 다시 고용할 생각이었다.

결원을 채우기 위해 회사는 여성직원을 획기적으로 늘렸다. 3~4개월간의 다양한 교육 프로그램을 도입해 여성직원들에게 주문처리와 고객계좌 관리에 필요한 절차를 가르쳤다. 후선 부서 책임자인 마이크 맥카시의 평가대로 여성직원들은 도전적이었고, 업무 수행에서 남성 못지 않거나 더 잘했다.[주10] 1945년 말에는 전체 직원 가운데 거의 절반이 여성이었는데, 전부 서무나 후선 부서 업무를 맡았다. 여성이 브로커나 트레이더, 경영진으로 채용된 건 찰리가 무대에서 사라진 다음 한참 후의 일이다.[주11]

찰리가 1940년대 초 상당한 관심을 기울인 분야는 리서치와 교육, 광고, PR이었다. 사실 그는 이들 기능이 중복되는 면이 있기는 해도 상호 보완적이며 회사의 장기적인 발전을 위해 필수적이라고 생각했다. 고객들에게 신뢰할 만한 정보를 제공하는 일에 최우선 순위를 둔 메릴린치는 증권 애널리스트의 수를 늘리고 업종별, 기업별 보고서도 확대했다.

이전까지는 대부분의 투자은행과 증권회사가 투자자보다 우월한 위치에 있었다. 투자상담사와 브로커들은 일반 고객이 경제관련 뉴스와 기업 보고서를 소화해 분별력 있는 의사결정을 내릴 시간과 능력이 없다는 전제 아래 어떤 주식을 사고 팔지 일방적으로 권고했다. 또 대부분의 월 스트리트 회사들은 경쟁 증권사 고객이나 언론과의 정보 공유에 대해 극도의 비밀주의를 고수했다. 애널리스트의 매수 혹은 매도 권고는 해당 증권회사에 활동성 계좌를 보유하고 있는 투자자에게만 전달됐다. 따라서 주요 고객은 일반 투자자가 관련 정보를 입수하기 전에 유리한 가격으로 주식을 사고 팔 수 있었다. 가장 수익성이 높은 계좌를 보유한 고객은 가장 먼저 정보를 입수할 수 있었던 반면, 별볼일 없는 고객은 몇 시간 또는 며칠 늦게 정보를 얻었다. 고객이 특정 종목에 관한 보고서를 원할 경우 월 스트리트 회사들은 대개 추가 수수료를 물렸다. 비활동성 계좌를 보유한 일반 투자자들은 추천종목 같은 정보를 전혀 얻을 수 없었고 냉대를 받기 일쑤였다.

찰리는 정보유통과 관련된 월 스트리트의 이 같은 관행에 동의할 수 없었다. 그가 생각하기에 대다수 고객들은 정확한 자료와 약간의 투자자문만 제공해주면 합리적인 의사결정을 내릴 능력을 충분히 갖고 있었다. 그는 고객들에게 업종별, 기업별로 신뢰할 만한 정보를 제공할 경우 브로커들이 전화상으로 투자를 권유할 수 있다는 점에서 거래량도 증가할 것이라고 확신했다. 메릴린치가 자랑하는 광고 문안대로 고객들은 "조사하고 나서 투자하라"는 권고를 받았고, 회사는 조사에 필요한 수단을 제공했다. 메릴린치의 리서치 부서에서는 "주식 코멘트"라고 불리는 회보를 매주 두 차례씩 발송했다. 투자자들에게 기업이 발행한 유가증권에 관한 분석정보를 적시에 제공하는 게 목적이었다. 회사는 또 철도기업과 공공기업, 체인점 같은 특정 업종의 상세한 분석보고서도 정기적으로 발간했다. 월보(Monthly Letter)는 인플레이션이나 세금을 비롯해 투자자들에게 필요한 여러 가지 이슈와 광범위한 주제를 집중적으로 다뤘다.

찰리는 사내의 애널리스트와 조사부 직원들이 생산한 정보를 일반 투자자들에게 널리 전파하는 게 무엇보다 중요하다고 생각했다. 소액계좌 고객에 대해서도 최우량 고객과 똑같은 정보를 제공했다. 정규 고객들에게는 보고서를 무료로 배포했다. 보다 획기적인 것은 고객이 아니더라도 문의하기만 하면 무료로 정보를 제공하기 시작했다는 점이다. 찰리는 메릴린치의 리서치 담당 요원들, 즉 증권 애널리스트와 경제뉴스 분석담당 직원이 만들어낸 훌륭한 결과물이 널리 알려지기를 바랐다. 다른 유명 증권사에서는 대개 기피 대상이었고 내부 접근이 차단됐던 경제담당 기자들도 메릴린치에서는 환대를 받았다. 매일 쓰는 기사와 칼럼을 통해 그들은 메릴린치 조사부가 최근에 발표한 보고서를 요약해서 게재했다.

찰리가 오랜 전통을 무시하기로 결정한 데는 당연히 경쟁력을 높이려는 동기가 깔려 있었다. 그가 보기에 오랫동안 월 스트리트를 지배해 온 비밀주의와 배타주의는 투자자의 저변 확대를 제한한다는 점에서 알고 보면 자살행위나 다름없었다. 월 스트리트 회사들의 이 같은 정책은 19세기 말이나 20세기 초까지도 나름대로 일리가 있었다. 당시에는 기업 정보가 제한돼 있었고 항상 신뢰할 만하지도 않았다. 그러나 20세기 중반 무렵에는 연방정부 차원의 각종 법률이 시행됐고 금융시장 환경은 근본적으로 바뀐 상황이었다. SEC를 비롯한 연방정부 기관들이 유가증권 발행 기업에 대해 상세한 정보 열람이 가능하게 각종 근거규정을 이미 신설했기 때문이다. 이에 따라 1940년 이후 메릴린치는 보다 많은 기업 정보가 투자자에게 전달되는 과정에서 중요한 연결고리 역할을 할 수 있었다.[주12]

다만 공개 정책의 유일한 약점은 무임승차를 피할 수 없다는 점이었다. 경쟁 증권사들도 메릴린치 조사부의 유능한 직원들이 만들어낸 귀중한 정보를 쉽게 얻을 수 있었고 대가를 지불할 의무는 전혀 없었다. 그러나 찰리는 무임승차를 겁내 보고서를 제대로 배포하지 않는다는 건 말이 안 된다고 결론을 내렸다. 경쟁사들이 메릴린치 직원의 능력을 활용한다 해도 그것은 기업경영상 불가피한 비용일 뿐이라고 생각했다. 찰리는 회사가 각종 교육훈련 프로그램으로 키워낸 숙련된 직원들을 경쟁사들이 낚아채가는 경우도 마찬가지라고 여겼다.

메릴린치가 생산한 정보를 일반 대중에게 널리 제공하는 목적은 새로운 증권계좌를 유치하고 거래를 늘리는 것이었다. 물론 여기에는 경쟁사 고객을 가져오려는 의도도 있었다. 테드 브라운의 1940년 실태조사 결과 활동적 투자자들은 여러 증권회사에 계좌를 보유하고 있는 경우가 적지 않았고, 투자자들은 계좌를 개설하기 전에 여러 브로커들의 의견을 들어보는 게 보통이었다. 찰리는 1930년대에 증권시장에 실망해 떠나버렸던 투자자뿐만 아니라 주식투자를 여전히 의심의 눈초리로 바라보는 수많은 중상류층 가구의 관심도 끌고자 했다. 투자자들이 메릴린치의 기업분석 보고서를 쉽게 구하고, 믿을 만하다고 생각한다면 전국 80여 개 도시에 있는 메릴린치 지점을 찾아가 계좌를 개설할 것이라고 찰리는 판단했다.

기업별, 업종별 주간 및 월간 보고서 외에 찰리는 일반 투자자들을 대상으로 한 정기간행물 두 종류를 더 발간하도록 조사부에 지시했다. 물론 모두 무료였다. 〈증권시장 및 산업 서베이Security and Industry Survey〉라는 제목의 계간지에서는 애널리스트들이 "매우 보수적인 종목"에서 "매우 투기적인 종목"에 이르기까지 다양한 투자목적에 따라 수백 개의 주식 종목에 등급을 매겼다. 활동성 고객에게는 이 계간지를 전부 보냈고, 활동성 계좌가 아닌 고객에게는 담당 브로커가 추천할 경우 발송했다. 또 전화나 편지로 요청하면 누구에게든 보고서를 보내주었다. 이 계간지는 페너 앤 빈이 1935년부터 정기적으로 펴냈던 산업 서베이를 계승한 부분이 많았다.[주13] 사실 이 계간지가 나오기 전까지 대부분의 월 스트리트 애널리스트들은 개별 종목의 시장 잠재력을 평가하는 데만 급급했을 뿐 업종별 전망에는 큰 관심을 보이지 않았다.

찰리는 이어 1943년에 경제 뉴스를 주로 다루는 격주간지 〈인베스터스 리더Investor's Reader〉를 창간했다. 메릴린치가 대규모 광고 캠페인을 집행했던 시사주간지 〈타임〉의 금융부장을 지낸 라 루 애플게이트(La Rue Applegate)가 창간준비 작업을 맡았다. 24페이지 분량의 이 잡지는 주요 산업과 주식시장에 상장된 대기업 중심의 기사를 실었다. 편집 방향은 언론의 정도를 추구하는 것이었다. 객관적인 기사를 썼고, 해당 기업에 투자를 유도할 목적으로 사실을 왜곡하지도 않았다. 메릴린치의 광고도 가급적 피했다. 1943년 7월 6000부로 시작한 이 잡지는 고객들에게 인기를 끌면서 부수가 계속 늘어났다. 1950년대 중반에는 12만5000명의 독자를 확보했다. 활동성 계좌를 가진 고객뿐만 아니라 기업인과 학자들도 독자였다. 이 잡지는 책임감 있고 신뢰한 만한 방식으로 경제 뉴스를 수집 전파하는 회사라는 메릴린치의 이미지 제고에 크게 기여했다.

1940년대 초 합병회사 출범에 즈음해 브로커나 고객담당 같은 직책 이름을 바꿔 사내는 물론 대외 광고에서도 보다 세련된 호칭인 AE(account executive)로 불렀다. 명칭 변경은 방어적인 목적과 공세적인 목적을 동시에 지니고 있었다. 당시 대다수 미국인은 주식 브로커란 말을 들으면 투기, 믿을 수 없는 출처로부터의 왜곡된 정보, 억지 판매를 연상하는 게 보통이었다. SEC는 주식 브로커들의 이미지 개선 방안으로 일반 대중을 상대할 수 있는 면허제를 도입했고 면허를 가진 영업직원에게는 "등록 대리인(registered representative)"이라는 호칭을 채택하기도 했다.

관리감독 강화를 통해 증권회사 영업직원의 이미지를 개선하려는 SEC의 시책에 호응해 찰리도 증권회사와 직원들에 대한 대중들의 인식을 바꿀 수 있도록 AE를 메릴린치의 공식 호칭으로 채택했다. 광고 업계에서 흔히 쓰이던 이 용어를 찰리가 차용해 금융업에 적용한 셈이었다. 20세기 초 주요 광고회사들은 광고를 기획, 실행하면서 광고효과까지 책임지는 직원들의 위상을 높인다는 차원에서 AE라는 호칭을 채택했다. 중립적이고 부담스럽지 않으며, 엘리트 같으면서도 잘난 척하지 않는 AE라는 호칭은 효과가 있었다. 모든 고객들에게 세심한 서비스를 제공하겠다는 의지를 전달할 수 있고, 신탁관재인(trustee)이라는 의미도 담고 있었다. 호칭 변경의 궁극적인 목적은 영업직원들의 위상을 변호사나 회계사, 의사 같은 사회적으로 신망 있는 전문직업인과 비슷한 수준으로 끌어 올림으로써 중고차 세일즈맨이나 외판원을 연상시키지 않도록 차단하는 것이었다. 메릴린치의 영업직원들이 투기종목을 쫓아다니는 사냥개가 아니라 믿을 만한 증권 애널리스트의 도움을 받아 보다 합리적인 자문을 하는, 수준 높은 전문직업인이 됐다는 점도 명칭을 변경한 주된 요인이었다.

새로운 호칭과 위상 변화는 대내외적인 목적을 동시에 갖고 있었다. 급여체계를 수수료 연동에서 고정급으로 전환했기 때문에 이제 회사는 고객들과 정기적으로 접촉하는 직원들이 업계 표준보다 높은 윤리적 기준을 갖기를 바랐다. 찰리는 영업직원들이 소중한 고객들을 위한 믿음직한 투자상담사 집단이 되길 희망했다. 그는 신뢰할 만한 정보를 적시에 고객들에게 제공할 경우 그만큼 거래가 늘어나고 회사도 발전하게 될 것이라고 확신했다. 호칭이 시사하듯이 AE의 책무는 고객의 관점에서 개인 포트폴리오의 재무적 성과를 극대화하는 일이었다. 예를 들어 우량주를 사서 장기 보유하라는 권고는 회사의 지침과도 부합하는 투자전략이었다. 좀더 쉽게 표현하자면 과거의 주식 브로커는 거래를 늘리는 데만 혈안이 돼 있었던 반면 메릴린치의 AE는 점진적으로 재산 증식이 가능한 주식에 투자할 것을 고객들에게 권했다.

증권회사 영업직원의 순수성을 의심하는 사람들에게 AE라는 호칭은 맨 처음 가식적으로 들렸다. 그러나 시간이 지나면서 경쟁사들도 이 호칭을 채택했고 결국 업계 표준이 되었다. 경비원이 유지보수기사로 불리고, 모든 은행의 중간 간부가 부사장 직함을 달기 훨씬 전에 메릴린치의 주식 브로커들은 AE로 호칭이 격상됐다. 찰리는 돈 한푼 안 들이고 주요 직군의 호칭을 변경함으로써 경쟁력을 강화할 수 있었고, 대내적으로는 직원의 사기를 높이고 대외적으로는 고객의 신뢰를 제고하는 효과를 거뒀다. 실제로 메릴린치의 영업직원들은 경쟁사 직원과 판이하게 달랐다. 모든 고객들에게 AE를 배정함으로써 회사는 합리적인 투자라는 기치를 내세울 수 있었다.

새로운 접근방식의 영업은 회사 발전과 직결됐다. 1940년 첫 9개월 동안 계좌가 3분의 1이상 늘어나 5만 계좌가 됐다. 다음해에는 페너 앤 빈에서 이월된 수천 개의 계좌 외에 3만 개의 신규 계좌를 유치했다. 이후 3년간의 성장 속도는 더욱 빨라졌다. 신규 계좌는 1942년에 2만7000계좌, 1943년에 4만9000계좌, 1944년에 4만6000계좌를 기록했다. 제2차 세계대전 종전 당시 메릴린치의 고객은 25만 명에 달했다. 같은 기간 중 뉴욕증권거래소에서 메릴린치의 거래량 비중은 큰 변화 없이 8~12% 사이에서 오르내렸다. 이는 경쟁 증권사에 실망한 고객을 탈취함으로써 성장한 게 아니라 신규 투자자 유치를 통해 성장했음을 말해주는 것이다. 메릴린치만 번영을 누린 게 아니라 다른 증권사도 자생력이 생겨 주식시장의 기반이 튼튼해졌다. 1945년 다우존스 산업 평균 주가는 1929년 이후 최고치를 기록했고 뉴욕증권거래소의 연간 거래량은 1937년 이후 처음으로 3억 주를 넘어섰다.

합병회사에서 찰리가 이끌었던 부서는 투자은행 부문이었다. 피어스는 물론 페너 앤 빈도 주요 대기업을 상대로 한 주간사회사 경험이 전혀 없었기 때문에 1940년 무렵 이 일은 경험이 풍부한 찰리가 맡을 수밖에 없었다. 그러나 1920년대에는 찰리가 이 분야에서 큰 성공을 거뒀지만, 그 역시 전쟁 기간 중에는 기업을 상대로 한 영업을 제대로 해본 적이 없었다. 게다가 인수업무 시장은 1929년 이후 여전히 침체에서 벗어나지 못하고 있었다. 연방정부가 전비 조달을 위해 총력을 기울이고 있는 상황에서 신규 유가증권을 발행하려는 민간기업도 많지 않았다. 그럼에도 불구하고 메릴린치는 신규 발행 시장에 두 가지 방식으로 참여했다. 우선 메릴린치는 찰리와 린치가 1914~29년 사이 발굴했던 고객들을 꾸준히 찾아 다녔다. 이 중 상당수가 소매업 분야의 체인점 기업이었다. 단골기업에 대한 서비스는 만기가 도래한 회사채를 연장할 경우, 혹은 고금리 채권이나 우선주를 1940년대 초의 저금리 채권으로 교체할 경우 주간사회사 역할을 하는 것이었다. 둘째, 메릴린치가 미국 최대의 증권 지점망을 거느리고 있었기 때문에 지점 없이 도매상 역할만 하는 월 스트리트의 유명 투자은행들은 메릴린치를 찾아와 보통주와 우선주, 채권을 포함한 신규 유가증권 발행시 유통을 맡아달라고 요청하곤 했다. 신규 유가증권의 판매 수수료는 통상적인 거래중개 수수료보다 높았기 때문에 메릴린치로서도 대환영이었다. 사실 메릴린치는 그 규모 덕분에 뉴욕의 주요 투자은행으로부터 가장 많은 수량의 유가증권 유통물량을 배정받곤 했다.

1940년대 투자은행 업무에서 찰리의 역할은 1920년대와 크게 달랐다. 1920년대에는 체인점 기업을 중심으로 한 몇몇 기업의 신규 발행 유가증권을 인수했을 뿐만 아니라 기업금융 업무에도 깊숙이 간여했다. 찰리와 린치는 자신들이 인수 업무를 맡은 기업의 보통주를 상당량 보유하곤 했다. 이에 힘입어 두 사람 모두 백만장자가 되기도 했다.

　그러나 찰리가 타계하기 전까지 신설 합병회사에서 기업금융은 다시 각광을 받지 못했다. 메릴린치는 이제 유통시장에서의 증권거래 중개가 주된 사업인 거대 기업으로 탈바꿈해 있었다. 찰리는 귀족적이고 화려한 투자은행이 아니라 일반 대중을 상대로 하는 증권회사의 대표파트너였다. 1940년 4월 지점장 회의에서 토로했듯이 50대 중반의 나이가 될 때까지 자신을 월 스트리트의 금융인이 아니라 체인점 기업의 경영진이라고 생각했던 찰리는 예전부터 주요 투자은행을 경영하는 엘리트들의 귀족적인 풍모를 경멸해 왔기 때문에 이처럼 위상이 높아진 뒤에도 생각을 바꾸지 않았다. 앞으로 언젠가는 사업영역을 확대할 기회가 있을 거라고 생각하면서도 당분간은 당면 과제에 주력할 필요가 있었다. 수많은 고객들에게 양질의 증권거래 중개서비스를 합리적인 가격으로 제공하는 일이었다

　거래량이 증가세로 반전되고 회사도 수익성을 회복한 1943년에 찰리는 투자은행 분야에 다시 도전하는 방안을 신중히 검토하기 시작했다. 당시 월 스트리트에서 손꼽히는 투자은행이었던 퍼스트 보스턴(First Boston) 출신의 조지 리네스(George Leness)을 데려와 메릴린치의 인수업무 부문을 맡겼다. 메사추세츠 출신에 MIT와 하버드 대학교 학위를 갖고 있는 40세의 리네스는 귀족 취향으로 대중 지향적인 메릴린치와 딱 맞아 떨어지는 인물은 아니었다. 하지만 그는 인수업무를 완벽하게 파악하고 있었고 월 스트리트의 거물들과 관계가 좋았으며, 성장 가능성이 무궁무진한 대신 리스크도 높은 신생 기업들을 상대로 모험을 해 볼 생각도 있는 인물이었다.

찰리는 자타가 공인하는 전문성과 탄탄한 경력을 갖춘 검증된 인물을 채용해야 투자은행 분야에 진출할 수 있을 거라고 생각했다. 리네스는 다소 거만한 성격이었지만 적격이었다. 오래 전부터 증권회사들은 기업 고객을 상대로 인수업무를 해보려고 시도했지만 진입장벽이 워낙 높아 대부분 좌절했고 이 과점적 시장의 엘리트들에게 접근조차 하지 못했다. 리네스는 메릴린치가 수십만 명의 개인고객을 확보하고 있다는 점을 적극 활용해 기업 고객을 끌어 들인다는 계획을 세웠다. 그가 일을 시작한 첫 해인 1944년에 메릴린치는 투자은행 분야에서 인수 업무 금액 기준으로 21위를 기록해 1943년의 52위에서 급상승했다. 찰리가 1956년에 타계하기 전까지 리네스는 메릴린치를 투자은행 분야의 정상권으로 올라서게 만들었다.

유럽에서의 전쟁 발발은 찰리의 개인생활에도 영향을 미쳤다. 나치독일에 맞서 영국을 방어해야 한다는 신념이 확고했던 찰리와 킨타는 1940년에 영국 리버풀 교외 호이레이크에 거주하던 J.A. 엘리어트(J.A. Elliot) 박사의 세 자녀를 맡아 키웠다. 찰스 메릴 주니어는 일본이 진주만을 기습 공격한 지 2주일도 채 안 돼 대학교 여자친구인 매리 클로(Mary Klohr)와 시카고에서 결혼한 뒤 1942년 초 입대해 북아프리카와 이탈리아에서 보병으로 참전했다. 둘 사이의 딸인 캐서린이 1943년 4월 태어났다. 찰리의 막내 아들인 지미는 1944년 육군에 입대해 몇 달간 훈련소에 있다가 의병 제대해 암허스트 칼리지로 복학했고 뛰어난 학업성적을 기록했다. 지미는 암허스트에서 본격적으로 시를 쓰기 시작해 훗날 문단의 영예로운 상을 여럿 수상했고 국제적인 명성까지 얻었다. 사위인 로버트 마고완은 1942년 찰리의 딸 도리스와 세 명의 아들을 남겨두고 해군에 입대했다. 찰스 주니어와 로버트는 모두 건강하게 가족들 품으로 돌아왔다.

찰리는 1943년 11월 팜비치에 있는 별장 메릴스 랜딩으로 겨울휴가를 떠났다가 다음해 봄 캘리포니아로 가서 세이프웨이의 최고경영자 링 워렌을 비롯한 경영진과 만나 시간을 보냈다. 1944년 4월 28일 뉴욕으로 돌아온 바로 그 다음날 찰리에게 첫 심장발작이 엄습했다. 그는 성누가 병원에서 한 달 이상 입원해야 했고 6월 10일에야 사우스햄프턴의 집으로 돌아올 수 있었다. 7월에는 두 번째 심장발작을 일으켰고 성누가 병원에 세 달간 입원한 뒤 플로리다로 겨울휴가를 떠났다. 1945년 노동절에는 세 번째 심장발작이 찾아왔다. 그는 건강을 완전히 회복하지 못했고 9년 동안이나 협심증에 시달려야 했다.

찰리는 타계하기 직전 10여 년간 뉴욕 본사를 자주 방문하지 않았다. 이 기간 중에는 윈 스미스가 사실상 대표파트너 역할을 했다. 건강은 나빠졌지만 정신적인 능력은 변함 없었던 찰리는 1940년대 후반 이후 1950년대까지 메릴린치의 중요한 전략과 정책을 결정하는 일에 주력했다. 전화와 장문의 메모를 통해, 또 롱아일랜드 저택에서 회의를 소집해 찰리는 회사의 각종 업무에 계속 관여했다.

11 경영 위임: 후계자 스미스

찰리는 1944년 4월 처음으로 심장발작을 일으킨 뒤 메릴린치, 피어스,
페너 앤 빈의 지배구조를 크게 바꿨다. 회사에 유고가 생길 가능성에
대비해 태평양 지역에서 해군으로 복무하던 사위 로버트 마고완을 뉴
욕 본사로 급히 소환했다. 복귀한 마고완에게는 영업과 홍보(PR)를 맡
겼다. 대표파트너가 기한 없이 장기간 부재 상태에 들어가자 총괄파
트너이자 사내 서열 2위인 윈 스미스가 많은 권한을 갖게 됐다. 관리
부문을 맡았던 마이크 맥카시의 서열도 한 단계 올라갔다. 찰리의 건
강 악화 이후 스미스와 맥카시, 마고완이 일상적인 회사 경영에서 삼
두마차를 형성했다.

1944년에 찰리는 네 달 반이나 병원에 입원해 있었다. 늦가을에 퇴
원한 찰리는 킨타와 간호원을 동반하고서 팜비치의 저택으로 옮겨갔

다. 이후 12년 동안 찰리가 주로 머문 곳은 따뜻한 남쪽 지역이었다. 처음에는 플로리다, 나중에는 바베이도스였다. 찰리는 여름이 되면 뉴욕을 방문해 가을까지 머물렀다.

1944년의 마지막 8개월과 1945년 중에는 찰리가 회사 내부 문제에 관여하는 일이 극히 적었고 들쭉날쭉한 편이었다. 의사는 생명이 위태로워질 수 있다며 찰리의 신체적, 정신적 활동을 모두 엄격하게 제한했다. 협심증의 공격은 때를 가리지 않았고 무척 고통스러웠다. 한번 찾아오면 심각할 정도로 탈진시키거나 좌절하게 만들었다. 심장병 치료와 관련해 그 무렵 심장병 전문의가 할 수 있는 일은 거의 없었다. 수술은 불가능했고, 당시 권장된 치료방법은 편하게 조용히 쉬는 것뿐이었다. 성행위를 포함한 모든 형태의 격렬한 운동은 금지됐다. 혀 밑에 니트로글리세린 알약을 물고 있으면 협심증의 고통에서는 빨리 벗어날 수 있었지만 발작의 빈도수를 줄이는 방법은 없었고, 부분적으로 막힌 동맥을 근본적으로 치유할 수 있는 방법도 없었다.

협심증이 정신적 스트레스로 촉발될 수 있다는 점에서 찰리는 자칫 화를 돋울 수 있는 일은 너무 많이 알려고 하지 말라는 권고도 받았다. 딸 도리스의 후일 회고에 따르면 킨타는 회복 중인 찰리에게 강한 보호 본능을 발휘해 회사 직원을 포함한 외부인들의 집안 출입을 금지하기도 했다. 갇혀 있는 게 짜증난 찰리는 부인이 자신의 일정을 너무 과도하게 통제한다며 도리스에게 불평을 늘어놓기도 했다.[주1] 킨타는 누구와 얼마 동안 만날 것인지 간섭했고 병 간호와 관련된 모든 일을 결정했다. 지난 30년간 집안에서 호령하는 데만 익숙해 있던 찰리에게는 정말로 괴로운 일이 아닐 수 없었다.

1945년 9월 세 번째 심장발작이 찾아 온 뒤 찰리는 정신적으로나 육체적으로 과도한 자극을 피해야 하는 자신의 운명을 받아들이기로 했다. 침대에서 벗어나 가족이나 친구들과 식사를 할 수 있고, 수영을 즐길 수 있으며, 집 주변을 산책하고 모터보트를 타고 낚시를 갈 수 있는 허락을 받았기 때문에 중증환자는 아니었지만 인생의 마지막 10년 동안 그는 집 근처를 그다지 벗어나지 않았다. 1950년에 아들 지미를 방문하러 이탈리아를 갔던 게 유일한 예외였다.[주2] 담배와 한두 잔의 소다수를 섞은 위스키(어느 정도의 알코올 섭취는 여러 모로 건강에 도움이 된다고 여겨졌다), 동네 골프장 회원인 부유한 은퇴자 부부들과 브리지 게임을 하는 게 하루하루의 낙이었다.

처음 심장발작을 일으킨 날로부터 18개월이 지나자 완전히 건강을 회복하지는 못했어도 점차 안정을 되찾아갔다. 의사들도 찰리에게 회사 업무에 약간의 시간과 에너지를 할애할 수 있도록 허락했다. 다소나마 제약이 풀리자 그는 메릴린치의 상황을 자세히 들여다 보기 시작했다. 그러나 일정한 선을 넘지 않으려고 조심했다. 1946년 2월 찰리는 회사 일에 관심을 갖게 되면 무리가 온다고 스미스에게 털어 놓았다 "회사와 관련된 일을 들여다 보면 걱정이 되고 화가 난다네. 이게 바로 나의 바보 같은 점이고, 가능한 한 지금까지 자네와 직원들이 알아서 회사를 운영하도록 맡겨놓고 결과에 상관하지 않은 이유라네."[주3]

1946년부터 56년까지 찰리가 그저 얼굴마담으로 전락한 건 아니었다. 자신의 지위를 부하에게 물려 주고 단지 상임이사로 남아있게 된 전직 최고경영자로서, 그는 회사의 상황을 알고자 했고 의사결정에 영향을 미치고 싶어했다. 찰리의 바뀐 역할은 부재 중의 대표파트너였지만 회사의 내부적인 문제에 직접 관여했다. 찰리는 최대주주였기 때문에 그의 의견은 무시할 수도, 거절할 수도 없었다.

1946년부터는 전체 지점망의 매주 손익 상황과 주요 내부정보가 뉴욕 본사에서 찰리의 저택으로 정기적으로 배달됐다. 그의 건강상태가 좋고 기분이 상쾌할 때면 스미스와 전화통화도 했다. 찰리는 영업이나 광고, PR과 관련된 중요한 정책은 최종 결정을 내리기 전에 사전협의을 하도록 요구했다. 반면 후선 업무(관리부문)나 투자은행 업무는 1944년 이후 그의 관심 영역이 아니었다. 의사결정에 관여하는 경우는 건강 상태나, 뉴욕과 통화하기 쉬운 지역에 머물고 있는지 여부에 따라 달라졌기 때문에 일정한 규칙은 없었다. 반면 글로 의사를 표시하는 경우 찰리는 여전히 명석했고 활기찼으며, 제한된 정보에 기초해 내린 경영판단이라 해도 건전했을 뿐만 아니라 원칙에 충실했다. 금액이 많든 적든 증권계좌를 보유한 고객들에게 최저가로 양질의 서비스를 제공한다는 게 그의 최우선 목표였다.

이 대목에서 관심의 초점은 1944년부터 찰리가 타계한 56년까지 찰리와 윈 스미스의 관계라고 할 수 있다. 사실 두 사람은 15년 이상 회사를 꾸려간 방식에서 근본적인 일체감이 있었다. 독자들은 제2차 세계대전 이후 윈 스미스가 회사 발전을 위해 맡았던 중요한 역할과, 회사의 공식 명칭에서 알페우스 빈을 대신해 그의 이름이 들어간 이유를 보다 자세히 이해하게 될 것이다.

찰리의 건강이 나빴던 12년 동안 사내에서 스미스의 위상은 아주 어설펐다. 대표파트너의 부분적 유고라는 어정쩡한 상황이었기 때문에 스미스는 최고경영자로서의 완전한 권한을 갖지 못했다. 찰리는 원기를 회복해 회사 일에 관여할 때면 중요한–어떤 경우에는 사소한 일까지–의사결정에 거부권을 행사하곤 했다. 1946년 찰리의 건강이 안정을 찾은 다음 스미스의 주요 역할은 대표파트너와 일반파트너, 그리고 부서장들 사이에서 전달자 역할을 하는 것이었다. 그렇지만 스미스의 영향력은 막강했다. 오랜 기간, 특히 1944년과 45년에는 아무도 찰리와 상의할 수 없었기 때문에 스미스가 최종 의사결정자 역할을 맡았다. 찰리가 정기적으로 지시를 내릴 때도 스미스는 상당한 권한을 행사했다. 왜냐하면 대개의 경우 스미스가 먼저 화두를 던지는 데다 정책 집행도 스미스가 했기 때문이다. 스미스는 찰리와 직접 만나는 유일한 파트너였다. 대표파트너인 찰리를 만나려면 특별한 경우를 제외하곤 스미스를 거쳐야 했다. 물론 사위인 마고완도 직접 접촉이 가능했다. 그러나 그는 보스의 사위라는 자신의 특권을 남용해 스미스의 권위에 흠이 갈 수 있는 일은 거의 하지 않았다.[주4]

찰리의 대변인으로서 스미스의 권위는 높았고 어떤 파트너도 이의를 달지 못했다. 정치세계와 비교하는 게 적합한지는 몰라도 스미스는 늙고 병들었지만 의지만은 강건한 군주, 즉 불가피한 상황으로 인해 어쩔 수 없이 권좌에서 거리를 두고 있는 뛰어난 지도자를 위해 몸바쳐 충성하는 재상의 역할과 여러 모로 흡사했다.[주5]

상반된 스타일과 전혀 다른 성격 때문에 스미스와 찰리 콤비는 회사 경영에서 찰리와 린치의 조합보다 더 효과적이었다. 1928년에 회사의 투자 포트폴리오(보유주식)를 상당 부분 매각하는 논쟁을 비롯해 찰리와 린치 두 사람은 크든 적든 여러 문제를 놓고 다투었고, 이런 문제는 린치가 죽을 때까지 계속됐다. 반면 찰리와 스미스는 경쟁적이고 모순적이라기보다는 보완적이었고 상부상조형이었다. 1920년대부터 50년대까지 파트너로 일하며 세 사람을 모두 겪어본 로버트 루크(Robert Rooke)는 스미스가 찰리나 린치처럼 공격적이지 않았고 수습형 내지는 통합형이었다고 회고했다. 신중하게 생각하고 모든 가능성을 검토해 조직적이면서도 단호하게 행동했다는 것이다.[주6]

찰리보다 여덟 살 적은 스미스는 메릴린치에서 말단 직원부터 시작했다. 착실하게 승진해 1939년 이후 2인자가 됐지만 그는 자신의 멘토이자 은인에게 공손한 태도를 끝까지 유지했다. 1920년대 파트너 출자금을 납입할 돈이 없던 스미스에게 찰리가 돈을 빌려주기도 했다. 승진해 새로 파트너가 된 직원들에게 베푸는 찰리의 성의표시였다. 창업주가 1956년 세상을 떠난 한참 뒤 가진 인터뷰에서 스미스는 이렇게 설명했다. "그분과 나의 초창기 관계는 직장 상사와 아버지의 중간 형태였습니다. 나중에는 형과 동생의 관계로 변화했고 결국 파트너이자 친구가 됐지요."[주7] 스미스는 찰리의 건강 악화로 회사의 뿌리가 흔들리던 시기를 전후해 모든 걸 다 떠맡은 유일한 임원이었다. 신중한 성격에 귀담아 들을 줄 아는 타입으로서 회사의 파트너와 직원을 통틀어 스미스는 타협안을 만들어내는 데 최고 선수였다. 주로 회사 일 때문에, 가끔은 집안 문제로 찰리가 흥분하고 불안한 모습을 보일 때면 언제나 그를 차분하게 진정시켰다. 어려운 상황에서 발휘하는 인내력과 놀라운 합리성이 그의 중요한 특징이었다. 이 점이 1940년대와 50년대 메릴린치에서 그와 같이 일했던 모든 사람들로부터 인정을 받은 것이다.[주8]

윈 스미스는 청교도 정신을 중시하는 뉴잉글랜드 집안에서 1893년 태어났다. 매사추세츠의 코네티컷 강 계곡 스프링필드 북동쪽 마을인 사우스 해들리 폴스가 그의 출생지다. 그의 아버지는 공장을 운영했다. 스미스는 부모 집에서 멀리 떨어지지 않은 앤도버 아카데미를 다니다 암허스트 칼리지에 등록했다. 대학시절 전공은 영문학이었고 경제학이나 회계학, 경영학 과목은 하나도 듣지 않았다. 문학을 공부한 게 직장 준비의 전부였다. 1916년에 졸업한 그는 증권 분야를 공부해보기로 작정했다. 그의 회고담을 들어보자. "아무것도 몰랐지만 그냥 좋을 것 같았어요. 그냥 예감이었는데 예감이 맞은 셈이지요."주9 대학시절 친구의 삼촌이 본브라이트 앤 컴퍼니(Bonnbright & Company)에 근무한 인연으로 스미스도 4학년 여름방학 동안 뉴욕에서 사환으로 일했다. 뉴욕 주 플랫츠버그에서 몇 주간 군사훈련을 받고 난 뒤 스미스는 본브라이트에 입사지원서를 냈다. 그때 비로소 그는 자신이 받는 주급이 불과 7달러(1995년 가치로 100달러)의 최저생계비에 불과하다는 사실을 알게 됐다.

몇 주 뒤 스미스는 유가증권을 배달하러 나갔다가 우연히 대학 친구를 만났다. 그 친구는 여름방학을 이용해 메릴린치에서 일하다 가을학기에 암허스트에 복학하기 위해 일자리를 그만두려던 참이었다. 하는 일은 비슷한데 그 친구의 급료는 주당 10달러였다. 스미스는 기회를 놓치지 않았다. 며칠 뒤 그는 회사를 바꿨고, 그 즉시 급료가 40%나 뛰었다. 당시 메릴린치의 총무부장을 맡고 있던 허버트 윌리암스(Herbert Williams)는 곧바로 그를 출납계 서무로 승진시켰다. 이해 11월 스미스는 영업직원을 뽑기 위해 이력서를 분류하고 있었다. "누군가 내 뒤에서 나를 지켜보며 서 있다는 걸 느끼고 돌아보니 대학 선배

더군요. 우리는 얘기를 나누었고 찰스 메릴이 나한테 암허스트 대학과 윌리엄스 대학 대항전에 가자고 하더군요." 애교심이 뛰어난 두 암허스트 동창생에게 이날 만남은 앞으로 40년간 지속될 우정의 시작이었고, 1950년대 중반까지도 두 사람은 매년 홈커밍데이 행사나 미식축구 시합에 함께 갔다.주10

　1917년 5월 윌슨 대통령이 의회에 독일에 대한 선전포고 비준을 요청하자 스미스는 휴직계를 내고는 군에 입대해 플랫츠버그의 장교후보생 학교에 입교했다. 그는 전쟁이 끝나자 메릴린치로 복직했다. "월급 140달러의 육군 소위에서 월급 100달러짜리 영업직원으로 돌아왔지요."(그의 군대 봉급은 1995년 가치로 연봉 1만6000달러 수준이다.) 10여 년간 주식 및 채권 판매 업무를 한 그는 에디 린치의 추천으로 1928년 12월 파트너가 됐다. 다음해 주가 대폭락 이후 찰리가 지점망을 전부 양도해 사업을 대폭 축소하자 스미스는 대부분의 메릴린치 직원들과 함께 E.A. 피어스로 회사를 옮겼다. 처음에는 보스턴에서 근무하다가 1930년대 초반 시카고 지점장으로 발령받았다. 이 자리에 계속 머물러 있던 스미스는 1939년 가을 메릴린치와 피어스 간의 합병에서 매개 역할을 맡았다. 훗날 그는 당시 상황을 이렇게 묘사했다. "찰스 메릴에게 합병을 설득하기 위해 세 달 동안 심층 분석하는 작업에 매달렸지요. 그는 처음부터 관심을 보이더니 진도가 나갈 때마다 숫자를 달라고 하더군요." 일단 합병이 마무리되자 피어스가 아닌 스미스가 합병회사에서 2인자가 됐다. 스미스는 총괄파트너의 직함을 갖고 뉴욕 본사로 부임했다. 찰리는 단독 대표파트너이자 회사지분이 가장 많은 투자자였다.

1946년에 의사들이 찰리에게 회사 일을 할 수 있도록 허락하자 대표 파트너인 찰리와 총괄파트너인 스미스는 의사소통이 가능한 내부 정보시스템을 만들었다. 찰리의 건강 상태가 일시적으로 나빠지는 경우나 먼 지역으로 여행을 가지 않을 경우 찰리와 스미스는 메모나 전보, 전화를 거의 매일 주고 받곤 했다. 찰리는 여행을 갈 때도 개인비서인 에스더 킹(Esther King)을 데리고 다녔기 때문에 필요할 경우 언제든지 편지와 메모를 보낼 수 있었다. 찰리가 뉴욕에 머무는 여름철과 초가을에는 스미스가 맨해튼의 아파트에 들르거나, 주말에 가족들을 데리고 사우스햄프턴의 저택을 방문하곤 했다. 두 사람과 그들의 가족들은 겨울철이면 팜비치에 있는 찰리의 별장에서 함께 휴가를 보내는 경우도 많았다. 찰리는 주요 파트너들은 물론 회사 직원들과 그들의 가족들을 주말에는 사우스햄프턴으로, 가끔은 겨울철에 1주일 정도 플로리다로 초청했다.

찰리가 이렇게 건강을 해치지 않는 범위 안에서 사회활동과 여가생활을 즐기는 동안에도 그는 스미스로부터 계속 보고를 받았고 회사의 재무제표를 검토하며 경영 감각을 유지했다. 찰리에게는 회사 일 자체가 즐거움이었다. 그는 회사에 모든 것을 바쳤다. 메릴린치는 그의 취미이자 사업이었고 죽는 날까지 그랬다. 1950년대 초 회사에서 작성한 사료에 따르면 스미스는 이전 10년간 찰리와 파트너들 간의 관계를 이렇게 묘사했다.[11] "그는 회사의 현안에서 끈을 놓지 않았고 예전 못지 않은 관심과 명석함으로 보고서들을 읽고 연구했다. 그는 본사에 없더라도 매일매일의 회사 경영에 참여하는 것 이상으로 업계 전반에 무슨 일이 벌어지고 있으며, 특히 우리 회사에는 무슨 일이 일어날지 내다볼 수 있는 능력을 갖고 있었다."

찰리는 자신의 건강 문제로 회사 경영에 제대로 참여하지 못하는 데 좌절감을 느꼈다. 비슷한 처지의 사람들이 흔히 그렇듯 그 역시 개인적 자유를 상실했다. 당시 심장 전문의들은 "이것이 유일한 치료법"이라며 그의 일상 생활을 통제했다. 먹어도 되는 것, 담배 개피 수, 마시는 알코올 양, 낮잠 자는 시간, 취침시간(보통 9시 반) 같은 지시를 따라야 했다. 더구나 의사들은 하루에 몇 시간이나 회사 일에 할애할 수 있는지까지 결정했다. 전담 간호사가 항상 지켜보면서 규칙 준수 여부를 체크하고 그의 상태를 점검했다.

이 무렵 한 기자가 세이프웨이의 임원진과 점포 책임자들에게 지급한 보너스의 문제점을 지적하는 글을 썼는데, 찰리는 이 기자에게 보낸 편지에서 자신의 상황을 설명했다. "심장이 나빠 지난 5년간 회사에 출근할 수 없었습니다. 어쩔 수 없이 옆으로 빠져 있어야 하는 것이 내게 대단히 우울한 일이었어요. 왜냐하면 나는 일을 하고자 하지만 내가 회사 일에 투자할 수 있는 시간은 의사가 배급하니까요." 그는 이로 인해 그동안 자신이 최대주주로 있던 세이프웨이의 경영에 대해 그다지 큰 관심을 기울이지 못했다고 털어놨다. 업무를 볼 수 있는 극히 제한된 시간 동안에는 증권회사 일에만 몰두했던 것이다. 그의 참여가 제한돼 있기는 해도 "지금까지 나는 메릴린치의 파트너와 직원들이 모범을 보일 수 있도록 나의 영향력을 미치거나 지시할 수 있었다고 생각해요"라고 자랑했다.[주12]

최고경영자의 부재 상태에서 거대 조직을 지휘하는 데는 분명히 한

계가 있었지만 약간의 장점도 있었다. 드문드문 방해 받는 일이 있기는 했어도 가장 관심이 큰 문제와 이슈에 집중할 수 있었기 때문이다. 찰리는 주로 장기적인 전략과 중기적인 전술적 결정에 집중했다. 스미스는 오래된 문제나 대표파트너가 지시하는 경우를 제외한 일상적인 업무를 맡았다. 찰리는 서부 지역에서 증권회사를 경영하던 딘 위터(Dean Witter)에게 보낸 편지에서 철학적인 표현을 썼다. "여러 모로 나는 일상적인 시끄러운 일에 관여하지 않는 게 회사를 더 도와주는 일이라고 생각합니다. 이제 나는 문제를 보다 객관적으로 보고 우리 회사나 업계 전반에 대해 보다 근본적이고 중요한 측면을 들여다 볼 수 있습니다."주13 간섭을 줄임으로써 얻을 수 있었던 또 다른 장점은 최고 경영진이 될 잠재력을 갖춘 젊은 직원들에게 회사가 보다 많은 권한을 부여할 수 있었다는 것이다. 마이크 맥카시와 밥 마고완, 돈 리건 같은 전후 세대 경영자들이 특히 그랬다. 맥카시와 리건은 훗날 메릴린치의 최고경영자가 됐고, 마고완은 세이프웨이의 최고경영자가 됐다. 찰리가 10년 이상 와병 중이었기 때문에 임원진이 젊은 나이에 경영 능력을 계발할 기회를 가질 수 있었다. 그의 부재로 인한 또 다른 결과는 찰리의 사망 이후 경영권 승계와 같은 조직의 문제가 생기지 않았다는 점이다. 실제로 그런 문제는 단 한 번도 제기된 적이 없었다.

1952년 찰리와 킨타 부부는 찰리의 두 번째 결혼과 거의 같은 기간인 13년간의 결혼생활에 종지부를 찍고 이혼했다. 이혼 사유는 명확하지 않다. 1950년대부터 80년대 사이 메릴린치와 찰리의 가족들을 인터뷰한 사람들은 킨타에 대해 중립적인 평가를 내렸다. 대부분의 응답자들은 킨타가 예쁜 얼굴과 멋진 몸매를 갖고 있었다고 묘사했지만 신체적인 특징 외에 그녀의 성격과 행동은 오늘날까지도 수수께끼로 남아 있다. 한마디로 공란이다. 결혼 생활 초기 그녀는 헬렌에 비해 순응하는 태도로 남편의 요구에 자신을 맞추려고 했다. 그러나 찰리가 심장 발작으로 행동에 제약을 받은 뒤 그녀는 독립적이고 비타협적인 성격으로 바뀌었다.[주14]

킨타와 찰리가 1939년 결혼했을 당시 찰리는 반 은퇴 상태에서 현업으로 복귀해 새롭게 재탄생한 메릴린치의 최고경영자라는 도전과 책임을 떠맡기로 결정하기 직전이었다. 또 결혼 5년만인 1944년 찰리는 첫 심장발작을 일으켰고 그 후 회복을 못했다. 1952년 이혼 소장에서 찰리는 지난 8년간 부인과 성관계를 가진 적이 없다고 주장했다.[주15]

이혼 후 찰리는 거의 대부분의 시간을 당시까지 영국 식민지였던 바베이도스에서 지냈다. 친구인 시드니 존 경(Sir Sidney John)과 콘스탄스 세인트(Constance Saint) 부인의 저택 인근에 캔필드 하우스라고 불리는 저택도 구입했다.[주16]

1952년 9월 찰리는 담당 심장병 전문의를 새뮤얼 레빈(Samuel Levine) 박사로 교체했다. 레빈 박사는 당시 하버드 의대가 가까운 보스턴에서 활동 중이었다. 1953년 6월에 레빈 박사의 권고에 따라 찰리는 근본적으로 새로운 실험적 치료를 받아보기로 동의했다. 성공한다면 오랫동안 그를 괴롭혀온 협심증의 고통을 완화할 수 있었다. 치료는 수술이 필요 없었다. 환자는 그냥 내복약을 마시기만 하면 됐다.[주17] 이 음료는 액체에 떠다니는 방사성 요드(iodine)를 함유한 것으로 그냥 평범한 물처럼 생겼고 맛도 그랬다.[주18] 며칠 뒤 그의 목이 붓기 시작했고 삼키는 것조차 어려워졌지만 이 같은 부작용은 몇 시간 뒤 가라 앉았다. 사우스햄프턴의 저택으로 돌아온 뒤 찰리의 상태는 좋아지긴커녕 오히려 일시적이었지만 더 나빠졌다. "첫 주에는 통증이 76번이나 찾아왔어요. 다음 주에는 100번 이상, 지난주에는 127번이나 됐지요." 그는 완전히 낙담했다. "오랜 와병 생활 중에 처음으로 진짜 울었어요. 고통 때문에 운 게 아니라 내가 그 놈의 병 때문에 거덜이 나고, 죽을 고생했던 세월이 억울해서 그랬습니다."

그러나 1953년 6월 말 최악의 고비를 넘기자 찰리의 건강은 급속도로 좋아졌다. 방사능 요드 요법이 긍정적인 효과를 보이기 시작한 것이다. 7월부터 협심증이 줄어들기 시작했다. 7월 말에는 협심증이 거의 사라졌고, 9월 중순이 되자 그는 "지난 4주 동안 밤이든 낮이든 한 번의 통증도 겪지 않았다"고 말했다. 당연히 찰리는 레빈 박사를 극찬했고 실험 요법이 성공한 데 감사했다. "내가 지난 9년 반의 세월을 이겨낼 수 있었다는 사실을 믿을 수가 없어요. 나는 브리지게임과 춤, 수영을 즐길 수 있고, 웃을 수 있으며 무엇보다 계획을 세울 수 있습니다. 원래 나는 계획을 세우는 데는 선수지요." 이해 10월 그는 전국의 메릴린치 지점장들을 뉴욕으로 초청해 자신의 68번째 생일잔치를 열었다. 공식만찬에 당당하게 입장한 그는 10여 년 이상 그의 목소리를 듣지 못했던 참석자들에게 연설했다. 이날 행사는 금융인으로서 그의 인생에서 클라이맥스였다. 찰리는 끊임없는 고통과 막연한 불안에서 벗어나 그의 삶의 마지막 3년을 행복하게 보냈다. 실험적인 내복약의 놀라운 효능에 힘입어 찰리의 신체와 정신은 되살아났다.

이제 메릴린치의 경영에 제대로 참여할 만한 여력이 생겼지만 찰리는 1953년 이후에도 생활방식이나 업무 스케줄을 바꾸지 않았다. 그는 일상적인 업무에서 너무 오랫동안 떨어져 있었던 데다 고통 없는 말년을 즐길 기회를 놓치고 싶지 않았다. 이 점에서 그의 절반 은퇴는 스스로의 선택이었다. 윈 스미스는 1944년 이후 회사의 사실상 최고 경영자로서 탁월한 실적을 보여주었다. 수수료 수입과 이익은 착실하게 증가했다. 논리적으로 보면 경영권 승계가 이미 비공식적으로 이뤄진 셈이었다. 제2차 세계대전 종전 후 메릴린치는 이름만 빼 놓고는 모든 게 스미스의 회사였다. 스미스가 회사를 제대로 경영한 데 대한 찰리의 고마움은 컸고 본인의 입을 통해서나 편지를 통해 감사의 표시를 했다. 두 사람은 상호 존중을 바탕으로 서로에게 정을 느꼈다.

찰리는 어떤 면에서 오래 전부터 자기 회사의 경영컨설턴트였다. 세 번에 걸친 심장발작 직후 몇 달 동안의 과도기에 그는 자신의 아웃사이더 역할이 통하고 실제적으로 도움이 된다는 점을 알게 됐다. 찰리는 그가 관심을 두고 있는 문제에 대해 글과 말로 충고를 해주었고, 스미스는 회사의 중요한 경영 정책을 실행에 옮기면서 일상적인 많은 문제를 주도적으로 처리했다. 이처럼 두 사람이 힘을 합친 덕분에 메릴린치는 1940년대 말과 50년대 초 새로운 차원으로 도약할 수 있었던 것이다.

새 지평을 열다: 혁신적인 정보제공광고

제2차 세계대전이 끝나자 메릴린치는 곧 증권업계 1위 자리를 더욱 확실히 다지기 위한 작업에 착수했다. 메릴린치의 파트너들은 이전에 해왔던 것처럼 고객과 직원들 모두에게 혜택이 돌아가는 일련의 혁신적인 정책들을 잇따라 도입했다. 1949년에는 마침내 100번째 지점을 개설하는 개가를 올렸다. 메릴린치의 100번째 지점은 네브라스카 주 오마하에서 문을 열었다.(오마하는 전설적인 가치투자자 워런 버핏(Warren Buffet)의 고향이자 그의 회사 버크셔해서웨이(Berkshirehathaway)의 본사가 자리잡고 있는 곳이기도 하다–옮긴이) 월 스트리트에서 멀리 떨어진 중소도시의 중상류층을 고객으로 끌어들인다는 메릴린치의 목표와 딱 맞는 지역이었다. 메릴린치의 이 같은 성장 전략이 얼마나 괄목할 만한 성공을 일궈냈는지는 뉴욕증권거래소(NYSE)의 전체 거래량에서 차지하는 비중이 비약적으로 증가했다는 점에서 쉽게 읽을 수 있다. 페너 앤 빈과 합병한 다음해인 1942년 메릴린치의 정상매매단위 거래량 비중은 8.1%였으나 1950년에는 이보다 2.1%포인트 늘어난 10.2%까지 높아졌다. 특히 이 기간 중 메릴린치의 소량거래 비중은 10.2%에서 14.7%로 높아져 4.5%포인트나 늘어났다. 소량거래 시장에서의 급성장은 메릴린치가 중간 소득층에 속한 투자자들을 대거 끌어들여 주식을 포함한 분산투자 포트폴리오를 구성하도록 하는 데 성공했음을 말해준다.[주1]

찰리는 회사의 일상적인 업무에는 관여하지 않았지만 사우스햄프턴의 여름저택과 팜비치의 겨울별장에서 전반적인 상황을 파악했다. 건강 문제로 인해 제한을 받았던 하루 일과시간을 1946년부터 의사가 다소 늘려주자 찰리는 재무보고서와 지시사항을 담은 메모, 그리고 필요할 경우에는 전화 연락을 통해 윈 스미스와 정기적으로 접촉했다.[주2] 그는 심장발작을 일으키기 이전의 패턴을 유지하면서 영업과 홍보전략, 광고에 집중적인 관심을 쏟았고, 때로는 다른 사안들도 주의를 기울였다.

전후에 메릴린치가 단행한 조직상의 가장 큰 변화는 전국 각 지점에서 영업직원으로 일할 신입사원을 교육시키는 연수원을 설립한 일이었다. 대공황이 시작된 이후 증권산업은 쇠퇴하는 추세였고, 따라서 증권회사들은 회사를 떠난 대규모 인력조차 대체하지 못하는 실정이었다. 전쟁 기간 중에 경기가 다시 살아나면서 주식시장의 거래량이 다소 증가하기는 했지만 그리 대단한 수준은 아니었다. 이로 인해 1945년 당시 메릴린치를 비롯한 증권회사에 고용된 브로커들의 중간 나이는 50세 이상이었다. 증권업계 경영진은 인력 부족 현상이 심각하다는 점을 알고 있었지만 제1차 세계대전이 끝났을 때처럼 또 다시 전후 불황이 닥쳐오지 않을까 두려워했고, 젊은 직원들을 채용해 훈련시키기를 꺼리는 분위기였다.

찰리 역시 전후의 경기 위축이 자칫 주식시장의 후퇴와 침체를 가져올지 모른다는 점을 인정했지만, 미국 경제의 미래는 여전히 밝다는 생각을 가졌고 회사의 인력을 늘리고자 했다. 그는 잘 훈련된 브로커와 지점장 인력의 부족은 정상적으로는 풀기 힘든 매우 심각한 문제를 야기할 것이라고 내다봤다. 메릴린치는 이에 대한 해결책으로 뉴욕 본사에 20대 초반에서 30대 중반의 야망 있는 젊은이들(몇몇 미혼여성들도 포함됐다)을 대상으로 상시 강의를 하는 연수원을 개설한 것이다. 이 학교의 첫째 목표는 전국 각지의 지점에서 근무할 뛰어난 영업직원을 양성하는 일이었지만, 일부 연수생들에게는 증권 애널리스트나 관리 전문가를 목표로 한 교육을 시키기도 했다.

예전에는 사실상 모든 증권회사의 신규 직원들이 특유의 도제 제도를 통해 업무를 익힐 수밖에 없었다. 어떤 신입사원은 선배 브로커의 심부름을 하면서 영업을 먼저 배웠고, 어떤 직원은 관리부서에서 일을 하다가 영업부서에 배치되기도 했다. 제대로 된 브로커가 되기 위해서는 이 같은 직장 내 훈련(OJT) 과정을 4~5년, 혹은 그 이상 받아야 했다. 뉴욕의 금융가에 근무하는 젊은이들은 뉴욕증권거래소 연수원에서 주관하는 과정을 수강함으로써 직무교육을 받을 수 있었지만, 월스트리트에서 일하지 않는 경우라면 엉성한 통신교육 과정으로 이뤄지는 프로그램에 참여하는 게 전부였다. 교육 프로그램을 매우 중시했던 윈 스미스는 1940년 12월 찰리에게 메모를 보냈다. 이 메모에서 그는 모든 영업 인력이 "증권분석(Security Analysis)" 과정을 의무적으로 이수해야 한다고 강조했다.(1940년 12월 27일 스미스가 찰리에게 보낸 편지를 보면, 교육과정은 모두 18개 과목으로 구성돼 있다. 스미스는 통상 한 과목을 이수하려면 3일간 집중적으로 교육받을 필요가 있다고 덧붙였다.) 당시 정규 교육기관에서 증권시장에 대한 깊이 있는 지식을 얻기는 오늘날보다 훨씬 더 어려웠다; 1940년대에는 금융시장과 관련된 강좌를 개설해놓은 대학교가 몇 군데밖에 되지 않았다.(대개의 대학들은 학부나 대학원 과정에서 경영학 과목조차 개설하지 않았고, 1960년대 이전까지는 학부에서의 경영학 전공이 흔치 않았다.) 메릴린치의 연수원은 그런 점에서 미국 교육제도상의 심각한 허점을 메웠고, 교육 참가자들이 실무 경력을 쌓아가는 데 결정적인 역할을 했다. 전국 각 지점에서 영업직원으로 채용된 뒤 연수원으로 들어오면 대개 교육 프로그램을 마친 뒤 1~2년 안에 유능한 브로커가 됐다.

제2차 세계대전 이전까지 미국은 물론 전 세계적으로도 신입사원을 선발해 정규 급여를 지급하면서 연수에 전념하도록 하는 공식적인 연수 프로그램을 진행한 기업은 손으로 꼽을 정도였다.[주3] 역사가인 티모시 스피어스(Timothy Spears)에 따르면 내셔널 캐시 레지스터 컴퍼니(National Cash Register Company)가 1894년 오하이오 주 데이튼 공장에 연수원을 설립해 "신입 및 경력 영업사원을 대상으로 현금등록기 판매 방식을 가르쳤다"고 하지만,[주4] 이 회사의 연수기간은 고작 한두 주에 불과했다. 1930년대 초에는 스탠다드 오일 오브 뉴저지(Standard Oil of New Jersey, 현재의 엑손Exxon)가 뉴욕 시에 연수원을 만들었는데, 이

곳 강의실에서는 윤활유 제품 영업사원들이 몇 주 동안 교육을 받았다.[주5] 이 같은 선례가 있기는 했지만 20명 이상의 신입사원들을 3~6개월간 사내 연수원에서 교육시키면서 정식 급여를 지급하는 기업은 찾아보기 힘들었다.

메릴린치가 증권업계의 기존 관행에서 과감히 탈피한 또 하나의 사례는 영업직원을 대학 졸업생 가운데서 뽑았다는 점이다. 메릴린치가 대졸자 채용을 강조했다는 점은 브로커라는 직업을 전문화하고 영업직원을 AE(account executives)로 전환시키려는 계획을 감안할 때 핵심적인 요소였다. 1940년대 말에는 이전에 다녔던 기업체나 군대에서 쌓은 경력도 인정을 받았다. 1950년대의 이상적인 신입사원 후보는 대학을 졸업한 뒤 군에서 초급장교로 18개월 내지 24개월을 복무한 24~25세의 남성이었다.[주6] 한마디로 메릴린치는 신입사원들이 회사의 수수료 수입에 기여하기 한참 전부터 이들에게 종합적인 교육 및 훈련 프로그램을 제공한 선구적인 기업이었다.

메릴린치가 정식 연수원을 설립한 동기가 무엇인지 딱 집어서 말하기는 곤란하다. 기업의 성공적인 아이디어들이 대개 그렇듯 몇 가지 선례가 있다. 찰리는 제1차 세계대전 중 군 생활을 하면서 집중적인 교육 프로그램의 효과를 직접 경험했다. 당시 육군항공대에서는 조종사 후보생들에게 조종훈련을 시키기 전에 한 달 동안 강의실에서 예비교육을 시켰다. 찰리 역시 샌안토니오 인근 비행장에서 조종사 훈련을 받기 전인 1918년에 오스틴의 항공학교를 다녔다. 조종사가 된 뒤 그는 플로리다의 비행장에서 다른 전투 비행요원을 훈련시키는 임무를 수행했다. 이를 통해 찰리는 강의실 교육과 현장 교육을 적절히 결합시킨다면 교육생들이 현장에 나갔을 때 도움이 되리라는 점을 깨달았다. 찰리의 사위 로버트 마고완은 교육의 중요성을 인식했던 두 번째 임원이었다. 그는 1930년대 초 메이시 백화점에 근무할 무렵 앞으로 경영진으로 승진할 직원이나 상류층 고객을 상대할 영업직원들에 대한 교육이 필요함을 절실히 느꼈다.[주7] 윈 스미스는 연수원 개념의 주창자인 동시에 창시자로서의 역할을 한 세 번째 임원이었다.[주8] 아마도 이 개념은 이들 세 명의 주요 파트너들이 이야기하는 가운데 나왔을 것이고, 컨설턴트인 테드 브라운이 힘을 보탰을 가능성이 크다.

뉴욕 연수원의 교과과정을 짜고 강의를 지도하기 위해 메릴린치는 뉴욕증권거래소의 연수원장으로 일했던 벌 슐츠(Birl Shultz) 박사를 영입했다.[주9] 페너 앤 빈의 공동창업자 아들로 군대에서 막 제대한 알페우스 빈 주니어가 연수원의 사무국장으로 임명됐다. 1945년 12월 23명의 첫 교육생들이 6개월 과정의 교육에 들어갔다. 종전 직후다 보니 집중 교육 대상으로 선발된 대부분의 직원들은 최근 제대한 예비역들이었다. 1~3기 교육생 70명 가운데 두 명은 증권 애널리스트를 꿈꾸는 여성이었다. 1946년 3월에 입교한 2기 교육생 가운데 가장 유명한 사람이 바로 해병대 출신의 도널드 리건이었다; 리건은 고속 승진을 거듭한 끝에 1970년대에 최고경영자(CEO)가 됐고, 1980년대에는 로널드 레이건(Ronald Reagan) 행정부에서 재무부 장관과 대통령 비서실장으로 근무했다. 운명의 장난 같은 일화를 소개하자면 벌 슐츠는 자신의 아들인 조지 슐츠(George Shultz)도 메릴린치 연수원에 보내려고 했지만, 조지는 대학원을 가겠다며 이를 거부했고 학업을 계속해 공직에 몸담았다. 조지 슐츠는 훗날 레이건 대통령 밑에서 국무부 장관을 역임했고, 메릴린치 연수원에서 그의 아버지가 가르쳤던 도널드 리건과 같은 내각에서 함께 일했다.

연수원 계획은 값비싼 도박이었다. 벌 슐츠와 빈 주니어, 여러 명의 연수원 직원, 강사들의 급여 외에도 메릴린치는 6개월 동안 20여 명의 교육생들에게 신입사원 급여를 지급해야 했다. 이 기간 동안 아무도 수수료 수입을 창출하거나 기존 직원들의 업무 부담을 줄여주지 못했다. 그러나 찰리와 스미스, 마고완은 연수원이 회사 발전의 초석을 다지는 데 필요한 비용이라고 믿었다.

도널드 리건은 나중에 연수원 시절을 회상하며 교육생과 본사 부서장들 간의 긍정적인 상호 교감을 강조했다: "연수원 교육을 마친 졸업생들은 뉴욕이 어떤 곳이며, 본사가 무슨 일을 하는지 이해할 수 있었지요. 그만큼 더 빨리 일을 시작할 수 있었던 셈입니다." 효과는 쌍방향이었다: "또 다른 장점은 본사 임직원들에게 미래의 메릴린치 영업직원들과 미리 만날 수 있는 장을 제공해주었고, 수백 명의 젊은 신입사원들에게 회사 분위기가 자연스럽게 녹아 들어갔다는 점입니다." 리건은 그러나 몇 가지 단점도 덧붙였다: "뉴욕에서 6개월은 너무 길었어요. 교육생들은 시간이 너무 많다 보니 놀게 됐지요. 게다가 좀 엉뚱한 내용의 강의도 있었습니다."주10 연수생들의 지적을 반영해 교육기간은 6개월에서 3개월로 단축됐다. 1940년대 말에는 각 지점의 영업직원들이 뉴욕에 한데 모여 연수를 받기 전 두세 달 동안 지점에서 따로 업무교육을 받았다. 이렇게 연수원에서의 교육을 마치고 원래의 지점으로 돌아가면 중소 규모의 계좌를 담당하면서 고객들과 상담하는 일을 맡았다; 이들이 담당한 계좌는 언젠가 자신에게 급여를 지급하고도 회사에 이익을 남겨주기에 충분한 거래를 창출할 것이었다.

그러나 여기에도 문제는 있었다. 교육훈련에 많은 시간과 돈을 투자했음에도 불구하고 신입사원들이 연간 실적에 따른 연말 보너스나 이익 분배에 만족하지 않고 수수료의 일정 비율을 받는 다른 증권사로 옮겨가는 것이었다. 이 같은 무임승차 문제는 직원들이 연수원을 마친 뒤 일정 기간 회사에 근무하도록 법적으로 강제할 수 없는 한 불가피했다.(메릴린치는 이에 따라 회사를 떠나 경쟁사로 옮긴 직원은 절대로 돌아올 수 없다는 복귀불허(no-return) 정책을 실시했다.) 최악의 시나리오는 신입사원을 채용해 훈련시키고 나면 다른 증권사들이 아무런 교육훈련비용도 들이지 않고 이들을 가로채가는 것이었다. 대형 증권회사를 포함한 금융기관 가운데 메릴린치의 신입사원 교육 시스템을 배우려고 하는 곳은 거의 없었다.

찰리는 경쟁사에게 인재를 빼앗길 위험을 기꺼이 감수하기로 했다. 사실 경쟁사가 영업직원을 스카우트 할 때는 가장 먼저 메릴린치를 염두에 두었다. 메릴린치는 "인재 사관학교"로 알려져 있었기 때문이다. 증권업계에 몸을 담았다가 진로를 바꾸는 경우도 있어서 브로커의 약 4분의 1 정도가 증권업계를 아예 떠나버렸다. 메릴린치의 연수원 초기 20년 동안 수료생 가운데 회사를 떠난 비율도 25%정도 됐다. 증권업계의 경쟁이 치열해진 1950년대와 60년대에는 전체 브로커 가운데 상당수가 메릴린치에서 교육을 받은 인력으로 채워졌다. 수많은 연수생들에게 우수한 교육을 시킨 것이야말로 찰리와 메릴린치가 대공황과 제2차 세계대전이라는 혼돈이 지나간 뒤 자본시장에 대한 대중의 신뢰를 회복하는 데 결정적으로 기여한 점이었다. 다른 회사로 옮긴 경우도 있었지만 대부분의 연수생들은 평생 메릴린치에 남았다. 결과적으로 찰리의 값비싼 채용 도박은 성공을 거두었다. 메릴린치는 이제 막 연수과정을 마친 신참 브로커들을 100곳 이상으로 늘어난 지점에 안정적으로 공급했다. 덕분에 회사는 1950년대와 그 이후 비약적으로 늘어난 주식시장의 거래량을 소화해낼 인력을 확보할 수 있었다.

찰리의 주장에 따라 메릴린치는 이익분배제도를 처음으로 만들었다. 그는 이 아이디어를 1910년대와 20년대 메릴린치가 자금을 조달해준 체인점 기업으로부터 얻었다. 그 무렵 화이트칼라 근로자를 필요로 했던 많은 기업들이 퇴직연금제도를 포함해 매력적인 부가급여제도를 급여체계에 추가하면서 이 제도는 시작됐다. 부가급여의 기본적인 목적은 능력 있고 의욕 있는 직원들의 충성심을 확보하자는 것이었다.[주11] 일부 기업에서는 정교하지만 복잡한 퇴직연금제도 대신 근로자들이 쉽게 이해할 수 있는 이익분배제도를 선택했다. 메릴린치는 여기서 한 걸음 더 나갔다. 이익분배제도의 적용대상을 브로커와 연구원, 사무직원을 포함한 모든 정규직원으로 확대한 것이다.

1929년의 주가 대폭락 이전까지 월 스트리트에서는 이익 목표를 달성한 직원들에게 연말 보너스를 지급하는 전통이 있었다. 그러나 1930년대와 1940년대 초 거래량이 급감하면서 지속적인 영업손실이 발생하자 보너스는 구경조차 하기 힘들어졌다. 메릴린치는 경기가 다시 살아난 1942년 이후 연말 정기 보너스 지급을 재개했다. 이 보너스는 제법 많은 금액이어서 연간 급여지급액의 10~15%에 달했다. 실적이 좋은 지점장과 브로커들은 훨씬 더 많은 보상을 받았다.

보너스 외에도 직원들은 회사의 이익을 분배 받았다. 찰리는 퇴직 이후를 대비한 연금제도보다는 이익분배제도를 선호했다. 이익분배 제도가 보다 유연성이 있었기 때문이다. 지난 수십 년간의 경험을 돌아볼 때 증권산업은 늘 예측 불가능했고, 이런 점을 감안하면 이익이 줄어들 경우 억지로 이익분배를 하지 않아도 되는 이익분배제도의 장점이 더 많았다.

찰리가 생각한 이익분배제도의 또 다른 이점은 돈이 결국 회사 안에 머물러 자본력 강화에 도움이 된다는 점이었다. 적립된 기금은 주로 회사의 후순위채에 투자됐고 안정적인 이자수입을 제공했다. 주식시장의 전체적인 거래량 증가와 함께 회사 규모가 커지면서 부채도 증가하는 상황이었다. 그러다 보니 회사 입장에서는 뉴욕증권거래소가 정한 최소 자본요건을 충족시키기 위해 자본금 확충이 절실했다. 사실 외부 투자자들을 끌어들여 회사에 자본금을 대고 파트너로 참여하도록 하는 일은 찰리의 책임이었다. 이 같은 자본확충 노력이 기대에 못미친 경우도 몇 차례 있었는데, 그럴 때마다 찰리는 개인적으로 투자한 포트폴리오의 일부를 팔아 메릴린치의 파트너십 계정에 출자했다.

경영진의 일원인 파트너들은 정상적인 상황에서는 투자원금과 유보이익 회수가 극히 제한적으로 허용됐다. 파트너들이 출자한 자본금에 대해 지급되는 연간 6%의 "이자"만 인출이 가능했다.[주12] 다른 소득원이 없을 경우 메릴린치의 임원들은 퇴직할 때까지 급여만으로 생활해야 했고, 퇴직할 때 비로소 출자금을 자유롭게 인출할 수 있었다. 최고경영자를 역임한 윈 스미스와 마이크 맥카시를 포함한 핵심 임원들도 자신의 출자금 계정에 상당액을 적립해 두고 있었지만, 그들의 급여는 월 스트리트의 대다수 임원들과 비교할 때 별로 나을 게 없었다. 따라서 이들의 생활수준은 사회적인 지위나 명목상의 보유 재산에 비해 놀라울 정도로 평범했다. 이 같은 경제적인 제약과 다른 복잡한 요인들로 인해 궁극적으로 회사 형태를 파트너십에서 주식회사로 전환할 수밖에 없었지만, 주식회사로의 전환은 찰리가 사망한 뒤 여러 해가 지나서야 이뤄졌다.[주13]

1945년에 채택된 이익분배제도에 따르면 파트너들은 순이익의 8~12%를 영구기금으로 적립해 직원 전체의 복지를 위해 활용하도록 했다. 직원들의 출연은 없었고, 파트너들(회사)이 모든 비용을 충당했다. 직원들은 재직기간이 5~10년이 되면 자신의 몫을 찾아갈 수 있었다. 새집을 산다든지, 예기치 않게 병원비를 내야 한다든지, 아니면 자녀의 대학 등록금을 내야 하는 등 불가피하다고 인정될 경우 그 이전에도 인출할 수 있었지만, 대다수 직원들은 배분 받은 이익을 그냥 저축해 놓고 있다가 퇴직 후 소득보전용으로 활용했다.

이익분배제도가 시행된 첫 해에 회사는 이익분배 기금에 94만2000달러를 출연했다. 이후 연간 출연금액은 1947년의 경우 15만4000달러에 불과했으나 찰리가 세상을 뜨기 두 해 전인 1954년에는 230만 달러에 달했다. 1950년대 중반 기금의 출연액은 1000만 달러에 달해 직원 1인당 2000달러를 넘어섰다. 직원들을 위해 적립된 이익은 파트너들의 출자금 총액의 5분의 1에 달했다. 찰리가 사망한 1956년 이전에 이미 메릴린치 직원들은 이익분배제도를 통해 창업주를 포함한 어떤 파트너보다 더 많은 회사 지분을 갖게 됐다. 이는 공동체로서의 회사에 대한 근로자들의 참여와 상호헌신을 강조해온 찰리의 신념과 일치하는 것이었다.

1940년대 말 메릴린치에서 괄목할 정도로 발전한 분야를 손꼽자면 광고계획의 수립과 집행을 들 수 있다. 찰리는 예전부터 보다 과감한 판촉 활동을 주장해왔다. 그러나 월 스트리트의 대형 증권회사들은 뉴욕증권거래소가 각종 규제와 제약을 가하고 있는 데다, 광고가 적절한가에 대해서도 회의적인 시각을 갖고 있었기 때문에 자신들의 상품과 서비스를 적극적으로 알리려고 하지 않았다. 그러나 증권업계와 경쟁하는 다른 분야에서는 광고에 대한 제약을 덜 느꼈다. 가령 생명보험회사들은 광고 선전을 적절히 활용해 시장점유율을 꾸준히 늘려 나갔다.주14 그 결과 1950년 당시 미국에서 적어도 하나 이상의 생명보험에 가입한 사람은 무려 5000만 가구에 달했던 반면 주식을 보유한 가구는 이에 비해 8분의 1수준에 불과했다. 찰리는 보험회사들의 이 같은 성공에 주목했고, 여기서 중요한 교훈을 이끌어냈다. 대다수 미국인을 상대로 그들이 근검 절약해서 현재 소득 가운데 일부를 장래 은퇴 시점에 대비해 저축하도록 설득하는 일이 결코 불가능하지 않다는 점이었다. 이 시기에 팔린 대부분의 보험상품은 이른바 종신보험이었다. 이 상품은 불의의 사망 시 보험금을 지급하는 보장성 기능과 함께 먼 훗날 만기 환급금을 지급하는 장기 저축성 기능을 결합한 대신 수익률은 아주 낮았다.

찰리는 장기적이고 인생 전체를 내다보는 시각이 중요하다는 점을 강조하기 위해 보험업에서 많은 것을 차용했지만, 개인의 투자 포트폴리오에 주식을 상당 비율 포함시킨 재무 플랜을 수립하는 게 장기적인 목표를 달성하는 데 가장 합리적인 방법이라고 생각했다. 주식은 저축성 보험에 비해 단기 내지 중기까지는 리스크가 높은 게 사실이지만 10년 이상의 장기로 따지면 수익률이 전반적으로 훨씬 더 높았다. 반면 일부 보험상품은 물가상승률을 간신히 웃돌 뿐이었다. 성장 기업의 주식은 인플레이션을 감안해도 장기적으로 재산증식의 잠재력이 뛰어났고, 이 점은 안락한 노후를 원하는 투자자들에게 매우 중요했다. 따라서 메릴린치의 브로커들은 고객들에게 저축성예금과 보험상품, 시장성 있는 유가증권에 적절하게 혼합해서 투자할 것을 권했다.

회사의 매출과 이익이 늘어나면서 광고 예산도 증가했고, 광고 메시지의 성격과 어조도 많이 바뀌었다. 변화의 주역은 광고부서 책임자인 루이스 엥겔이었다. 엥겔은 잘 알고 지내던 테드 브라운의 소개로 메릴린치에 들어왔다. 엥겔은 〈비즈니스위크Business Week〉의 기자로 근무하던 1930년대 중반 캘리포니아 주에서 벌어진 대형 체인점들의 중과세 법안 반대 운동을 취재한 적이 있었다. 당시 세이프웨이를 비롯한 체인점 기업들은 결국 주민투표에서 법안을 부결시켰고, 이 과정에서 브라운의 회사가 혁혁한 공을 세웠다. 엥겔은 취재 과정에서 브라운이 믿을 만한 취재원임을 알게 됐고, 두 사람은 곧 친구가 됐다. 1940년에 메릴린치와 E.A. 피어스 간의 합병협상에 관여했던 테드 브라운은 엥겔에게 신설 합병회사에 입사할 것을 제의했다. 브라운은 앞으로 찰리가 홍보와 광고를 더욱 중시할 것을 알고 있었고, 엥겔의 창의성과 진실성이 서로에게 도움이 될 것이라고 생각했다. 그러나 그 사이 엥겔은 〈비즈니스위크〉의 편집국장이 됐고, 잘 나가는 언론인으로 만족했던 그는 브라운의 제안을 거절했다.

그러나 1946년 초 〈비즈니스위크〉의 경영진이 교체되면서 당시 37

세이던 엥겔은 회사를 그만두고 다른 직장을 알아보게 됐다. 그가 윈 스미스와 대면한 것은 그해 여름이었다. 엥겔의 회고를 들어보자. "내가 이렇게 말한 것으로 기억합니다. '솔직하게 말씀 드리지요. 저는 주식과 채권도 구분하지 못합니다.'" 엥겔은 사실 자신이 이토록 무지했던 이유는 그 무렵 증권회사들이 수많은 잠재 고객들에게 투자원칙에 대해 제대로 설명한 적이 없었기 때문이라고 생각했다. 그는 단도직입적으로 이렇게 덧붙였다. "아마도 증권회사가 더 문제가 아닐까요? 증권회사들은 나만큼이나 무식한 사람들에게 상품을 팔려고 하지 않습니까?"주15 엥겔은 10년 이상 경제 분야를 담당해 왔지만 증권에 대해서는 아는 게 없었다. 미국 내 유수의 경제전문 주간지 편집국장으로 일하면서도 그는 월 스트리트에 대한 기사 취재를 다른 기자들에게 지시하는 일만 해왔다. 엥겔은 증권업계에 대해 잘 알지 못했을 뿐만 아니라 보통의 미국인들과 마찬가지로 금융시장의 공정성과 정직성에 대해서도 여전히 회의적이었다. 엥겔은 이런 생각들로 인해 결국 자신이 잘 아는 분야, 즉 언론사에 머물기로 결정했다. 그는 키플링거(Kiplinger) 가문이 새로 발행하는 신문 〈체인징 타임스Changing Times〉의 부장 겸 특파원으로 일할 생각이었다. 하지만 몇 주 만에 엥겔은 새 일자리가 기대와 어긋난다는 점을 알게 됐다. 키플링거는 엥겔이 본사가 있는 워싱턴에서 근무해주기를 바랐다. 반면 엥겔은 뉴욕에서 일하며 그곳에서 살기를 원했고, 따라서 워싱턴 근무는 받아들일 수 없었다.

훗날 엥겔은 자신이 최종적으로 메릴린치에 합류하게 된 과정을 즐겁게 회상했다. 어느 날 늦은 오후 그랜드 센트럴 스테이션을 걷던 중

문득 스미스에게 전화를 걸어, 광고 및 판촉 부서장 자리가 아직도 비어 있는지 물어봤다. 스미스는 회사에서 일단 괜찮아 보이는 후보자를 선정했으며 며칠 안에 발령을 낼 생각이라고 말했다. 그리고는 "관심이 있습니까?"라고 물었다. 엥겔은 "네, 진짜 관심이 있습니다"라고 답했다. 스미스는 잠시 의논할 테니 기다려보라고 말했다. 엥겔의 설명을 들어보자. "그가 뭘 했는지는 아직도 모르겠습니다. 5분에서 10분 동안 그는 사라져버렸고, 나는 계속 동전을 넣느라고 바빴죠. 아마도 로스앤젤레스로 테드 브라운에게 전화했던 것 같아요." 스미스가 다시 전화선 저편에서 말했다. "좋습니다. 당신은 채용됐습니다. 언제 오실 수 있죠?" 엥겔의 이야기는 이렇다. "나는 2주 정도를 얘기했던 것 같아요. 그게 내가 메릴린치에 오게 된 전말이지요. 1946년 11월 15일에……."

엥겔은 찰리가 수 년 전부터 소리 높여 주창해 왔던 공격적인 광고 프로그램을 기안했다. 그는 완전히 새로운 형태의 정보제공광고를 만들어 내기 위해 자신의 무지함을 창의적으로 활용하기로 마음 먹었다. 그래서 의도적으로 깔끔하지 않은 광고 카피를 써서 월 스트리트와는 거리상으로나 지적 수준으로나 멀리 떨어져 있는 사람들의 궁금증과 관심사항을 풀어주려고 했다. 그는 증권회사의 광고를 읽는 사람들 역시 메릴린치에 들어오기 이전의 자신만큼이나 주식이나 채권에 대해 아무것도 모를 것이라고 전제했다. 그는 아주 쉽고 평이한 단어만 쓴 광고 문안으로 사람들에게 투자원칙을 설명해주려고 애썼다.

엥겔의 파격적인 아이디어와 독창성은 직속 상관인 조지 히슬롭과의 갈등을 야기했다. 피어스 출신의 파트너인 히슬롭은 1940년 합병 이후 광고와 홍보를 맡고 있었다. 엥겔은 모든 일에서 히슬롭의 결재를 받아야 한다는 사실을 알고는 화가 머리끝까지 났다. "그는 정육업자들이나 보는 잡지인 〈내셔널 버처National Butcher〉에 나갈 자그마한 1단짜리 광고까지 직접 봐야겠다고 우기더군요." 엥겔의 농담 섞인 회고다. 찰리와 스미스는 히슬롭의 이 같은 관리 스타일이 회사 발전에 장애가 될 것이라고 결론 짓고 그를 파트너에서 해임했다. 히슬롭이 맡았던 업무 대부분을 이어받은 로버트 마고완은 엥겔에게 더 많은 의사결정 재량권을 부여했고 광고부서는 순조롭게 잘 돌아갔다.

엥겔이 선호했던 광고기법은 잠재 고객들이 자연스럽게 편지를 쓰도록 하거나, 고객정보를 채워 넣어야 하는 쿠폰을 보내도록 유도하는 것이었다.^{주16} 한 번은 파트너들에게 이렇게 말했다: "우리는 보통 사람들의 포트폴리오 현황을 분석해줄 수 있는 조사부가 있는데도 단 한 번도 선전하지 않았더군요. 그거야말로 우리가 팔아먹을 수 있는 최고의 상품입니다. 하늘에 대고 맹세라도 할 수 있어요." 승인이 떨어지기가 무섭게 엥겔은 "메릴린치에는 포트폴리오 애널리스트들이 있다"는 점을 널리 알리는 대규모 광고공세를 펼쳤다. 반응은 열광적이어서 신문과 잡지에 난 광고를 본 독자들이 메릴린치 본사에 자신들의 재산 보유 현황을 분석해달라고 요청했고, 이로 인해 조사부 직원들은 일 부담이 너무 과도하게 늘어났다며 강하게 반발했을 정도다. 늘어난 일 부담에 시달린 한 직원은 노골적으로 엥겔이 너무 욕심을 부렸다고 비난했고, 다른 직원은 "과유불급(too much of a good thing)"이라고 공격했다. 이들은 마고완에게 제발 엥겔이 포트폴리오 분석 서비스를 알리는 광고를 그만두도록 하라고 요구했다. 사실 조사부 직원은 물론 파트너들에게도 이 같은 특별 고객서비스에 따른 직접적인 보상은 전혀 없었다.

그러나 찰리의 든든한 후원과 함께 마고완이 엥겔을 철저하게 지원했고, 광고는 예정대로 진행됐다. 마고완은 조사부 직원들에게 폭주하는 우편물을 처리하는 일은 회사 내부 문제인 만큼 자체적으로 해결해야 한다고 밝혔다. 그는 또 이 같은 광고 덕분에 전국 각 지점의 메릴린치 브로커들이 신규 고객을 유치하는 데 획기적인 성과를 내고 있다는 점도 상기시켰다. 엥겔은 결국 모든 의구심을 잠재웠다. 제대로 된 광고를 할 경우 증권회사도 경제적으로 안정된 미래를 설계하는 수많은 보통 가정의 관심을 불러일으킬 수 있을 것이라는 점을 보여주었다. 이들 보통 가정은 수익률이라고 해봐야 얼마 되지도 않는 종신보험 대신 고려할 만한 새로운 대체 투자수단을 알고 싶어했다. 독자들의 편지가 계속 쇄도하자, 회사는 조사부 인원을 늘리도록 했다. 찰리와 스미스는 고객들이 신뢰할 만한 서비스를 대규모로, 그것도 철저하게 전문가의 손길로 제공하기 위해서는 조사부를 큰 조직으로 유지해야 하며, 이는 불가피한 비용이라고 생각했다.

엥겔의 가장 혁신적인 광고는 그가 메릴린치에 합류한 지 2년 만인 1948년 가을에 나왔다. 이 광고는 아직도 미국 역사상 가장 영향력이 컸던 100대 광고에 손꼽힌다. "주식과 채권 사업에 대해 누구라도 알아야 할 것"이라는 제목이 붙은 이 광고는 신문 전면에 아주 작은 활자로 6000개 단어에 이르는 내용을 담고 있다. 정보제공과 교육적인 내용을 위주로 하다 보니 내용은 전반적으로 무미건조했다. 광고 문안 어디에도 메릴린치의 증권중개 서비스에 관한 언급이 없었지만 우측 하단에 메릴린치가 광고주며, 이 광고를 팜플렛 형태로 보내달라고 요청하라는 작은 전화카드가 찍혀 있었다. 인쇄매체 역사상 단일 광고로는 어떤 제품이나 서비스를 알리는 데 이토록 지루할 정도로 긴 카피를 실은 적이 없었다.

사실 마케팅 컨셉트가 생소하다 보니 처음에는 찰리나 스미스, 마고완 모두 반신반의하는 입장이었다. 더구나 〈뉴욕타임스〉의 전면 광고료 5000달러는 회사의 광고예산을 감안할 때 너무 많았다.(연간 광고예산의 2%에 달했다.) 파트너들은 얼마나 많은 사람들이 실제로 이 글을 읽을지, 또 광고 카피가 실린 팜플렛을 보내 달라고 요청할지 확신이 들지 않았다. 심지어 많은 돈을 들인 광고가 괜히 경쟁사에게 좋은 일이 되는 것이 아닐지 파트너들간에 난상토론이 벌어지기도 했다. 이처럼 윗사람들이 주저했음에도 불구하고, 엥겔은 혁신적인 마케팅 컨셉트에 과감히 광고예산을 투자해 승부를 걸어보자고 주장했다.

마침내 타협점이 도출됐다. 파트너들은 엥겔에게 광고료가 〈뉴욕타임스〉보다 훨씬 싼 〈클리블랜드 플레인 딜러Cleveland Plain Dealer〉에 이 광고를 시험 게재하도록 했다. 만약 광고가 실패하면 더 이상 광고예산을 낭비하지 않고 모든 걸 포기할 생각이었다. 대신 엥겔은 〈클리블랜드 플레인 딜러〉에 실린 시험 광고의 반응이 고무적이라면 〈뉴욕타임스〉에 다시 시험 광고를 내도 된다는 허락을 받았다. 첫 광고가 나간 뒤 일주일 정도 지나자 회사에는 팜플렛을 보내 달라는 요청이 5000건 이상 쏟아졌다. 엥겔은 당시을 이렇게 회고했다: "정말로 놀라웠던 것은 수백 통에서 수천 통에 달하는, 깊이 생각한 장문의 편지를 받았다는 점이었습니다." 어떤 독자는 감사의 말을 아끼지 않았으며,

어떤 사람은 이런 내용을 보내왔다: "메릴린치에 신의 축복이 있기를! 내 평생 꼭 알고 싶었던 내용이었습니다." 메릴린치는 똑같은 내용의 광고를 카피만 약간 수정해 전국 각지의 신문에 게재했다. 광고는 이후 몇 달이 아니라 수 년 동안 이어졌다. 회사에 답지한 독자들의 편지는 300만 통이 넘었고, 메릴린치의 열성적인 브로커들은 이를 토대로 잠재적인 고객을 수백 만 명 늘리는 성과를 올렸다. 이 컨셉트 하나만으로 엥겔은 판촉의 귀재임을 입증했다. 그가 계속해서 내놓은 광고 캠페인은 주로 교육적이고 눈길을 잡아 끄는 것들이었는데, 증권회사들뿐만 아니라 금융서비스 분야의 다른 모든 회사들에게 새로운 기준이 됐다.

회사가 지속적으로 성공가도를 달리기 위해서는 신규 계좌의 유치가 필수적이었다. 수많은 고객들이 언제든 주식거래를 대폭 줄이거나 다른 증권회사로 옮겨 거래할 수 있었기 때문이다. 1930년대 후반까지도 오랫동안 거래해온 단골고객이 수수료 수입의 원천이었으나 10년이 지나자 상황은 역전됐다. 1950년의 수익원을 내부적으로 분석해 본 결과 거래수수료의 45%는 계좌를 개설한 지 2년 이하의 고객이 창출한다는 사실이 드러났다. 엥겔의 광고와 판촉 아이디어는 엄청난 숫자의 잠재적인 신규 고객의 관심을 끌었고, 메릴린치가 최대 증권회사로 자리매김하는 데 큰 힘이 됐다. 유명세를 탄 전면광고가 나간 지 몇 년 만에 엥겔은 찰리로부터 회사에 파트너로 참여하라는 권유를 받았다. 메릴린치에서 흔히 있었던 일처럼 찰리는 엥겔에게 출자금으로 쓰라고 1만 달러를 빌려 주었는데, 이 금액은 파트너들이 출자한 전체 금액의 0.25%에 불과했다.

메릴린치는 1950년에 고객서비스 수준을 높이고, 회사의 이익을 증대시킨다는 목표 아래 두 번째 심층 고객기반 분석을 하기로 했다. 이 프로젝트는 10년 전 찰리가 적자에 허덕이던 금융서비스 분야로 복귀할 것인지 여부를 놓고 고심할 당시 테드 브라운의 경영컨설팅 회사가 수행했던 조사와 내용과 방향 면에서 유사한 것이었다. 다만 앞서의 분석은 로스앤젤레스 단일 지점만을 대상으로 한 반면, 이번 조사는 전국 각 지점에서 추출한 6000개의 표본계좌(전체 활동성 계좌의 2~3%)를 대상으로 했다. 앞서 브라운의 보고서에서는 매우 적극적으로 거래하는 활동성 계좌 가운데서도 극히 일부만이 회사의 이익에 기여한다는 점을 강조했었다. 특히 중요한 것은 브라운이 분류한 것처럼 두 종류의 고객이었다: 통상적인 위탁계좌와 함께 신용거래계좌를 갖고서 빌린 돈으로 주식을 거래하는 고객, 그리고 앞으로 주식을 거래하기 위해 회사에 예탁금을 남겨 놓는 고객이었다.

1950년의 조사보고서는 보다 종합적이었고 통계적 신뢰성은 높았지만 앞선 보고서의 결론을 다시 강조하는 데 그쳤다.[주17] 조사 결과 활동성 계좌의 불과 6%가 전체 수수료 수익의 52%를 올려준다는 점을 입증했다. 이익의 거의 전부를 "최고의 고객(cream of the crop)"이라고 할 수 있는 극히 일부의 활동성 고객에 의존하고 있다는 점에서 증권산업은 여전히 균형이 잡히지 않은 비정상적인 사업에 머물러 있는 셈이었다. 이를 거꾸로 해석하자면 일단 계좌가 많아야 이 가운데 언젠가는 활동성이 매우 높은 트레이더가 나올 것이므로, 증권회사 입장에서는 미래 성장을 위해 중소규모의 계좌를 많이 확보하는 게 필요했다.

1950년 조사에서는 고객정보를 소득수준과 직업, 연령 등 여러 성격별로 나눠서 파악할 수 있었고, 이 같은 고객정보는 다양한 수수료 수익원과의 연관성 분석에 활용됐다. 가장 높은 소득계층(연간 1만 5000달러 이상, 1995년 기준으로 9만 달러 이상)은 활동성 계좌의 16%를 차지하면서 수수료 수익의 37%를 창출했다. 반면 연간 5000달러 이하 (1995년 기준 3만1500달러 이하)의 낮은 소득계층은 전체 계좌의 4분의 1정도를 차지했지만, 수수료 수익 기여도는 12%에 그쳤다. 거래를 가장 활발하게 하는 다섯 개 직업 군을 꼽자면, 사업가 그룹이 계좌의 12%와 수수료의 20%를 차지해 기여도가 가장 높았고, 그 다음이 기업체 임원(계좌의 17%, 수수료의 19%), 은퇴자(계좌의 14%, 수수료의 18%), 전문직업인(계좌의 18%, 수수료의 17%), 주부(계좌의 16%, 수수료의 13%)의 순이었다. 상위 5개 직업 군이 전체 활동성 계좌의 4분의 3과 수수료 수익의 85% 이상을 차지했다. 연령별 고객 분포에서도 흥미로운 결과가 나왔다; 66세 이상(계좌의 6%, 수수료의 6%), 56~65세(계좌의 20%, 수수료의 26%), 46~55세(계좌의 31%, 수수료의 37%), 36~45세(계좌의 27%, 수수료의 21%), 35세 이하(계좌의 15%, 수수료의 9%)의 통계를 분석한 결과 연령이 높아질수록 거래도 증가해 50~55세 연령에서 피크를 이룬 뒤 점차 수그러드는 것으로 나타났다. 메릴린치의 경우 35세 이하 고객의 계좌수가 66세 이상 고객의 두 배나 되며, 수수료 수익도 3%포인트 더 많이 기여하고 있는 것으로 나타났다. 이 같은 통계는 매우 중요한 것으로, 메릴린치가 소규모 도시로 파고든 전략뿐만 아니라 경제적으로 미래를 설계하고자 하는 젊은 세대를 유치하는 데서도 성공을 거두고 있음을 보여주었다. 교육적인 홍보 프로그램과 정보 제공형 광고에 힘입어 메릴린치는 20세기 초 이후 공격적인 생명보험회사들이 장악해 온 장기저축시장에 진입할 수 있었다. 찰리는 물론 자본시장의 앞날을 밝게 바라보는 모든 사람의 공통된 목표는 더 많은 미국인들이 그들의 퇴직연금 가운데 상당 부분을 낮은 금리의 보험상품이나 저축성예금에 그냥 넣어두지 말고 우량주에 투자하도록 설득하는 것이었다.

제2차 세계대전이 끝난 뒤 미국 경제는 전문가들조차 깜짝 놀랄 정도로 예상 외의 활황세를 보였다. 물론 산업생산이 약간 위축되는 경우는 있었지만 심각한 전후 불황은 없었다. 주식시장은 기우로 끝나버린 전후 불황에 대한 우려로 인해 1945년부터 48년까지 하락세를 면치 못했지만, 해리 트루먼(Harry Truman) 대통령 당선 이후 1949년과 50년에 상승세로 돌아섰다. 1946년부터 5년간 다우존스 산업평균 주가의 연간 상승률은 4.5%로 그리 높지 않았다. 더구나 증권회사에게는 가장 중요한 통계수치인 주식 거래량은 1940년대 후반기 내내 극심한 부진에서 벗어나지 못했는데, 1946년에 3억6300만 주에 달했던 뉴욕증권거래소의 거래량이 1949년에는 2억7200만 주로 감소했다. 그런데 바로 다음해인 1950년에 거래량이 5억2400만주로 급증해 15년만의 최고치를 기록했다. 그런 점에서 1950년은 증권업계에 아주 고무적인 해였다. 1930년대에 시작돼 제2차 세계대전 기간 중에도 사라지지 않고 끈질기게 이어져왔던 긴 불황이 드디어 끝난 것이었다.

메릴린치가 전후에 성공을 거둘 수 있었던 데는 우호적인 경제환경을 만들어낸 여러 가지 외부 요인들의 역할도 있었다. 중산층 가구를 포함한 많은 가구가 전후에 보유한 현금 재산은 비정상적일 정도로 많았다. 전쟁 기간 중 배급과 물자부족으로 인해 유형자산을 취득할 기회가 줄어들었기 때문이다. 국채 수익률은 매우 낮았기 때문에 저축할 능력이 있는 사람들은 더 높은 수익률을 올려줄 대체 투자수단을 찾으려 했다. 당시 주요 기업들의 보통주는 시가 대비 연간 5~7%의 배당금을 정기적으로 지급한 데다 주가 상승에 따른 자본이득까지 기대할 수 있었다. 더구나 1930년대의 자본시장 개혁 덕분에 증권시장의 공정성에 대한 대중들의 신뢰도 높아졌다. 여기에 메릴린치의 광고와 판촉활동은 자신감을 불어넣어주었고, 주가 대폭락의 기억을 여전히 지우지 못한 비관론자들마저 행동에 나서게 했다. 전쟁이 진행되는 와중에도 찰리를 비롯한 메릴린치의 파트너들은 미국 경제에 호황이 찾아 올 경우 그 기회를 놓치지 않도록 만반의 준비를 했고, 전후에 벌어진 상황은 이 같은 목표를 달성하는 데 안성맞춤이었다. 찰리는 1920년대 말 불황을 미리 예견했었고, 1945년 이후 경기 확장이 지속될 것이라는 점에서도 다시 한번 선견지명을 발휘했다.

주식투자에 대한 관심이 높아지면서 메릴린치의 1950년도 사업보고서는 여러 면에서 눈부신 실적을 남겼다. 연간 수익은 1946년에 올렸던 최대 기록을 50% 이상 가뿐히 뛰어 넘어 4500만 달러를 기록했다. 세전순이익 역시 사상 최고치인 1700만 달러를 기록했고, 이 가운데 400만 달러는 보너스와 이익분배제도로 직원들에게 돌아갔다. 고객의 예탁금 잔고는 1억4500만 달러였는데, 이 금액은 신용거래 계좌를 통해 주식을 매입하는 고객들에게 대출된 1억5200만 달러와 거의 비슷했다. 즉, 고객들이 맡긴 돈과 고객들에게 빌려준 돈이 균형을 이루고 있다는 점은 그만큼 상당한 금액의 이자수수료를 거두었음을 의

미하는 것으로, 약 250만 달러 정도를 이렇게 벌었다. 순이익의 15% 정도는 이런 식으로 사실상 상업은행 기능을 수행해 벌어들였고, 나머지 85%는 거래중개 서비스와 인수업무를 통해 번 것이었다. 파트너들이 최종적으로 거둬들인 자본수익률을 계산해보면, 1950년의 순이익은 보너스와 이익분배기금, 자선 기부금, 70%의 연방 세금을 빼고도 전년도의 순자본금 1400만 달러의 30%에 달했다.주18

　오랫동안 실적 부진에 허덕이며 근근이 연명해왔던 메릴린치는 1950년에 새로운 지평을 열었다. 조직을 새롭게 정비했고, 건전한 원칙을 세웠으며, 고객과의 관계를 발전시켰고, 직원들을 훈련시켰으며, 광고를 통해 회사의 평판을 높였다. 그리고 이 모든 일들이 더 높은 차원에서, 또 보다 지속 가능한 수준에서 결실을 맺었다. 회사의 이 같은 성과는 결국 1940년 당시 찰리와 윈 스미스가 꿈꾸었던 장밋빛 미래와 부합하는 것이었다. 기대했던 것보다는 다소 시간이 더 걸렸지만 회사는 눈부실 만큼 안정적인 여건 속에서 20세기 후반으로 접어들었다. 주식거래와 상품거래, 인수업무 등 세 가지 시장에서 모두 시장점유율이 업계 최고 내지는 최고 수준에 올랐다. 20세기 중반에 이르러 메릴린치는 이제 주식시장과 상품시장의 거래량이 늘어나기만 하면 언제든 그 이점을 최대한 누릴 수 있는 조직 역량을 갖춰놓은 상태가 됐다.

마지막 불꽃

찰리는 1953년 가을 지난 10년간 거의 만나지 못했던 메릴린치 임원들과 자신의 68번째 생일 파티를 가졌다. 방사능 요드 치료 실험이 협심증의 고통을 덜어주는 데 놀라운 효험을 발휘하면서 찰리는 첫 심장발작을 일으킨 1944년 이후 처음으로 자유롭게 여행하며 삶을 마음껏 즐길 수 있었다. 대표파트너의 건강이 회복되자 윈 스미스는 창업자의 생일에 맞춰 전국 지점장 및 부서장 회의를 개최했다. 이 회의에 참석한 찰리는 예전 동료들과 그 사이 승진한 수십 명의 부서장들을 반갑게 만날 수 있었다.

뉴욕 본사에서 10월 19~20일 이틀간 열린 회의는 13년 전 전체 지점장 회의 때의 진행순서를 따랐다. 1940년에는 메릴린치와 E.A. 피어스 간의 합병회사 출범에 즈음해 개최됐었다. 선임파트너들은 자신들의 성과를 평가하고, 향후 과제들에 관한 전반적인 준비 상황을 점검하는 차원에서 1953년에 이미 한 차례 회의를 개최한 적이 있어 이번이 두 번째 회의였다. 여러 부서를 담당하는 주요 임원들이 발표에 나섰고 질문도 받았다. 찰리는 세 번이나 연단에 섰다.

첫날 오전 간략한 인사말에서 찰리는 "지난 9년 반 동안 본사를 방문한 게 열 번도 채 안 되지만, 회사를 생각하지 않은 날은 단 하루도 없었습니다. 어떤 날은 하루 종일 회사 일만 생각했습니다"라고 털어놓았다. 그는 좋지 않은 회사 실적에 관한 소식을 듣고는 크게 실망한 적이 여러 번 있었다고 회고했다. "그럴 때면 나의 사업 동료들이 형편없는 사람들이 아닌가 하는 생각도 들었지만, 대부분의 경우 메릴린치라는 조직과 또 전국 각 지점에서 일하는 말단 직원부터 윈 스미스에 이르기까지 모든 임직원들이 열심히 일하고 있다는 점이 정말 자랑스러웠습니다."[주1] 찰리는 활기가 넘쳤고 기분도 좋았다. 그는 회의가 끝날 때까지 두 차례 더 연설했는데, 첫날과 둘째 날 회의의 마무리 순서로 30분~1시간 정도 연설했다.

1953년 10월 무렵 미국 내 메릴린치 지점망은 모두 108개에 달했다. 이 숫자는 뉴욕증권거래소(NYSE) 회원사인 증권회사의 전체 소매영업 지점수의 9%를 차지하는 것이었다. 거래량 비중은 12%에 조금 못 미쳤지만 뉴욕 시를 제외한 지역에서의 비중은 18~20%나 됐다. 더구나 메릴린치는 전체 신용융자의 15%, 고객예탁금의 18%를 차지했다. 직원 수는 10년 만에 1900명에서 4000명으로 두 배 이상 불어났다.

지점장 회의에서 스미스와 마이크 맥카시, 로버트 마고완은 지난 10년간의 성과를 자랑스럽게 발표했다. 거래량과, 직원들에 대한 보상

금이 대폭 증가했다는 점을 자신 있게 언급했다.(이 장에서의 통계는 1952년도의 실제 수치지만 이전 연도와의 비교는 모두 1952년 기준으로 조정한 것이다.)

첫날 오전에는 1952년과 1943년의 지점별 수익성 비교에 대부분의 시간을 할애했다. 맥카시는 1952년의 지점별 총수익은 33만8800달러로 1943년에 비해 25% 증가했지만, 연평균으로 따져 2% 성장에 불과했다고 보고했다. 거래수수료 수입이 불과 15% 증가하는 데 그치면서 1943년 무렵 지점 수익의 3분의 2를 차지했던 증권거래 중개수수료 비중이 1953년에는 60% 수준으로 줄어들었다. 다행히 다른 부문의 성과가 워낙 좋아 이를 만회할 수 있었다. 장외거래 수익이 80% 증가했고, 유가증권 신규발행 업무와 관련된 수익은 115%나 늘었으며, 파생상품 거래수수료가 265% 급증하는 등 다른 분야는 놀라운 실적 향상을 기록했다.

비용도 크게 증가했다. 지점의 급여 총액은 직원 수 증가로 인해 120%나 증가했다. 1943년 당시 각 지점은 평균 6명의 영업직원과 7명의 관리직원을 두고 있었지만 1952년에는 영업직원 11명, 관리직원 12명으로 급증했다. 메릴린치가 공격적인 전략을 채택하면서 고객의 요구보다 앞서 1년 전에 신규 직원을 추가 배치해왔기 때문이다. 덕분에 직원들의 업무부담은 줄어들었다. 1952년 당시 지점 직원 1인 당 주문처리량은 1943년에 비해 15% 감소한 반면 급여는 20~25% 늘어났다. 특히 사무실 임대료, 통신비용, 잡비 같은 비용은 두 배로 증가했다. 급여를 비롯한 비용이 수익에 비해 훨씬 더 빠른 속도로 늘어나면서 1952년의 지점당 순이익은 물가변동을 감안할 경우 1943년보다

15%정도 떨어졌다.

1952년 무렵 모든 증권회사들이 당면하고 있던 주요 문제는 이른바 거래량 부진이었다. 두 차례의 세계대전을 경험한 투자자들은 한국전쟁이 발발하자 거래를 줄였다.(좌파 비판론자들은 툭하면 은행가와 증권딜러들이 군국주의적 음모를 꾸민다고 주장했지만, 전시에 월 스트리트 기업들이 이득을 본 경우는 거의 없었다.) 뉴욕증권거래소의 거래량은 1950년 5억2400만주에서 1952년에는 3억3700만주까지 감소했다. 1943년부터 1952년까지 뉴욕증권거래소의 연간 거래량 증가율은 2.5%에 불과했고, 이 기간 전체로 30%에 그쳤다. 반면 메릴린치는 같은 기간 중 인원을 두 배로 늘렸고, 구매력을 기준으로 대부분의 직원 급여를 꽤 인상해주었다. 재무제표 분석을 통해 드러난 가장 놀라운 사실은 직원 숫자가 늘어나고 생산성이 떨어지는 상황에서도 회사의 수익성은 그대로 유지했다는 점이다.

한국전쟁 기간 중 주식거래량이 줄어들자 메릴린치는 수익원 다변화로 버텨나갔다. 가장 두드러지게 향상된 부문은 비상장주식 거래였다. 여기서 잠시 일반 투자자들이 비상장주식을 선호하는 최근의 현상을 살펴볼 필요가 있다. 고성능 컴퓨터 기술에 힘입어 1990년대 나스닥(NASDAQ) 시장에서 비상장주식 거래량이 전통을 자랑하는 뉴욕증권거래소 상장주식 거래량을 넘어섰다. 하지만 1950년대 당시 비상장 유가증권 시장은 장외시장(over-the-counter) 내지는 비거래소시장(off-board)으로 불렸고 거래량도 오늘날보다 훨씬 적었다. 장외시장에서 거래되는 주식은 대부분 중소기업 주식으로 배당금이 신통치 않거나 아예 지급한 적도 없지만 장래 수익 면에서 대단한 성장 잠재력을 지녔다. 장기적인 자본이득을 겨냥해 기꺼이 주가 변동을 감내하려는 젊은 투자자 계층이 비상장주식에 매력을 느꼈는데, 메릴린치 조사부는 오를 종목과 내릴 종목을 비교적 잘 선별하는 편이었다. 메릴린치는 상당수의 비상장주식(전국적으로 거래되거나 지역시장에서만 거래되는)에 대해 1차적인 시장 조성자로서의 역할도 수행했다. 1943년의 장외시장 거래수익은 전체 상장주식 거래에서 벌어들인 수수료 수입의 10%를 차지하는 데 그쳤지만 1953년에는 16%를 넘어섰다.

실적이 두드러지게 향상된 또 다른 분야는 유가증권 인수 및 판매 업무였다. 인수업무 담당 파트너인 조지 리네스(George Leness)는 1952년 수익이 사상 최고인 390만 달러를 기록했다고 보고했다. 1945년부터 51년까지 6년간이나 부진한 실적을 기록한 뒤 낸 성과였다. 기업 고객에 대한 메릴린치의 인수물량은 1952년에 1억3000만 달러에 달했다. 메릴린치는 기업들의 유가증권 신규발행 시 주간사 순위에서 7위를 기록했는데, 1~6위는 퍼스트 보스턴, 모건스탠리(Morgan Stanley), 핼시 스튜어트(Halsey Stuart), 블리스(Blyth), 해리먼 리플리(Harriman Ripley), 스미스 바니(Smith, Barney)였다. 메릴린치는 다른 회사가 주간사를 맡은 유가증권 신디케이트 참여 실적에서도 7위를 기록했다. 특히 단순 참여 분야에서 10위권 안에 든 것은 지점망 규모 덕분에 개인영업(리테일)이 워낙 강해 웬만한 신디케이트에서 메릴린치가 빠질 수 없었다는 점에서 당연한 일이었다. 주간사 순위에서 처음으로 10위권 안에 들었다는 사실도 주목할 만한 점이었다.

리네스는 자신이 담당한 인수업무가 10위권에 들기까지 오랜 세월이 걸린 이유를 이렇게 설명했다: "인수업무 분야에서 제대로 경쟁력을 갖추려면 능력 있고 잘 훈련된 조직을 만드는 게 첫 번째 과제입니다. 그런데 이게 하루아침에 되지 않습니다. 특히 100여 년의 역사를 자랑하며 경영진과 교육훈련, 고객관계를 꾸준히 발전시켜온 전통 있는 투자은행과 경쟁할 경우 더욱 그렇습니다."주2 리네스는 신규 고객 발굴이 얼마나 어려운지 새삼 절감했다고 덧붙였다. "기업들과 거래할 경우 끝없는 인내와 끈기가 요구됩니다." 미국에서 구독자 수가 가장 많은 매체에 광고함으로써 인수업무 일감을 확보하고자 했던 노력은 효과가 없었다. 가격보다는 인맥이 1950년대 월 스트리트의 규칙이었다. 중요한 기업 고객과의 인간관계 형성이 필수요건이었다. 이에 따라 리네스는 새 고객과 인수업무 계약을 추진할 기회가 있는지 항상 탐색하도록 브로커들에게 주지시키라고 모든 지점장들에게 지시했다.주3

리네스는 증권관련법의 개정 덕분에 메릴린치가 주요 시장에 진입할 수 있게 됐다는 점에도 주목했다. 1941년 5월 증권거래위원회(SEC)는 공공기업이 신규 채권을 발행할 경우 경쟁 입찰을 통해 인수회사를 선정해야 한다는 조항을 신설했다.주4 신규 발행 채권의 유통 수수료를 가능한 한 최저수준으로 인하함으로써 공공기업과 국민들에게 혜택이 돌아가도록 하겠다는 목적이었다. 리네스가 언급한 것처럼 이 새로운 법조항의 시행은 많은 경쟁사에게는 재앙이었지만 메릴린치에게는 축복이었다. 이 조항이 시행되기 전까지 공공기업 인수업무 시장은 모건스탠리가 장악하고 있었고 1930년에는 물량의 70%까지 차지했다. SEC의 규정은 경쟁 촉진이 목적이었고 메릴린치는 이 기회를 놓치지 않았다. 1950년~52년 사이 메릴린치가 주간사를 맡은 79건의 기업 관련 업무 가운데 26건이 경쟁입찰로 따낸 것이었다.

공채(municipal bond) 발행도 비슷한 경쟁입찰 규정을 채택했다. 메릴린치는 1952년에 전년도보다 두 배나 늘어난 163건의 공채 발행 입찰을 따내는 데 성공했다. 메릴린치 사상 최고인 4450만 달러의 공채 인수 실적이었다. 공채 인수는 기업 상대 인수업무에 비해 지역적으로 분산돼 있는 편이었다. 리네스는 시카고, 오마하, 샌프란시스코, 로스앤젤레스, 달라스, 인디애나폴리스, 캔자스시티, 뉴올리언스, 필라델피아 등 9개 도시의 시장 규모가 상당하다는 사실을 발견했다. 이들 도시에서 메릴린치는 공채 발행과 유통에서 좋은 실적을 올렸다.

상품 분야에서 거둔 천문학적인 성과 역시 1950년대 초의 놀라운 사건이었다. 메릴린치가 상품거래에 강한 페너 앤 빈과 합병한 1941년 무렵만 해도 찰리와 동료들은 단기적인 투기가 불가피한 상품시장에서 기존의 시장점유율을 고수해야 할지 유보적인 입장이었다. 며칠 만에 거액을 따거나 잃는 투기자라는 게 상품 트레이더에 대한 이미지였던 만큼 이런 인상을 피하고 싶었다. 찰리는 믿을 만한 기업의 보통주에 대한 투자와 가격이 급등락하는 상품선물에 투기하는 것을 일반 대중이 분간해주기를 바랐다. 그러나 1930년대 초 주가가 지속적으로 하락하자 대중들은 주식투자와 상품투기를 구분하지 못했다. 찰리는 결국 광범위하면서도 종합적인 마케팅 전략을 펼치기로 결정했다. 안전성을 추구하는 고객이든 투기에 뛰어들기를 원하는 고액이든 아니면 두 가지 모두를 혼합하고자 하는 합법적인 증권거래 중개서비스를 원하는 모든 고객의 니즈를 충족시킨다는 방향이었다.

일단 상품선물 거래서비스를 그대로 취급하기로 결정하면서 회사는 곡물 및 원재료의 가격동향에 관심이 많은 고객들에게 보고서를 수시로 제공했다. 브로커들은 가격변동으로 이익을 보려는 고객들이 상품과 관련된 위험을 알고 있고 손실을 감당할 만한 자금력이 있는지 여부를 확인해야 했다.[주5] 투기 성향의 고객들에게 상품 서비스를 제공하기로 결정하기는 했지만 메릴린치는 페너 앤 빈과의 합병 이후 상품 거래량을 늘리기 위해 별 신경을 쓰지 않았다. 실제로 1943년의 상품거래 수수료 수입은 지점 수익의 8%에 불과했다.

그러나 10년 뒤 상품거래 수수료는 급증했다. 1952년에는 지점 수익에서 상품거래 수수료 비중이 20%에 달했다. 상품거래 수수료가 상장주식 수수료의 3분의 1에 달한 것이다. 상품거래가 급증한 요인은 여러 가지였다. 뉴욕 본사의 파트너들은 상당수의 상품거래가 이른바 상업거래계좌(trade account)에서 출발했다는 점을 잘 알고 있었다. 곡물을 비롯한 여러 원자재를 경작하거나 가공, 채굴하는 사업에 직접 종사하는 사람들의 계좌였다. 이들 상품시장 참여자의 목적은 투기적이 아니라 방어적이었다. 상품 생산자와 가공업자들은 스스로를 방어하길 원했다. 미래의 가격변동 가능성에 대비하기 위한 이른바 헤징(hedging)이었다. 이를 위해 선물계약을 사거나 팔아야 했다. 사실 상품시장에는 두 부류의 참여자들이 있었다. 안전제일주의의 시장 내부자와 투기성 높은 외부자였다. 상품시장이 제기능을 발휘하려면 두 집단 모두 서로를 필요로 했으며 증권회사는 양쪽 모두 신경을 써야 했다.[주6]

메릴린치의 상품 거래량이 늘어난 또 다른 이유는 1940년대 후반 루 엥겔이 주도한 대대적인 광고 및 홍보 캠페인 덕분이었다. 엥겔은 주식과 채권의 기본을 설명한 유명한 전면 광고를 대대적으로 게재하기에 앞서 선물 및 옵션 계약의 기본 특징을 평이한 용어로 설명하는 광고선전물을 제작했었다. 1948년에 의회 조사위원회가 곡물을 비롯한 원자재의 선물거래를 불법화하는 법안을 제정할 움직임을 보이자 엥겔은 경제학 교과서를 인용해 자유시장경제가 지속되려면 상품거래가 반드시 필요하다는 내용의 광고카피를 만들었다.[주7] 결국 의회는 상품시장에 대한 조사를 중단했다.

상품 부서 책임자인 해리 앤더슨(Harry Anderson)은 1952년에 전체 상품거래 수익의 40%인 300만 달러가 (투기 목적이 아닌) 순수 상업거래계좌에서 발생했다고 보고했다. 그는 상품거래 수수료 수입이 연 500만 달러를 넘어설 것이라고 수 년 전부터 낙관해왔다. 그가 긍정적인 전망을 제시할 수 있었던 것은 기존의 주요 상품인 곡물, 가축, 면화 외에 다른 상품들의 거래가 늘어났기 때문이다. 앤더슨은 피혁, 금속, 양모, 계란, 감자, 삼베 같은 신규 상품의 거래량이 늘어나고 있다는 점을 지적했다. 조사부에서는 미국의 잠재적인 상품거래 인구가 2만5000명에 이른다고 파악했다. 이들 가운데 상품거래를 활발히 하고 있는 활동성 계좌는 1500명에 불과한 만큼 회사가 현재 6% 정도인 시장점유율을 10% 이상으로 끌어 올릴 수 있으며, 그러면 수수료 수입과 이익 모두 현저하게 증가할 것이라는 계산이 나왔다.

앤더슨은 그러나 참석자들에게 아직 상품거래 수수료 가운데 60%나 기여하는 투기자들을 경시해서는 안 된다고 밝혔다. 사실 이들은 매우 활동적인 트레이더라는 점에서 소중한 고객이었다. 상품을 상시 거래하는 투기자에게서 나오는 수수료 수입이 유가증권만 거래하는 고객들보다 계좌 평균으로 4배나 많았다. 상품 계약은 대개 만기가 몇 주에서 몇 개월이기 때문에 시장에서 거래빈도가 높은 편이었다.

첫날 오전 회의에서 맥카시는 지난 10년간 영업직원들의 신상 변화를 주의 깊게 분석했다. 장기간의 거래량 부진을 겪은 직후인 1940년대 초반 증권업계는 고령자 일색이었다. 메릴린치를 비롯해 어느 증권회사나 직원들의 평균연령이 50세가 넘었다. 그러나 1952년에 정식 연수생들이 배치되기 시작하고, 나이 많은 브로커들이 은퇴하면서 젊은 세대가 메릴린치를 지배했다. 브로커의 중간 나이는 35세까지 떨어졌다. 1952년의 경우 영업직원의 4분의 1이 26~30세였고, 이들 대부분은 입사한 지 18개월 미만이었다. 세대교체는 브로커에만 국한되지 않았고 관리직에서도 나타났다. 찰리는 나이가 32세나 된 사람이 할 수 없는 일은 일부 고위직을 제외하면 사실상 없다고 입을 열 때마다 강조하곤 했다.

맥카시는 신입 브로커들을 제외한 1년 이상의 경력을 지닌 브로커 824명의 평균 보수체계를 공개하고 이를 1940년대 초 브로커의 소득 및 경쟁회사 브로커의 소득과 비교했다. 1943년의 경우 연간 1만5000달러(1952년 가치 기준) 이상을 벌어들인 브로커는 전체 영업직원의 2~3%에도 못 미쳤지만, 10년 뒤에는 영업직원의 8%에 달하는 60명 이상의 브로커들이 이 수준을 넘어섰다. 이들 최상위 그룹을 제외할 경우에도 메릴린치의 브로커는 수수료 수입으로 연간 3만3500달러를 벌어들이고 8400달러의 급여를 받았다.(물가상승률을 감안할 경우 당시 브로커들은 1995년 가치로 4만8000달러를 번 셈인데, 오늘날 브로커들은 평균 8만 달러를 번다.)[주8] 메릴린치의 혁신적이고 독창적인 급여체계 아래서 브로커들에게 분배되는 몫은 전체 수수료 수입의 25%를 차지한 반면 경쟁사들이 브로커들에게 떼어주는 몫은 수수료의 28~35%에 달했다. 맥카시는 뉴욕증권거래소 통계를 인용해 메릴린치 브로커들이 벌어들이는 거래수수료가 다른 회원사보다 50% 더 많다는 점을 강조했다. 이 때문에 타사 브로커들은 총 수수료 수입의 3분의 1을 챙기면서도 메릴린치 직원들에 비해 소득이 적었다. 메릴린치는 거래량이 많았기 때문에 급여도 증권업계 최고 수준이었다.

맥카시는 회사의 현재 목표가 경력 5년의 브로커가 받는 평균 수수료 수입을 4만 달러 수준으로 높이는 것이라고 설명했다. 이 경우 9000~1만1000달러의 급여 인상 효과가 생겼다. 고참 브로커가 만약 이 수준에 못 미친다면 지점장은 상황을 조사하고 감독권을 행사할 필요가 있다고 맥카시는 지적했다. "4만 달러 미만이라면 내가 그 이유를 알아야 합니다."[주9] 입사한 지 5년 미만인 신입사원이 워낙 많았기 때문에 1952년의 경우 회사가 제시한 실적 목표를 충족시키는 영업직원은 전체의 20%에 불과했다. 나이와 경험이 많아지면 대다수 브로커들이 실적에 따른 인센티브를 받을 것이라고 맥카시는 예상했다. 이 목표가 달성될 경우 회사 직원 모두(브로커뿐만 아니라 지점장, 관리직원, 파트너들)가 상당한 금전적 보상을 얻게 될 것이었다.

결과부터 얘기하자면 맥카시가 1953년 회의에서 제시한 목표는 불과 2년 뒤 가볍게 달성했다. 1954년의 성과 분석보고서에 따르면 메릴린치 브로커는 평균 5만3000달러의 수수료 수입을 올렸고, 1만2500~1만4000달러의 급여를 받았다.[주10] 이익도 많이 났다. 직원 1인당 1600달러에 해당하는 750만 달러를 이익분배기금에 출연했고 1300만 달러의 연방소득세를 낸 뒤에도 파트너들은 출자금 2600만 달러 대비 25%의 투자수익률을 실현할 수 있었다.

이틀째 회의가 끝날 무렵 찰리는 미국의 자본시장과 관련된 다양한 이슈를 제시했다. 다른 연사들과는 달리 그는 회사의 개별적인 문제보다 시장 전체의 상황에 초점을 맞췄다. 최근의 동향을 평가하면서 뉴욕증권거래소와 회원사들이 일반대중을 대거 주식시장으로 끌어들이기 위한 노력을 거의 하지 않고 있다는 사실에 "당혹감과 실망"을 표시하기도 했다. "월 스트리트는 여전히 구식 비즈니스를 하고 있습니다. 내가 볼 때 10년 동안 아무런 변화도 없었다는 점은 믿을 수 없을 지경입니다." 수사적인 표현을 사용해 그는 참석자들에게 질문을 던졌다. "이 기간 중에 변하지 않은 업종이 있나요? 철도산업은 디젤화됐고, 항공기산업은 제트엔진을 개발했습니다. 그러나 증권산업은 아직도 구식 마차에 만족하고 있습니다." 자신의 주장을 뒷받침하기 위해 찰리는 브루킹스 연구소(Brookings Institution)가 발표한 보고서 내용을 인용했다. 이 보고서에서는 미국의 주식 보유자가 많은 전문가들이 말하는 1000만~1500만 명이 아니라 650만 명에 불과하다고 분석했다. 특히 실망스러운 것은 연간 소득이 1만 달러(1995년 가치로 5만 5000달러) 이상인 가구 가운데 주식 보유 가구는 겨우 절반에 불과하다는 점이었다. 찰리는 보험업계가 연간 2200만 달러의 광고비를 지출하는 반면 증권업계 전체가 광고에 쓰는 돈은 연간 300만 달러에 불과하다는 점을 통탄하듯 지적했다.

찰리는 또 월 스트리트의 많은 사람들이 아직도 주식투자를 투기로 생각한다는 점을 한탄했다. 실제로 당시 증권업계의 리더 가운데 장래의 고객이 투기가 아닌, 믿음직한 우량기업과 성장성 높은 기업에 장기투자를 하고 싶어한다는 점을 인식하고 있는 경우는 거의 없었다. 메릴린치로서는 증권업계의 인식을 바꾸기 위해 최선을 다했지만 이들이 과거의 사고에서 벗어나지 못한 탓에 전문직업인, 전문기술자, 중간관리자 같은 중상류층 가구를 대상으로 한 영업전략을 채택하지 못하고 있었다. "우리가 해야 할 일은 기본적으로 교육"이라고 찰리는 단정지었다. "아마도 역사상 어느 시기, 어떤 기업을 막론하고 대중을 상대로 한 최대 규모의 교육이 될 것입니다." 다른 증권회사의 도움뿐만 아니라 주식과 채권을 발행하는 대기업들의 도움이 더 필요하다고 강조했다. 대기업들도 자사 제품만 광고할 게 아니라 자신들이 발행한 주식을 대중들에게 팔기 위해 돈을 써야 한다고 찰리는 지적했다. 그는 이렇게 덧붙였다. "강력한 민주적 자본주의를 구축할 수 있고, 공산주의의 위협에 맞설 수 있는 것으로 국가 차원의 주식대중화 말고 더 나은 게 없을 겁니다."

작별인사를 하고 마지막 의사봉을 두드리기 전에 찰리는 회의 참석자 전원에게 언젠가 자신이 죽어도 출자금 450만 달러는 적어도 5년 아마도 그 이상은 회사에 그대로 있을 것이라고 다짐했다. 남기고 싶은 말 몇 마디를 하고 난 뒤 그는 감회에 어린 목소리로 이렇게 말했다. "미국과 미국인들에게는 재미난 점이 있어요. 미친 듯이 일하고 미친 듯이 싸우고 할퀴며 물어뜯고 소리지르고 아우성치지요. 그리고 죽을 때는 다 주어버립니다. 그건 영국인과 프랑스인들로서는 도저히 이해하지 못하는 것이지요. 무엇이 우리를 움직이게 합니까? 우리를 움직이게 하는 유일한 동인은 나라를 사랑하고 우리 국민을 사랑하고 이웃에 봉사하고 그들을 행복하게 하는 걸 사랑하기 때문이라고 생각합니다." 찰리가 지나치게 일반화했다고도 할 수 있지만 카네기와 록펠러를 비롯한 선대 기업인들부터 뿌리가 이어진 미국식 박애주의에 관한 설명으로서 맞는 말이었다.[주11] 찰리는 암허스트 칼리지와 하버드 대학교에 상당한 금액을 기부했으며, 자신의 사후에도 20년 이상 기부금을 출연한 메릴 트러스트(Merrill Trust)는 여러 교육기관과 자선단체에 도움을 주었다.

연단을 떠나기에 앞서 찰리는 전날 저녁 자신이 받은 생일선물에 대해 아낌없는 감사를 표시했다. "나는 어젯밤 주저 앉아 울 뻔 했습니다. 네다섯 번이나 눈물을 훔쳤지요." 그는 침착한 목소리로 계속 이어갔다. "여러분이 암허스트 칼리지에 제 이름으로 장학금을 기부한 것만큼 저를 감동시킨 일은 없을 겁니다. 그건 제 삶에서 가장 달콤하고 관대하고 감동적인 일이었어요." 그의 재산규모를 감안하면 장학금 기부액은 그다지 큰 금액은 아니었다. 하지만 그 선물에 담긴 마음이 받는 사람에게는 남다른 의미가 있었다. 찰리는 회사 동료와 후배 직원들의 존경과 지원에 진심으로 감사했다.

찰리는 미국의 자본시장 발전에 대해, 또 어떤 상품과 서비스가 투자자들에게 혜택을 줄 수 있을지에 대해 놀라운 통찰력을 갖고 있었다. 그렇다고 해서 그가 전혀 오류가 없었다든지 늘 예지력을 보여준 것만은 아니다. 그의 결정적인 실책 중 하나는 제2차 세계대전 종전 후 중산층의 합리적인 장기투자 수단으로 부상한 뮤추얼펀드가 지닌 거대한 잠재력을 이해하지 못했다는 점이다. 몇몇 직원들이 대표파트너인 찰리에게 뮤추얼펀드의 긍정적인 측면을 이해시키려고 시도했지만 찰리는 꿈적도 하지 않았다. 돌이켜 보면 현장 실무자들의 건전한 의견을 무시한 셈이었다. 다음의 일화가 당시 분위기를 말해준다.

1950년대 초 영업부에서 로버트 마고완의 수석 참모로 일했던 돈 리건은 뮤추얼펀드에 대한 심층 연구결과 돈이 넉넉하지 않은 중산층을 유치하려는 증권회사에게 이런 펀드가 아주 적합한 상품이라고 생각했다. 리건은 회사가 뮤추얼펀드를 받아들이고, 개별 종목에 대한 직접 투자의 대안으로 뮤추얼펀드를 고객들에게 판매할 것을 제안하는 장문의 비밀보고서를 작성했다. 찰리와 스미스, 마고완에게 이 보고서를 제출했다. 서류를 넘긴 며칠 뒤 리건은 윗사람으로부터의 답변을 초조하게 기다렸다. 마침내 마고완은 롱아일랜드의 찰리 저택에서 열릴 주말 모임에서 뮤추얼펀드와 리건의 보고서 내용을 거론하기로 약속했다. 이 모임은 비공식적인 만남으로 회사 얘기를 하면서 여가활동도 즐기는 모임이었다. 다음주 월요일 아침 리건은 마고완의 사무실로 달려들어가 토론의 결과를 물었다. 마고완은 회사가 뮤추얼펀드에서 한 번도 성공한 적이 없다는 이유로 찰리가 일언지하에 거절했다고 설명했다. 스미스도 1930년대 E.A. 피어스에서의 경험을 거론하면서 여기에 동조했다는 것이다. 리건이 물었다. "선배는 어떻게 했어요? 반박을 안 했나요?" 마고완은 눈치를 보면서 답했다. "하지 않았네. 나도 동감이었거든." 그러자 리건은 거침없이 쏘아 부쳤다. "이런 젠장. 성부와 성자와 성령으로부터 총을 맞은 셈이군요."[주12]

리건은 마고완이 뮤추얼펀드에 동조한다는 것을 알고 있었기 때문에 두 선임파트너의 반응에 크게 실망했다. 보고서는 마고완이 배후에서 지원하고 리건이 쏘아 올린 시험용 풍선이었다. 그들은 찰리와 스미스가 이 안건에 대한 자신들의 의견을 기꺼이 재검토할 것이라고 확신했다. 찰리는 건전 투자의 원칙에 관한 한 자신이 모든 답을 다 갖고 있다고 생각했지만, 경우에 따라서는 비위에 거슬리거나 기존의 금기를 무너뜨리는 새로운 개념에 대해서도 기꺼이 검토하곤 했다. 테드 브라운의 경우 중요 사안에 관한 찰리의 생각을 바꾸는 데 회사 안팎을 통틀어 누구보다도 성공확률이 높았다. 그러나 리건에게는 그 정도의 힘이 없었다. 영업부의 시험 풍선이 찰리의 사우스햄프턴 저택에서 터졌을 당시 마고완은 영리하게도 맞서지 않았고 다음 번에 더 좋은 기회를 봐서 이 문제를 다시 거론하기로 했다. 몇 년 뒤 리건은 최고경영자가 됐고, 그는 파트너들에게 시장의 변화에 눈을 돌려 이제 대세가 된 뮤추얼펀드 혁명에 적극적으로 동참해야 한다고 설득했다. 결국 메릴린치는 회사의 이름을 걸고 일련의 뮤추얼펀드 발행을 주관하게 된다. 그러나 이미 1950년대가 한참 지나간 뒤의 일이었다.

정확히 평가하자면 뮤추얼펀드 판매에 대한 찰리의 조심성은 20세기 전반 금융업의 부침이 워낙 심했다는 점을 감안할 경우 수긍할 만하다. 특히 1930년대와 40년대의 뮤추얼펀드는 요즘 우리가 알고 있는 것과 완전히 다른 종류라는 점을 염두에 둬야 한다. 오늘날 뮤추얼펀드의 기원은 19세기 런던과 암스테르담의 자본시장에서 등장한 신상품이 원조다.주13 영국에서는 이런 종류의 금융상품을 일컬어 투자신탁이라고 불렀다. 대부분의 초기 뮤추얼펀드는 이른바 폐쇄형(closed-end) 펀드였다. 투자신탁회사들은 인수회사의 도움을 받아 대중들에게 주식을 판매하고, 이 돈을 공장이나 설비를 확장하는 기업에 투자하는 게 아니라 다른 기업의 주식과 채권에 투자했다.

펀드 투자자에게 돌아가는 혜택은 기본적으로 두 가지였다. 첫째, 투자자 입장에서는 펀드가 여러 업종에 걸친 다양한 기업의 유가증권을 보유할 수 있기 때문에 뮤추얼펀드에 투자하는 것만으로 바로 분산투자의 효과를 거뒀다. 둘째, 펀드매니저가 지속적으로 펀드를 관리하며, 이들은 일단 성장 전망이 좋은 기업의 주식을 사들이고 실적이 나쁜 기업의 주식은 처분할 것이라는 믿음이었다. 뮤추얼펀드 투자자는 수많은 정보를 분석하거나 어떤 가격에 어떤 주식이나 채권을 사야할지 고민할 필요가 없었다. 펀드매니저들은 포트폴리오의 가치에 연동해 보수를 받았다. 연간 보수는 대개 총자산의 1% 수준이었다.

폐쇄형 펀드는 예나 지금이나 한 가지 단점이 있다. 폐쇄형 펀드는 다른 유가증권과 마찬가지로 증권거래소에서 경매 방식으로 거래되는데, 다양한 주식시장 전망에 따라 뮤추얼펀드 가격이 주식의 내재가치에 비해 높거나(프리미엄이 붙거나) 낮은(할인된) 가격으로 거래될 가능성이 있었다.

이 원리를 간단하게 설명해보자. 폐쇄형 뮤추얼펀드가 수백 개 기업의 주식을 보유하고 있고 이 주식들을 개별적으로 매각한다면 투자자들에게 주당 100달러의 현금을 돌려줄 수 있다. 따라서 펀드의 청산가치는 100달러이므로 이 펀드는 거래소에서 100달러에 근사한 가격으로 거래되는 게 논리적으로 타당하다. 하지만 불행하게도 폐쇄형 뮤추얼펀드의 주가에는 이 논리가 적용되지 않는다. 청산가치와 근사한 가격으로 거래되는 펀드들이 있는 반면 상당수 펀드는 할인된 가격 혹은 프리미엄이 붙은 가격으로 거래된다.

특히 주식시장이 장기간 활황세를 보일 때 실적이 좋았던 펀드는 프리미엄이 30~40%까지 붙어 시장 분위기가 약세로 돌아서면 급락할 위험이 있었다. 좋지 않은 장세에서는 뮤추얼펀드 주식에 대한 프리미엄이 금방 사라지고 불과 몇 달 만에 헐값이 될 수도 있다. 이런 경우 높은 프리미엄을 주고 폐쇄형 펀드에 투자한 사람은 펀드 포트폴리오에 편입된 종목을 실물로 보유하는 경우보다 더 심각한 손실을 입을 수 있다. 간단히 말해 폐쇄형 뮤추얼펀드는 개별 주식보다 오히려 불확실성과 가격 변동성이 더 높을 수 있으며 특정한 상황에서는 매우 투기적인 투자가 될 수 있다는 것이다.

1920년대 중시 활황세가 끝나갈 무렵 신규 폐쇄형 뮤추얼펀드는 기하급수적으로 늘어났다. 1927년 3월 월 스트리트에서 거래된 펀드는 50여 개에 불과했으나 1년 뒤 그 숫자는 3배 이상 늘어났다. 전체 뮤추얼펀드 포트폴리오의 가치도 1924년에는 1000만 달러에도 못 미쳤지만 주가 대폭락 직전인 1929년 10월에는 포트폴리오 가치가 무려 30억 달러로 급증했다.[주14] 펀드들은 청산가치 대비 평균 50%의 프리미엄으로 거래됐다. 반면 주가 대폭락 이후 1년 만에 펀드들은 평균 25% 할인된 가격으로 거래됐다. 다우존스 산업평균 주가가 40% 정도 하락하는 동안 펀드 가격은 평균 70% 이상 하락했던 셈이다. 주가가 최저 수준으로 떨어졌던 1932년 무렵 대부분의 뮤추얼펀드는 최고가 대비 80~90% 하락했고 대다수는 곧 사라지기 직전이었다.[주15]

1920년대 말에 폐쇄형 펀드가 워낙 인기가 있자 찰리도 한때 동참할 계획을 세운 적도 있었다. 경영권을 장악하고 있던 세이프웨이를 비롯해 식료품 체인점들의 성장세에 고무돼 찰리와 파트너들은 신종 폐쇄형 뮤추얼펀드의 투자설명서를 만들었다. 메릴린치가 인수하고 운용할 예정이었던 이 펀드는 주요 체인점 기업이 발행한 유가증권을 포트폴리오에 편입해 투자자들에게 인기를 모을 것으로 보였다. 그러나 1930년까지도 주가가 회복되지 않자 찰리는 모든 계획을 취소했다. 이 기회를 놓친 것은 물론 찰리의 행운이었다. 그가 만약 서둘러 일을 추진해 펀드를 일반 대중에게 팔았다면 아마도 순진한 투자자들에게 엄청난 손실을 입힌 폐쇄형 뮤추얼펀드의 판매에 앞장섰다는 이유로 곤욕을 치렀을 것이다.주16 뮤추얼펀드에서 실패할 뻔한 위기를 간신히 모면했던 그는 두 번 다시 위험에 빠지지 않도록 극도로 몸을 사렸다. 1930년대 초 뮤추얼펀드의 실적이 저조했던 데다 식료품 체인점에 대한 미련이 남아 있어 그는 뮤추얼펀드에 더욱 회의적인 시각을 갖게 됐다. 게다가 말년으로 접어들면서 마음을 바꿀 생각은 더더욱 없어졌다.

1950년대 초가 되자 그동안 인기가 없었던 개방형 뮤추얼펀드가 점차 인기를 끌기 시작했고 리건과 마고완이 다시 검토하기에 이르렀다.(피델리티와 드레이퓨스를 비롯한 요즘 대다수 뮤추얼펀드는 개방형이다.) 개방형 뮤추얼펀드는 폐쇄형과는 여러 면에서 달랐다. 예를 들어 개방형 펀드는 투자자를 모집한 뒤에도 유통시장에서 거래되지 않았다. 펀드를 모집한 회사는 고객이 요구할 경우 바로 그 시점에서의 청산가치로 환매하기로 사전 약정이 돼 있었다. 프리미엄이 붙거나 할인돼 거래되는 문제를 피할 수 있었다. 펀드매니저는 적당한 보수를 받았고 언제든 환매에 응할 수 있도록 펀드를 운용했다.주17

개방형 뮤추얼펀드는 모집금액, 즉 펀드의 발행주식 규모를 미리 정하지 않았고 고객의 요구에 따라 쉽게 늘리거나 줄일 수 있었다. 투자자들은 뮤추얼펀드에 돈을 맡길 때 일반적인 주식거래에 비해 두세 배 이상 높은 8~12%의 수수료를 냈다. 금융계에서 일종의 선적료라고 부르는 취득 수수료였다. 뮤추얼펀드 발행회사는 투자자들에게 펀드 주식을 직접 파는 경우도 있고, 판매 수수료를 나눠 갖는 조건으로 협력 증권회사를 통해 판매하기도 했다. 개방형 펀드 투자자들은 분산투자와 전문적 관리라는 혜택을 누리면서 폐쇄형 펀드처럼 포트폴리오의 가치에 근거해 1% 이하의 연간 관리 보수를 지급했다. 최소 금액 (200~500달러)의 투자금(일종의 가입금)을 불입하고 나면 정기적으로 10~15달러 정도씩 적립해 추가로 주식을 취득할 수 있었다. 개방형 뮤추얼펀드를 발행한 회사는 돈이 적든 많든 장기적으로 안정된 소득과 자본이득을 원하는 고객들을 타깃으로 삼았다. 일반적인 주식투자자들에 비해 뮤추얼펀드 투자자들은 대부분 펀드를 장기간 보유했다.

요즘 볼 수 있는 개방형 펀드와 유사한 최초의 투자상품은 1907년에 설립된 알렉산더 펀드다. 그 후 20년간 원리는 비슷하지만 발행 및 환매 방식은 다른 펀드들이 여럿 등장했다. 1924년에 설립된 매사추세츠 인베스터 트러스트(MIT)는 채권과 우선주는 제외한 채 대기업의 보통주만 투자하겠다고 선언한 최초의 펀드였다. MIT는 증권회사 지점망을 통해 판매됐는데, 최소 투자금액은 5주에 250달러로 수수료 12.5달러를 더할 경우 262.5달러였다. 이 같은 금액은 당시 포드자동차의 모델T 한 대 값에 맞먹었고, 중상류층 정도는 돼야 부담할 수 있는 수준이었다.

MIT는 1929년 말 무렵 5000명의 펀드 투자자를 거느렸고, 100개 이상 기업의 주식에 투자해 1400만 달러의 자산을 보유하고 있었다. MIT는 1929~32년의 침체장에서 일반 투자자들 못지 않은 치명타를 입어 원금의 80% 이상을 날려버렸는데, 그럼에도 불구하고 이 펀드는 주식을 보유하고 있다가 큰 손해를 본 개인투자자들이 돈을 전문 자산 운용사에 맡기기 시작하면서 가장 큰 수혜자가 됐다. 1934년 말 MIT 는 2만 명의 투자자와 3000만 달러의 자산 규모를 가진 펀드로 성장했다. 주가가 1932년을 바닥으로 회복세로 돌아서자 그 동안 버텨왔던 투자자들은 평가손실을 꽤 만회했다. 뮤추얼펀드는 대공황을 견뎌냈고 펀드매니저들은 1940년대 들어 탄탄한 수익률을 실현했다. 개방형 펀드는 제대로만 운용한다면 안정적인 배당금 수입과 자본이득을 동시에 추구하는 일반 투자자들에게 합리적인 대안이 될 수 있음을 보여준 것이다. 대다수 증권회사는 MIT를 비롯해, 1940년대와 50년대에 새로 등장한 개방형 뮤추얼펀드를 판매하고 싶어했다. 메릴린치는 그러나 뮤추얼펀드 회사들이 손을 잡자는 제의를 모두 거절했다.

1950년대 초 찰리는 앞서 체인점 기업을 전문으로 하는 폐쇄형 펀드를 설립하려다 취소했던 일을 회고하면서 자신이 개방형 뮤추얼펀드 판매에 반대하는 이유를 여러 차례 설명했다. 펀드의 인기가 너무 높아지면 증권회사의 주업무인 거래중개 수요가 줄어들 가능성이 있다는 말이었다. 경쟁사들이 뮤추얼펀드 판매로 벌어들이는 수수료가 상당하다는 얘기는 듣고 있었지만, 브로커 본연의 임무는 전망이 나쁜 종목을 좋은 종목으로 대체하는 것인데 펀드를 판매하게 되면 이런 책임감이 시들해지기 마련이라는 것이었다. 뮤추얼펀드 투자자들은 웬만해서는 투자 규모를 줄이거나 다른 투자상품으로 갈아타지 않는 성향이 있다는 점도 고려해야 했다. 더구나 투자자들이 뮤추얼펀드를 환매한다 해도 실제 거래는 유통시장에서 정식으로 이뤄지는 게 아니라 펀드 운용회사 내부에서 자체적으로 이뤄질 것이었다. 이 경우 증권회사는 뮤추얼펀드 판매와 환매를 중개하는 단순 업무만 할 뿐이었다. 찰리의 관점에서 보자면 뮤추얼펀드를 취급할 경우 모든 투자자에게 뮤추얼펀드에 투자해 무조건 보유하는 전략을 택하라고 충고하는 거나 마찬가지였다. 그렇게 되면 증권회사는 거래할 물량이 점차 줄어들어 제대로 굴러갈 만한 수익을 확보할 수 없게 된다는 게 찰리의 지론이었다.

개인투자자들도 메릴린치의 브로커들과 긴밀히 상담해 각자의 니즈에 맞는 포트폴리오를 구성한다면 뮤추얼펀드의 장점을 충분히 누릴 수 있을 것이라고 찰리는 확신했다. 예를 들어 중간 규모의(업종이 다른 주요 대기업 주식 8~20개 종목으로 구성한) 포트폴리오만으로도 분산투자는 충분하다고 전문가들은 이전부터 주장해왔다. 이런 포트폴리오는 수백 개 종목을 편입한 대형 포트폴리오와 비교할 때 가격 변동성이 비슷했다.[주18] 돈이 많지 않은 초보 투자자를 제외하고 대부분의 고객들은 적정 수준의 분산투자를 할 여력이 있다는 계산이 나왔다. 1950년대 메릴린치는 업계 최고 수준의 증권 애널리스트를 전국 각 지점에 배치한 상태였기 때문에 메릴린치 고객들은 각자의 경제적 목표를 브로커들과 협의하고 충고에 귀 기울일 경우 자신만의 포트폴리오를 제대로 관리할 수 있다는 게 찰리의 생각이었다. 실제로 고객들 입장에서 보면 뮤추얼펀드는 불특정 다수를 고객으로 하는 데다 아주 다양한 종목들을 편입한다는 점에서 오히려 자신에게 맞는 맞춤형 투자 프로그램을 활용하는 게 더 나은 실적을 거둘 수 있었다.

뮤추얼펀드가 아닌 장기적인 투자 성공을 메릴린치의 목표로 삼아야 한다는 찰리의 주장은 충분히 일리가 있는 것이었다. 그의 주장 가운데 쉽게 무시하거나 반박할 만한 것은 없었다. 차세대 주자인 리건과 마고완조차 연로한 창업자에 맞서 한 발짝도 전진하지 못했던 이유다. 어떤 면에서 찰리는 난공불락이었다. 1950년대 초 개방형 뮤추얼펀드의 숫자는 제한적이었고 취득 수수료는 8~12%로 상대적으로 높았다. 뮤추얼펀드가 주식을 잘 모르는 고객들에게 적정 수익률을 가져다 줄 가능성이 높다 해도 찰리는 보다 나은 실적을 원하는 노련한 투자자라면 전통적인 방법을 더 선호할 것이라고 확신했다. 잘 훈련된 메릴린치 브로커라면 고객의 금융자산 선택을 도와주고 현명한 매도 및 교체매매를 통해 고객의 포트폴리오를 주기적으로 재편할 수 있게 해줄 것이었다.

그러나 찰리가 제대로 이해하지 못했던 점이 있었다. 실은 이들 두 가지 투자 방식이 상호 배타적인 게 아니라 서로 보완적이라는 것이다. 자금동원 능력이 부족한 초보 투자자에게 뮤추얼펀드는 최소단위 금액인 경우에도 바로 분산투자가 가능하다는 점에서 합리적인 출발점이었다. 찰리는 본인 스스로 직접 투자의 잠재력에 푹 빠져 일반 투자자들이 대차대조표와 손익계산서를 읽어가며 주식을 사고 파는 일을 매우 불편해 한다는 점을 이해하지 못했다. 일반 투자자들은 권위와 책임감을 갖고 있는 전문가에게 맡기고 싶어했고 뮤추얼펀드를 운용하는 펀드매니저들은 누구보다 이 일을 잘했다. 뮤추얼펀드의 또 다른 특징은 장기 투자자에게 매력적이라는 점이다. 뮤추얼펀드 투자자들은 그냥 돈만 좇는 투기자가 아니었다. 대개 일정 기간 동안 주식시장의 예측 불가능한 등락을 참아낼 만한 인내심을 갖춘 장기 투자자들이었다. 메릴린치의 판촉물에 따르면 이들은 다름아닌 찰리가 고객으로 삼고자 하는 사람들과 같은 부류였다.

독립 뮤추얼펀드의 성장이 거래소나 장외시장에서의 거래량에 미칠 영향에 대해 찰리의 생각은 항상 부정적이었다. 그는 부정적 측면에 주목했다. 개인투자자들이 주식을 다 팔아버리고 그 돈을 몽땅 뮤추얼펀드에 넣을 경우 거래량이 감소할 가능성이 있다는 주장이었다. 1950년대 초만 해도 개인투자자의 비중이 90%나 됐기 때문에 증권회사와 뮤추얼펀드 발행회사는 서로를 라이벌 관계로 인식했다. 하지만 주식시장 전체에서 펀드의 비중이 높아지더라도 주식거래 그 자체는 계속될 것이며, 펀드매니저들이 그 거래를 주도할 뿐이라는 점을 찰리는 깨닫지 못했다. 당시 자산운용의 기준이 될만한 순수한 인덱스 펀드(index fund)가 없었기 때문에 펀드매니저들은 자유롭게 포트폴리오의 주식을 대량으로 매입하거나 매각할 수 있었다. 최고의 성과를 내고 많은 고객을 유치하기 위해 펀드매니저들은 안간힘을 썼고 그만둬야 하는 경우도 있었다. 간단히 말해 개인들이 주식이나 채권에서 빠져나와 뮤추얼펀드에 가입하더라도 주식거래 그 자체가 사라지는 것은 아니었다. 오히려 달라진 거래 여건 아래서 증권회사가 규모의 경제를 누릴 수 있었다. 엄청난 규모의 거래량을 취급하는 뮤추얼펀드의 펀드매니저 같은 고객들도 월 스트리트의 규칙과 규정에 따라 아무런 수수료 할인 혜택을 받지 못했기 때문이다. 실제로 메릴린치를 포함한 초대형 증권사들은 수만 주의 거래를 가장 빠르고 효율적으로 체결시켜 줄 수 있다는 점에서 펀드매니저들의 주식거래 중개수요를 가장 잘 충족시켜 줄 수 있었다.

공교롭게도 메릴린치는 펀드매니저들을 대거 거느린 기관투자가들을 상대로 적극적인 영업을 벌이고 있었다. 1950년대 초에는 뉴욕 본사에 보험회사와 독립 연금펀드 같은 기관투자가 고객을 전담할 특별 영업직원을 배치하기도 했다. 이들 기관투자가는 정기적으로 유입되는 풍부한 현금 덕분에 다양한 유가증권에 투자하고 있었다. 일단 법적인 요건을 준수하는 범위 안에서 자산운용전문가들의 판단에 근거해 투자했다. 20세기 초 고삐 풀린 무분별한 투자로 인해 많은 문제점이 발생한 이후 여러 주에서는 기관투자자의 투자 대상을 안전성이 높은 국공채나 회사채로 제한했다. 우선주는 배당소득이 확실한 경우에 한해 투자가 허용됐다. 그러나 20세기 중반이 되자 몇몇 주에서 규정을 완화해 포트폴리오에 보통주(주로 우량주)도 포함할 수 있도록 허용했다. 이미 기관투자가들을 상대로 영업해 본 경험이 있던 메릴린치는 주가 상승 가능성이 높은 보통주를 선택하려고 하는 개방형 뮤추얼 펀드의 펀드매니저들을 도와줄 태세를 완벽하게 갖추고 있었다.

찰리는 주요 투자자에 대해서도 특정 집단 별로 어떤 서비스가 가장 좋을지를 고려하지 않았다. 오랜 기간 탁월한 업적을 쌓은 그로서는 예외적인 실수였다. 찰리는 뮤추얼펀드가 자신의 회사를 비롯한 증권 업계를 위협할 라이벌이라고 간주했다. 그는 아마도 주식시장이 다시 하락 국면으로 접어들면 투자자들이 개방형 펀드에 대한 신뢰를 상실할 것이고, 그러면 개방형 펀드들도 1929년 이후 폐쇄형 펀드들이 걸었던 것처럼 도산의 길로 접어들 것이라고 생각했던 것 같다. 만약 일부 경쟁사들(이익을 늘리고자 뮤추얼펀드 판매에 혈안이 된 증권회사들)이 신뢰를 잃기를 바랐을지도 모른다.

찰리가 살아있는 동안 메릴린치는 건전 투자 대상으로 뮤추얼펀드를 권유하지 않았다. 이 같은 정책에 따라 조사부에서는 개방형 뮤추얼펀드를 운용하는 펀드매니저들의 실적을 점검하지 않았고, 펀드에 관해 문의하는 고객들에게 아무런 권고도 해줄 수 없었다. 브로커들은 뮤추얼펀드를 꼭 사야겠다고 고집하는 고객들을 위해서만 뮤추얼펀드를 권하라는 지시를 받았기 때문에, 이들 고객은 메릴린치와 거래하는 한 눈을 감고 비행하는 거나 마찬가지였다. 분산투자와 개방형 뮤추얼펀드의 수탁기능에 관심이 컸던 고객들은 이 신상품에 보다 적극적인 경쟁 증권사로 옮겨가기 마련이었다.

기존 증권사들이 뮤추얼펀드의 성장 가능성을 조기에 인식하지 못한 틈을 타 월 스트리트 외부자들이 시장을 잠식하기 시작했다. 20세기 말 현재 미국 가구의 3분의 1이 뮤추얼펀드에 투자하고 있다. 보스턴에 본사를 두고 1930년대에 최초의 개방형 펀드를 만들었던 피델리티 인베스트먼츠(Fidelity Investments)가 선두주자였다. 1990년 중반 현재 피델리티가 운용하는 펀드의 보유 자산은 미국 주식시장 전체의 3%, 세계 주식시장의 1.5%를 차지하고 있다. 물론 메릴린치도 한참 뒤 뮤추얼펀드 분야에서 강자로 부상했지만 인수 업무나 주식거래 중개 분야에서 차지한 지위를 누리지는 못했다.

개방형 뮤추얼펀드에서 찰리는 좋은 기회를 놓쳤다. 그러나 알고 보면 찰리도 뉴욕증권거래소에서 설계한 적립형 주식저축에 관한 참신한 아이디어를 채택한 적이 있었다. 1941년 페너 앤 빈이 메릴린치에 합병되자 회사를 그만두기로 작정하고 작별인사를 하러 갔다가 마음을 돌렸던 빅터 쿡(Victor Cook)은 원래 뉴욕증권거래소에서 적립식 투자상품(Monthly Investment Program: MIP) 설계에 참여한 인물이었다. MIP는 소득수준이 중간인 사람들도 매월 또는 분기별로 일정금액을 주식에 투자할 수 있도록 소량거래에도 최저 수수료를 적용한다는 획기적인 제도였다.

뉴욕증권거래소가 과거의 전통에만 얽매여 대중의 수요 변화를 충족시켜 주지 못한다는 점을 늘 지적해왔던 찰리는 거래소에서 전례 없이 새로운 제도를 만들겠다고 나서자 기분이 좋았다. 미국이 제1차 대전에 참전한 직후 그는 광고관련 규정을 어겼다는(전쟁국채 판매 광고를 게재했다는) 이유로 징계를 당한 적이 있었다. 1930년대 후반 뉴욕증권거래소의 리차드 휘트니 이사장이 스캔들에 휘말려 떠난 뒤 새로운 경영진은 진로를 바꿔 보다 현실적인 정책을 채택하기는 했지만, 찰리 입장에서는 뉴욕증권거래소의 신규 고객 유치 계획이 기대에 못미쳤다. 신규 계좌를 유치하기 위해서는 최저 수수료를 인하해야 한다는 게 메릴린치의 주장이었다. 그러나 거래량이 적은 타 증권사들은 오히려 최저 수수료를 상향 조정해야 한다는 입장이었고, 이 주장이 다수였다. 타 증권사들은 투자자들의 거래중개 서비스 수요가 단기나 중기는 물론 장기적으로도 큰 변화가 없을 것이라고 여겼다. 반면 찰리는 최저 수수료를 인하할 경우 신규 투자를 유치할 수 있어 장기적으로 수익과 이익이 증가할 것이라고 확신했다. 1950년대 들어 월 스트리트에서 메릴린치의 영향력이 커지자 돈 없는 투자자들도 체계적으로 주식을 취득할 수 있게 하자는 메릴린치의 홍보 캠페인을 뉴욕증권거래소의 케이스 펀스톤(Keith Funston) 이사장을 비롯한 윌 스트리트의 거물들도 함부로 무시할 수 없었다.

1954년 1월에 도입한 MIP는 두 집단, 즉 메릴린치와 나머지 회원사들 간의 절충안이었다. 일반 주식거래의 최저 수수료는 현재 수준을 유지하기로 해 대부분의 증권사들이 만족했다. 특별 프로그램에 가입한 초보 투자자들의 소량 거래만 수수료 할인 요율이 적용됐다. 가입자들은 분기별로 최소 40달러, 연간으로 160달러(1995년 가치로 900달러)를 적립식으로 저축함으로써 단주를 포함한 주식에 투자할 수 있었다. 연령이나 직업과 관계없이 가입할 수 있었지만 기본 개념은 자동차 딜러나 부동산 개발회사가 20대 후반이나 30대 초반 연령의 최초 구매자에게 할인해주는 것과 흡사했다. 소수 인종에게도 자격이 주어졌다. 연간 최소 투자금액은 당시 연금보험의 연간 보험료와 같은 수준으로 책정됐다. 증권업계가 투자자들의 돈을 놓고 경쟁업종(보험)에 도전장을 던진 셈이었다.

뉴욕증권거래소는 메릴린치가 이 시장을 대부분 장악할 것이라고 예측했고 실제로 그랬다. 첫 해에 메릴린치는 가입자의 거의 절반을 차지했다. 몇 년 뒤에는 메릴린치가 MIP 계좌의 70% 정도를 장악했다. 1950년대 말이 되자 대부분의 경쟁사들이 더 이상 MIP 계좌의 신규 가입을 받지 않게 됐다. 나중에 수수료와 가격이 자율화된 뒤 메릴린치는 남아 있던 MIP 계좌들을 증권저축(Sharebuilder Plan)으로 이관했다. 이 상품은 고객들이 낮은 수수료로 소량의 주식을 사고 팔 수 있도록 하는 상품이었다. 수많은 소액 계좌에 대한 기록을 유지 보관하는 데 많은 비용이 들어간다는 점을 감안하면 MIP가 장기적인 관점에서 과연 성공적이었는지 평가하기는 어렵다. 일부 가입자들은 2~5년 후 상당한 포트폴리오를 구축해 활발하게 거래하기도 했지만, 상당수 고객은 월 40달러씩 적립하는 것조차 부담스럽게 여기면서 이 상품은 시들해졌기 때문이다. 확실한 것은 MIP의 기본 컨셉트가 중상류층이나 상류층 진입을 꿈꾸는 젊은 계층을 자본시장으로 유입하려는 찰리의 전략과 일치했다는 점이다.

MIP의 가장 중요한 효과는 회사가 판촉활동을 지원하기 위해 벌인 각종 광고캠페인에서 이 프로그램을 내세웠다는 점이다. 예를 들어 1956년 메릴린치는 뉴욕 시내 철도교통의 중심지인 그랜드 센트럴 역 한가운데 부스를 설치해 이른바 대중자본주의(People's Capitalism) 홍보에 나섰다. 루 엥겔은 미 전역의 100여 개 메릴린치 지점에 가면 돈이 별로 없는 잠재 고객들도 따뜻한 환영을 받을 수 있다는 점을 부각하는 광고를 만들었다. 뉴욕증권거래소도 MIP 프로그램을 선전하기 위해 광고에 나섰다. 궁금한 점은 회원사의 어느 지점에서든 문의하면 된다고 안내했다. 이 광고의 최대 수혜자는 메릴린치였다. 경쟁사들은 이런 광고에 불쾌해 했지만 10여 년 이상 메릴린치가 수백만 달러를 들여 대중들에게 주식투자의 안전함과 높은 수익률을 알리는 광고를 해왔던 점을 감안하면 비긴 셈이었다. 메릴린치의 광고캠페인은 사실 다른 증권사에게도 영업상 도움이 됐던 게 사실이다. 모든 면에서 상황이 안 좋았던 시절 메릴린치는 증권업계가 나쁜 이미지에서 벗어날 수 있도록 많은 일을 했다. 1950년대 초 찰리와 메릴린치가 브로커들의 위상과 명성을 높이는 데 기여한 업적에 관한 한 월 스트리트 전체가 인정하지 않을 수 없었다.

MIP 광고는 그동안 주식시장에 대한 불안감과 브로커들에 대한 불신 때문에 주식투자를 주저해왔던 사람들을 고객으로 유치하는 데 효과가 있었다. 분기별로 40달러의 투자는 최소 투자금액이었고 투자금액에 대한 제한은 없었다. 최소 수준 이상의 유가증권을 취득할 만한 자금력을 지닌 수많은 중산층 가구는 메릴린치가 기존의 부자뿐만 아니라 광범위한 투자자들에게도 건전한 투자자문을 제공하고자 한다는 점을 깨닫게 됐다. 실제로 MIP에 대한 모든 홍보 프로그램은 원래 목표로 삼았던 계층보다는 다소 여유 있는 가구들에게 더 큰 효과를 거뒀다. MIP는 메릴린치의 장기적인 이익에 기여했다. 가처분소득이 증가하면서 연간 수익률이 4~6%에 불과한 연금보험으로부터 얻는 현금소득을 연간 수익률 10~12%의 합리적이고도 건전한 투자로 보충해야겠다는 결심을 한 투자자들에게 이 프로그램은 지울 수 없는 인상을 남겼다. 1956년에 메릴린치는 소량 거래의 19%를 취급해 시장점유율에서 신기록을 세웠다.

찰리가 말년에 내린 가장 중요한 의사결정은 사실 메릴린치와 직접 관련이 없다. 1955년에 그는 1930년대 이후 세이프웨이의 최고경영자를 맡아온 링 워렌을 교체하기로 결심했다. 찰리는 여전히 경영권을 쥐고 있었고, 찰리 일가(각종 신탁 포함)의 세이프웨이 지분은 그가 주식을 보유한 어느 기업보다 많았다. 1940년에 금융업으로 복귀한 찰리는 같은 플로리다 출신인 워렌을 신뢰해 많은 자율권을 부여해왔다. 몇 년 뒤 찰리는 세이프웨이 경영진에 대한 불만을 여러 경로를 통해 들었지만 건강악화로 인해 멀리 오클랜드에서 일어나는 일까지 일일이 신경을 쓸 여력이 없었다. 워렌은 중요한 문제를 상의하기 위해 정기적으로 동부로 날아왔지만 찰리는 1944년 이후 한 번도 서부 지역을 여행하지 못했다. 1953년에 건강이 회복되면서 찰리는 세이프웨이의 상황을 깊이 들여다 보기 시작했고 경영진 교체를 검토했다. 찰리는 워렌이 의사결정 구조를 과도하게 집중화해 일종의 독재자가 돼 있다는 사실을 발견했다. 예를 들어 체인점 관리자들은 최고경영자의 허락을 받지 않고서는 공통 관심사항을 토론하는 것조차 허용되지 않았다.주19 워렌은 또 세이프웨이의 자체 상표를 지나치게 강조하는 전략적 실수도 저질렀다.

찰리가 생각했던 세이프웨이의 최고경영자 후보는 마이크 맥카시와 로버트 마고완이었다. 맥카시는 윈 스미스의 최고 참모로 찰리가 1944년 첫 심장발작을 일으킨 이후 회사 내 서열 3위였다. 맥카시는 나중에 세이프웨이에 흡수합병된 캘리포니아의 식료품 체인점 기업에서 직장생활을 시작했기 때문에 캘리포니아 행을 환영할 것 같았다. 게다가 메릴린치에서 최고경영자가 되려면 윈 스미스가 물러나기를 기다려야 했다. 마고완도 1930년대 중반 세이프웨이에 근무할 당시 캘리포니아에서 생활한 적이 있어서 지역과 기후에 익숙했다. 두 사람 모두 식료품 업계에서 사장을 한 적은 없었다. 찰리가 마고완을 선택한 게 맥카시의 고사(固辭) 때문인지, 마고완이 그 자리를 강력히 원했기 때문인지, 아니면 처음부터 찰리가 마고완을 염두에 두었기 때문인지는 분명치 않다. 그러나 찰리가 직접 두 회사의 임원진 인사를 단행한 것은 장기적으로 큰 영향을 미쳤다. 메릴린치와 증권산업이 아니라 세이프웨이와 식료품산업이 1955년 이후 메릴 가문의 부와 권력에 가장 중요한 사업이 된 것이다.

1956년 초 바베이도스의 캔필드 하우스에서 겨울을 지내는 와중에 찰리는 심한 피부병에 걸렸고 수개월 동안 고생했다. 그해 6~7월 사이 그는 거의 한 달 내내 보스턴에 있는 병원에 입원해야 했다. 새뮤얼 레빈 박사의 지휘 아래 여러 외과의사들이 신장질환을 비롯한 그의 각종 질환을 치료했다. 그는 꽤 나아진 상태에서 퇴원했지만 근본적인 건강 상태는 악화와 회복을 반복했다. 그해 가을 남쪽 지방 여행을 준비하고 있을 때 갑자기 요독증이 찾아왔다. 정상 상태에서는 신장에서 걸러지는 불순물들이 독소로 바뀌었고 곧바로 그의 뇌를 공격했다. 10월 5일 찰리는 혼수상태에 빠졌고 다음날 오후 사망했다. 71회 생일을 며칠 앞둔 날이었다. 뉴욕의 어센션 교회에서 열린 장례식에는 700명 이상의 조문객이 참석했고, 그의 시신은 팜비치에 안치됐다. 그의 조부모와 부모, 여동생 두 명이 이미 묻혀있는 곳이었다. 유언대로 그는 제1차 세계대전 당시 육군 항공대 제복을 입은 채 묻혔다.

메릴린치와 21세기

찰스 메릴이 타계한 뒤 20세기의 마지막 40년 동안 그의 업적은 메릴
린치와 국내외 주식시장 및 채권시장의 발전에 지속적인 영향을 미쳤
다. 찰리는 그의 회사가 최상의 고객서비스를 적정한 가격에 제공함
으로써 계속 성장하길 바랐고 이 꿈은 대부분 실현됐다. 1990년대 메
릴린치는 월 스트리트뿐만 아니라 전 세계 금융시장에서 가장 영향력
이 큰 기업으로 부상했다. 찰리가 가장 먼저 주창했던 주식시장 대중
화는 지역을 가리지 않고 널리 퍼져 나갔고 중산층에서 대부호에 이르
기까지 모든 계층의 투자자들을 끌어들였다. 다른 나라에 비해 상업
은행(commercial banking)이 집중되지 않은 미국에서 메릴린치는 금융
업 분야에서 가장 지명도 높은 기업으로 자리잡았다. 아마 전 세계적
으로도 가장 지명도 높은 회사일 것이다.

찰리가 꿈꾸었듯이 월 스트리트는 그 길을 꾸준히 넓혀 미 전역의 메인 스트리트로 뻗어나갔다. 절대 다수의 미국 가정이 이제 직접 소유든 혹은 연기금이나 뮤추얼펀드를 통한 간접 소유든 주식을 보유하고 있다. 현재 미 의회는 2015년 이후 베이비 붐 세대의 은퇴가 급격히 늘어날 것으로 예상됨에 따라 사회보장기금의 일부를 주식에 투자하는 방안을 논의하고 있다. 그렇게 된다면 바야흐로 거의 모든 미국인이 월 스트리트와 연관을 맺게 된다.

찰리가 앞장서 이룩한, 메릴린치의 생동감 넘치고 고객지향적인 기업문화는 지금도 이어지고 있다. 과거의 성공에 안주하지 않고 임직원들은 꾸준히 회사의 금융서비스 영역을 확장하기 위해 노력하고 있다. 메릴린치는 1940년대 초 이후 증권중개 분야에서 선두자리를 굳건히 지켜나가고 있다. 현재 미국에서만 475개의 지점을 거느리고 있다. 1978년에 화이트 웰드 앤 컴퍼니(White Weld & Company)를 인수한 뒤 1980년대에 대규모 확장 정책을 편 결과 메릴린치는 주식 및 채권 인수업무 분야에서도 전 세계 시장을 통틀어 1위를 차지했다. 어떤 기준으로 보더라도 찰리가 세운 기업제국은 전 세계 주요 금융시장에서 타의 추종을 불허한다.

아마도 지난 40년간 메릴린치에서 일어난 가장 큰 변화는 적극적인 해외진출일 것이다. 찰리가 1956년 타계했을 당시 메릴린치의 해외사무소는 고작 세 곳이었고, 그나마 두 곳은 미국과 인접한 캐나다의 토론토와 쿠바의 아바나였다. 아바나 사무소는 피델 카스트로(Fidel Castro)가 1959년 1월 혁명으로 정권을 잡은 직후 폐쇄됐다. 나머지 한 곳의 해외사무소는 1951년 유럽 창구로 문을 연 스위스 제네바 사무소였다. 오늘날 메릴린치는 남극을 제외한 모든 대륙의 45개국에 지점망을 두고 있다. 1997년에는 모스크바 지점을 개설했다. 해외 근무 인력은 현재 7600명에 달하고 회사 전체 직원의 15%를 차지한다. 600여 명에 달하는 애널리스트가 뉴욕을 비롯한 전 세계 30개 지역에 근무하면서 미국 이외 국가의 기업들이 발행한 유가증권의 실적을 분석하고 있다. 1996년의 경우 해외 지점망이 전체 수익의 30%, 총자산의 45%를 차지했다. 찰리의 측근이자 그가 타계한 직후 대표파트너를 맡기도 했던 윈 스미스의 아들 윈스롭 스미스 주니어가 메릴린치 인터내셔널의 회장의 맡고 있다. 그는 찰스 메릴, 에드먼드 린치, 에드워드 피어스, 찰스 페너, 윈스롭 스미스를 모두 포함한 여러 대주주 집안을 합쳐 메릴린치의 경영에 참여하고 있는 유일한 혈족이다. 대다수 미국 기업과 마찬가지로 메릴린치 역시 철저하게 실적 위주로 승진인사를 하는 능력주의 문화가 뿌리내려 있다.

1950년대 이후 메릴린치에서 가장 주목할 만한 두 번째 변화는 수익 및 이익 창출원의 변화다. 찰리가 활동한 동안에는 개인의 주식거래에서 나오는 수익이 전체의 75%를 차지했고, 어떤 해에는 상품거래 수수료가 급증하기도 했다. 인수업무와 유가증권 판매수수료는 부수적인 수입원에 불과했다. 개인들은 거래량에 관계없이 고정 요율로 거래수수료를 냈다. 게다가 신용계좌를 갖고 있는 고객들로부터 꾸준한 이자수익이 나왔다. 그러나 1990년대 들어 개인고객은 메릴린치뿐만 아니라 증권업계 전반적으로 그 중요도가 크게 떨어졌다. 주요 거래소의 거래량에서 차지하는 개인의 비중은 4분의 1에 불과하고, 그 비중은 계속 하락하는 추세다. 대형 펀드를 운용하는 펀드매니저들이 주식시장을 주도하면서, 수수료는 변동적이고 협상 가능해졌다.

　오늘날 메릴린치에서는 뮤추얼펀드 판매수수료와 펀드 관리보수가 회사의 이익 창출에 크게 기여하고 있다. 1950년대까지도 상상조차 하기 힘들었던 일이다. 당시 찰리는 뮤추얼펀드 판매를 완강하게 반대했고, 그의 후계자들도 그 영향을 받았다. 메릴린치가 움직이지 않는 바람에 뉴욕도 아닌 보스턴이 본거지인 피델리티가 경쟁자가 거의 없는 뮤추얼펀드 시장에서 강자가 될 수 있었다. 1971년 도널드 리건이 최고경영자가 되기 전까지 메릴린치는 뮤추얼펀드에 뛰어들 엄두를 내지 않았다. 그러나 이후 20년간 메릴린치는 타의 추종을 불허하는 방대한 점포망을 활용해 실지(失地) 회복에 나섰다. 1996년 말 현재 메릴린치는 200종 이상의 뮤추얼펀드를 판매하고 있으며 그 금액은 2300억 달러에 달한다. 메릴린치는 뮤추얼펀드 분야에서 증권회사 가운데 1위며, 금융기관 전체로는 피델리티와 뱅가드에 이어 3위다. 메릴린치의 경우 뮤추얼펀드 판매 및 환매 수수료가 상장 유가증권 거래 수수료의 60%를 넘는 수준이다. 그러나 이 같은 수수료들을 다 합쳐도 전체 수익의 15%에도 미치지 못한다. 메릴린치는 무려 800만 명의 리테일 고객을 보유하고 있지만 유통시장에서의 증권중개 업무–한때 회사의 혈관이나 다름없던–는 이제 수익과 이익 창출이라는 점에서 중요성이 크게 줄어들었다.

　1996년의 상품거래 수수료는 전체 수익의 1%에도 미치지 못했다. 이는 상품거래가 최근 들어 상대적으로 감소했음을 말해준다. 이미 1941년에도 상품거래는 본질적으로 투기적이어서 장기 계획을 수립할 때 이를 제외시켜야 한다는 상품거래 반대론이 제기되기도 했다.

급격한 가격변동으로 인해 고객이 거액의 손실을 입었다는 보도가 꾸준히 나오는 바람에 회사의 이미지에 악영향을 미친다는 게 당시 비판론자들의 주장이었다. 그러나 찰리는 모든 분야의 금융서비스를 갖춘 종합금융회사라는 컨셉트에 이끌렸다. 다만 결과적으로 다른 부문에서 수익원이 늘어나면서 상품거래 수수료에 대한 의존도가 감소한 것이었다.

1970년대 메릴린치는 은행이나 증권회사들이 원격지 고객들과 거래할 수 없도록 가로막고, 한 회사가 상업은행과 투자은행을 겸업하지 못하도록 하는 규제 장벽을 허무는 데 앞장섰다. 1950년대 당시 대부분의 주에서는 상업은행이 주 경계 안에서조차 많은 지점망을 거느리는 것을 어렵게 했다. 뱅크 오브 아메리카(BOA)가 수백 개의 지점을 거느리고 있는 캘리포니아 주 같은 예외가 있기는 했다. 하지만 말도 안 되는 법규정으로 인해 상업은행은 여러 주에 걸쳐 은행 지점망을 제대로 설립할 수 없었다. 미국 전역에 걸친 은행은 더 말할 나위도 없었다. 상업은행은 주 경계를 벗어나 계좌를 유치할 수는 있었으나 대부분의 가정은 지점망이 별로 없는 다른 주 은행에는 계좌 개설을 꺼렸다. 게다가 은행들은 수표로 인출할 수 있는 계좌에는 이자를 지급할 수 없었다. 자기가 사는 곳에서 수백 킬로미터나 떨어진 곳에 위치한 금융기관에 저축하고 있는 고객들은 이 계좌에서 돈을 인출해 제3자에게 지급하기가 매우 불편할 수밖에 없었다.

1977년에 메릴린치는 CMA(현금관리계좌)를 시작했다. 증권회사가 예금주에게 일상적인 입출금 거래를 제공한 최초의 사례였다. 고객들은 개인수표를 발행할 권리에다 비자카드와 예치금에 대한 이자까지 받을 수 있었다. 메릴린치의 광고부서는 이 같은 다기능 증권/은행 계좌의 편리함을 내세웠지만 고객의 반응은 신통치 않았다. 출시 1년 뒤 경영자문위원회는 이 인기 없는 상품이 돈만 많이 든 실수라고 결론 내리고 폐지를 권고했다. 그러나 최고경영자인 돈 리건은 존속을 강력히 주장했다. 그는 "책상을 하도 쳐서 아직도 손이 아프다"고 회고했다. 리건은 직원들에게 이렇게 말했다. "여러분들이 이 일을 할 수 있는 방법은 여러 가지가 있습니다. 그 중 한가지 방법은 제 시체를 넘어가는 일입니다." 리건이 옳았다. 20년 전 뮤추얼펀드에서도 그랬듯이 말이다.

수 년 뒤 금리가 상승하면서 수익률이 높아지자 CMA에 대한 고객들의 반응은 뜨거웠다. 이처럼 증권회사들이 CMA로 고객들을 끌어들이는 데 대단한 성공을 거두자 상업은행들은 메릴린치를 비롯한 증권회사들이 자신들의 영역을 침범했다며 의회와 주정부, 금융감독당국에 자신들도 증권중개나 투자은행 업무를 할 수 있게 해달라고 청원했다. 상호주의 원칙에 입각해 동등한 기회를 보장해 달라는 주장이었다. 증권회사들이 상업은행 기능을 수행한 것은 사실이었다. 수십 년 동안 이들은 신용계좌를 유지하는 고객들에게 돈을 빌려 주고 이자 수수료를 받는 등 금융중개인 역할을 해왔다. 예를 들어 E.A. 피어스가 1930년대 말 간신히 살아날 수 있었던 것은 신용거래를 하는 고객들에게 대출해 준 돈에서 생긴 이자수수료 덕분이었다.

최근에는 상업은행과 투자은행 사이의 나머지 장벽도 무너지는 추세다. 뉴딜 정책 개혁 입법의 토대였던 1933년 글래스-스티걸 법 (Glass-Steagall Act of 1933)은 상업은행의 예금자들을 예측 불가능한 주식시장으로부터 제도적으로 분리했었다. 상업은행은 무엇보다 안전성을 강조하고 예금자를 보호하도록 해야 하는 반면, 월 스트리트의 금융회사들은 위험한 일을 하는 게 허용됐다. 1960년대 들어 강고하고 단단한 경계선은 약해지기 시작했고 1990년대에는 아주 흐릿해졌다. 미 의회는 1990년대 중반까지도 글래스-스티걸 법을 폐지하지는 않았지만 연방준비제도와 감독 당국은 이 법안을 보다 자유롭게 해석해 당초의 입법 취지를 점차 약화시키고 있다. 오늘날 적용되는 규정에 따르면 상업은행은 회사채 인수와 뮤추얼펀드 판매에 보다 적극적으로 참여할 수 있다.

국내시장의 규제가 완화되고 해외시장이 개방되면서 메릴린치가 1980년대와 90년대 들어 추구한 전략은 1920년대의 전략과 맥락을 같이 한다. 1950년대와는 다르다. 제2차 세계대전이 끝난 뒤 메릴린치는 기본적으로 증권회사로서 주로 유통시장에서 얻는 수수료로 꾸려나갔고 나머지 금융서비스에서 생기는 수입은 부차적이었다. 반면 1920년대 찰리와 린치는 기업금융 활동에서 성공을 거뒀다. 그들은 고객이었던 체인점 기업의 보통주에 투자하곤 했다.

금융회사들이 다양한 기업금융 활동에 다시 본격적으로 뛰어든 것은 1972년의 일로 19세기 초 설립된 영국계 투자은행인 브라운 쉬플리(Brown Shipley)와 관련이 있다.(1975년에 발간된 저자의 첫 저서는 영국계 미국 회사로 영국과 미국에 사무실을 개설했던 브라운 브라더스에 초점을 맞추었다.) 영국법은 미국법에 비해 인수회사나 딜러의 비금융회사 지분 보유에 관대한 편이다. 1995년에 메릴린치는 런던시장의 주요 증권 딜러인 스미스 뉴 코트(Smith New Court)를 인수했다.

규제가 완화된 덕분에 메릴린치는 사업영역을 넓혀 나갈 수 있었다. 메릴린치는 현재 금융상품과 연계된 다양한 파생금융상품 거래와 공격적인 인수합병(M&A)을 비롯한 기업 M&A에도 적극적이다. 1920년대 찰리는 식료품 체인점 기업(특히 1926년 이후 세이프웨이)들을 대상으로 한 M&A를 불과 몇 명의 직원만을 데리고 처리했다. 오늘날 M&A 담당 부서는 수백 명의 전문가를 거느리고 있다. 사업영역이 확대되면서 1990년대 중반의 메릴린치는 리테일 고객을 상대로 한 거래 중개 수수료보다 자체 자금으로 투자하는 자기거래에서 더 많은 수익을 올리고 있다.

회사 내부로 눈을 돌리면 창업자 타계 이후 메릴린치의 또 다른 주요 변화는 영업직원에 대한 급여제도를 폐지한 것이다. 1940년 당시 새로운 급여제도를 도입한 것은 증권업계에 신선한 바람을 불러일으켰고, 신규 고객을 유치하는 데도 이 같은 차이를 강조했었다. 이 제도의 시행으로 브로커들의 급여는 개인들의 생산성에 따라 연간 또는 반기별로 조정되기는 했어도 특정 거래와는 연동되지 않도록 바뀌었다. 수수료 수입을 회사와 직원이 나눠 가졌고 브로커가 항상 거래량 늘리기의 유혹을 느끼기 마련인 타 증권사와 다른 점이었다.

1975년 뉴욕증권거래소(NYSE)가 최저 수수료 제도를 없애자 메릴린치도 급여제도 개편을 서두르게 됐다. 이로써 증권회사들은 대규모 블록 세일에서 단주 거래에 이르기까지 거래 유형별로 수수료를 차별화할 수 있었다. 이 같은 변화는 특히 인수업무 분야에서 친분관계 중심의 영업이 퇴조하는 결정적인 요인이 됐다. 규제완화 이전까지 기업 고객과 기관들은 그 동안 일을 무난하게 잘 처리해준 인수회사들에게 의존할 수밖에 없었다. 유사한 서비스에 대해 더 싼 보수나 더 나은 결과를 제공할 수 있는 회사가 없었기 때문이다. 메릴린치는 서로 얽혀 있는 과점적인 주간사회사 클럽에 끼지 못했고 따라서 문제점을 지적하는 편이었다. 예를 들어 연방정부가 1947년 10월 반(反) 트러스트 소송을 제기했을 때 인수업무와 관련해 담합을 한 혐의로 17개 투자은행이 적발됐지만 이 명단에 메릴린치는 없었다.

1975년 이후 투자은행과 고객 사이의 오랜 신사적인 관계가 서서히 무너지기 시작했다. 어느 날 갑자기 살벌한 경쟁의 시대가 도래한 셈이었다. 전에는 차분했던 모건 스탠리 같은 회사조차 이 전장에 뛰어들었다. 모두가 새 출발해야 하는 이 레이스의 최종 승자는 메릴린치였다. 고객들에게 서비스의 질과 가격 측면에서 가장 좋은 제안을 내놓을 수 있는 위치였기 때문이다. 1940년대 초 이후 회사의 자랑거리였던 조사부 인력의 전문성은 메릴린치가 1990년대 들어 인수업무와 M&A 등에서 선두를 차지할 수 있는 원동력이 됐다.

대 고객관계에서 변화를 가져 온 또 다른 정책은 일상적인 리테일 계좌에 대해서도 기본수수료를 다시 부과하기로 한 것이다. 1940년에 찰리는 고객 계좌에 부과되던 기본수수료를 폐지했다고 자랑했다. 당시는 주요 증권거래소에서 최저 수수료를 규정해 놓은 시절이라 기본수수료를 폐지함으로써 메릴린치는 경쟁사에 비해 우위에 설 수 있었다. 그러나 점차 수수료 규제가 완화되기 시작했고 결국 일괄적인 수수료 체계가 무너져 내리고 말았다. 고객들은 금액의 규모에 상관없이 제공받은 서비스의 원가에 상응하는 (더도 덜도 아닌) 대가를 지불해야 했다. 이른바 한계비용이론에 따라, 정확히 원가를 계산해 가격을 매기는 분위기 속에서 메릴린치의 임원들은 기존 정책(기본수수료 폐지)을 포기하고 모든 리테일 계좌에 기록보존 비용에 해당하는 연간 유지 수수료를 부과하기로 결정했다.

뉴욕증권거래소가 자율화를 추진하면서 메릴린치는 1959년 1월 회사 형태를 파트너십에서 주식회사로 전환했다. 12년 뒤인 1971년 주요 증권회사로는 최초로 기업공개(IPO)를 단행해 외부 투자자들에게 주식을 매각했다. 회사 형태를 전환하면서 해묵은 숙제를 해결할 수 있었다. 주식회사 전환 이전까지는 파트너가 사망하면 불시에 출자금을 인출해야 했다. 1950년대 중반 찰리는 자신이 죽더라도 출자금을 5년 동안 회사에 남겨두라는 유언을 남겼다. 하지만 이 기간이 지나면 어떤 약속도 할 수 없는 게 현실이었다. 그러나 기업을 공개함으로써 모든 주주는 시장에서 자신이 보유한 주식을 매각할 수 있게 됐다. 1971년 이후 고객들은 메릴린치의 AE로부터 메릴린치의 주식 매수 주문을 낼 수 있게 됐다. 고객이 상담직원의 고용주가 돼 다음 번 배당금 지급 시 수수료 할인 혜택도 받을 수 있었다.

기업공개는 찰리의 비전이 실현된 것이라고 할 수 있다. 주식시장 대중화가 새로운 이정표에 도달한 것이었다. 고객과 주주들이 이제 더 이상 다른 계층이 아니라 언제든 같은 집단이 될 수 있었다. 고객들은 합리적인 가격에 최상의 서비스를 받을 수 있는 데다, 메릴린치 주식을 몇 주라도 취득할 경우 미국 금융산업 역사상 가장 뛰어난 기업인이 1914년에 설립한 회사의 부분 소유자가 될 수 있는 것이다.

내가 이 프로젝트와 인연을 맺은 것은 순전히 우연이었다. 1970년대
말 존 개러티(John Garraty)가 나에게 《미국 인물 사전Dictionary of
American Biography》에 찰스 메릴에 관한 내용을 간단히 써달라고 부탁
했다. 그때 비로소 나는 찰스 메릴이라는 인물과 그의 업적을 다룬 어
떤 전기(傳記)도 쓰여진 적이 없다는 사실을 알게 됐다. 미국의 금융사
에서 찰스 메릴이 차지하는 중요한 역할을 감안할 때 그의 이력은 상
당히 가치 있는 연구주제라는 생각이 들었지만 당시까지도 나는 심각
하게 생각하지 않고 일단 제쳐두었다.

10여 년 뒤 나는 대학 교내 신문에서 제임스 메릴이라는 저명한 시
인이자 유명한 금융인의 아들이 주말 강연으로 시 강독을 한다는 기사
를 보았다. 나는 그 무렵 1700년에서 1815년에 이르는 금융사를 주제
로 책을 쓰고 있었는데, 순간적인 충동으로 찰스 메릴이라는 인물을
연구해볼 기회라고 결정했다. 나는 주말 강연에 일찌감치 가서 앞자
리를 차지했다. 좌석이 금세 차버렸기 때문에 잘한 일이었다. 시 강독
말미에 보통 아무도 말하지 않는15초 정도의 짧은 시간을 이용해 나는

제임스 메릴에게 달려나가 부친의 기록에 대해 물어보려 하니 협조를 부탁한다는 편지를 전달했다. 그는 다음날 아침 내게 전화를 해서는 형인 찰스와 누이인 도리스의 이름과 주소를 알려주고 이 프로젝트를 진행해보라고 권유했다. 도리스는 나중에 메릴린치의 헨리 헥트(Henry Hecht)와 접촉할 수 있도록 주선해 주었고 몇 달 뒤 나는 뉴욕의 메릴린치 본사를 방문해 자료실에 들어갈 수 있었다.

역사학자로서 나는 창고에 보관된 1차 자료에 접근하는 데 매우 운이 좋은 편이었다. 1970년대 초 브라운 브라더스 해리만(Brown Brothers Harriman)의 경우가 그랬고, 1980년대 말 메릴린치가 그랬다. 다른 역사가들, 특히 로버트 소벨(Robert Sobel)이 나보다 앞서 메릴의 기록문서 열람을 요청한 적이 있었지만 어찌된 영문인지 거절당했다는 사실을 알게 됐다. 나는 적절한 시점에 적절한 인물에게 요청했다는 점에서 행운아가 된 셈이었다. 타이밍이 전부는 아닐지 모르지만 역사학자의 경력에 중요한 영향을 미치는 것은 사실이다. 나는 메릴린치나 메릴 집안으로부터 어떠한 자금지원도 받은 적이 없고, 이 책을 집필하는 데 완벽한 자유를 누릴 수 있었다. 감사하게도 남가주 대학교(USC)로부터 연구비 지원을 받은 덕분에 이 프로젝트는 무사히 끝마칠 수 있었다.

전기작가들은 주제 인물이 걸어 놓은 마법에 걸려 현실을 왜곡한다는 비난을 받는 경우가 많다. 이 점에 관한 한 나는 추호의 거리낌도 없다. 찰스 메릴은 그가 만난 모든 사람들로부터 호감을 살 수 있는 능력을 가졌고, 이는 전기작가의 경우에도 예외가 아니다. 그는 신분이나 소득이 천차만별인 다양한 사람들을 특유의 자연스럽고 꾸밈없는 태도로 대했고, 덕분에 필자는 이 책을 쓰면서 내내 그를 성(姓) 대신 편한 이름으로 부를 수 있었다. 주제 인물의 매력적인 성격에 매료됐음을 부인하지는 않겠다. 그러나 나는 찰리가 20세기 미국 금융산업의 제도와 성과에 미친 어마어마한 업적에 함몰된 나머지 독자들의 판단을 흐리게 했다고는 전혀 생각하지 않는다.

이 전기는 기본적으로 찰리의 사업상 이력에 초점을 맞추었고, 그가 대학을 마치고 뉴욕으로 간 뒤의 사생활에 대해서는 지나가듯 언급하는 선에서 그쳤다. 필자는 미래의 전기작가들에게 보다 완벽한 작품을 쓰도록 숙제를 남겨 두고자 했다. 금융업과 식료품 체인점 사업 분야에서 탁월한 기업가로 활동한 찰리는 어떤 기준을 적용하더라도 기념비적인 성공을 일궈냈다. 그의 성공은 주로 첨단 마케팅 및 경영기법을 멋지게 적용한 보기 드문 재능의 산물이다. 전국적인 식료품 체인점과 증권회사 점포망은 유사한 특징을 갖고 있다. 두 조직은 모두 규모의 경제와 범위의 경제를 활용해 수백만 가정, 특히 중산층 가정에 보다 효과적으로 접근할 수 있었다.

그러나 세 명의 부인과 함께 했던 남편으로서, 또 세 자녀의 아버지로서 찰리는 그다지 잘했다고 보기 어렵다. 남부사람 특유의 매력을 강하게 풍겼으며 수려한 외모와 세련된 매너까지 겸비한 찰리는 사업과 관련해서는 항상 다정하고 조용하고 침착했지만 집에서는 화를 잘 내고 독선적이었다.(메릴린치의 현재 경영진이 그에 관한 기록문서를 오랫동안 봉해놓은 것도 일반인들이 그의 세 번씩이나 되는 이혼 사실을 알지 못하게 하려는 목적이었다는 소문을 들은 적이 있다. 예전에는 이혼을 꽤 문제 있는 행동으로 바라보았기 때문이다.) 찰리와 두 아들 간의 관계도 심하게 꼬여 있었다. 두 아들 모두 비즈니스의 세계에 뛰어들려 하지 않았고 방탕하게 보이는 아버지의 생활습관에 반기를 들었다. 찰스 주니어와 제임스는 그들 나름대로 성공적인 삶을 살았다. 제임스는 미국에서 가장 권위 있고 존경받는 시인이 됐다. 그의 인생과 문학에 대해 알고 싶다면 1995년 3월 27일자 〈뉴요커New Yorker〉에 J.D. 맥클라치(J.D. McClatchy)가 쓴 "폭풍우를 맞서"라는 기사를 읽어보길 권한다. 찰스 주니어는 교육자로서 명성을 얻었고 자선재단을 운영하는 기쁨을 누렸다. 이 자선재단은 지난 4반세기 이상에 걸쳐 그의 부친이 남긴 재산에 훌륭한 명분을 제공해주었다.

반면 딸 도리스와 그녀의 남편 로버트 마고완은 찰리와의 관계가 아주 좋았다. 어린 시절 도리스는 찰리의 소중한 존재였고, 어른이 된 뒤에도 찰리는 딸의 선택과 관련해 불편하다거나 좌절감을 느끼는 경우가 없었다. 아버지와 딸은 평생 사이가 좋았다. 결혼생활이 위기에 처할 때마다 찰리는 도리스에게서 위안을 구했다. 그는 딸에게 두 번째 부인인 헬렌이나 세 번째 부인인 킨타와의 골치 아픈 관계에 대해 자세히 털어놓고는 도리스의 동정과 도움을 바라곤 했다. 찰리는 마고완을 20년 이상 지도했고, 두 사람은 비즈니스와 집안 문제를 서로 비슷한 시각에서 바라봤다.

메릴 일가는 저자가 이 책을 저술하는 데 대단히 협조적이었다. 나는 개인적으로 세 자녀 모두를 만났다. 샌프란시스코에서 도리스, 보스턴에서 찰스, 그리고 로스앤젤레스에서 제임스와 만났다. 오랫동안 메릴린치를 대신해 몇몇 직원이 세 사람을 면담한 바 있고, 공식적으로 발표되지 않은 그 내용을 나는 열람할 수 있었다. 세 사람 모두 개방적이고 솔직했다. 나는 가족 문제를 다룬 부분을 도리스와 찰스에게 보내 실수가 있는지, 정정할 내용은 없는지 물어봤다. 그들은 정교한 주석과 매우 유용한 코멘트를 달아 원고를 다시 보내왔다. 두 사람의 설명이 항상 서로 일치하지는 않았지만 50년 이상 지난 일이라는 점을 감안하면 그럴 수 있는 일이었다.

이 책의 원래 의도는 메릴린치에 관한 것이지만 메릴 일가가 지속적으로 영위해온 사업은 식료품 체인점인 세이프웨이였다는 점을 지적하는 게 적절할 것 같다. 찰리는 1920년대 중반 세이프웨이의 경영권을 확보했다. 그의 사위 마고완이 1950년대 중반 세이프웨이의 최고경영자(CEO)가 됐고, 외손자 피터 마고완이 아버지의 뒤를 이었다. KKR(Kohlberg Kravis Roberts)이 1980년대 들어 세이프웨이를 기업공개(IPO)할 때까지 메릴 일가는 여전히 소수 지분을 보유하고 있었다. 1997년에 필자는 피터 마고완과 간단한 전화통화를 한 적이 있었는데, 당시 그는 메이저리그 프로야구팀인 샌프란시스코 자이언츠의 사장을 맡고 있었다.

이 책을 쓰는 과정에서 나는 찰리가 중산층 가정을 상대로 설득했던, 이른바 평생 차원의 투자전략이 매우 설득력 있다는 점을 발견했다. 나는 1973년에 개인저축으로 뮤추얼펀드를 시작한 이후 꾸준히 투자금액을 늘려왔는데, 얼마 전 그 평가액이 50만 달러를 넘어섰다. 이는 전적으로 내가 재직하고 있는 대학교의 확정기여형 퇴직연금 제도 덕분이다. 나는 저축자금을 전부 보통주에만 투자하는 방식을 택했는데, 누구든 나 같은 방식의 퇴직 프로그램에 돈을 집어 넣고 10년 이상 경과했을 경우 누적 수익률은 나와 비슷했을 것이다. 확정납입형 퇴직 연금 가입자들은 신뢰성이 이미 검증된 평준화(일정한 월 납입액) 기법을 따르기 때문에 직장생활 기간 동안의 어느 날 주가에 걱정할 필요가 전혀 없다. 보통주나 주식형 펀드에 합리적으로 투자하고 중도에 이탈하지 않는다면 한 집안의 경제적 위상을 중산층에서 중상류층으로 올려놓을 수 있다. 내가 투자한 돈은 CREF(대학퇴직연금기금)와 피델리티가 운용하는 뮤추얼펀드에 들어있고 메릴린치가 판매하는 뮤추얼펀드 상품은 아니다. 그러나 찰리가 강조한 투자원칙은 어느 곳이든 모두 똑같다. 소득 수준과 관계없이 찰리가 제시한 재산 축적 방법은 옳으며, 이 점에 관해서는 필자가 살아 있는 증거라고 분명히 말할 수 있다.

1장. 다시 월 스트리트로

1. Engberg, "History of Merrill Lynch," ML Files.
2. 찰리와 린치는 각자의 어머니 이름으로 투자금을 납입했다.
3. Smith, "Reminiscences," ML Files.
4. "Braun, Biographical Sketch"에서 인용.
5. Smith, "Reminiscences," ML Files.
6. 세 자녀와의 인터뷰에서 확인한 사실이다.

2장. 플로리다에서 보낸 어린 시절

1. Tebeau, History of Florida, 271.
2. Barbour, Florida for Tourists, 111.
3. Guide to Florida
4. 1880년 인구센서스 자료에 의하면 그린코브 스프링스에는 외과의사가 두 명 있었다.
5. 필립스는 나중에 잭슨빌로 편입됐다.
6. Keenan, "Chain of Fortune," 20~21.
7. 찰리 역시 미시간 대학교에 다니며 법학과목을 수강했는데, 충분한 학점을 따지 못했고 변호사가 되려는 생각도 접었다.
8. 홈즈카운티의 1860년 인구센서스에는 가구별 구성원의 이름, 성별, 연령, 출생지, 재산추정액 등이 나와있다.
9. 당시 남자 노예의 가격은 1500달러, 젊은 여자 노예는 800달러, 나이든 여자 노예는 건강과 손재주에 따라 300~500달러로 평가됐다.
10. Pressly and Scofield, Farm Real Estate
11. 이런 장난스러운 이름은 흑인들이 별로 좋아하지 않아 노예해방 이후 전부 사라졌다.
12. Keenan, "Chain of Fortune," 33.
13. Keenan, "Chain of Fortune," 18, 20.
14. 1994년 6월 8일 도리스로부터 들은 내용이다.
15. Ibid., 30.
16. Enberg, "History of Merrill Lynch," 4.
17. Rinehart, Victorian Florida, 155.
18. Akin, Flagler, 155.
19. Deaderick, Heart of the Valley, 74.
21. Merrill, The Checkbook, 6.

3장. 암허스트 칼리지: 남부인에서 북부인으로

1. 찰스 메릴 주니어에 따르면 찰리는 워체스터와 암허스트에서 받았던 수모, 특히 장학금과 관련된 이야

기를 자주 했다.

2. 유대인 학생도 당시 워체스터 칼리지에 다녔다. 예를 들어 클레런스 딜론의 아버지 새뮤얼 라포우스키는 1860년대에 이민 온 폴란드계 유태인이었다.

3. 메릴은 워체스터에 전혀 애착이 없었기 때문에 기부금도 내지 않았다. 자녀들도 다른 학교로 보내 찰스 주니어는 옛 친구인 프랭크 보이든이 교장으로 있던 디어필드에, 제임스는 로렌스빌에 다녔다.

4. 1904~05년 무렵 암허스트의 연간 학비는 291달러에서 400달러 정도였다.

5. 암허스트 카탈로그, 1904-05.

6. The Checkbook 서문에서 찰스 주니어는 웨스트 팜비치의 땅 2필지를 팔아 등록금을 충당했다고 적었다. 당시 암허스트는 학생들에게 장학금과 구직알선, 대출 같은 서비스를 제공했는데, 워세스터 상담 교사가 암허스트를 강력 추천한 것도 이 같은 이유 때문이었다.

7. 놀랍게도 학교 카탈로그나 생활지침서에는 술에 관한 어떤 규정도 없었고, 기숙사에서 여성과 어울리는 문제 역시 어떤 규칙도 없었다. 다만 신입생들은 2월 22일 이전까지 길거리에서 담배 피우는 것은 허락되지 않았다.

8. 찰리는 아파트 내에 어린이 놀이방과 세탁실 등을 설치해야 한다고 명시했다.

9. Horowitz, Campus Life, 3~55. 학문적으로는 여학교가 더 진지한 경우가 많았다.

10. Horowitz, Campus Life, 38, 53.

11. E학점은 20세기 초반 흔했다. 오늘날로 치면 E학점은 D−나 F+ 수준이다.

12. Keenan, "Chain of Fortune," 63.

13. Keenan, "Chain of Fortune," 64, 여기서는 찰리의 소득이 1300달러로 나온다. 그러나 1995년도 가치로 2만5000달러에 달하는 이 금액은 당시 상황에서는 너무 큰 금액이다. 아마도 130달러를 잘못 표기했든지, 매출액이 1300달러였을 것이다.

14. Horowitz, Campus Life, 193~219.

15. Keenan, "Chain of Fortune,'' 79.

16. Horowitz, Campus Life, 13.

17. Hecht, Legacy of Leadership, 18.

18. Keenan, "Chain of Fortune," 86.

19. 찰스 주니어는 암허스트 대신 하버드 대학교를 선택해 아버지를 실망시켰다.

20. Sobel, Life and Times of Dillon Road, 34, 224. 1940년대에 딜론을 승계한 찰스 맥케인은 아칸소 출신으로 1904년 예일 대학교 졸업생이다.

4장. 뉴욕 입성(入城) 그리고 독립

1. Keenan, "Chain of Fortune," 106.

2. Keenan, "Chain of Fortune," 114.

3. 캠브리지 대학출판사의 한 독자는 사설 거래소가 스톡옵션을 취급하는 합법적인 사업이었으며, 고객들 역시 위험을 충분히 알고 있었다고 주장했다. 그럴듯해 보이는 주장이지만 안타깝게도 추가 증거를 확보하지 못했다.

4. 금융업에서 광고의 위력을 다룬 또 다른 기사는 Wyckoff의 Wall Street Ventures, 96~97을 참조.

5. Enberg, "History of Merrill Lynch," Ch2, p.2.

6. Keenan, "Chain of Fortune," 129.

7. Lebhar, Chain Stores, 399.

8. 1989년 제임스 메릴과의 인터뷰 내용.

5장. 비상(飛翔): 파트너 린치

1. "merchant banker"라는 용어는 18세기와 19세기 이래 계속 바뀌어왔다. 원래 이 용어는 무역과 금융을 동시에 영위하는 회사를 지칭하는 용어였다. 베어링 브라더스(Baring Brothers)가 가장 대표적인 회사였다. 그러나 오늘날에는 기업들의 금융 관련 업무를 도와주는 금융기관을 가리킨다.

2. Memorandum in ML Files.

3. Merrill to Hume, May 5, 1914, ML Files.

4. Keenan, "Chain of Fortune," 165.

5. Lewis, "Lynch Biography," 51에서 인용.

6. 혼블라워 앤 위크스는 오래된 증권회사였지만 인수업무는 1912년에 처음 시작했다. 몇몇 기업공개는 실패를 면치 못했고 메릴린치와의 공동인수조차 당시 많은 사람들이 위험하다고 생각했다.

7. 메릴 일가가 회사에 취직했다는 점에서 맷징거는 예외였다. 찰리의 두 아들은 모두 회사 경영에 관심이 없었고 사위인 로버트 마고완만 회사에서 일했다.

8. Keenan은 "Chain of Fortune"에서 회사가 맥크로리 인수건으로 30만 달러를 벌었다고 기술했지만 당시 상황을 감안할 때 이 금액은 너무 크다. 발행한 유가증권의 전체 규모가 125만 달러였다는 점에서 아마도 회사의 사료를 정리하던 직원이 0을 하나 더한 것으로 보인다.

9. 찰리와 맥크로리 스토어와의 관계는 1930년대 초 맥크로리가 파산하면서 종료된다.

10. 세바스찬 크레스지와 존 맥크로리는 1890년대에 1년 정도 잡화점 사업을 함께 했다. 두 사람은 갈라선 뒤 각자 체인점을 설립해 경영했다.

11. Chernow, House of Morgans & Carosso, The Morgans. 두 책은 모건이나 월 스트리트가 이런 행동을 어떻게 받아 들였는지 잘 묘사하고 있다. 1930년대 들어 신 은행법에 의해 해체된 모건을 승계한 회사인 모건 스탠리가 1970년대와 80년대 M&A에 가장 적극적이었다는 점은 매우 역설적이다.

12. Rae, American Automotive Industry.

13. Chandler, Pierre S. du Pont, 465.

14. 나중에 Spicer는 Dana로 사명을 바꿨고 1950년대까지 메릴린치의 고객으로 남았다.

15. 엘리자베스는 찰리의 훈련기간 중 켈리 비행장 인근으로 이사했다. 다른 젊은 장교가 저녁에 이 집에 들렀을 때 그녀가 피아노를 연주하고 노래를 불렀다. 찰스 주니어에 따르면 찰리는 텍사스에서의 3개월을 결혼생활 중 가장 행복했던 시절이었다고 얘기했다.

16. Keenan, "Chain of Fortune," 226.

17. Keenan, "Chain of Fortune," 231~32.

18. 골드만삭스도 이 시기에 F.W. 울워스 잡화점 체인의 유가증권 인수 업무를 맡았다. 따라서 메릴린치가 독점한 것은 아니었다. 다만 다른 투자은행들은 체인점 분야에 그다지 관심이 없었다.

360 | 찰스 메릴과 주식투자의 대중화

6장. 1920년대의 호황기: 찰리의 경고

1. Keenan, "Chain of Fortune," 239.
2. 1930년 무렵 주식투자자가 1000만 명에 달한다는 자료가 있지만, 상식적으로 판단해 1929년의 주식투자자는 400만 명을 조금 웃돌았고 500만 명이 채 안 됐다. 1929년의 활동성 주식계좌는 150만 개 정도였다.
3. Sobel, Great Bull Market, 102.
4. 대리인 문제를 환기시켜준 독자 리차드 실라에게 감사한다.
5. 1930년대에 규제가 강화되면서 특정 집단이나 고객에게 신주를 할인된 가격으로 취득할 수있도록 허용하는 관행이 불법화됐다. 현대의 윤리기준을 적용할 경우 웨링 모자 건을 부당하게 처리했다고 메릴을 비난할 수도 있다. 그러나 당시 메릴은 자신이 잘못된 일을 하고 있다고 생각하기는커녕 옳은 일을 하고 있다고 여겼을 것이다.
6. 최소한 한 명이 워링 모자 건과 관련해 소송을 제기했다. NYSE의 기업행동위원회가 개입해 메릴린치의 인수업무 관련 서류를 열람할 것을 요구했다. 메릴린치는 즉각 거절했고 찰리는 자료 제출 지연과 관련해 소환됐다. 찰리는 자신을 소환한 이유가 1917년에 정부의 국채판매 캠페인을 공짜로 대행한다는 광고를 게재한 데 대한 보복이라고 의심했다.
7. 제임스 메릴은 1966년에 출간된 "The Broken Home"에서 "아버지는 매번 13년간 결혼생활을 지속했다"고 표현했다.
8. Merrill, Checkbook.
9. Norden, "Pathe Freres"
10. Grunning, Wid's Year Book: 1921-1922, 316
11. Hampton, History of the American Industry, 243.
12. Alicoote, 1927 Film Year Book. 1925년 당시 11개 영화사가 NYSE에 상장돼 있었다.
13. New York Times, 1926년 1월 3일자.
14. 영화산업에 투자된 자본은 1924년 1억2000만 달러에서 1930년에는 8억5000만 달러로 급증했다. 대도시마다 대형 영화관들이 들어섰다.
15. Merrill to Robert Lewis, Jan. 10, 1949, ML Files.
16. 린치는 1928년까지도 빠떼의 이사였다.
17. Tedlow, New and Improved, 259~343.
18. Memorandum drafted by CEM, Jan. 3, 1929, in ML Files.
19. Letter in ML Files.
20. 쿨리지와의 인연에 대해서는 Griffis, "Saga on Wall Street," 77~80.
21. 찰스 메릴 주니어와의 통화 내용(1994년 4월 9일).
22. Merrill to Cobb in 1928, ML Files.
23. Letter in ML Files.
24. Hecht, Legacy of Leadership, 42.
25. 린치도 공매도에 나섰던 것으로 보이지만, 이후 6개월간 주식시장이 회복세를 나타내 별 재미를 못 봤을 것이다.

26. 회사의 재무제표에 나타나 있는 숫자는 4700만 달러로 본서와는 차이가 있다. 1929년 2월 메릴이 린치에게 보낸 편지에 따르면 보유주식의 시가를 3260만 달러로 평가하고 있다. 이중 2500만 달러가 세이프웨이 주식이었다.

27. Hecht, Legacy of Leadership, 34.

7장. 세이프웨이 시대

1. Lehbar, Chain Stores, 397.

2. Cassady and Jones, Changing Competitive Structure, 14~23.

3. Fredricks, Henry E. Huntington, 8.

4. Tedlow, New and Improved, 196.

5. Keenan, "Chain of Fortune," 325.

6. 찰리의 1929년 1월3일자 메모, ML Files.

7. 다이아몬드는 샘월튼이 월마트를 시작한 아칸소 주 벤튼빌에서 불과 80km 떨어져 있다.

8. 1920년대에 합병 붐이 일었다. 식료품 체인점뿐만 아니라 다른 업종도 마찬가지였다.

9. 찰리에 관한 〈Invester's Reader〉 1953년 10월 19일자 기사. 주가가 100달러 미만인 주식의 거래가 활발했기 때문에 주식분할을 단행했다.

10. 회사가 보유한 보통주는 12만6386주로 당시 주가는 117달러였다. 1929년의 주가를 회복하는 데 20년 이상 걸린 셈이다.

11. 메릴이 린치에게 보낸 메모, ML Files..

12. Waller-Zuckerman, "Marketing the Women's Journal"

13. 1933년 2월 20일 찰리가 스캑스에게 보낸 편지, ML Files.

14. Tedlow, New and Improved, 182~258.

15. 워렌이 찰리메릴에게 보낸 1931년 11월16일자 편지, ML Files.

16. Hellen Ingram, "An Old Wives' Tale," 28.

17. 찰리가 마고완에게 보낸 1937년 5월27일자 편지, ML Files.

18. Keenan, "Chain of Fortune," 471.

19. 찰리가 도리스에게 1937년 12월 6일 보낸 편지, ML Files.

20. 정원사로 근무했던 헨더슨과의 1955년 인터뷰 내용, ML Files.

21. 조카인 찰스 메릴 맷징거와의 1955년 10월 20일 인터뷰 내용, ML Files.

22. 세이프웨이에서의 배당금 수입은 연간 최소 50만 달러로 추산된다.

23. 사위인 로버트의 동생인 네드 마고완과의 인터뷰에서는 신중치 못한 처신이라는 표현이 나온다. 찰리의 변호사들이 헬렌을 상대로 간통혐의로 고소하려고 준비했던 것도 사실이다.

24. 찰리가 도리스에게 보낸 1937년 10월 29일자 편지, ML Files.

25. 도리스와의 1994년 6월 8일 통화 내용.

26. Hecht, Legacy of Leadership, 30.

27. 찰리가 린치에게 1929년 4월10일 보낸 편지, ML Files.

8장. 월 스트리트의 개혁가

1. 린치는 뉴딜 정책을 공개적으로 반대했고 NYSE의 입장을 옹호했으며 루즈벨트 대통령을 호되게 비판했다.
2. Werner and Smith, Wall Street, 100~101.
3. NYSE 자료.
4. Edwards, "Company Legistlation," 1~6.
5. Ayres, "Governmental Regulation"; Ripley, "Public Regulation"; Baskin and Miranti, History of Corporate Finance.
6. Carosso, Investment Banking, 164.
7. Hoogenboom, History of ICC, 112~118.
8. Kerr, American Railroad Politics, 224.
9. Farrell, Dow Jones Averages.
10. Sobel, Great Bull Market, 74. NYSE 회원사인 증권사들은 1929년 당시 고객 숫자를 150만 명이라고 보고했다. 이 숫자는 비회원사의 계좌를 포함하지 않은 것이다.
11. Seligman, Transformation of Wall Street, 9~18.
12. Brooks, Once in Golconda, 104.
13. Brooks, Once in Golconda, 198.
14. Chernow, House of Morgan, 421~29.
15. Brooks, Once in Golconda, 208. 피어스의 대출은 100% 담보를 확보하고 있었기 때문에 회사는 전혀 손실을 입지 않았다. 그러나 담보를 잡지 않았던 많은 회사들(J.P. 모건 포함)은 큰 손실을 입었다.
16. 이때 채용된 변호사 중에는 훗날 SEC 위원장으로 임명된 제임스 랜디스도 있었다.
17. 이 주제에 대한 논문이 Benston의 "Separation of Commercial and Investment Banking"에 요약돼 있다.
18. Brooks, Once in Golconda 참조.
19. Sobel, NYSE, 40~70.
20. Ed Bedts, New Deal's SEC.
21. 당시 J.P. 모건의 특별관리명단에는 전 대통령 캘빈 쿨리지, 상원의원 윌리암 맥아두, 스탠다드 오일 사장 월터 티글, 체이스 내셔널 뱅크 은행장 알버트 위긴 등이 있었다.
22. Loeser, The Over-the-Counter Securities Market, 118.
23. Hecht, Legacy of Leadership, 44.

9장. 고객의 이익이 가장 먼저다

1. 메릴린치가 외부 마케팅 전문가를 활용한 첫 번째 회사는 아니다. 앞서 페너 앤 빈이 1935년에 고객조사를 실시했고 이 결과를 지점장 회의에서 발표한 바 있다.
2. 메릴이 1954년 12월 8일 엥겔에게 보낸 편지, ML Files.

3. 지점장 회의록, 6.

4. 지점장 회의록, 7.

5. 지점장 회의록, 9.

6. 지점장 회의록, 5.

7. 지점장 회의록, 50.

8. 지점장 회의록, 217.

9. 지점장 회의록, 50.

10. 맥카시는 아일랜드 계로 노스 다코타에서 태어나 미네소타에서 교육을 받았다. 그는 1924년 오클랜드로 이사했고 식료품 유통회사에 취직했다. 메릴과 마찬가지로 그는 아웃사이더 출신으로 월 스트리트에서 성공한 인물이다.

10장. 인수합병(M&A)과 새로운 실험

1. White, "Government Financing."

2. 두 사람은 1930년에 각자 자신들의 어머니인 옥타비아 메릴과 제니퍼 린치의 이름으로 190만 달러씩 투자했다. 1938년 무렵 영업손실이 지속되고 있는 상황에서 찰리는 어머니 명의의 출자금을 대여금으로 전환했다. 제니퍼 린치의 출자금도 마찬가지였을 것으로 보인다. 1940년에 합병이 단행됐을 때 찰리는 자신의 돈은 투자했지만 이 투자가 린치의 미망인에게는 너무 위험하다고 판단해 제니퍼 린치의 출자금은 인출하도록 했다.

3. 소규모 파트너십 회사들 가운데 사업보고서를 낸 곳이 있었다. NYSE 회원사 중에는 어느 곳도 이런 시도를 하지 못했다.

4. 수수료 인하 경쟁이 심해진 20세기 후반에 메릴린치에서 다시 시행됐다.

5. Keenan, "Chain of Fortune," 537.

6. 페너 앤 빈과 합병한 이후 지분율은 로버트 마고완과의 1982년 11월 19일 인터뷰에서 나왔다. 마고완은 40년이 경과했는데도 불구하고 숫자를 정확하게 기억하고 있었다.

7. Perkins, American Public Finance, 85~172.

8. 쿡과의 인터뷰 내용, ML Files.

9. 1930년대 페너 앤 빈은 런던과 파리에 사무소를 두고 있었으나 합병 후 폐쇄했다.

10. 맥카시와의 1994년 10월 인터뷰 내용.

11. 1950년대에 증권 애널리스트로서 성공한 여성은 소수였다.

12. 증권 애널리스트들은 1937년에 협회를 결성해 1945년부터 저널을 발간하기 시작했다. 제임스 버크는 메릴린치가 증권분석과 투자정보 제공의 중요성을 인식한 회사라고 설명했다.

13. 1급 부장 회의 자료. 페너 앤 빈, 1935, 69~81.

11장. 경영 위임: 후계자 스미스

1. 도리스가 1995년 9월 8일 저자에게 한 증언.

2. 제임스 메릴은 아버지의 이탈리아 여행과 관련된 이야기를 자전소설 "A Different Person: A

Memoir"(1993)에서 묘사했다. 찰리는 간호원을 대동했고 킨타는 함께 가지 않았다.

3. 메릴이 1946년 2월18일 스미스에게 보낸 편지, ML Files.

4. 마고완은 누구보다도 찰리와 회사 얘기를 할 기회가 많았기 때문에 다른 부서장들에 비해 대표파트너에게 많은 영향력을 행사할 수 있었다. 반면 자신의 가족관계를 활용해 무리하게 앞서나가려 하지 않았다. 편지만으로 보면 스미스가 찰리와 회사 사이의 확실한 연결고리였고 다른 경쟁자는 없었다.

5. 1957년에 제임스 메릴은 첫 소설 "The Seralgio"를 출간했다. Seralgio는 이탈리아어로 할렘이나 술탄의 궁전을 의미한다. 이 소설은 메릴 집안이 어떻게 돌아가는지를 묘사했다.

6. 루크의 1956년 11월 27일 인터뷰, ML Files.

7. 스미스의 회고, ML Files.

8. 스미스의 성격에 관한 수많은 증언은 한결같이 칭찬 일색이다. 메릴린치 직원들에게 스미스는 순수하고 소박한 성자였다. 물론 실적이 나빠 쫓겨난 사람들은 그다지 감정이 안 좋을 수 있다. 찰리는 아무리 무능한 직원이라도 해고하는 데 마음고생을 했던 반면 스미스는 해고해야 할 상황이라면 단호하게 행동에 옮기는 편이었다.

9. 스미스와의 1956년 11월 16일 인터뷰, ML Files.

10. 찰리는 암허스트를 졸업하지 않았지만 나중에 명예졸업장을 받았다. 아들 제임스도 암허스트 졸업생이다. 제임스는 1995년 2월에 작고했다.

11. 스미스의 회고록, ML Files.

12. 찰리가 랜포드 판사에게 1949년 9월 13일 보낸 편지, ML Files.

13. 찰리가 1946년 초 위터에게 보낸 편지. 위터는 1945년도 메릴린치의 사업보고서와 관련해 찰리에게 찬사를 보냈다.

14. 도리스는 킨타를 극도로 자기중심적이며 낭비벽이 있는 여자로 묘사했다. 찰스 주니어는 모두가 아버지의 세 번째 부인을 싫어했으며, 그녀는 공격적이고 귀에 거슬렸고 거드름을 피웠다고 말했다.

15. 변호사인 로버트 앤더슨이 테런스 키넌에게 1955년 10월 19일 보낸 편지.

16. 저자는 찰리가 1950년대 중반 콘스탄스 부인과 연인관계였다는 소문을 접했다. 두 사람은 분명히 친한 관계였지만 연인관계였는지는 검토해 볼 필요가 있다. 협심증 치료에 성공하면서 단순한 우정 이상으로 발전했을 가능성은 있다. 제임스 메릴의 소설 "The Seralgio"에서는 주인공이 혼인 여부를 불문하고 성적으로 즐겼음을 암시하고 있다.

17. 갑상선 절제는 호르몬 분비를 감소시켜 주기 때문에 당시 협심증 환자들에게 희망적인 치료법이었다. 찰리는 효과를 봤지만 부작용이 적은 치료법이 등장하면서 이 치료법은 사라졌다.

18. 찰리는 친구에게 보낸 편지에서 치료법과 경과에 대해 설명했다.

12장. 새 지평을 열다: 혁신적인 정보제공광고

1. 정상매매단위 거래의 평균 거래금액은 크지 않았다. 1950년대 회사의 분석에 의하면 오히려 정반대였다. 단주거래의 평균 거래금액이 정상매매단위의 거래금액보다 많았다. 이런 결과는 정상매매단위 거래의 상당수가 저가 주식인 반면 단주거래는 고가 주식을 거래한 경우가 많았기 때문이다.

2. 스미스의 회고록, ML Files.

3. 기술적으로 복잡한 제품을 취급한 일부 회사는 세일즈 엔지니어를 채용한 뒤 추가 교육을 시키기도 했다.

4. Spears, 100 Years on the Road, 211.
5. 1996년 6월에 가진 한 친척과의 면담 내용. 저자의 부친인 폴 퍼킨스는 1929년에 버지니아 대학교 화학과를 졸업한 뒤 뉴욕의 스탠더드 오일에서 20여 명의 연수생과 함께 3개월 과정의 윤활유 학교를 다녔다. 그 뒤 부친은 윤활유와 왁스를 비롯한 석유화학제품을 팔았다.
6. 1940년대 후반 회사는 대졸 신입사원을 위한 주니어 훈련 과정을 신설했다. 2년 과정에는 각 지점에서의 현장교육과 3개월간의 연수교육이 포함돼 있었다.
7. 도리스는 1996년 5월 저자에게 보낸 편지에서 연수원 아이디어를 처음 낸 사람은 남편이었다고 밝혔다.
8. 1982년 당시 CEO였던 돈 리건은 메릴과 스미스 두 사람 모두 연수원 개념의 창안자라고 주장했었다고 회고했다.
9. 1980년대에 돈 리건과 가진 인터뷰에 따르면 메릴린치의 시카고 지점장인 돈 하그레이브는 제2차 세계대전 종전 후 몇 년간 자체적으로 연수원을 운영했다. 시카고가 파생상품 거래의 중심지였으므로 아마도 교과과정은 증권보다는 파생상품에 집중돼 있었을 것이다.
10. 리건과의 1982년 인터뷰 내용. ML Files.
11. Zunz, Making America Corporate & Clark Davis, "Living on the Ladder"
12. 회사가 출자금에 대한 이자와 내부유보를 구분하는 방법은 철저하게 회계적인 의사결정 사항이었다.
17. 찰리는 증권회사나 투자은행에게 기업공개를 허용해야 한다는 주장을 지지했다.
18. 역사학자인 J. Owen은 생명보험산업의 마케팅에 대한 보고서를 1942년에 발간했다.
19. 엥겔의 인터뷰 내용, ML Files.
20. 마케팅 기법에 대한 논문은 알프레드 폴리츠의 논문집을 권한다.
21. 1950년도 조사 내용은 1953년 회의에서 상세하게 논의된다.
22. 수익률 계산에는 파트너에게 지급한 이자도 포함됐다.

13장. 마지막 불꽃

1. Merrill, "Managers' Conference Transcript," Oct. 1953, p. 4, ML Files.
2. Leness, "Managers' Conference Transcript," 119~129, ML Files.
3. 유가증권 발행 고객을 찾아낸 브로커들에게는 별도의 보상을 제공했다.
4. Seligman, Transformation of Wall Street, 211~222.
5. 이 그룹에는 파생상품 계약뿐만 아니라 보통주에 대한 풋옵션과 콜옵션에 관심 있는 투기자들이 포함했다.
6. 선물계약의 정당성은 오랫동안 논란거리였다.
7. 파생상품 분야의 핵심 파트너인 호머 하그레이브는 시카고에서 뉴욕으로 와 엥겔의 광고 카피를 검토한 뒤 작은 수정 사항만 지시했다.
8. 증권업협회의 통계에 따르면 주식 브로커의 중간값 수입은 1995년에 7만8856달러였고, 평균 수입은 12만3839달러였다.
9. "Managers' Conference Transcript," p. 36.
10. Notes on regional conference no. 4, Dec. 12, 1955, ML Files.

11. 필라델피아의 은행가인 스티븐 지라드은 1831년 고아 학교 건립을 위해 600만 달러를 남겼다. 물가 상승률을 감안하면 1995년 가치로 1억 달러가 넘는 금액으로 찰리와 같은 반열이다.

12. 엥그버그가 1982년 9월 리건과 가진 인터뷰 내용, ML Files.

13. 비넨달은 미국 철도기업에 대한 네덜란드의 투자에 관한 저서에서 최초의 뮤추얼펀드는 1774년 암스테르담에서 만들어졌다고 주장했다.

14. Rottersman and Zweig, "Early History of Mutual Funds," 14.

15. 실적이 좋았던 폐쇄형 펀드 가운데 하나는 1925~35년 사이 폴 캐보트가 운영한 스테이트 스트리트 인베스트먼트 트러스트였다.

16. 찰리는 투자자들에게 주식투자 비중을 줄이라고 충고했던 1928년과 29년에 폐쇄형 펀드 설립을 준비하고 있었다. 그는 침체장이 닥쳐도 식료품 체인점은 철도회사나 제조업체들보다 위험이 적을 것이라고 생각했다.

17. 대부분의 초기 뮤추얼펀드 발행회사들은 주당 2달러 또는 청산가치의 일정비율을 환매수수료로 물렸다.

18. 네바다 대학교의 제럴드 뉴볼드와 퍼시 푼은 10% 이내의 변동성과 투자수익률을 원하는 투자자는 최소한 60개 종목, 경우에 따라 100개 종목의 주식을 보유할 필요가 있다는 연구자료를 발표했다.

19. 엥그버그가 1982년 11월 마고완과 가진 인터뷰 내용, ML Files.

위대한 기업에 투자하라 / 필립 피셔 지음

주식 투자 서적으로는 최초로 〈뉴욕타임스〉베스트셀러에 올랐으며, 미국의 수많은 MBA 과정에서 투자론 교과서로 사용하고 있는 영원한 투자의 고전.

보수적인 투자자는 마음이 편하다 / 필립 피셔 지음

"성장주 투자의 아버지"로 불리는 필립 피셔가 자신의 지나온 삶과 투자 과정을 회고한 《나의 투자철학》도 함께 수록.

다우 이론 / 로버트 레아 지음

"주식시장에 의미 없는 움직임은 없다. 자연의 법칙처럼 주가는 모든 것을 반영한다." 국내에 처음 소개되는 다우 이론 해설서

뮤추얼펀드 제국 피델리티 / 다이애나 헨리케 지음

1조 달러를 움직이는 세계 최대의 펀드 그룹, 피터 린치와 마젤란 펀드로 더 잘 알려진 피델리티의 숨겨진 역사와 거대 권력을 파헤친 역작.

광기, 패닉, 붕괴: 금융위기의 역사 / 찰스 킨들버거 지음

〈파이낸셜 타임스〉가 선정한 최고의 투자서적. "이 책을 읽고 또 읽지 않는다면 5년 안에 뼈저린 후회의 순간을 맞을지 모른다." (폴 새뮤얼슨)

작지만 강한 기업에 투자하라 / 랄프 웬저 지음

소형주 투자의 원로가 털어놓는 "투자의 정글에서 살아남는 법! 작지만 재무구조가 튼튼하고 빠르게 성장하는 기업을 발굴해 장기 투자하라.

영원한 트레이더 리오 멜라메드 / 리오 멜라메드 지음

무일푼의 유대인 난민으로 미국에 이민 온 한 소년이 CME(시카고 상업거래소)를 세계 최대의 선물거래소로 일궈낸 경이로운 삶의 여정과 입지전적인 드라마.

주식시장 바로미터 / 윌리엄 피터 해밀턴 지음

"찰스 다우의 뒤를 이어 23년간 〈월 스트리트 저널〉 편집국장으로 재직한 저자가 평생에 걸쳐 연구하고 분석해낸 주식시장의 놀라운 예측능력.

위대한 가치투자자 캐피탈 그룹 / 찰스 엘리스 지음

삼성전자, 현대자동차, 국민은행의 주요 주주이자 한국 보유주식 평가액만 12조원에 달하는 외국인 "최대 투자자" 캐피탈 그룹의 투자철학.

목숨을 걸고 투자하라 / 제럴드 로브 지음

대공황에서도, 초인플레이션에서도 살아남아야 한다! 윌리엄 오닐이 "주식투자자에게 바이블과도 같은 책" 이라고 극찬한 투자의 고전.

상품시장에 투자하라 / 짐 로저스 지음

"유가를 비롯한 상품가격은 적어도 앞으로 10년간 상승세를 탈 것이다!' 수요와 공급이라는펀더멘탈의 불균형에서 비롯된 상품시장의 강세를 예리하게 분석한 짐 로저스의 투자전략론.

월가의 전설 세계를 가다 / 짐 로저스 지음

조지 소로스와 함께 퀀텀펀드를 창업한 세계적인 투자가 짐 로저스의 세계 일주 대장정. 오토바이 한 대로 22개월간 52개국 6만5000마일을 달리며 쓴 세계 투자 기행.

어드벤처 캐피털리스트 / 짐 로저스 지음

새로운 밀레니엄을 맞아 이번에는 자동차로 3년간 116개국 15만2000마일을 달렸다. 일찌감치 유가 급등과 중국 경제의 부상을 예견한 저자의 날카로운 시각을 생생하게 읽을 수 있다.

최고의 주식 최적의 타이밍 / 윌리엄 오닐 지음

성공하는 투자자가 가야 할 길을 너무나도 정확하고 냉정하게 지적한 역작. 최고의 주식을 고르는 CAN SLIM 원칙. 미국 내에서만 200만부 이상이 팔린 초대형 베스트셀러.

The Successful INVESTOR / 윌리엄 오닐 지음

2003년 3월 17일 미국 주식시장의 상승 반전을 정확히 꿰뚫어본 윌리엄 오닐의 신작. 성공투자의 5단계 원칙.

벤저민 그레이엄 / 벤저민 그레이엄 지음

"가치 투자의 아버지" 벤저민 그레이엄의 회고록. 〈월스트리트저널〉이 선정한 "시대를 초월한 가장 위대한 투자자"인 저자가 털어놓은 나의 인생과 나의 투자.

존 템플턴의 영혼이 있는 투자 / 게리 무어 지음

존 템플턴 경이 전하는 투자의 원칙과 삶의 원칙 17가지. 풍요로운 삶과 성공적인 투자를 위한 템플턴 경의 메시지.

템플턴 플랜 / 존 템플턴 지음

존 템플턴 경이 이뤄낸 경제적 성공과 행복한 삶은 이 책에 소개된 21가지 원칙에서 출발했다. "내가 실천한 성공과 행복에의 길."

존 템플턴-월가의 신화에서 삶의 법칙으로 / 로버트 허만 지음

세계 최고의 펀드로 손꼽히는 템플턴 그로스 펀드와 종교계의 노벨상으로 불리는 템플턴 상을 제정한 "월 스트리트의 살아있는 전설" 존 템플턴 경의 전기.

존 템플턴의 성공론, 행복론 / 존 템플턴 지음

"내가 여기에 소개한 삶의 법칙들을 20대에 알았더라면 나의 삶은 훨씬 더 풍요로웠을 것이다!' 존 템플턴 경이 이야기하는 성공과 행복을 부르는 200가지 삶의 법칙.